21世纪经济管理类精品教材

（第4版）

组织行为学教程

窦胜功　卢纪华　周玉良/编著

Organization Behavior Textbook

清华大学出版社
北京

内 容 简 介

本书分为个体行为、群体行为、领导行为和组织行为四篇，分别介绍了个体行为规律及激励理论与方法、工作压力与压力管理、职业兴趣与职业锚；群体行为规律、团队建设及创业团队；领导者的基本素质、领导力、成功领导者的类型、领导的成功方略、领导理论及其新发展；组织变革、组织发展、组织设计、组织力以及虚拟组织等。本书特别介绍了许多组织行为与管理的新理论、新理念和新方法，对读者具有重要的指导意义和参考价值。

本书主要适用于普通高等院校管理类专业的本科生，也可以作为硕士研究生、MBA（EMBA）的参考教材，以及各级各类党校、干校（职业经理人）的培训教材和从事人力资源管理人员的参考读物。

本书封面贴有清华大学出版社防伪标签，无标签者不得销售。
版权所有，侵权必究。举报：010-62782989，beiqinquan@tup.tsinghua.edu.cn。

图书在版编目（CIP）数据

组织行为学教程/窦胜功，卢纪华，周玉良编著. —4版. —北京：清华大学出版社，2016（2023.3重印）
21世纪经济管理类精品教材
ISBN 978-7-302-44095-6

Ⅰ. ①组… Ⅱ. ①窦… ②卢… ③周… Ⅲ. ①组织行为学-高等学校-教材 Ⅳ. ①C936

中国版本图书馆CIP数据核字（2016）第132430号

责任编辑：杜春杰
封面设计：康飞龙
版式设计：刘艳庆
责任校对：刘 同
责任印制：宋 林

出版发行：清华大学出版社
网　　址：http://www.tup.com.cn, http://www.wqbook.com
地　　址：北京清华大学学研大厦A座　　　邮　编：100084
社 总 机：010-83470000　　　邮　购：010-62786544
投稿与读者服务：010-62776969，c-service@tup.tsinghua.edu.cn
质量反馈：010-62772015，zhiliang@tup.tsinghua.edu.cn

印 装 者：北京同文印刷有限责任公司
经　　销：全国新华书店
开　　本：185mm×230mm　　印　张：23.25　　字　数：464千字
版　　次：2005年9月第1版　2016年6月第4版　印　次：2023年3月第6次印刷
定　　价：59.80元

产品编号：066985-03

第4版前言

组织行为学的理论与实践，总是随着社会的不断进步而发展。为了及时吸纳组织行为学的新理论与新实践，本版对全书作了以下重大补充与修改。

第一，第一篇"个体行为"，新增加了两章，即第四章"工作压力与压力管理"；第五章"职业兴趣与职业锚"。

第二，第二篇"群体行为"，第九章"团队与团队建设"中新增加了一节"创业团队"。

第三，第四篇"组织行为"，第十五章"组织变革与发展"中新增加了案例"互联网＋背景下的组织变革"。

第四，为了加强实践教学，本版的绝大多数篇章后增加了1～2个案例，全书共增加了15个案例。

第五，根据形势的需要和教学实践，本版对大多数篇章都作了不同程度的精减。

第4版编写的具体分工是：卢纪华负责第一章、第二章、第三章、第十七章；窦胜功负责第四章、第五章、第六章、第七章、第八章、第九章、第十章、第十一章；周玉良负责第十二章、第十三章、第十四章、第十五章、第十六章。最后，全书由窦胜功统编定稿。

本书在编写过程中，借鉴和参考了国内外学者的大量研究成果，谨致以最诚挚的谢意！

编著者
2016年1月于东北大学

第3版前言

科学是人类实践的总结，而人类的实践总是在不断发展进步的，所以科学也是在不断发展的。组织行为学作为理论性与实践性都很强的一门科学，也必然随着人类的新实践不断地发展。无论是个体行为、群体行为，还是领导行为和组织行为，都发展得很快。在现实中，总是有许多新的实践与经验不断地涌现出来。为此，本版对全书作了以下重大补充与修改。

第一，对全书部分章节的内容作了精练与修改，结构作了一定的调整。

第二，在第二篇"群体行为"中，将"团队与团队建设"独立成章。

第三，在第三篇"领导行为"中，新增加了"领导力"一章。

第四，在第四篇"组织行为"中，新增加了"组织力"一章。

第3版编写的具体分工是：卢纪华负责第一章、第二章、第三章、第十五章；窦胜功负责第四章、第五章、第六章、第七章、第十章、第十一章、第十二章、第十三章、第十四章；张兰霞负责第八章、第九章；最后由窦胜功统编定稿。

本书借鉴和参考了国内外学者的大量研究成果，谨致以最诚挚的谢意！

清华大学出版社对本版的出版给予了热情的帮助和精心的指导，出版社与作者之间多年的合作始终是非常和谐愉快的，作者也亲身感受到其作为国家一流出版社的大家风范，深受教益。在此，谨对清华大学出版社表示衷心的感谢。

对热情关心、支持和使用本教材的广大读者、老师、学员，表示衷心的感谢！

编著者
2012.6.16 于东北大学

第 2 版前言

科学是人类实践的总结，而人类的实践总是在不断发展进步的，所以科学也是在不断发展的。组织行为学作为理论性与实践性都很强的一门科学，也必然随着人类的新实践不断地发展。尤其是领导行为，发展得更快。现实中，总是有许多新的领导实践与经验不断地涌现出来。为此，本版重点对"领导行为"篇作了重大补充与修改。

第一，第 1 版中的"领导素质"，其写法是按传统观念表述的。大量新的实践表明，成功的领导者，不仅应具有高智商，更重要的在于要具有高情商。智商相同或相差无几的领导者，最终结果却完全不一样，根本原因就在于两者具有不同的情商。因此，本版中"领导者的素质"的内容改写为"领导者的智商与情商"。

第二，第 1 版中的"领导原则与领导艺术"，其写法也是按照传统观念叙述的，缺乏新颖性与时代感。从现实出发，总结成功领导者的新鲜实践与经验，第 2 版将第 1 版中的"领导原则与领导艺术"的内容改写为"成功领导者的类型"，包括"权威型领导""决策型领导""务实型领导""魅力型领导""知识型领导"。这些不同类型的领导者，各具有不同的领导风格与特点，最终殊途同归，都获得了成功。现实中，不同的领导者都可以从本部分内容中找到相应的启发与借鉴，从而形成自己有效的领导风格。

第三，根据新的领导实践与经验以及新形势的需要，第 2 版的"领导行为"篇中又增加了一章："现代领导的成功方略"，为现代领导获得成功提供了可借鉴的模型，这就是：成功在于观念，成功在于细节，成功在于战略，成功在于执行，成功在于和谐。在这一部分内容中，作者提供了一些现代领导的新理念、新思维、新方法，既具有较强的新颖性和前瞻性，又具有较强的实践性和可操作性。

第 2 版编写的具体分工是：卢纪华负责第一章、第二章、第三章、第十二章；窦胜功负责第四章、第五章、第六章、第七章（第三节，第四节）、第九章、第十章、第十一章；张兰霞负责第七章（第一节，第二节）、第八章；最后由窦胜功统编定稿。

本书借鉴和参考了国内外学者的大量研究成果，谨致以最诚挚的谢意！

清华大学出版社对本版的出版给予了热情帮助和精心指导，出版社与作者之间多年的合作，始终是非常和谐愉快的，作者也亲身感受到其作为国家一流出版社的大家风范，深受教益。在此，谨对清华大学出版社表示衷心的感谢。

对于关心、支持和使用本教材的广大读者、老师、学员，表示衷心的感谢！

编著者
2008.8.8 于东北大学

第 1 版前言

组织行为学是综合运用与人的行为有关的学科知识，系统研究工作组织中人的心理与行为的规律，从而预测、引导和控制人的行为，以实现组织目标的科学。随着形势和管理实践的不断发展，这门学科从理论到实践，从国外到国内，都在迅速地发展，并从深度和广度两个方向出现了以下发展趋势。

- 组织行为学中"组织"的含义在不断扩大；
- 组织行为学中"行为"的含义在不断变化；
- 组织行为学中有关概念的研究，如胜任力、工作承诺、组织承诺等更加深入和细化；
- 组织行为学与其他学科的交叉融合进一步加强；
- 组织环境的变化，如信息技术飞速发展、知识经济和网络经济日益兴起、全球经济一体化、企业间竞争日益激烈、行业结构日益分化、员工向多元化发展、企业面临越来越多的社会责任等，越来越呈现复杂和动态特点。

这些变化都对组织行为学提出了新的研究课题。鉴于这种新的形势，本书作者认真总结多年来在 MBA、EMBA、硕士研究生、本科生教学以及各级各类党校、干校（职业经理人）培训经验和社会实践的基础上，借鉴并吸取现有的国内外许多学者的大量新的研究成果，力求编写出一本实用性强又具有现代气息的新教科书。其编写的具体分工是：第一章、第二章、第三章、第十一章由卢纪华执笔；第四章、第五章、第六章、第九章、第十章由窦胜功执笔；第七章、第八章由张兰霞执笔；最后由窦胜功统编定稿。

本书中借鉴和吸取了国内外学者的大量研究成果，谨致以最诚挚的谢意！另外，为方便教学使用，本书另配有电子教案课件。

由于时间紧迫和水平有限，书中难免存在不妥与疏漏之处，恳请同行与广大读者予以批评指正。

东北大学对本书的出版给予了资助，清华大学出版社对本书的出版给予了热情帮助，在此，谨表示衷心的感谢！

编著者
2005 年 7 月于东北大学

使 用 指 南

一、教材特色

本书的编写设计旨在让经济管理专业的学生既能把握组织行为与管理的基本体系、内容和实际操作方法，又能与自己所学的经济管理知识联系起来思考一些问题。因此，本书呈现出与现有同类教材不同的三个特色。

（1）在结构上，本书根据我国工商企业管理的现状，特别是总结作者多年来的教学与社会实践经验，将全书内容分为个体行为、群体行为、领导行为和组织行为四篇。个体行为篇介绍了个体行为规律、个体行为激励的理论与方法、工作压力与压力管理、职业兴趣与职业锚；群体行为篇介绍了群体行为与群体心理规律、群体行为动力、群体人际关系、团队建设与创业团队；领导行为篇介绍了领导者的基本素质——智商与情商、成功领导者的类型、领导的有关理论、领导力以及现代领导的成功方略；组织行为篇介绍了组织设计、变革与发展、组织效率、组织发展的新趋势、组织力以及虚拟组织等。本书体系完整、简洁、明快、严密。

（2）在写作思路上，本书体现出理论、规则、实际操作与案例的有机结合。以理论解释规则和操作，以案例说明规则的适用，并突出讨论一些工商企业组织行为与管理中的实际问题，以加深对理论和规则的理解与把握。

（3）在内容上，本书在注重组织行为与管理的基础上，更注重组织未来发展变革的新趋势，如领导力、组织力以及虚拟组织等，这些内容与同类教材相比都具有自身的特色。

二、使用说明

现代教育理念重视和鼓励学生对系统理论知识的学习，更注重培养学生的创新性和批判性思维，这对教学提出了新的挑战。因为教学不仅仅是单纯的知识传输，更需要启发和引导学生深入理解和分析问题，培养学生新型的思维方式。鉴于此，本书在系统地介绍了组织行为与管理的理论、原则、内容、方法之外，还设计了专题案例以及思考题来帮助学生拓展思维。

（1）理论。理论告诉我们组织行为开发与管理背后的原因，有助于我们对现行组织行为与管理制度进行评价，对未来的组织行为与管理作出预测。理论来源于实践，又高于实践、指导实践，真正有益于实践并指导实践的是理论。因此，学生必须具备扎实的专业基础理论知识。组织行为与管理是技术与人文相融通的学科，随着时代和实践的发展，许多新颖的理论不断涌现出来。作者本着与时俱进的态度在本书中介绍了许多新理论。教师在使用时可以根据教学需要有针对性和选择性地讲解本书中涉及的诸多理论。

（2）专题案例。本书的一个突出特点是教学案例贯穿全书。这些案例是从若干案例中精选出来的，多是突出理论前沿问题或集中分析热点、焦点问题。这些案例为学生铺垫了一个真实的环境，帮助学生用所学的组织行为与管理的理论、规则来应对现实问题，分析和解决现实问题，同时又经由现实问题反思现有概念、理论和规则的不足，帮助学生形成、完善和提升从实践中归纳、提炼、升华出新理论的意识。

（3）思考题。因为本课程通常是在大学三年级或四年级才开设的一门专业基础课，学生已有了大量先修课程的知识，所以，一般都有能力做到识别学习重点。教师在课堂上也可以根据自己的教学计划告诉学生应掌握的重点。因此本书设计了一些复习思考题供学生预习或复习时使用。有的思考题是基于教材内容的引申性话题，可以促进学生在学习之后举一反三，并且跟踪理论和实践发展的最新动态；也有部分题目是检验学生能否利用所学的理论知识来解决实际问题的。教师可以将这些题目作为作业题、辩论题、课堂讨论题、小组研究题等使用。

三、教学建议

在教学时间方面，本书适合用于两（40学时）至三（60学时）个学分的教学。

在教学对象方面，本书适用范围比较广泛，既适用于本科生，也适用于硕士研究生、MBA（EMBA），还适用于各级各类党校、干校（职业经理人）的培训。

当教学对象为本科生时，建议对本书作全面性的较为细致的讲述，以帮助学生形成一个完整的学科体系。建议教学突出对学生思维深度和广度的训练，鼓励他们侧重于对组织行为与管理的基本理论、原理、操作方法的理解与把握，并学会应用；鼓励他们多问、多想、多发言。鉴于本科生缺乏社会实践经验环节，所以要注意避免学生的思路过于分散和脱离实际，通过评论、建议和提醒来适当引导他们集中于对最本质问题的思考上。

当教学对象为MBA（EMBA）学生时，由于这些学生大都有着较丰富的实践经验，并且他们学习的目的侧重于实际应用，因此，建议教师在教学时间的分配上有所侧重，对于与工商企业管理密切相关的部分，如工作激励、群体动力、群体人际关系、团队建设、领导的影响力、领导者的基本素质——智商与情商、成功领导者的类型、领导理论以及现代领导的成功方略、领导力、组织设计变革与发展、组织力、组织效率等可相应增加授课时间，也可适当补充一些与企业管理有关的案例。在教学时，不妨鼓励学生将所学的理论规则与管理实践结合起来思考，如让学生在课堂上结合本企业的实际做专题演讲和实际操作练习。

当教学对象为非MBA的经济管理类研究生时，由于这些学生和MBA学生相比更加侧重于研究，教师可适当侧重于一些理论性强的内容。例如，需要理论、期望理论、双因素理论、强化理论、公平理论、归因理论以及领导理论等。本书涉及的一些理论是比较基础性的，教师可根据教学需要增加一些有深度的阅读材料。教师可从本书或其他资料中筛选出一部分有一定研究价值的题目分配给学生，让他们分别进行专题研究，可作为作业，也可作为考试的一部分，研究成果可在课堂或课后进行交流。

当教学对象为各级各类党校、干校（职业经理人）学生时，因为这部分人大都是企业的领导，有着长期丰富的实践经验，有着自己的独特见解，因此对他们来说，使用本书应侧重于适应现代管理的前沿理论的讲解和传授，以提升他们的理论水平，开阔他们的理论视野；另外，尽管这一部分授课对象实践经验很丰富，但往往对实践经验背后的理论支持所知甚少，所以，应结合他们的实际工作来介绍支持性的理论，以使他们今后的工作在理论指导下更加自觉与主动。又因为他们的学习时间往往较短，难以做到系统、全面地讲解，所以，最好是在事先调查授课听众情况的基础上，根据他们的实际需要，有选择性地、专题性地讲解，这样效果会更好。

编著者
2016 年 1 月

目 录

第一章 组织行为学导论 1
- 第一节 组织行为学的概念和研究内容 1
- 第二节 组织行为学的产生与发展 4
- 第三节 研究组织行为学的意义 11
- 第四节 组织行为学面临的机遇与挑战 13
- 第五节 组织行为学的具体研究方法 16
- 复习思考题 17
- 案例 1-1 问题的症结在哪里 18
- 案例 1-2 同窗同学，命运截然不同 19

第一篇 个体行为

第二章 个体心理与个体行为 24
- 第一节 个体行为规律 24
- 第二节 心理活动与个体行为 29
- 第三节 个性心理特征与个体行为 37
- 复习思考题 42
- 案例 2-1 谁当总经理更合适 43
- 案例 2-2 新生代员工的个性化诉求与管理 45

第三章 激励与个体行为 48
- 第一节 激励概述 48
- 第二节 内容型激励理论 50
- 第三节 过程型激励理论 56
- 第四节 行为改造型激励理论 62
- 第五节 综合激励模型 67
- 第六节 正激励、负激励与去激励 72

第七节　激励理论的综合应用 74
　　　复习思考题 80
　　　案例 3-1　南港铁路公司车务段 81
　　　案例 3-2　需求层次测试 82
　　　案例 3-3　"海底捞"火锅的员工激励 83

第四章　工作压力与压力管理 86
　第一节　工作压力的含义 86
　第二节　工作压力的来源 87
　第三节　个体对工作压力反应的差异 90
　第四节　消极压力的后果 91
　第五节　工作压力管理 93
　　复习思考题 95
　　案例 4-1　常务董事 Joe Hansen 的一天 96
　　案例 4-2　团队压力管理——怯场 98
　　案例 4-3　压力测评 99

第五章　职业兴趣与职业锚 101
　第一节　职业兴趣 101
　第二节　职业锚 106
　第三节　职业价值观及测评 108
　　复习思考题 111
　　案例　职业价值观测评 111

第二篇　群体行为

第六章　群体概述 116
　第一节　群体的概念 116
　第二节　群体的类型 118
　第三节　群体的结构 120

第四节　群体行为规律 122
　　　　复习思考题 125
　　　　案例　海尔"三件宝" 126

第七章　群体动力理论 129
　　第一节　群体规范与群体压力 129
　　第二节　群体意识与群体士气 131
　　第三节　群体冲突 133
　　第四节　群体决策与群体竞争 135
　　第五节　群体内聚力 138
　　　　复习思考题 143
　　　　案例　海上遇险——群体决策 143

第八章　群体人际关系 147
　　第一节　群体人际关系的概念与重要性 147
　　第二节　群体人际关系的特点与类型 149
　　第三节　影响群体人际关系的因素 150
　　第四节　群体人际关系分析 152
　　　　复习思考题 155
　　　　案例 8-1　AC 航班坠落事件 155
　　　　案例 8-2　人际关系状况测试 156
　　　　案例 8-3　人际交往能力测试 158

第九章　团队与团队建设 160
　　第一节　团队概述 160
　　第二节　团队建设 163
　　第三节　团队精神 167
　　第四节　团队信息沟通 168
　　第五节　创业团队 170
　　　　复习思考题 173
　　　　案例 9-1　如何带好团队 174
　　　　案例 9-2　新东方三剑客 176

第三篇 领导行为

第十章 领导概述 180
第一节 领导的概念 180
第二节 领导者的影响力 182
第三节 领导者的基本素质——智商与情商 185
第四节 成功领导者的类型 189
复习思考题 191
案例 秦厂长的三板斧 192

第十一章 领导理论 196
第一节 领导特质理论 196
第二节 领导行为理论 199
第三节 领导权变理论 204
第四节 领导理论的新发展 212
第五节 未来组织的领导模型 218
复习思考题 225
案例 11-1 红旗轻工设计院 225
案例 11-2 内控与外控领导方式 229
案例 11-3 三种领导方式测评 231

第十二章 领导力 233
第一节 领导力概述 233
第二节 领导力模型 235
第三节 领导力的提高和发挥 238
复习思考题 242
案例 12-1 给部属一个台阶下——给员工撑足面子 242
案例 12-2 讲故事，树领导力 244
案例 12-3 管理潜能测试 246

第十三章 现代领导的成功方略 249
第一节 成功在于观念 250
第二节 成功在于战略 252

第三节　成功在于执行 255
第四节　成功在于细节 258
第五节　成功在于和谐 260
　　复习思考题 263
　　案例13-1　小故事，大启发 264
　　案例13-2　张瑞敏的领导风格与用人之道 266

第四篇　组织行为

第十四章　组织与组织理论 270
第一节　组织的概念与功能 270
第二节　组织理论 274
第三节　组织结构 279
第四节　组织设计 283
第五节　组织效率 292
　　复习思考题 296
　　案例　三九企业的组织设计 296

第十五章　组织变革与发展 300
第一节　组织变革与发展的含义与动因 300
第二节　组织变革与发展的内容和方法 303
第三节　组织变革与发展的阻力及阻力的克服 306
第四节　组织未来发展的基本趋势与模式 308
第五节　学习型组织及其创建 311
　　复习思考题 313
　　案例15-1　海尔学习型组织的创建 314
　　案例15-2　"互联网+"背景下的组织变革 321

第十六章　组织力 325
第一节　组织力概述 325
第二节　人力资源管理 328
第三节　组织文化 331
第四节　组织承诺 333

复习思考题 ... 337
　　案例　组织承诺的自我测试 ... 337

第十七章　虚拟组织——虚拟企业 ... 339
　第一节　虚拟企业概念的提出 ... 339
　第二节　虚拟企业的特点、构建条件及生命周期 ... 340
　第三节　虚拟企业的形式 ... 342
　第四节　虚拟企业与传统企业的比较 ... 347
　　复习思考题 ... 351

参考文献 ... 352

第一章

组织行为学导论

组织行为学是管理学理论中的重要分支，它不是与其他管理理论同时产生的，而是管理科学理论发展到一定阶段才产生的，至今已有近百年的发展历史。它有自身的发展特点、研究内容和研究方法。

第一节 组织行为学的概念和研究内容

一、组织行为学的概念

组织行为学是运用系统分析的方法，研究工作组织中人的心理和行为的规律，从而预测、引导和控制人的行为，以实现组织既定目标的科学。

从这个概念中，我们可以体会以下几点。

1. 组织行为学的研究对象是人的心理和行为的规律性

组织行为学既研究人的心理活动的规律性，又研究人的行为活动的规律性，是把这两者作为一个统一体来研究的。人的行为与心理是密不可分的，心理活动是行为的内在表现，行为是心理活动的外在表现，因此，必须把两者作为统一体进行研究。

2. 组织行为学的研究范围是工作组织中人的心理与行为规律

组织行为学并不是研究一切人类的心理和行为规律，而是只研究工作组织范围内的人的心理与行为的规律。这种组织的范围包括工厂、商店、学校、机关、军队、医院、农村等所有的工商企业、社会团体、事业单位以及国家机关等组织。研究这种组织中的人的心理和行为规律，不仅是研究单个人的心理和行为，而且还要研究聚集在一起的人的心理和行为规律。因此组织行为学又可以分为：个体心理与行为、群体心理与行为以及整个组织的心理与行为。

3. 组织行为学的研究方法是系统分析的方法

组织行为学不是孤立地研究一个组织中的个体、群体和组织的心理和行为，而是运用系统分析的方法来研究它们。从系统观来看，把个体的人放在群体这个较大的系统中来研究，个体就是群体的子系统，而很多的群体又组成一个组织，因此，群体又是组织这个大系统的子系统。它们均自成系统而又相互密切联系不可分割。

  4. 组织行为学的研究目的是预测、引导、控制人的行为，以达到组织既定的目标

  组织行为学在掌握一定组织中人的心理和行为规律性的基础上，提高预测、引导、控制人的行为的能力，特别是采取相应的措施变消极行为为积极行为，以实现组织预期的目标，取得最佳的工作绩效。

二、组织行为学的研究内容

  组织行为学是现代管理科学和行为科学发展过程中派生出来的一门综合性、边缘性学科。它主要研究人的行为激励、探索人的行为规律、提高激励人的心理和行为的各种途径与技巧，以达到最大限度地提高组织管理效能的目的。组织行为学研究的主要内容有以下方面。

  1. 个体心理与行为

  所谓个体心理，确切地说是个体的社会心理，即个体在特定的社会部门或组织系统中，因其所处的角色地位而表现出的心理现象。个体心理包括个人行为的发展过程、态度、个性、价值观以及自我意识的发展、社会认知的确定、人格特征的形成等。个体行为则是指处于组织环境中的个人的所作所为。组织行为学研究个体行为的共同规律，目的在于对个体进行引导和控制，使之符合组织目标。或者说，通过对个体心理与行为的研究，探讨个体内在的能力，激发个体的工作潜能，实现管理科学化。

  2. 群体心理与行为

  组织中的人们总是处在一定的关系之中，这些关系又有亲近或疏远之分，并呈现为不同的群体。要有效地达到管理目标，就必须研究群体心理与行为，包括群体心理的特征、群体的凝聚力、群体的合作与竞争、群体的冲突与沟通以及群体中的人际关系等，使管理者能掌握群体行为形成的原因，并对之进行有效的协调与控制。

  3. 领导心理与行为

  领导行为是影响组织、群体和个体行为，进而影响组织生产或工作效率的一个关键因素。虽然领导者作为普通个人，领导班子作为一般群体，有其一般性规律，但在管理活动中，由于他们的特殊地位、角色身份、职责与功能，决定了他们的特殊性和重要性，有必要专列课题来研究。领导行为研究的内容主要包括领导功能、权威与影响力、领导者素质与领导者选拔、领导行为等问题。领导行为研究的目的在于为领导者的选拔、培训与考核提供理论依据，为提高领导艺术水平和领导效率服务。

4. 组织行为与组织效率

组织行为直接关系到组织自身的生存和发展。同时，组织又是个体和群体实现某种目标的工具，组织状况直接影响个体或群体的行为效率。因此，对于组织行为的研究具有十分重要的意义。组织行为研究的内容主要包括组织结构、组织设计、组织决策、组织文化以及组织变革与发展等问题。组织行为研究的目的在于：分析组织结构、管理体制、组织文化对组织成员心理和行为以及组织效率的影响，以期形成良好的组织气氛，促进组织管理效率的提高；探索组织变革、组织发展的原则和模式，促进组织不断完善和发展。

三、组织行为学的学科特点

组织行为学作为一门学科，具有其自身的特点。

1. 组织行为学的跨学科性

组织行为学是以行为科学（主要指心理学、人类学、社会学）、管理学（主要指人力资源管理学、组织管理学）的概念、理论、模式和方法为主要知识基础，同时吸取了政治学、经济学、历史学、生物学、生理学等社会科学和自然科学中有关论述人类行为、心理的内容，充分体现了这门科学的跨学科性。

2. 组织行为学的层次性

从系统观来分析，组织行为学的研究对象可分三个层次：（1）组织中的个体行为，包括知觉、学习、个性、价值观、态度、动机和挫折等；（2）组织中的群体行为，包括群体的形成、类型、动力、特征、规模、群体建设和群体决策等；（3）从整个组织角度研究成员的行为，包括领导、权力、沟通、冲突、组织结构设计、组织发展与变革以及研究外部环境与组织的相互关系，包括环境的变化、环境对组织的影响、组织对环境的反作用等。

3. 组织行为学的两重性

这是组织行为学最为突出的一个特点。两重性并不意味着缺乏科学性，它的两重性来自下列两个方面。

（1）多学科性

组织行为学的研究内容既涉及普通心理学、生物学、生理学等不具有阶级性的自然科学，又涉及社会学、社会心理学等明显具有阶级性的社会科学。

组织行为学的研究对象——人是具有两重性的。一方面把个体和群体作为生产力的一个要素，即作为劳动者来研究，是没有阶级性的，也就是说通过劳动者的劳动不断创造出物质产品，发展了社会生产力。另一方面，不管是个体的或群体的人绝不能孤立存在，总是在一定社会环境中相互联系相互影响存在的，因此人不仅具有生产力的最活跃的要素——劳动者这种自然属性,而且还具有人与人关系中的社会人的属性。调整这种人与人的关系则属于调整和完善生产关系的问题。鉴于不同社会制度下的生产关系的不同性质,所以组织行为学所研究的人又具有社会属性。

(2) 管理的两重性

一方面,管理作为对人们共同劳动的协调和指挥,这是其一般性和共性,反映了社会化大生产的共同规律,是人类生产实践中形成的共同文明成果。这种管理的共性方面不受社会制度的制约,不管资本主义的还是社会主义的社会化大生产都需通过协调和指挥来进行管理。另一方面,管理又是一种监督劳动。这种监督劳动是一种社会属性的职能,不同的社会制度下的监督劳动是不一样的。这种管理的两重性,也就决定了专门研究管理领域内人的心理和行为规律的组织行为学也具有两重性。

对这种两重性的分析,使我们清楚地看出组织行为学除了不同的社会制度下具有不同的阶级性外,还具有一切社会共同具有的科学性方面,而后者也正是我们可以吸收和借鉴的。

第二节 组织行为学的产生与发展

组织行为学作为科学理论经过了"近代管理理论""人群关系学说""行为科学"三个阶段,同时吸取了其他科学理论的内容,使组织行为学更加充实、丰富,如图1-1所示。

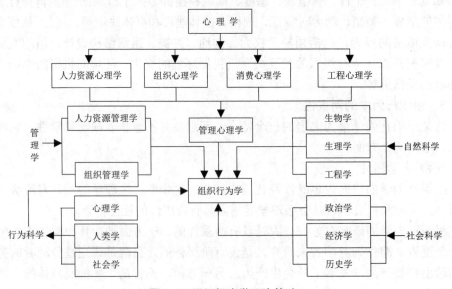

图1-1 组织行为学理论基础

一、古典组织理论的创立

古典组织理论的创始人亨利·法约尔（1841—1925年）是第一个明确提出和阐述"一般管理"理论的人，法约尔在泰勒科学管理原理的基础上进一步明确和充实了管理理论。他认为就管理职能而言，它只是经营六项职能之一。一个企业的经营必须具备：技术生产职能、营业购销职能、财务筹用职能、会计统计职能、安全保护职能以及经营管理职能。与这些职能相对应的是各种能力：技术能力、营业能力以及管理能力等。他根据自己长期的管理经验，提出了著名的14项管理原则。

（1）分工。劳动专业化是各种机构、团体进步和发展的正常方法，不只适用于工人，而且适用于一切管理人员。

（2）权威和责任。权威和责任是互相联系的，委以责任而不授以相应的权威是组织上的缺陷。

（3）纪律。纪律是管理所必需的，没有纪律，任何机构、团体、事业都难以办好，纪律应该尽可能明确、公正。

（4）统一命令。一个组织中的某一个人只能接受一个上级的命令，否则，权力会受损害，纪律就有危险，秩序要被打乱，稳定将遭破坏。

（5）统一指导。具有同一目的的集体，只能在一个领导和一个计划指导下协同力量，必须统一行动。

（6）个人利益服从整体。领导应公正地协调每个下属同整个集体之间不同方面的利益，并经常地进行监督。

（7）人员报酬。报酬必须公平合理，尽可能地使个人与单位双方满意。特别要注意关心职工的健康、教育、道德以及收入的稳定性，改善他们的生活和工作条件，加强培训和教育。

（8）集中。任何单位集权和分权的程度，不能千篇一律、固定不变，应根据其规模、条件、经理人员的个性、道德、品质，以及从属人员的可靠性等因素来确定。

（9）等级链。从最高级别到最低级别的各级领导，管理人员之间应该建立关系明确的权威等级链结构，以保证上下沟通灵敏。

（10）秩序。不仅应该"物皆有位，物在其位"，以保证工作效率，而且必须"人皆有位，人称其职"，使每个职工都处在能充分展示其才能的职位上。

（11）公平。管理者必须对每一个职工以同样的原则和态度来处理问题，才能建立公正和平等的气氛。

（12）工作稳定。如果人事不断变动，工作将永远不能顺利完成。

（13）首创性。首创性是事业壮大的巨大源泉。

（14）集体精神。强调必须注意保持同一集体中团结、协作、融洽的关系。

法约尔还提出了五种管理要素。

（1）计划。指管理人员为制定组织行为方针而进行的全部活动。

（2）组织。指确定工作任务和权力结构的所有活动，它具体表现为对组织的人、财、物的调配。

（3）指挥。即对下属的行动给予指导，包括通过与下属进行双向交往了解下属，对下属作出估计以及当下属不称职时解雇他们。

（4）协调。调和组织各部门以及全体职工的活动，促使他们走向一个共同的目标。

（5）控制。对计划、制度等的执行情况加以检查，发现错误及时纠正，以保证实际活动与计划目标的一致性。

法约尔不仅深入研究了组织理论和管理行为，而且进一步把管理理论系统化和普遍化了。法约尔的管理理论，绝大多数被实践证明是正确的，它不仅在当时，而且直到现在，仍对管理理论与实践有着重大的影响。与法约尔同时代的德国社会学家韦伯，以及美国著名的管理学家穆尼、古里克、厄威克、戴维斯等人，从不同的方面丰富和发展了法约尔的理论。

（1）马克斯·韦伯（1864—1920年）。作为著名的社会学家，韦伯教授对近代管理理论的贡献是提出了"理想的组织机构模式"。这样的模式至少应该：① 成员间有明确的任务分工；② 上下级间有职、权、责分明的结构；③ 组织内部任何人都必须遵循共同的规章和制度；④ 上下左右是工作与职位之间的关系，不应受个人情感的影响；⑤ 选拔、任用任何人都必须一视同仁，严格掌握标准。这样，行政组织体系就具有准确性、稳定性、纪律性和可靠性，才具备提高工作效率的条件。

（2）詹姆斯·穆尼（1884—1957年）。穆尼根据自己作为企业家的工作经验，在与赖利合著的《组织原理》一书中，认为管理是指导、激励别人的方法和技术；组织是把各种不同职责或职能联系成一个协调的整体的方法。据此他提出了做好管理的三条原则：① 以统一行动为目标的协调原则；② 以授权、尽责为基础的等级原则；③ 以专业化分工为前提的职能原则。穆尼还把工作职能分为三种：决定组织目标的职能、执行组织目标的职能、对计划执行情况进行分析的职能。

（3）林德尔·厄威克（1891—1983年）。厄威克长期从事管理方面的领导和咨询工作，他把穆尼的思想与泰勒、法约尔的理论联系起来，得出一种看法，认为管理是一个由计划、组织、控制三个主要职能构成的过程。他采纳了法约尔关于计划职能的分析和穆尼关于组织职能的分析，提出了三个职能以及相应的预测、协调、指挥三项指导原则。厄威克工作的意义在于他把近代管理理论的两大流派综合起来，使他们得以统一在更高的层次上，集中反映了管理的本质。

二、人群关系学说

人群关系学说形成于 20 世纪四五十年代，它吸收了科学管理中后期出现的以探讨人的因素为主题的许多新成分，它的着眼点是工作周围的社会环境，它注意对个人行为的种种差异和工作组合对个人的影响的研究。人群关系学说的建立过程，大体上就是西方著名的霍桑实验的进行过程。

1．霍桑实验

20 世纪 20 年代，位于美国芝加哥城郊外的西方电气公司的霍桑工厂，是一家制造电话机的专用工厂，它设备完善，福利优越，拥有良好的娱乐设施、医疗制度和养老金制度。但是工人仍然愤愤不平，生产效率也很不理想。为此，1924 年美国科学院组织了以美国哈佛大学梅奥教授为主的一个包括各方面专家在内的研究小组，对该厂的工作条件和生产效率的关系，进行考察和实验，就此拉开了著名的霍桑实验的序幕。

整个实验前后共分四个具体的阶段。

（1）照明实验（1924 年 11 月—1927 年 4 月）

这项实验在霍桑工厂前后共进行了两年半的时间。实验是在挑选来的两组绕线工人中间进行的，一组是实验组，另一组是参照组。在实验过程中实验组不断地增加照明的强度，而参照组的照明度始终保持不变。研究者企图通过实验知道照明强度的变化对生产的影响，但是实验的结果，两组的产量都在不断提高。后来，他们又采取了相反的措施，逐渐降低实验组的照明强度，还把两名实验组的女工安排在单独的房间里劳动，使照明度一再降低，从 0.3 以至降到 0.06 烛光，几乎和月亮光差不多的程度，这时候，也只有在这时候，产量才开始下降。

研究人员在这次实验结束时的报告中说："这次实验的结果，两组的产量均大大增加，而且增加量几乎相等，两个组的效率也几乎没有多大差异，纵然有某些微小差异，也属于在许可误差范围之内。因此，仍然不能确定改善照明对于工作积极性的影响。"照明度影响生产的假设被否定了。

研究人员还从工作报酬（集体工资和个人计件工资）、休息时间、工作日和工作周的长短等方面进行了实验，实验结果表明，这些条件的变化与生产效率之间并不存在明确的因果关系。研究人员感到毫无意义，并纷纷退出实验小组。霍桑实验陷入了困境。1927 年，梅奥率领的哈佛实验小组连同电器公司的人员成立了一个新的研究小组，开始了霍桑实验里程中更为艰辛的跋涉。霍桑实验的第二阶段从此开始。

（2）福利实验（1927—1932 年）

这项实验又称实验室实验，实验共进行了几次，其中有一次是在继电器装置实验室进行的。梅奥等人挑选了 5 名装配工和 1 名划线工，让他们在同其他工人隔离的控制条件下工作。实验过程中逐步增加一些福利措施，如缩短工作日、安排工间休息、调节工场温度、免费供应茶点等，结果产量提高了。两个月后，他们取消了这些福利措施，发现产量不仅没有下降，反而继续上升，可见增加福利措施对生产效率并无直接影响。原因究竟是什么？研究人员进一步调查了解后发现，原来是实验时管理人员对工人态度较和蔼，工人之间的关系比较融洽，工人能在友好、轻松的气氛中工作，从而激发了劳动热情。他们由此得出结论，在调动积极性、提高产量方面，人际关系是比福利措施更重要的因素。

（3）访谈实验（1928—1931年）

这项实验又称谈话实验。在两年多的时间里，梅奥等人组织了大规模的态度调查，在职工中谈话人数达两万人次以上。在访问的过程中，访问者起初提出的问题，大都是一些"直接问题"，如工厂的督导工作及工作环境等方面的问题。虽然访问者事先声明，将严格保守秘密，请工人放心，可是受访者在回答问题时，仍然遮遮掩掩，存有戒心，怕厂方知道，自己受到报复，谈话总是陈腔客套，无关痛痒。后来改用了"非直接问题"，让受访者自行选择适当的话题，这样职工在谈话中，反而无所顾忌了。结果在这次大规模的访问中，搜集了有关工人态度的大量资料，经过研究分析，了解到工人的工作绩效与他们在组织中的身份和地位以及与其他同事的关系有密切联系。

同时，这次大规模的实验，还收到了一个意想不到的效果，就是在这次谈话实验以后，工厂的产量出现了大幅度的提高。经分析，研究者认为，这是由于工人长期以来对工厂的各项管理方法有许多不满意，但无处发泄，这次实验，工人无话不谈，发泄了心中的怨气，由此而感到高兴，因而使产量大幅度上升。

（4）观察研究（1931—1932年）

实验的开始，研究者向工人说明：他们可以尽量卖力工作，报酬实行个人计件工资制。研究者原以为，这套奖励办法会使职工努力工作，但是结果出人所料，产量只保持在中等水平上，工人绝不愿因超额而成为"快手"或因完不成定额而成为"慢手"。当达到定额产量时，他们就自动地松懈下来，因而小组的产量总是维持在一定的水平上。原因何在？研究小组经过考察发现，组内存在一种默契，由此形成制约着每个人的生产任务完成情况的压力。当有人超过定额产量时，旁人就给他暗示：谁要是有意超过定额，便会受到冷遇、讽刺和打击，小组的压力就会指向他。那么工人为什么要自限产量？进一步调查发现，之所以维持中等水平产量，是担心产量提高了，管理当局会提高定额标准，改变现行奖励制度，或裁减人员，使部分工人失业，或会使干得慢的伙伴受到惩罚。这一实验表明，工人为了维护班组内部的团结，可以抵御物质利益的引诱。梅奥由此提出"非正式群体"的概念，认为在正式组织中存在着自发形成的非正式群体，这种群体有自己的特殊规范，对人们的行为起着调节和控制作用。

霍桑实验的一个重大贡献在于，它认为人是"社会人"；另一个重大贡献在于它发现并证实了"非正式组织"的存在，这种"非正式组织"有其特殊的行为规范、感情倾向，控制着每个成员的行为，甚至影响整个正式组织的活动。霍桑实验所取得的一系列成果，经梅奥归纳、总结、整理，于1933年正式发表，即《工业文明中人的问题》，并由此提出了著名的人群关系学说理论。

2. 人群关系学说的主要内容

人群关系学说的主要内容包括以下四个方面。

（1）人是"社会人"。传统管理观念把人看作是仅仅追求经济利益的"经济人"，或者是对工作条件的变化能够作出直接反应的机器的模型。人群关系学说认为，组织中的人不是孤立存在的，而是属于某一集体并受其影响的，人所追求的不单纯是金钱收入，还有显示自己社会重要性的社会承认，来自被接收为一个团体的成员的安全感等。梅奥认为："人是独特的社会动物，只有把自己完全投入到集体之中才能实现彻底的'自由'。"

（2）士气是决定生产效率的关键。科学管理理论认为，生产效率与作业方法、工作条件之间存在着必然的因果关系，只要正确地确定工作任务，采用恰当的刺激制度，适当改善工作条件，就可以提高生产效率。人群关系学说认为，生产效率并不是单纯受工作条件和工作方法的制约，而主要取决于职工的情绪和态度，即所谓的"士气"，而士气主要取决于社会和家庭生活以及企业中人与人之间的关系。

（3）企业中存在着"非正式组织"。这种无形的组织是通过感情、爱好、倾向等把人们联系在一起的，并且有自然的领袖人物。其内部有特殊的不成文的准则和倾向，左右着每一个成员的行为。在感情和逻辑之间，人们的行为往往会更多地受感情支配。

（4）领导不仅要处理人的合乎逻辑的行为，还要理解人们不合乎逻辑的行为。要善于倾听和沟通职工意见，使正式群体的经济需要与非正式群体的社会需要保持平衡，使职工认识到自己的工作价值和对企业的贡献。

人群关系学说的中心思想是强调重视"人性"，即要把工人当作人而不是当作机器对待，主张对工人进行"友善的监督"，使工人保持很高的"士气"。人群关系学说的出现，使西方许多管理学家开始重视企业中对人的因素的研究，为管理工作和管理理论的发展开辟了新的途径，同时为行为科学的产生提供了契机。

三、行为科学的发展

在"人群关系"学说的基础上，20世纪的40年代末50年代初，行为科学作为一门学科正式诞生了。

1949年美国芝加哥大学一次跨学科的会议，讨论了利用现有的科学知识寻找出人的行为规律的问题。会议肯定了这种可能性。1953年，美国福特基金会召集一些大学的科学家开会，正式将研究人的行为规律的综合性学科定名为"行为科学"。1956年美国出版了第一本行为科学杂志。从此，行为科学的研究及应用迅猛发展起来。

1949年在芝加哥会议上首次确立行为科学之后，美国福特基金会成立了"行为科学部"。1952年又成立了"行为科学高级研究中心"。每年选拔40位美国行为科学家和10位其他国家的行为科学家进行研究讨论。1953年拨款给哈佛大学、斯坦福大学、芝加哥大学、密执安大学及北卡罗来纳等大学，委托他们从事行为科学的研究。此外，美国联邦政府和另一些基金会也先后拨款支持行为科学的研究。到20世纪50年代末，行为科学出现了"工业人本主义"的理论概念，其主要内容是在工业组织中消除独裁倾向，实行民主管理，促使个人目标和组织目标趋向一致。进入20世纪60年代中期，又一个重要动向即组织行为的概念出现，它主要论述企业中人的行为管理，同时，行为科学在企业中的应用已普及于美国、日本、西欧等众多国家和地区，并创造了多种应用形式，如目标管理、零缺陷管理、职工参与管理、工作扩大化与丰富化、企业流程再造、职工教育与训练等。日本早稻田大学行为科学研究所所长名取顺一说："现在是原子时代，自动化时代，同时也可以说是行为科学的时代。"

四、其他科学理论

上述三个阶段为组织行为学的产生与发展奠定了坚实的理论基础，同时组织行为学又逐步吸收心理学、政治学、经济学、历史学、生物学、生理学等社会科学、自然科学中有关论述人类行为、人类心理的内容，从而最终形成一门独立的学科。

1. 心理学

心理学是研究人类心理现象规律的科学。所谓心理现象的规律性包括心理活动的规律和心理特征的规律两部分。一般意义上认为，心理活动是内省的，行为是外显的。要研究组织中人的外显行为的规律性，必须以心理学作为理论基础，因为心理活动和心理特征是人们产生行为的重要原因和内动力。

2. 社会学

研究组织行为学就是要运用社会学的知识，来探索人在社会关系中表现出来的行为。组织是由很多群体组合而成的，所以组织行为学把组织看作一个开放的有机的社会组织。组织、群体和个人之间是彼此互相依存的关系。他们与环境构成互动的复杂的社会体系。组织中人的行为是离不开社会关系的，因此研究组织中人的行为必须从其所处的整个社会关系中着手，这样才能全面认识人的行为规律。

3. 人类学

人类学是组织行为学的重要的理论基础之一。人类学分为体质人类学、文化人类学(又称社会人类学)和考古学。而其中与研究组织行为学关系最密切的是文化人类学。它过去集中在对原始社会及文化的研究上,但是近四十多年来,已逐步扩展到对现代文明社会的研究。文化人类学对组织行为学的贡献,主要是组织中人的行为与人类社会的起源理论、人类社会行为以及人类和文化的关系等知识。

4. 政治学、伦理学、生物学、生理学等学科

政治学中的权力与冲突问题,伦理学的道德规范,都会影响组织中人的行为。人体犹如一个生物钟,有自己的生物节奏的规律性,有体力、智力、情绪的低潮与高潮,这都会影响人的行为。20世纪80年代,组织行为学开始研究工作压力对个体、群体、组织的行为和工作绩效的影响,主要分析当人们承受工作压力时,身体所作出的生理反应,以及引起身体生物结构的变化和如何防治等。

第三节 研究组织行为学的意义

组织行为学之所以在西方各国受到普遍重视,并在东方各国广为传播,主要是因为它是管理学的新发展,对提高管理水平,实现以人为中心的管理,具有重要意义和作用。

一、重视人的因素,发挥人的主动精神,挖掘人的潜能

组织行为学认为,在人、财、物诸生产要素中,人是最重要的因素,在科学技术高度发展的今天更是如此。在这方面组织行为学有三个基本观点。

1. 人是企业的主体

虽然机器可以代替人工,计算机也可以代替一部分人脑的功能,但设计和使用机器及计算机的仍是人。现代化的管理中,最主要的管理是对人的管理。企业最终要靠人(个人及群体)来达到企业的目标。

2. 科学技术越发展,就越要重视人的因素

现代化生产,不仅在经营管理中,而且在生产操作中,脑力劳动的比重将越来越大。据统计,体力劳动和脑力劳动耗费的对比,在机械化水平低的情况下,一般为90:10;在中等的机械化水平下,为60:40;在全盘自动化的情况下,为10:90。特别是进入使用电子计算机、信息化管理的时代,要求员工进行更高级的脑力劳动。可是,目前对脑力劳动是难以用计量的方法来监督的,主要应靠发挥脑力劳动者的主动精神和自觉的积极性。

3. 主张实行合乎人性的管理

建立以人为中心而不是以生产任务为中心的管理制度，从而更好地发挥人的积极性、主动性和创造性。

以上这些观点和按照这些观点建立起来的原理和方法，无疑也是可供借鉴的，对于加强企业经营管理工作有着重要的参考价值。例如，我国有不少企业与国外企业相比，生产效率低得多，究其主要原因，并不是技术装备上的差距，而是在企业经营管理方式上落后。我国企业应当吸收组织行为学中关于如何激励员工个人和群体工作积极性的有效方法，以及如何根据企业的内、外环境条件的变化不断进行企业组织变革和组织发展的原理等合乎科学的成分，为我所用。

二、重视研究个人需要，并把满足个人的需要与达到组织的目标相统一

员工既有生理需要或物质需要，又有心理需要或精神需要。如果企业吸收组织行为学中分析人的需要的理论中的某些合理成分和调查了解员工需要的方法，对企业员工的个人需要作一番调查，找出他们在个人需要上的差别，并给予不同的满足，一定会收到良好的效果。组织行为学的核心内容之一是个人需要、个人利益和个人兴趣，并且介绍了许多满足这些个人需要的方式和方法。组织行为学的目标管理，就是各级组织和个人，都要制定出自己的工作目标，并把达到目标作出的工作绩效与个人的报酬联系起来，定期进行考核，而且有一套比较系统的办法。

三、重视把正式组织和非正式组织的作用结合起来，为实现组织目标服务

组织行为学主张把企业正式组织的作用与非正式组织的作用结合起来，以进一步改善企业的经营管理工作，提高经营效果。事实也正是这样，在西方，许多企业不仅承认并利用正式组织，而且承认并利用非正式组织，引导它们为实现企业目标服务。在我国，有些企业领导人从组织行为学中得到启示，也把非正式组织的作用纳入完成国家任务的行列之内。事实证明，把正式和非正式两种组织的作用结合起来，并把非正式组织的作用纳入正式组织的管理范围之内，是一种行之有效的企业管理方式和方法。

四、重视领导行为的研究，调节并改善领导与被领导的关系

在不同的社会制度下，领导与被领导者的关系，是具有不同的阶级性质的，所以，

不能混为一谈。但是，企业的领导人又是生产的协调者和指挥员，他们与员工的关系，除了有一般意义上所说的生产关系的一面，还有一般的社会关系的一面。既然企业领导与群众的关系还具有一般社会关系的一面，那么，组织行为学中关于一个有效的领导人应该具备的素质、领导艺术和如何根据不同情况采用不同的领导方式等研究成果，对于当今企业提高企业领导人的领导艺术水平，也是有一定参考价值的。

五、重视组织设计、组织变革和组织发展的研究

有效的组织设计在提高组织活动的成效方面起着重大作用。它能为组织活动提供明确的指令，有助于组织内部人员之间的合作，使组织活动更具有秩序性和预见性；有助于及时总结组织活动的成功经验和失败教训，从而形成合理的组织结构；有助于保持组织活动的连续性；有助于正确确定组织活动的范围及劳动的合理分工与协作，提高工作绩效。因此，组织行为学十分重视组织设计问题的研究，并且提出了如何根据组织所处的环境、组织的战略目标、组织所采用的技术以及组织中人员素质的改变，而作相应的组织变革和组织发展，根据环境、技术、产品方向和人员素质的变化而不断变革原来的组织结构，并设计出更加适应新情况的合理的组织结构。

第四节　组织行为学面临的机遇与挑战

组织行为学可以对管理者所面临的一些关键问题给出答案，提供有意义的启示。在迅速而剧烈的变革时代，组织行为学面临着新的机遇与挑战。

一、改善质量和提高生产率

企业面临着激烈的竞争，为了提高组织的生产率，提高产品质量，改善服务，企业管理者推行全面的质量管理和企业重组，而这些方案都要求员工广泛地参与。全面质量管理是一种管理哲学，这种思想是通过不断改善所有的组织过程来永久保持顾客满意的。全面质量管理对于组织行为学意义重大，因为它要求员工重新思考他们所做的工作，更多地参与工作决策。

二、改善人际技能

企业的管理者如何做一个有效的倾听者，如何提供及时有效的反馈方式，如何精于授权，如何创建有效的团队，越来越受到现在的管理者和将来的管理者的关注。提

高和开发人际技能，将有助于企业管理者深入认识自己的行为和别人的行为，并改善自己的人际技能。

三、管理劳动力多元化

　　劳动力多元化是指组织的构成在性别、种族、国籍方面正变得越来越多样化。组织所面临的挑战是通过了解不同的生活方式、家庭需要和工作风格来使自己适应各种各样的人群。

　　劳动力多元化对管理实践意义重大。管理人员需要改变他们的经营哲学，从把员工作为相同的人来对待，转变为承认差异，并以能够保证员工稳定和提高生产率的方式对差异作出反应，同时，不要有任何歧视。如果管理得当，多元化会提高组织的创造性和发扬组织的革新精神，通过鼓励不同的观点来改善决策质量；如果管理不当，就有可能出现流动率高，沟通困难和更多的人际冲突等问题。

四、回应全球化

　　世界变成了地球村，管理不再受国家边界的限制了。管理者必须能够与不同文化背景的人一起工作。全球化至少在两个方面影响管理者的人际技能。首先，如果你是一名管理者，就越来越有可能要承担国外的工作任务。你可能要到你雇主在国外的分公司或合资公司去工作。一旦到了那里，你不得不管理一群新的员工，他们在需要、爱好和态度方面与你在国内管理的员工完全不同。其次，即使在你自己的国家，你也可能发现与你共事的上司、同事和下属是在不同年代中出生和成长起来的人，能够调动你的积极性的因素对他们来说可能就不灵了。你的沟通风格可能是直截了当和开放的，他们可能觉得这种风格不舒服，甚至是一种威胁。这就告诉我们，如果你想与这些人有效地共事，就必须理解他们的文化，弄清文化如何塑造了这些人，学会使你的管理风格适应这些差异。

五、授权

　　当今管理者被称为教练、导师、发起人、支持者。在许多组织中，员工变成了副手或助理，管理者与员工的角色界限变得模糊不清，决策制定被推到了操作层。在这里，员工可以自由选择工作日程、程序，解决与工作有关的问题。今天，管理者允许员工完全控制自己的工作。没有上司，基本上由员工操作的自我管理团队成为20世纪90年代的时尚。以上所发生的一切表明，管理者在给员工授权。他们把员工完成工作的责任交给员工自己承担。这样做，管理者需要学会如何放松控制，员工需要学会如何对自己所做的工作承担责任及如何恰当地决策。

六、激发革新和变革

当今成功的组织必须鼓励革新，掌握变革的艺术，否则，它们将成为破产的候选人。胜利将属于这样的组织，维持它们的灵活性，不断改善它们的质量，通过持续不断地革新产品和服务来赢得市场上的竞争。一个组织的员工可以是革新和变革的推动力，也可能成为主要的绊脚石。管理的任务是刺激员工的创造性和对变革的容忍性。组织行为学可以为管理者提供丰富的观点和技术，帮助其实现这些目标。

七、处理"临时性"

管理者一直关注着变革，所不同的是实施变革的时间间隔。过去的做法是每十年引进一两次主要的变革项目就可以了。现在不同了，全民创业，万众创新，变革成为管理者经常的活动。持续改善的概念意味着不断地变革。

管理者和员工今天所面对的世界是一个永久的"临时性"。员工所从事的实际工作处在永久的变化中。所以，员工需要不断更新自己的知识和技能以满足新的工作要求。

八、员工忠诚性减弱

过去，公司员工相信他们的雇主会通过工作的保障、丰厚的福利和薪水的提高来报答他们对组织的忠诚。但是，从20世纪80年代中期开始，为了适应全球性的竞争、不友好的接管、收购和兼并等，公司开始摒弃传统的工作稳定性、资历和报酬政策。他们通过关闭工厂，把生产转移到劳动力成本低廉的国家，卖掉或关闭不盈利的企业，减少管理层次，用临时工代替长期工来适应竞争的环境，这些变化导致了员工忠诚性的急速下降。

九、改善道德行为

今天，组织成员越来越发现自己面临着道德困境（Ethical Dilemma）。所谓道德困境是指这样的情境，组织成员需要决定什么是正确的和错误的行动。例如，如果他们发现组织中出现了违法活动时是否应该揭发？他们是否应该遵从个人不同意的命令？如果他们知道绩效评估的结果能够保障同事的工作的话，他们是否应该凭空吹捧自己喜欢的员工？对于什么是符合道德的行为，以前并没有给出明确的定义。近年来，区分正确的和错误的行为的界限变得模糊不清了。

第五节 组织行为学的具体研究方法

一、观察法

所谓观察法就是用感觉器官（如视觉、听觉、嗅觉等）有目的地观察被观察者的行为，从而分析其心理活动及行为的方法。采用这种方法时，一般要求观察者在自然条件下进行。但这并不意味着是绝对的，因为观察是有目的、有计划、有系统地进行的。观察目的、计划的制定，观察对象及工具的选择，都体现了观察的主动性。

二、实验法

实验法是指在严格控制的环境条件下研究变量间相互关系的方法。其做法是：先假设一个或多个自变量对另一个或另几个因变量的影响，然后设计一个实验，有系统地改变自变量，然后测量这些自变量的改变对因变量的影响。自变量是指能独立变化并引起其他变量改变的变量，如性格、能力、动机、领导风格、报酬分配方式和组织设计等；因变量是指受自变量的影响而发生改变的变量，如工作满意度、工作行为、工作绩效、群体凝聚力和出勤率等。

实验法又可分为实验室实验和现场实验。实验室实验是在人为制造的实验室环境中进行的，通常研究的变量也是有限制的，其特点是能较明确地反映变量之间的因果关系。现场实验在自然的组织环境中进行，这种方法较为有效，所得的结论也具有普遍性意义。

三、调查法

调查法是指根据事先拟定的一系列问题，针对某些相关因素，收集资料并加以分析的方法。这种方法主要是为了了解被调查者对某一事物的看法、感情和满意度。例如，要想了解员工的业余生活情况、员工对工作的满意程度、员工对领导风格的评价以及员工的人际关系状况等，就可以采用调查法。

调查法较常用的有面谈法和问卷法等。面谈法是指研究者通过与被调查者的面对面交谈来探索被调查者心理状态的研究方法；问卷法是指通过使用详细周密设计的一套问卷，要求调查对象进行回答的调查方法。

四、定量研究法

目前组织行为学的研究已开始由定性分析逐步深入到定量的分析，或二者结合起来研究，有时也采用数学手段。国外的组织行为学已广泛采用心理测验法，并采用先进的现代化手段，如用电子计算机分析领导人的个性心理品质，评定群体心理气氛。对微观环境中群体活动的分析采用摄像、电视录像等先进技术以备微观分析。此外，系统方法和信息科学也已渗透到组织行为学中，对现象尽量做到质量和数量分析的统一，并将发现到的规律尽量以数量化、程式化的方式表示出来。

五、个案研究法

个案研究法又称案例研究法，它以某一典型个体、群体或单位为研究对象，进行深入、具体的研究，从中找出规律性的东西，再推而广之。这种方法的好处是：（1）能够尽快地进入情境；（2）比起大规模的普查来要省时省力；（3）把握的信息比较生动、细微、真实，因此是理论联系实际的较好途径。在运用个案研究法时必须注意三点：（1）案例要选准，选择那些代表性强、对于所研究的问题有针对性的典型，而不要选那些极端的、特殊的对象，这样才能保证研究的结果具有普遍意义；（2）根据对个案的研究结果进行推理时，要实事求是，遇到不同的情况仍需具体问题具体分析，切忌主观武断、以偏概全；（3）要注意个案与全局的关系，尤其要注意把握各种关系的发展变化状况，以便及时调整研究方案。

六、模型法

所谓模型是指对某种现实事物的抽象，或者说模型是对现实事物的简化。例如，人体模型、飞机模型、汽车模型、房屋模型、专卖店的服装模型以及数学模型、物理模型、化学模型等。按模型的功能，模型可分为具有计算功能的模型和虽不具有计算功能，但具有逻辑分析功能的模型。组织行为学中的模型大都属于逻辑分析模型。人的工作行为，无论是个体行为、群体行为和组织行为，都是非常复杂的现象。在组织行为学中，就是大量采用建立模型的方法把复杂的事物加以简化来达到目的。例如，某企业的一张组织结构图也可以说是一个模型，它可以使我们对该企业的组织结构系统一目了然。

复习思考题

1. 组织行为学的概念和研究内容是什么？

2. 组织行为学有哪些特点?
3. 组织行为学是如何产生和发展的?
4. 霍桑实验是怎样进行的? 霍桑实验有哪些有益的启示?
5. 人群关系学说有哪些主要内容?
6. 什么是行为科学? 试述行为科学与组织行为学的关系。
7. 结合实际谈一谈研究组织行为学的意义。
8. 组织行为学面临哪些机遇与挑战?
9. 组织行为学有哪些具体研究方法?
10. 什么是组织行为学的个案研究法? 运用个案研究法要注意什么?
11. 什么是组织行为学的模型研究法? 试举一个实际例子。

案例 1-1　问题的症结在哪里

华胜公司是一家制造公司,一年前,该公司被一个大企业集团兼并。这个企业集团的主要业务在金融和房地产领域,对于制造业的情况并不十分熟悉。根据企业集团的惯例,他们派自己的人担任华胜公司的高层管理职务,这些人精通金融交易业务,懂得如何降低成本,他们的目标就是压缩成本,创造最高劳动生产率。集团公司对他们寄予厚望。然而,事情的发展并不像想象的那样好。在他们上任的头几个月里,销售成本率由原来的72%上升到80%。企业集团领导人非常纳闷,很想尽快找出其中的原因。

华胜公司过去的管理者认为,新管理者采取的削减开支的做法适得其反,因为这些做法影响了工作的情绪,工人中普遍存在不满情绪。华胜公司的工人都希望企业集团能撤换这些新管理者,让原来的公司管理者官复原职,按原来的方法管理企业。

另一方面,这些新管理者认为,他们是在非常时期到任的,他们采取的措施提高了劳动生产率,降低了成本。如果不是由于他们的努力,恐怕公司现在早就倒闭了。他们中有人这样辩解:"你们怎么能认为我们是劳动生产率下降的祸首呢? 我们疏通了销售渠道,改革了公司体系,为公司签订了长期优惠贷款协议,这些工作不是那么容易的。我真想知道,如果不是我们来了,如果我们没有采取这些措施,公司现在会是什么样子。"同时,他们还认为过去的管理者之所以形成这样的看法,是因为他们自己对新管理者的到来不满意,新管理者的到来,取代了他们原来在公司中的管理地位,他们必然心怀不满。

华胜公司的总裁认为,新管理者夸大了他们的贡献,公司目前存在的问题确实是他们导致的。他认为，华胜公司的员工们担心企业集团正在利用这些财务管理专家来判断安装部门的人员和费用可以削减，因而害怕自己成为公司裁员的对象。这种担心导致了劳动生产率的下降。总裁所面临的问题是怎样才能验证他自己的看法。他认为能够找出成本上升的真实原因的唯一办法是聘请外部专家作调查，他特别想请组织行为学专家来调查华胜公司工人的满意度状况，确定工人的行为态度与成本上升的关系。如果能够做到这一点，而且能够证明新的管理者是产生以上问题的原因和责任者，总裁相信他能够说服企业集团领导撤换这些人，让原来的管理者按照原来的方法管理公司。如果调查结果表明问题是由原来的管理者所导致的，那么这些人可能被解雇，新的管理者将继续留任。总裁认为后一种情况发生的可能性很小。

华胜公司内部也有人不同意从外部聘请专家，他们认为这样的问题不需要专家来回答，公司完全可以自己解决。外部专家不了解公司的运作情况，未必能找到真正的原因。如果只做工人满意度调查，他们自己就可以完成，因为这是一项很简单的工作，不需要专家来做。满意度调查不就是出几个问题，让工人填写答案吗？

但总裁认为这是一项很复杂的工作，满意度调查并不像人们想象的那样简单。而且，由外部专家来调查，可以避免许多偏见和不必要的麻烦。

总之，总裁信心十足，正如那天他对助手说的，"不管发生什么问题，我的根本目的就是找出问题的症结所在，只要能找到真正的原因，不管是什么问题，我都能解决。"

思考题

1. 面对这种情况，你将建议组织行为学专家采取哪种研究方法？为什么？
2. 你认为从外部聘请专家是否是解决本案例问题的最佳方法？为什么？
3. 如果调查结果证明本案例中工人的情绪低落、满意度低，是否可以肯定目前的状况与新管理者有关？怎样才能确定压缩成本的措施与生产成本上升之间的关系？

案例 1-2 同窗同学，命运截然不同

刘立荣，湖南益阳人，金立通信集团董事长兼总裁，身家 15 亿元，手机月均销量 45 万部，年销售量超 500 万部，集团年利润超 3 亿元。李盛，湖南新化人，现为上海一电子公司的技术员，月收入 5 000 元。李盛与刘立荣原本是最要好的大学同窗，也是一对当初同闯广东，同住一间宿舍，没钱时一同挨饿的患难兄弟。然而，10 多年过去，

这两个兴趣相投、爱好相近的患难兄弟,其命运为什么会产生如此大的落差呢?近日,笔者专访了李盛,从他的反思中找到了一个令人感悟犹深的原因。

一、大学同窗4年——卖牛奶面包,他总能多赚七八元钱

李盛是湖南省新化县人。1990年9月,他考取了校址在长沙市的中南工业大学。那天办完报到手续回到宿舍时,看到一个同学正埋头独自下围棋,他便说:"兄弟,我们来两盘行吗?"两人一边下棋一边聊天。通过交谈,李盛得知这位新同学叫刘立荣,来自益阳市农村。此后,同宿舍的他俩经常在课余下棋、聊天。大二时,为了赚取生活费用,刘立荣提出利用晚自习后的时间,到各个男生宿舍去卖牛奶和面包。李盛负责去三四栋男生宿舍推销,刘立荣则负责去五六栋宿舍。刚开始,两人每晚都能赚六七元钱,可不久刘立荣的钱越赚越多,李盛却越赚越少。李盛不服气,可两人调换推销宿舍后,刘立荣每晚还是能多赚七八元钱。一天,刘立荣看到李盛穿着一身汗透了的球衣,抱着食物箱就准备出门,他才恍然大悟地说:"你太不注意细节了。像你这样脏兮兮的,谁敢买你的食品?"李盛此后听从了刘立荣的建议,每晚出门前将自己收拾得干干净净,一段时间后,他的"生意"果然渐渐好了起来。

这件事后,李盛有些佩服刘立荣注意细节的优点了。此后,李盛学习很用功,大三时还拿到了800元的一等奖学金,而刘立荣却因为平时爱钻研围棋,又喜欢看经济管理类的课外书籍,学习成绩不过中等。但令李盛想不到的是,大学毕业分配时,尽管刘立荣专业成绩并不出色,却有3家单位争着要连学生推荐表都填得一丝不苟的刘立荣。最后,刘立荣选择了去天津有色金属研究所,而学习成绩好的李盛将工作落实在长沙前动力机车厂。

李盛觉得刘立荣分配到了研究单位,一定非常满意,哪想到1995年3月的一天,刘立荣来长沙找到李盛,说:"兄弟,我已经停薪留职,准备去广东了。你和我一起去吧!不然,年龄一大,岁月就冲淡了创业激情,到时就没有闯劲了!"李盛听了,也热血沸腾,当即答应一起闯广东。

二、南下淘金——同为技术员,他的图纸总是一丝不苟

1995年3月30日,两个同窗好友坐上了南下的火车。

到广州半个月后,两人没找到合适的工作,刘立荣建议去中山市。他俩去中山小霸王电子智能科技公司应聘技术员。出门前,李盛不慎碰翻水杯,将两人的简历浸湿了。他们将简历放在电风扇前吹吹后,李盛把简历和其他一些东西放进了包里,可刘立荣却将简历夹进一本书里,又认真地压平整,才双手将书捧在胸前出门。

到了小霸王公司,负责招聘的副总经过交谈,对他俩良好的专业知识很满意。然而,当他们递上简历时,李盛的简历不仅有一片水渍,且放在包里一揉,加上钥匙的划痕,已经不成样子了。那位副总不由皱了皱眉头。到了下午,刘立荣被通知去面试,并且应聘成功。当他们询问时，那位副总反问李盛："你连自己的简历都没能力保管好，我怎能相信你工作上的能力？"在刘立荣的一再推荐下，李盛才得到面试的机会，并最终和刘立荣一样被小霸王公司聘为技术员。

上班后，两人又同住一间宿舍，一同上下班，一起吃饭，一起抽7元钱一包的红双喜香烟。1995年6月底，技术主管让他俩各自设计一套程序。李盛凭着过硬的专业知识，一个晚上就完成了。次日下午一进办公室，发现双眼充满血丝的刘立荣仍在埋头查资料，在他的帮助下，刘立荣也完成了设计。李盛离开后，已经两天一夜没睡觉的刘立荣又将程序检查了好几遍，将图重新誊写了一遍。第二天，技术主管看了图纸后，说："从你们交上来的图纸看，小李的专业基础很扎实，可图纸潦草、脏乱，对工作太毛躁了；小刘的图纸一丝不苟，做事踏实，令人放心。"

1995年10月底，技术部一台车床起动时，起落架无法收回，导致无法运转。主管技术的副总检查后，发现原来是起落架上的插销没有拔出。故障排除后，刘立荣写了一份标准操作规范贴在机器上，不但写清不要忘记拔插销，而且对插销要怎么拔，拔出后后退几步，放在何处，都写得清清楚楚。副总来检查工作时，看到这张注意事项非常满意。

三、差距初现——进公司两年，他就成了他的上司

看到刘立荣对工作如此细心，李盛还是不屑地认为：你将自己累得要死，还不是和我领着同样的工资，何苦呢？然而，1996年11月，技术部主管辞职后，公司领导认为刘立荣办事认真细致，经手的事很少出错，于是将专业知识不如李盛的刘立荣提拔为技术主管，而给李盛只是象征性地涨了200元工资。1997年10月，公司分给刘立荣一套两室一厅的房子。为他搬家的那天，李盛心里很失落：才进公司两年，他怎么就成了我的上司了？

1998年4月，小霸王公司副总裁杨明贵准备去东莞组建金立数码科技有限公司。他将刘立荣带到了东莞，担任副总。在刘立荣的推荐下，杨明贵也将李盛带到东莞，担任技术部主管。

2000年5月的一天晚上，刘立荣一边与李盛下棋，一边打电话对公司文员再三叮嘱："从东莞去广州，你一定要给他买靠右边窗口的车票，这样他坐在车上就可以看到凤凰山；如果他去深圳，你就要给他买左边靠窗的票。"李盛不解地问："到底接待谁呀，你这样婆婆妈妈的？"刘立荣说："台湾顺翔公司的杨总，他出门时不喜欢坐汽车而喜欢坐火车。这样，他一路可以欣赏凤凰山的风景。"李盛笑道："这些小事你也装在心里，累不？"可令他没有想到的是，这件小事竟给公司带来了2 000万元的业务。

2001年10月，金正数码公司发展为集团公司，刘立荣也升任集团公司副总裁。可

不久，李盛却给公司带来了莫大的损失：生产部按技术部新开发的模具生产出样品后，才发现模具设计居然出了问题，一条价值 400 多万元的生产线全报废了。董事长得知后大发雷霆，撤了李盛的职务，让他当普通的技术员。几天后，李盛离开了金正数码公司，在东莞市虎门镇兴利电子公司找到了一份做技术开发的工作。

四、不同的命运——他身家 15 亿，他月薪 5 000 元

2002 年 7 月的一天，李盛与刘立荣在虎门镇相遇。刘立荣告诉李盛，自己准备辞职，筹资成立一家属于自己的通信设备公司，并邀李盛和他一起干，可李盛摇了摇头，说："我已经买了房子，不想再奔波了。"

此后，刘立荣招兵买马，创建了金立通信有限公司。一晃 7 年过去，李盛仍然只是一个技术员，依然抽着 7 元钱一包的红双喜香烟，挤公交车上下班；而刘立荣贵为金立集团的总裁，开着奔驰 600 轿车，成了亿万富翁。2009 年 3 月，兴利电子公司由于受金融风暴的影响破产了，李盛只得到深圳另找工作。此时，刘立荣的金立集团已成为国内手机企业的重要品牌，他自己身家 15 亿元。2009 年 9 月，李盛在上海的一家电子公司重新找到了工作，月薪 5 000 元。

接受采访时，李盛反省说："以前，我总觉得刘立荣职务扶摇直上，事业飞黄腾达，是一种偶然和幸运。我现在才明白，他是因为凡事都注意细节，不断进步，细节决定命运啊！"

思考题

1. 李盛与刘立荣本是同窗好友，但最终命运截然不同，其根本原因是什么？
2. 本案例对你有什么启发？

个体行为

  组织是一个有机体,它由众多的群体组成,而群体又是由个体组成。个体、群体、组织三者之间存在着紧密的内在联系。因此,组织行为学研究群体与组织行为就必须从对个体行为的研究开始。组织行为学对个体行为研究的目的不仅仅是描述个体行为,更重要的是揭示个体行为的规律,分析影响个体行为的因素,从而加强对个体行为的预测、引导和控制。

第二章

个体心理与个体行为

心理学所研究的具体内容有两个方面：一是人的心理活动的发展变化规律，二是人的个性心理特征的形成规律。心理学之所以要系统研究以上内容，其目的不仅要认清人的心理的本质，而且要探讨提高人们从事各种劳动和学习效率的有效途径，有成效地改造客观世界和主观世界，以便更好地适应现代社会不断发展的形势需要，在各种实践活动中充分发挥人的主观能动作用。

第一节 个体行为规律

一、行为的概念、特征与模式

1. 行为的概念

人的行为是指人的有目的的活动。它包括人的欲望、动机、感情、态度、意志在行为上的表现。一般说，人的行为的产生、发展和变化总是有原因、有目标的。因此，人的行为是一种有目的的、有意识的并在一定力量支配下的自觉的能动活动。人的行为与一般动物的根本区别就在于，一般动物活动是由有机体的自然需要而支配的，是一种纯本能的体现；而人的行为则是由需要支配的。

2. 行为的基本特征

人的行为有以下基本特征。

（1）自发性。人的行为是主动自发的而不是被动的。外因可以影响甚至改变人的行为，但不能代替其行为。

（2）因果性。人的行为都是有原因的。无缘无故的行为是不存在的。

（3）目的性。人的行为总是有目的的。有些行为似乎毫无目的，实际上，这时的行为目的只不过处于潜意识状态。

（4）持久性。人的行为在未达到目的之前，一般不会终止。

（5）效果性。人的行为总会引起一定效果。只不过效果有大有小，有好有坏。

（6）可变性。人的行为总是在不断变化的。不仅可以经常变换其行为的手段，而且行为的质量层次也在不断变化。

研究人的行为的共同特征，对于探索人的行为动机规律、心理活动规律，从而预测、引导和控制人的行为有着重要的意义。

3．行为的模式

人的行为尽管是错综复杂的，但心理学家总结出了便于研究人的行为规律的各种模式。

（1）$S \to R$ 模式

S：代表某种刺激（环境、条件）。

R：代表反应、行为。

$\to$：代表神经系统的作用。

这个模式认为，人的行为总是在一定的刺激条件下产生的。但是，这个模式把人的主观能动性排除在外，所以，很难说明人的行为的本质和全过程。

（2）$S \to O \to R$ 模式

现代心理学家认为，在刺激（S）与行为反应（R）之间，应该考虑个体（O）内在条件、主观能动性。因此，在自变量 S 和因变量 R 之间应该放入中间变量 O，这个模式如图 2-1 所示。

图 2-1 人的行为模式

由于个体的思想观念、知识经验、心理状态、身体状况、觉悟情操等的不同，人的行为会因人、因时、因地而异，即刺激与反应之间会有各种不同的关系。人们对刺激的反应大体有以下几种情况。

① 同一刺激对不同的人会引起相同的行为。

② 同一刺激对不同的人会引起不同的行为。

③ 不同的刺激分别刺激不同的人，会引起同样的行为。

（3）$B=f(P \cdot E)$ 模式

B：代表人的行为。

P：代表个体（内在需要）。

E：代表环境（社会与自然环境）。

f：代表函数关系。

这个模式表示，人的行为是个体及其所处环境的函数。就是说，人的行为决定于人的内在需要与周围环境相互作用的结果。

二、个体行为规律

在一定客观环境下，人总会有某种需要，需要决定动机，动机产生行为，行为指向目标，目标一旦实现，一个新的需要又将产生。周而复始，往复无穷，构成了人的行为规律，如图 2-2 所示。

图 2-2 人的行为规律

1．环境

环境是决定人的行为的外部条件，是事物发展的外因。人的需要与行为的发生和发展离不开一定客观环境的作用和影响。

（1）自然环境。人类要生存与发展，首先要适应和改造自然环境，因为人们生存与发展的各种需要，是通过对自然界的改造来实现的。

（2）社会环境。人类为要生存和发展，还要适应和改造社会环境。人类社会是按照自身发展规律在不断地运动、发展、演变。人的需要必然地要和一定的社会历史环境相联系。社会的生产关系、经济关系、政治法律关系、文化教育关系以及伦理道德关系等，都从各不相同的方面，规定和制约着人的需要。而人又按照自己的需要去改造客观社会环境。

2．需要

（1）需要的概念。需要是人的客观要求在主观上的反映；或者说，需要是人对某种目标的需求或欲望。

（2）需要的意义。需要是产生人类行为的原动力或内驱力。

人的客观存在的需要一旦被主观意识到，就以动机的形式表现出来。因为需要在主观上常以一种不满足感或者对某事物、现象的必要感而体验着，这种体验越强烈，由它引发的活动（行为）也就越有力、越积极。因此，需要是产生人的行为的原动力。

3．动机

（1）动机的概念

动机是被需要推动而达到一定目标的行为动力。或者说，动机是产生人的行为、维持该行为并将该行为引导到一定目标的心理活动过程。动机对人的行为起着激起、调节、维持和停止的作用。

动机是在人的主观需要和客观条件相互作用的基础上产生的。人的行为产生于动机，但人的行为往往并不是由单一动机推动的，在许多情况下，推动人行为的是几种动机的综合，而在几种动机中，必然有一种动机占主导。了解和研究人的主导动机对于预测和引导人的行为具有重要意义。人的动机的强度，取决于需要的强烈程度。人的动机越强烈，其投入某活动的精力和努力程度就越高，克服困难的毅力就越大，活动也就越有成绩。当然，如果动机过于强烈，不顾主客观条件，不顾动机与效果的统一，鲁莽行事，活动的结果必将事与愿违。

（2）动机的机能

① 引发机能。动机引发、产生人的行为。

② 选择机能。动机促使人的行为朝着特定目标及预期方向进行。

③ 强化机能。使好的行为重复出现，不好的行为削弱或停止。

（3）影响动机的心理因素

① 个性心理特征。个体的兴趣、爱好和性格对人的动机有很大影响。

② 个体价值观。不同价值观对同一事物有不同评价，也就会产生不同动机与行为。

③ 抱负水平。不同人有不同的抱负水平，也就会产生不同的动机与行为。

4．行为

（1）产生行为的原因

人的行为总是在动机的支配下而产生的。但人的行为很少出于单一动机，往往受多种动机甚至是相互矛盾动机所驱使。

（2）行为与动机的关系

人的动机与行为通常是统一的，但动机与行为之间常常表现得错综复杂，其主要表现在以下方面。

① 同一动机可以引起不同行为。

② 同一行为来自不同动机。

③ 合理动机可能引起不合理行为。

④ 不合理动机可能被外表的合法行为所掩盖。

因此，对人的动机与行为应进行具体、深入地分析，才能对人的行为作出真实客观、恰如其分的评价。

5．目标

（1）目标的概念

目标是人的行为的目的；或者说，目标是人期望达到的成就或结果。人的任何行为都是为了实现某一目标,毫无目标、盲目的行为是没有的。

(2) 目标的实质

目标是人对某种活动的预期结果、是对未来的一种想象,目标是人主观确定的,是刺激人的行为的一种诱因。一个目标实现了,另一个新的目标又确定下来。但是,目标必须符合客观实际才有实现的可能,否则,就是不切实际的空想或幻想。

(3) 目标的表示

目标既可以是一种外在的物质对象,如产量、质量、利润;也可以是一种精神对象,如技术水平、文化水平、思想水平、理想愿望。

(4) 目标与行为的关系

在行为实现目标的过程中,有两种行为。

① 目标导向行为:在实现目标过程中的行为。

② 目标行为:直接指向目标本身的行为。

两种行为,对人的需要强度、行为动力的影响是不一样的。实践表明,目标导向行为越短,越是接近目标,人的需要强度越强,对人的激励作用也就越大,人的行为动力也就越足;相反,目标导向行为越长,人的需要强度越弱,人的行为动力就越不足,甚至使人感到目标太遥远,可望而不可即,给人一种挫折感,从而减弱人对目标渴求的程度,容易使人感到失望而产生消极作用。

三、个体行为的分析

对人的行为应进行科学的分析,在分析人的行为过程中要把握三点。

(1) 在分析人的行为时,应同时考虑到个人(主观)因素和环境(客观)因素两个方面,因为任何行为都是个体因素与环境因素相互作用的结果。

(2) 在分析个体因素时,应同时考虑到外在表现(行为)和内在思想(动机)两个方面,因为两者关系错综复杂,有时一致,有时并不一致。

(3) 在分析内在动机时,应同时考虑到积极动机和消极动机两个方面,因为产生行为的动机有积极的,也有消极的,如图2-3所示。

人的行为 { 主观(个人)因素 { 外在表现(行为) 内在思想(动机) { 积极动机 消极动机 客观(环境)因素

图2-3 个体行为的分析

第二节 心理活动与个体行为

所谓心理活动就是指人对客观事物的认识活动以及人对客观事物的态度。因此，人的心理活动的具体内容包括认识活动、情感活动和意志活动。

一、人的认识活动

所谓认识活动，就是人脑反映客观现实的活动过程，其中包括感觉、知觉、注意、记忆、思维、想象等。

1. 感觉

人的任何活动都伴随着认识活动这一心理现象。例如，人在认识世界上各种事物和各种现象时，总要用眼睛先去看看它的颜色、形状和大小，用耳朵听它发出的声音，用鼻子闻闻它的气味，用手去摸摸它是软、是硬、是凉、是热等。这就产生了人的感觉，它是最基本的心理现象，是人对客观事物所获得的最简单的认识。

（1）感觉的定义与分类

感觉是客观事物直接作用于人的感觉器官后，在人脑中所产生的对客观事物个别属性（如颜色、声音、气味等）的反映。

根据感觉所反映的事物及属性的特点不同，可以把人的感觉分为三大类。

① 外部感觉。接受外部刺激，反映外界事物的个别属性的反映。属于这一类的感觉有视觉、听觉、嗅觉、味觉、触觉。

② 内部感觉。接受身体内部刺激，反映身体内脏器官不同状态的感觉。例如，反映内部器官的信息，有饥、饱、渴、闷、吐、痛等，合称机体觉。

③ 运动感觉。来自身体运动感受器的作用、反映有机体本身的运动信息，如动觉、静觉、平衡觉等。

（2）感受性

人对刺激的感觉能力，称为感受性。并不是任何刺激都能引起感觉。例如，我们听不见由屋内另一端传来的手表滴答声，也感觉不到落到皮肤上的灰尘。如果要产生感觉，刺激物就必须达到一定的量。那种刚刚能引起感觉的最小刺激量，称为绝对感觉阈限。人能察觉到最小刺激量的能力称为绝对感受性。这就是说，人的感受性的大小是用能引起感觉的刺激量的大小来衡量的。因此，绝对感受性和绝对感觉阈限在数量上成反比关系，即绝对感觉阈限越小，说明绝对感受性就越大。如果用 E 代表绝对感受性，R 代表绝对感觉阈限，那么它们之间的关系便可以用下列公式表示：

$$E = 1/R$$

（3）感觉的重要性

人的感觉虽然是一种最简单的心理现象，但它在人的认识活动中却起着极其重要的作用。人只有通过感觉，才能分辨事物的各种属性，感知它的声音、颜色、软硬、重量、温度和气味等；人只有通过感觉，才能了解内部器官的工作状况和自身的运动状态。一切较高级、较复杂的心理现象，如思维、情绪和意志等，都是在感觉的基础上产生的。因此，感觉是人认识客观世界的第一步，是人关于世界的一切知识的最初源泉。人只有通过感觉，才有可能逐步认识客观世界。

2．知觉

（1）知觉的定义

所谓知觉，就是直接作用于感觉器官的客观事物在人脑中整体的、综合的反映；或者说，知觉是人对客观事物的各种属性、各个部分及相互关系的整体反映。显而易见，知觉反映的是具有各种不同属性或各个部分的事物的整体，因此，需要有各种感觉器官联合的活动，才能对事物形成一个完整的形象。所以，知觉的生理机制是多种分析器联合活动的过程。

（2）错觉

在一定的条件下，人在感知事物的时候，会产生各种错觉现象。所谓错觉，就是在外界刺激物作用于感觉器官时，所产生的不正确的知觉。引起错觉的原因是多方面的。从客观上看，错觉的产生都是在知觉对象所处的客观环境有了某种变化的情况下而发生的。人往往习惯于根据过去的经验来感知当前事物，如果当前的事物同以往的经验发生矛盾时，倘若还按经验办事，就容易产生错觉。另外，错觉也可能是各种感觉相互作用的结果。例如，形重错觉就是大脑接受视觉信息多于动觉信息而引起的。从主观上看，错觉的产生也与人的情绪状态有关。战败了的士兵，由于恐惧情绪而产生"疏雨黄昏，疑神疑鬼，风声鹤唳，草木皆兵"的错觉。

（3）知觉的特点

一般来说，人的知觉具有以下特点。

① 知觉的选择性。作用于人的客观事物是十分纷繁复杂的。但是人们不可能对作用于他们的全部客观事物都清楚地感知到，也不可能对所有的事物都作出反应；人总是有选择地以少数事物作为知觉的对象，对它们知觉得格外清晰，而对其余的事物则反映得比较模糊。知觉的这种特性，称为知觉的选择性。

② 知觉的理解性。人们在感知客观事物时，总是根据其以前的知识和经验来解释它们，并且用词语来标记它们，知觉的这种特性称为知觉的理解性。人们面临的许多事物，虽然都是看得见、摸得着的，但由于知识经验不同，因而对知觉对象的理解也

不同。知觉的这一特性说明在知觉中感性活动和理性活动是相互联系的。人的知觉总是和思维活动联系在一起的。

③ 知觉的整体性。知觉的对象具有不同的属性并由不同的部分组成。但是人在认识过程中并不把知觉的对象感知为个别的孤立部分，而总是把它知觉为一个统一的整体。人对任何事物的认识都是从整体出发，并以认识事物的整体作为基本目的。这种特性称为知觉的整体性。

④ 知觉的恒常性。当知觉的条件在一定范围改变了的时候，知觉的映像仍然保持相对不变，这种特性称为知觉的恒常性。例如，不论在黄光照射下还是在蓝光照射下，我们总是把国旗知觉为红色的。这就是颜色恒常性现象。

3．注意

（1）注意的定义

注意是指人的心理活动的指向性和集中性。心理活动的指向性就是指心理活动是朝着什么事物而发生的。人的任何心理活动都是有所指向地进行着。心理活动的集中性，不仅是指各种心理活动都聚集在其所选择指向的事物上，而且也是指这些心理活动深入于这种事物的程度而言的。

（2）注意的意义

当一个人注意地从事某种活动的时候，就会在这种活动方面取得优异的成效。因为一方面注意能组织心理活动指向和集中在当前应该指向和集中的对象上，另一方面它又能把一切无关的事物阻拦在反映系统以外。注意在人的心理发展中起着非常重要的作用，如果在认识客观事物的过程中，能注意地反映当时应该认识的事物，就会使我们的观察力、记忆力、想象力和思维力等得到提高，同时也会促进我们的兴趣、才能、性格和理想的形成。

（3）注意的种类

注意可以按照是否具有目的和意志努力，划分为无意注意和有意注意。

① 无意注意（或不随意注意）。无意注意就是没有预定的目的和无须意志努力的注意。无意注意是由于作用于人们的事物本身所直接引起来的，因此这种注意是一种被动注意。

② 有意注意（或随意注意）。有意注意就是有预定的目的和需要意志努力的注意。有意注意是由作用于人们的事物与实践活动的预定目的有着一定的联系所引起的。虽然客观事物本身未必具有某种突出的特点，未必与人的当时的需要、情感、兴趣有联系，但由于它与人的实践活动的预定目的有着密切的关系，所以人就能在语言、词的支配下努力地把自己的注意集中在这种事物上。可见，有意注意是一种积极主动的注意。

4. 记忆

（1）记忆的定义

人在实践活动中经历过的许多事物，以不同的程度，保留在人的脑海中，变成个体的知识和经验。此外，人还能把思考过的问题、体验过的情感以及做过的动作在需要时反映出来。这种内在的心理活动就称为记忆，也就是说，记忆是人对过去经历过的事物在头脑中的反映。

（2）记忆的过程

记忆包括识记、保持、重现和再认四个基本过程。

人们对客观事物的记忆是从识记开始的。人们通过对某事物反复地观察、倾听、阅读，在头脑中建立暂时神经联系，事物的映像便保存在头脑中，这个过程就称为识记。为了使学到的知识经验获得巩固，就要反复感知，加深印象，这是保持。人们掌握了知识和经验以后，就要不断地使用，知识经验应用于实践才是可贵的，这个应用的过程就以重现和再认的方式表达出来。再认和重现是检验记忆能否保持的重要指标，也是记忆的最终目的。所谓再认，就是当经历过的事物再次出现时，感到熟悉，能够识别、再认识。而重现是当主观或客观需要时，把经历过的事物重新反映出来的过程。如果过去所经历过的事物不在眼前，根据需要而在脑海里重现出来，这就是回忆。回忆是重现的一种基本形式。

（3）记忆能力的培养

为了有意识地锻炼提高自身的记忆能力，必须注意以下几点。

① 明确识记对活动任务和内容的依存性。日常生活中有很多的事物，虽然经常接触，但是如果没有明确的任务，没有积极的识记意图，就不容易建立起印象，不易有清晰的记忆。因此，具有明确的识记任务对识记效果有着极其重要的作用。

② 对识记活动树立起积极的态度。动机与目的、兴趣与态度对任何心理活动都有极大的影响，记忆当然也不例外。目的明确，动机强烈，兴趣浓厚，态度积极，记忆的效果就好，反之就差。一个人对生活中的某项事物充满了兴趣，就会使他对该事物给予优先的注意和积极地探索，因而也就会更好地记住它，掌握它。

③ 明确识记效果对理解的依存性。实践证明，以理解为基础的识记无论是识记的全面性、速度还是精确性和牢固性都比机械识记效果好。

5. 思维

（1）思维的定义

思维同感觉、知觉一样，是人脑对客观现实的反映。但是感觉、知觉反映那些看得见、摸得着的东西，是对客观现实的直接反映；思维则反映那些看不见、摸不着的无形东西，它是对客观现实的概括的、间接的反映。

所谓概括的反映，就是说它所反映的东西不是个别事物或事物的个别特征，而是反映同类事物的本质特征和各种事物之间的内在联系。因为人所要认识的客观事物种类繁多，而每类事物中又可以分出许多名目，如果人在认识和思考的过程中，不加以必要的概括，那么人的思维的发展就很困难了。所谓间接的反映，是指人在认识客观事物时，并不是事事都要亲临其境，亲历其事，而是可以通过其他事物的媒介来反映客观现实。

正是由于思维的概括性和间接性，人就可以通过思维去认识那些没有或者不能直接作用于人的各种事物的本质和本质联系，因而可以掌握各种事物的发展规律。

（2）思维的过程

思维的基本过程是分析、综合、比较、抽象和概括。

① 分析。分析是在思考过程中把事物的整体分解为各个部分，把事物的个别特征或属性分析出来。例如，把一部机床分解为许多部件，分别研究其特性，把一种食品分出色、味、香、形的特点等。

② 综合。综合是思考过程中把事物的个别特征或个别属性结合为某个整体。例如，把以太阳为中心的包括九大行星及其卫星在内的天体系统称为太阳系，把具有根、茎、叶、花和果实的生物统称为植物而研究共同属性等。分析和综合是统一思维过程的两个方面，两者相互联系，相互依存，并构成思维过程的本质核心。人思考问题不能没有分析，也不能没有综合。只有分析没有综合是"只见树木不见森林"，只有综合没有分析是"只见森林不见树木"，只有既分析又综合，综合后再分析，思维才能全面而且深刻。

③ 比较。比较是在思考过程中把事物或现象加以对比，确定它们之间的异同点及其相互关系。比较是鉴别事物的重要手段，人们认识一切客观事物都是通过比较来实现的，没有比较就没有鉴别，人们只有把事物进行比较的时候，才能对其优与劣、好与坏、先进与落后有更深刻的认识。但是，比较不能离开分析和综合，它必须在分析和综合的基础上进行。

④ 抽象。抽象是在思考过程中把对象和现象之间的共同属性抽出来，并把其中的本质的和非本质的属性区别开来。

⑤ 概括。概括则是把共同的、本质的属性联合起来。分析综合是抽象概括的基础，比较是抽象概括的前提，事物通过分析综合才能找出它的特征，通过比较才能区分这些特征的异同，抽象则是从中找出本质的特征，扬弃非本质的特征，概括就是联合同类事物共同具有的本质特征。

（3）思维的特点

人与人之间的思维活动存在着某些个别差异和特点。其包括思维的广度、思维的深度、思维的独立性、思维的敏捷性、思维的逻辑性及思维的创造性等。

① 思维的广度。思维的广度是指一个人思维的广阔程度的特点。具有广阔智慧的人，提出问题时能在鸟瞰全貌的基础上，善于全面地考查问题，分析问题时能高瞻远瞩，看全局、看整体、看发展，处理问题时能从大处着眼，照顾全局，不因小失大，不顾此失彼，不只顾眼前利益等。

② 思维的深度。思维的深度是指一个人思维的深刻程度的特点。思想深刻的人，不满足于抓住次要的现象或枝节的东西，需要了解主要的、全局的、本质的东西；不满足于掌握事物的外部特征，还要挖掘事物的内在联系；不满足于得到眼前的结果，还要追踪发展的趋势；不满足于掌握浅易的知识，还要深入钻研疑难问题等。

③ 思维的独立性。思维的独立性表现为一个人能独立地进行思考，善于独立发现问题、分析问题和解决问题。具有思维独立性的人不易受别人的暗示和影响，不依赖现成答案，凡事能够自己开动脑筋，寻找解决问题的途径和方法。思维的独立性是人从事创造性活动必须具备的品质。

④ 思维的敏捷性。思维的敏捷性表现为一个人能够迅速地作出反应。当然，这种迅速的思维活动，必须是深思熟虑的，必须有事实根据的。因此，思维的敏捷性和思想的轻率性不同。思想轻率的人虽然反应也快，但是这种人往往考虑问题是匆匆忙忙，作出决定是马马虎虎，思维活动既没有广度，也没有深度，因而对事物的认识具有很大的片面性。

⑤ 思维的逻辑性。思维的逻辑性表现为一个人的思维过程服从于严格的逻辑规则，考察问题的时候遵循逻辑的顺序，进行推理的时候遵循逻辑的根据，思路有层次而且连贯，表述时有条有理，秩序井然，使听者感到清晰明白，毫不紊乱，论证时论点明确，论据充分，言之有据，言之成理，令人信服。

⑥ 思维的创造性。思维的创造性是指思维过程中的顿悟、独创、发明及发现。具有这种品质的人能从新的、与众不同的角度提出问题，分析问题有独到的见解，解决问题有新的途径、方法。这种人善于提出新的观点、意见和假说，善于想象出新的形象、意境和情节，在思维过程中不走老路而另辟新径，不老调重弹而标新立异，不墨守成规而能革新、首创等。

6. 想象

想象是在现实刺激的影响下，在头脑中对旧形象加工改造，形成新形象的过程。人想象中出现的形象，不是记忆形象的简单再现，而是自己从未感知过的新形象。尽管如此，人的想象依然是客观现实的反映。即使是最虚幻离奇的形象，也不是凭空创造出来时，它取材于现实生活，不能脱离现实的土壤。客观现实是想象的源泉。

人们的创造劳动都是从对生活中尚未存在的事物进行想象开始的，因此，想象是创造新知识、新事物的重要条件，没有想象就没有创造；没有想象，人们就不可能确定未来的目标；没有想象人们就不可能拟定行动的计划；没有想象，人们就没有了精神动力。无论是文学家、艺术家、自然科学家和社会科学家，他们的创造劳动都离不开想象的作用。

二、情感活动

情绪和情感是人对客观世界的一种特殊的反映形式，它是人对外界刺激带有特殊色彩的主观态度和体验。

1．情绪和情感

在心理学中，情绪和情感这两个概念既有联系，又有区别。所谓情绪，是指那些与某种机体需要是否得到满足相联系的态度体验，而情感则是与人的社会需要、精神需要是否得到满足相联系的态度体验。因此，情绪是态度体验的一种低级形式，它是人类和动物所共有的，而情感则是人类所特有的，它在社会交往的实践中产生和发展，并受社会历史条件制约。一般来说，情绪带有本能性、不稳定性和易变性的特点，而情感则是由千百次地、多方面地感受事物而形成的，所以带有持久而稳定、深刻而具有本质的特点。由于人们对客观事物的态度和体验是十分复杂的，因此，人的情绪和情感也相当纷繁复杂。在我国的传统习惯中，通常把人的情绪分为"喜、怒、忧、思、悲、恐、惊"七种，即所谓七情。

2．情绪和情感对人的影响

情绪和情感对人有着重要的影响。

（1）情绪和情感对人的身心健康有着重要影响。俗话说"笑一笑，十年少。愁一愁，白了头。"这里讲的"笑"与"愁"都是植物神经系统直接作用的结果，并引起相应的一系列的生理变化。在这些生理变化中，有些对人的健康是有益的，有些是有害的。

（2）情绪和情感对人的工作效率与工作质量起着重要的调节作用。积极的情绪和情感可以使人焕发出惊人的力量去战胜困难，而消极的情绪和情感则会严重妨碍工作的完成。

3．培养和维持健康的情绪和情感

如何培养与维持健康的情绪和情感呢？

（1）注意保持积极的心境。所谓心境是指人的比较微弱而持久的情绪状态。这种情绪状态并不是关于某一件事的特定的体验，而是在一定时间使人的一切体验和活动都染上同样情绪色彩。例如，人高兴了，往往看见什么都高兴，即所谓的"人逢喜事精神爽"，而心境不好看见什么都不高兴。心境既可以激发人的积极性，也可以压抑人的积极性。

（2）努力提高认识水平。人的情感和认识紧密相连，认识不同，情感也不同。人们通常讲，世上没有无缘无故的爱，也没有无缘无故的恨，即说明认识与情感的关系，知之深才能爱之切，知爱才能恨。要想陶冶高尚情感，必须努力提高认知水平。

（3）积极参加社会实践活动。因为情感是在社会实践活动中产生的，社会活动是丰富人的情感的最有力的源泉。例如，人在观察问题中的惊讶感，在研究活动中的怀疑感，在解决问题中的喜悦感和事业感等，只有在社会实践活动中才能发展起来，丰富起来。

三、意志活动

人不仅要认识世界，而且要改造世界。因此，人的心理活动不仅限于对客观事物的认识活动和情感活动，更主要的还表现在人对客观现实进行有意识、有目的、有计划的改造活动之中。这种自觉地确定活动的目的，并为现实预定的目的有意识地支配、调节其行动的心理现象，构成了人的心理活动的一个重要方面，即意志活动。

1. 意志的定义

意志是一个人为了实现预定的目的，自觉地克服困难，不断地调节、支配自己行动的心理过程。意志是人类特有的心理现象，它是人改造客观世界和主观世界所不可缺少的心理因素。一个具有坚强意志的人，会使他在工作与劳动中努力克服重重困难，争取辉煌的成绩。

2. 意志活动的特点

人的意志活动有以下特点。

（1）意志活动是一种有意识有目的的活动。意志活动是自觉地确定目的的活动。而这种目的的确定，不是主观任意决定的，而是对客观现实的反映。人为了确定目的，总要审度客观形势，分析现实条件，回顾过去经验，设想将来结果，进行全面权衡和一再斟酌之后才能确定下来。人的任何一种社会活动都是以所意识的活动目的和结果为前提条件，也只有通过这种意志调节，才能使自己的行动服从于既定的目的和结果，从而使人类成为改造客观现实的主人。

（2）意志活动是一种自觉地克服困难的活动。意志活动的重要特征是行动目的的自觉性。在确定活动目的的时候，人对其行动目的的方向具有充分自觉的认识，能够自觉地服从客观事物的发展规律，服从社会所公认的行为准则，在实现活动目标的时候，人们要自觉地克服重重困难，以保证既定目标的实现。如果一个人意志薄弱，就会在困难面前显得懦弱、颓丧、胆怯，不敢同困难作斗争，当然也就不能实现既定的目的。

（3）意志活动是由一系列随意活动实现的。随意活动是在后天的生活实践中发展起来的，属于条件反射的性质。正由于条件反射在一定条件下可以建立，也可以消退，所以，人就能够根据一定条件随意地发动和制止自己的活动。随意活动体现了意志对动作的调节作用，这种调节作用表现在两个方面，一是激励，二是克制。前者是推动人为达到既定目的而行动，后者则是阻止或制止与既定目的相矛盾的行动。

3. 意志的表现

良好的意志品质，主要表现在以下几个方面。

（1）意志的坚毅性。意志的坚毅性是指人能正确理解社会的要求和利益，在行动中有坚定的目的，能百折不挠地克服一切困难和障碍去完成既定目标的意志品质。它的特性是不顾任何挫折、失败，不怕任何困难与障碍，始终不渝，不达目的，誓不罢休。一个具有坚毅性的人，既不轻易改变自己的决定，也不一意孤行，而是根据客观实际情况，从本质上去辨别与评价别人的忠告和意见，并在此基础上制定和修改自己的行动计划。

（2）意志的果断性。这是能够迅速地估计所发生的情况，立即作出决定，并且毫不迟疑地去执行决定。具有果断性品质的人，善于根据具体材料进行分析、判断，在明辨是非真伪的基础上，迅速而正确地采取行动。因此，果断不等于盲动，它不是在缺乏认真思考的情况下轻举妄动、鲁莽从事。具有果断性的人，善于在紧急情况下立刻抉择，采取断然措施，因此，果断性常常与不怕困难、敢于承担责任的勇敢精神相联系，在复杂困难的条件下表现出来。

（3）意志的自制性。这是指一个人在意志行动中，善于控制自己的情感，约束自己的言论，节制自己的行动。当工作胜利时，不骄不躁；遇到挫折，镇静自若，发表言论时能考虑到各种影响，对于同事的误会或不礼貌的言行也能忍让、节制。与自制性相对立的是任性和怯懦。前者是自己的行动不加任何约束，我行我素，任其兴致所及；后者在行动时畏缩不前，或因情况变化而张皇失措。这两种品质都是意志薄弱的表现。

第三节 个性心理特征与个体行为

所谓个性心理特征是指一个人所具有的各种重要的稳定的心理特点。这些特征集中地体现了人的心理活动的特殊性，一个人的这些主要心理特征的综合，就形成了他的个性。个性是一个人的各种心理特征的综合，而构成一个人个性的心理特征又是多种多样的。作为人的主要的个性特征常常表现在气质、性格及能力等方面。

一、气质与个体行为

1. 气质的定义

气质在心理学中的解释是人的高级神经活动类型的特点在行为方式上的表现。这个定义强调气质是人的情感和活动发生的速度、强度及外部表现上的心理特征。

2. 气质的类型

气质是一个古老的概念，它是由古希腊的著名医生希波克拉底在大约公元前5世纪时首先提出来的。他把人的气质分为四种类型，分别称为胆汁质、多血质、黏液质和抑郁质。

（1）胆汁质。具有这种气质的人，其情感发生得快而强烈，并且有明显的外部表现，具有外倾性。这种人最突出的特点是具有很高的兴奋性和较弱的抑制过程，因此，在行动上表现出不均衡性，大多是热情而性急的人。这种人性情坦率直爽，情感充沛，精力旺盛，但脾气暴躁，情绪易冲动，心境变化激烈，很容易大发雷霆。这种气质类型的人，能以极大的热情投身于事业，勇于克服各种困难。但是如果遇到重大的挫折，情绪也会很快低落下来。

（2）多血质。这种气质的人其情感发生的速度快，外部表现明显，但强度方面却比较温和。这种人热情活泼，机智敏锐，动作敏捷，他们的心理活动和外部动作具有很高的灵活性。由于这种人的神经过程平衡而灵活，因此善于交往，容易适应环境，往往到一个新的环境里不感觉拘束，并能较快地把握新生事物。所以他们在从事多变和多样化的工作时，往往成绩卓著，有显著的工作效能。但是这种人对于任何事物往往缺乏深刻的体验，因而他们的情感、兴趣也容易改变或波动，待人处事显得不够踏实。如果工作受挫或事业不顺，朝气蓬勃的热情就会锐减，行动上也因缺乏毅力而动摇。

（3）黏液质。这种气质的人的各种心理活动和外部动作都相当迟缓，然而他们的智力透彻，想象力丰富。这种人待人处事心平气和，沉着冷静，忍耐力强，能较好地克制自己的感情冲动，很少发脾气。他们经常的表现是态度持重，交际适度，不愿作空泛的清谈，务实精神较强，并能严格遵守既定的生活秩序和工作制度。这种人不足之处是固定性有余而灵活性不足，对人对事物较刻板、有惰性。

（4）抑郁质。这种气质的人的情感和活动都非常慢，强度也比较弱，他们的情感活动单调持久而又不易形之于外，具有明显的内向性。这种人的突出特点是具有高度的情绪易感性，即使是微弱的刺激，也会当作较强的作用来感受，因此这种人往往多愁善感，易神经过敏。但是这种气质类型的人观察问题比较细腻深刻，善于觉察出别人不易觉察的细小事物。在工作中克服困难精神也较强，具有坚定性。在人际关系上，他们能与别人很好地相处,并且能胜任别人委托,为人诚实,办事认真。但是,他们的性格大都比较孤僻,表情腼腆、怯懦,办事缺乏果断,面临危险情势表现十分紧张、恐惧。由于这种人常常为一些微不足道的缘由而动感情,因此其情感容易受挫折,悲观心理情绪较重。

上述只是人的气质中最典型的类型。具有这四种类型气质的人,我们在生活中可以见到,但更多的人不一定那么典型,他们的气质往往是接近于某一种气质同时又兼有其他气质的某些特点。

人的气质类型本身是不分好坏的,每种气质类型都存在向积极或消极性格品质发展的可能性。例如,胆汁质的人容易形成勇敢、爽朗、有进取心等积极品质,但也容易养成粗心、任性、暴躁等缺点;多血质的人容易形成活泼机敏、有同情心、爱交际等品质,但也容易养成轻浮、不踏实、不真挚等缺点;黏液质和抑郁质的人可能具有深刻、坚定、平稳、沉着的品质,但也可能是孤僻、消沉和多愁善感的人。所以,人的气质类型本身无所谓善恶,各种气质类型的人,都可以培养成为德才兼备的优秀人才。因此,每个人无论属于何种气质类型,都不要自命不凡或妄自菲薄。

二、性格与个体行为

1. 性格的定义

性格是对人、对己以及一切外界事物的态度方面所表现出的各种基本心理特征的综合,是人对客观现实的稳固的态度以及与之相适应的习惯了的行为方式。在个体生活中那种一时性的、偶然性的表现,不能被认为是一个人的性格特征。只有那些经常性的、习惯性的表现,才能被认为是一个人的性格特征。

2. 性格的形成

人的性格是在个人与环境相互作用的过程中形成的,即由后天的生活实践、工作实践以及教育影响,长期塑造而成。在长期的生活经历中,客观事物不断地渗透到个体的认识活动、情感活动和意志活动中,构成个体的一定态度体系,并以一定形式表现在个体的行为之中,形成一定的行为方式,从而构成个性中性格的本质特点。由于人的性格是在一定的社会生活环境中长期磨炼的结果,因此,人的性格一经形成就比较稳固。性格既在生活环境的作用下形成,也必然随着生活环境的改变而改变。人的性格的变化,贯穿于人的整个生活过程中。特别是生活中经历的重大事件往往给人的性格打上深深的烙印,环境和实践的重大变化和重大挫折也会在很大程度上改变人的性格。

3. 性格的类型

性格类型是指性格特征所组成的那种独特模式,一般最常见的类型有以下几种。

(1) 以心理活动的优势性来划分性格类型。依据理智、情绪和意志三者的性格特征在性格结构中何种占优势来确定性格类型,把性格划分为理智型、情绪型和意志型三种。属于理智型性格的人是用理智来衡量一切的,以理智支配行为,不为情绪所左右;属于情绪型性格的人,用情绪来评估一切,凭情绪处世接物,不善于理智从事;属于意志型性格的人,行动目的明确、主动积极、果敢坚定且自制力强。

(2) 以人对现实的态度是倾向于内还是倾向于外来划分性格类型。依据人对现实态度的性格特征的内外倾向来确定性格类型,可以把性格划分为外倾型和内倾型两种。外倾型的人,其性格特征是外露的。这种人坦诚豁达、明快洒脱、锐意进取。内倾型的人,其性格特征是内隐的,这种人处世接物总是胸有成竹而不表之于外,情感细腻真挚而不显露,在艰险的环境中亦不动声色。

(3) 以个体独立性的程度来划分性格类型。依据个体独立性的不同,可以把性格类型划分为顺从型和独立型。属于顺从型的人缺乏主见、易受暗示、不加批判地接受别人的意见,照别人的意见办事,在紧急情况下表现惊惶失措;属于独立型的人有主见、能独立地处世接物,不易受别人的见解所干扰,在紧急情况下果断镇静而不慌张,易于发挥自己的力量。

4. 性格的培养

性格培养应该注意以下几个方面。

(1) 建立正确的个性倾向系统。个性倾向系统是指理想、信念、世界观和人生观等。可以说,性格就是个性倾向系统在人对现实的态度和处世接物等方面的表现。因此,具有正确个性倾向系统的人,就会同时具有优良的性格;反之,具有错误个性倾向系统的人,也就会相应地形成一些不良的性格。可见,要培养优良的性格,就应该建立正确的个性倾向系统。

(2) 培养坚强的意志。意志在一个人的性格特征中占有非常重要的地位,坚强或软弱的性格主要是以他的意志发展水平为转移的。所以,培养坚强的意志对优良性格的发展具有特别重要的意义。意志坚强的人,更能够克服性格的缺点,使性格沿着健康的方向发展。

(3) 培养自我教育的能力。性格的自我教育能力包括自我认识、自我评价、自我监督及自觉执行等方面,它对优良性格的培养具有重要的意义。人们应该逐渐培养成学会分析自己性格优缺点的能力,自觉地发扬符合我国社会要求的优良性格,克服不利于我国社会发展的不良性格,使自己的性格更加完美。人们克服性格缺点的自觉程度,取决于人们对自己性格缺点的危害性的认识程度。自己在性格方面的缺点,不仅对别人、对事业有害,而且对自己的生活和前途也是有害的。这种认识越深刻,自觉克服性格缺点的决心也就越大。

三、能力与个体行为

1．能力的概念

能力是指一个人顺利地完成某种活动而在主观方面所必须具备的心理特征。例如，教师必须具备良好的表达能力，科学家必须具备深刻的思维能力，作家必须具备丰富的想象能力等，这些都是为了顺利完成不同活动而必须具备的个性心理特征。能力作为一种主要的个性心理特征，它是影响人们活动效果的基本因素。当然，人的任何一种活动或工作绝不是单凭一种能力就可以顺利完成的，而是需要几种能力共同发生作用。因此，能力是顺利完成某种活动有关的心理特征的综合。如果一个人实现了某种活动所需要的各种能力的最完备的结合，就叫作具有某方面的才能。

2．能力的类型

心理学把人的能力分为一般能力和特殊能力两种。观察能力、记忆能力、思维能力和想象能力等都属于一般能力，也就是通常所说的智力，它是人们完成一切活动都需要的。所谓特殊能力，是指在特殊活动领域发生作用的能力。例如，节奏感能力、色彩鉴别能力等都是特殊能力。

3．能力的形成

有关能力的形成，心理学着重阐述了以下观点。

（1）人的能力的发展受自然素质的制约。素质是有机体天生的某些解剖生理特征。素质是人的能力发展的自然前提，没有这个自然基础就谈不上能力的形成和发展。

（2）人的能力是在生活过程、社会实践活动中形成和发展的。能力的大小主要由实践的广度、深度和主观能动性发挥的程度决定的。社会实践的需要、劳动职业、教育及训练等，都能使人的能力获得高度的发展。特别应当指出的是，在实践活动中，劳动实践对于人的各种能力的发展起着重要的作用。

（3）人的能力的形成和发展是在同个性的其他心理特征相互联系、相互影响下进行的。人的能力的发展是同坚强的信念联系在一起的。一个人思想的倾向性和信念的恒定性影响着他对生活的态度，影响着他对自己的要求。一个信念坚强的人具有高度集中的精力，坚定的意志，这都是能力发展的重要条件。

四、态度与个体行为

人们对于任何一个客观对象都会作出赞成或反对、肯定或否定的评价，同时还会表现出一种行为倾向性，这就是人们通常所说的不同的态度。

1. 态度的概念

态度是指个人对某一对象所持的评价和行为趋向。或者说，态度是一种带有评价性与情感倾向性的主观感受与意识状态。人的需要得到了满足就会产生满意的感受，需要得不到满足就会感到不满。人的满意感，特别是工作满意感，与激励、需要和动机密切相关。人的工作满意感是一种主观上的心理感受或意识状态，实质上是一种态度。

2. 态度的类型

人的态度通常由认知成分、情感成分和行为成分三部分组成。认知成分包括个体对人、对事、对物的认识和理解，它是个体的思想、价值和知识的集合；情感成分是指个体对客观对象的情感体验，即个体对客观对象的情感倾向及其程度；行为成分主要是指个体对客观事物的行为准备状态。以上三部分有机地结合在一起，彼此协调一致，构成了人们的态度。

3. 工作满意度

工作满意度定义为个体对其工作的一般态度。任何工作都要求与同事和上司相互交往，遵循组织的规章制度，符合绩效评价标准，生活在与理想相差甚远的工作环境中等。这意味着员工对其工作满意或不满意的评估是大量独立的工作因素的复合。决定工作满意度的重要因素有具有挑战性的工作、公平的报酬、支持性的工作环境和融洽的同事关系等。

五、个性差异

心理学中关于个性的概念强调，个性是指在一个人先天生理素质基础上，在一定社会历史条件下，通过社会实践形成和发展起来的比较稳定的心理特征的综合。由于每一个人的先天素质不同，以及后天的生活内容与社会化形式不同，所以每个人所形成的心理特征就会表现出显著的差异，形成不同的个性。在现实生活中，无论在认识、情感、意志等心理活动方面，还是在气质、性格、能力等心理特征方面，个人都会表现出许多显著的心理特点，这就是人的个性。

复习思考题

1. 试述人的行为的概念、基本特征和行为模式。
2. 人的行为有什么规律？
3. 人的心理活动包括哪些内容？
4. 什么是感觉？什么是感受性？

5. 什么是知觉？知觉有哪些特点？
6. 什么是记忆？人们对客观事物的记忆是如何形成的？
7. 什么是思维？人们的思维是如何形成的？
8. 情绪和情感之间有什么关系？人类的高级情感对人的行为产生哪些影响？
9. 一个人的良好意志品质表现在哪些方面？
10. 什么是气质？气质有哪些类型？
11. 如何分析一个人的性格结构？
12. 什么是能力？在实际工作中如何有效地发展一个人的能力？
13. 什么是态度？态度有哪些类型？
14. 什么是工作满意度？影响工作满意度有哪些因素？

案例2-1 谁当总经理更合适

某工业公司是一个由十几家小厂组成的专业公司。公司行政领导班子由一正三副四个成员组成。总经理由于年事已高即将退休，需要物色一个合适的新总经理。该公司的上级主管部门经过一段时间的研究考察，认为现任三位副经理不宜提升，新的总经理需从下面挑选。各方面的意见最后集中到从李厂长和王厂长两个人中选一个。下面是有关他们两个人的资料。

李厂长，男，39岁，文化程度大学本科（电子专业），中共党员，原是该厂技术员，出生于高级知识分子家庭。工作十分积极努力，认真学习科学文化知识，并善于把学到的知识用来指导工作，为本厂的产品开发、产品的升级换代、提高质量、建立科学的检测手段等都作出了重要贡献。他从技术科长提升为厂长后，对厂里进行了一系列的改革，加强了科学管理，使工厂的面貌大为改观，大大提高了经济效益，年创利和人均创利都居本系统的首位，职工收入也大幅度增加。全厂精神振奋，一派欣欣向荣景象。李厂长性格开朗，精力充沛，善言谈、好交际，活动能力很强，积极开展横向联系，在全国十多个省市开设了二百多个经销点，三十多个加工企业，效益都很显著。他认为，要发展就要靠技术，因此千方百计，不惜重金引进人才，至今该厂已有十多位外来的高级工程师和工程师，他还很重视产品的广告，每年要花几十万元广告费，电台、电视台、路边广告牌、电车、汽车以及铁路沿线都有该厂的广告，可谓"无孔不入"。他担任了市企管协会分会的理事，在协会中活动频繁，在各方面关系融洽，对厂里工作也有促进。李厂长事业心强，一心扑在工作上，早出晚归，南来北往，一年到头风尘仆仆，不辞辛苦。该厂曾被评为市企业管理先进单位，李厂长获市优秀厂长称号，该厂的产品也被评为市优质产品。

但李厂长也有一个明显的缺点，就是骄傲自满，自以为是，常常盛气凌人，有时性情急躁，甚至还会暴跳如雷，不太把公司的领导放在眼里，经常顶撞他们，公司的"指令"常常被他顶回去，因此公司领导对他这一点颇为不满。各科室也不太愿意和他打交道，他同公司下属的其他几个兄弟厂关系也不融洽。这些厂的厂长们对他敬而远之，对上级表彰他颇有微词。他也不善于做思想工作，认为这是党支部的事。所以平时遇到思想问题，他都是作为"信息"告诉书记，要支部去做工作，他和几个副厂长关系处理的也不太好，领导几次协调也无济于事。

王厂长，男，37岁，文化程度大专（企业管理专业），中共党员，有技术员职称，组建该厂时就担任了厂长，至今已近10年。他经历了该厂由衰到盛，几起几落的整个过程。对电子行业的特点非常熟悉，自己又有动手设计的能力。他最大的特点是精于企业管理，在学校学了计算机原理后，他率先把计算机运用到企业管理中去。他对整个厂的机构设置、行政人员的配备、岗位责任以及各副厂长、科长、车间主任和各级管理人员的职责都有明确的规定，每年考核两次，奖惩分明。因此，平时大家各司其职，他却显得很悠闲自在，常常上这个科室转转，到那个车间看看，以便了解情况，发现问题。公司及有关部门召开的会议，他从来不缺席，而有的厂长常常忙得脱不开身。他似乎比别的厂长"超脱"得多。厂长们都很羡慕他。

王厂长性格内向沉稳，不喜欢大大咧咧地发议论，对什么事情总要深思熟虑，三思而后行，人们说他"内秀"。他对自己厂今后五年的发展，有一个远景规划，听起来切实可行，也颇鼓舞人心。对一些出风头的社会活动，他不太喜欢参加，但对各科开阔思路的业务技术讲座却很感兴趣。他很善于做职工的思想工作，他认为企业职工的思想问题都是在生产过程中产生的，都和生产有关。一厂之长，要抓好生产怎么能不做思想工作呢。因此，对一些老大难问题，他从不推诿，都是亲自处理。他还要求各级行政干部做职工的思想工作，并把它作为考核的内容。他和党支部、工会的关系都很好，积极支持他们的工作。他待人谦和、彬彬有礼，和本公司上下左右关系都不错，公司有什么事，只要打一声招呼，他就帮助解决了。因此，他的人缘挺好，厂里进行民意测验，几乎异口同声称赞他。

和李厂长不同，他不喜欢花高价引进工程技术人员，他认为这些人中不乏见利忘义之徒，只能同甘，不能共苦。关键时刻还是要靠自己，宁愿多花些钱来培养自己厂里的技术人员，这几年来，厂里也确实培养了一批技术骨干，有些人还很拔尖。他也不喜欢高价做广告。他说自己的产品质量自己有数，不能干这边排队卖，那边排队修的事。他把做广告的钱用来购买先进的技术设备，为提高质量服务。他说等质量到经得起"吹"的时候再做广告。但实际上他们厂的产品质量还是不错的，开箱抽查的合格率达98%。

该厂是市企业管理先进单位，区文明单位。工会是区"先进职工之家"，团支部是区"先进团支部"，他本人则荣获市优秀厂长和局优秀党员称号。

但也有不少人认为，王厂长缺乏开拓精神，求稳怕变，按部就班，工作没有多大起色。按照厂里的基础和实力，应该发展得更快些，可他们的效益都比不上李厂长他们厂。和李厂长比，他就显得保守、过于谨慎、处事比较圆通、不得罪人。王厂长听了这些议论，不以为然，依旧我行我素。李厂长和王厂长谁当总经理更合适，上级领导部门至今议而未定。

思考题

1. 依据个性理论，对两位厂长的能力、气质、性格进行分析、比较。
2. 通过对两位厂长的个性分析比较，你认为谁当总经理更为合适，怎样才能做到"扬长避短""人尽其才"？

案例2-2　新生代员工的个性化诉求与管理

1. 新生代员工的管理问题频出

随着"80后"员工逐渐成为职场主力，管理问题随之涌现。根据《中国统计年鉴》1980—1989年出生的人约为2.04亿，按照22岁大学毕业这个年龄计算，"80后"基本都已完成高等教育走入职场。"80后"里的第一批人在2010年正式步入而立之年，智联招聘的职场调查表明，其中三成20世纪80年代出生的职场人已经担任主管以上管理岗位，在企业中发挥着越来越重要的作用。

"80后"由于其价值观和个性与前辈管理者的显著不同，成为企业管理的新挑战。目前，大部分企业的核心领导为"50后""60后"，他们采取的传统管理哲学和管理方式在招人、留人、激励人方面表现欠佳。

新一代员工在工作中表现出一系列忠诚度缺失的现象，如频繁跳槽、缺乏责任心、不够敬业等。对20世纪80年代出生的职场人的调查显示，将近八成都有过跳槽经历；其中，两成人表示自己换过一次工作，两成人表示自己换过两三次工作，还有一成人表示自己曾经换过6份以上工作。

2. "80后"为何难管

与过去表现为依赖高度集权和超凡的个人能力进行管理和领导的领导行为相比，"80后"表现出强烈的"个体化"倾向。新生代员工的基本特质是：一方面，注重追求个人兴趣目标和价值实现，维护自我权力，淡化权威和权力，厌恶规则约束，自我意识强；另一方面，他们更为灵活、心态开放。

这种价值观的形成原因：①这一代人多为独生子女；②这一代人的成长正好是中国进行改革开放的时期，对企业和商业社会有了较早的认识；③互联网快速普及让这一代人接触到了大量来自不同社会的文化和知识。所以，新生代员工的价值观和个性可以说受到中西文化的共同影响，更为复杂和多元化。

出现的主要管理问题是，新生代员工将自身与企业的关系看作纯粹的雇用关系；他们注重的是工作能否帮助其自我成长，能否实现自我价值。对于领导吝啬授权，凡事自己说了算、员工只负责执行的做法，新生代员工会认为这束缚了自己才华的发挥，这也是离职率居高不下的原因。

3. 员工个性化诉求在"倒逼"

员工都是活生生的个体，尤其在今天的互联网时代，年轻一代无论是在眼界、知识结构还是诉求上都有了很大的变化。管理者最重要的就是发现他们的诉求。

从理论上说，一个正常的职业人有以下需求：职业发展、人际关系、健康、恋爱婚姻、家庭、亲子问题、个人兴趣、生涯规划。其实，企业的管理者，往往只愿意'购买'职业发展的一块需求，其他都不要，但一个活生生的人，他的需求是全方位的。这是企业家必须面对的问题。

海尔总裁张瑞敏提出一个"倒逼理论"，就是市场上客户个性化的需求，在"倒逼"企业改变营销、改变流程，这是企业适应全球化时代必需的选择。随着互联网时代的到来，企业员工的个性化诉求也越来越强烈，对企业家和经理人形成"倒逼"，企业必须要以为员工服务的意识来对待员工的诉求。

4. 为员工打开进取通道

诉求是个性化的，同样是二三十岁的员工，高科技企业的工程师和一线操作工，诉求当然是不一样的。最大的区别就在于对目标的认同感是不一样的，"层次比较高的员工，个人的梦想是比较明确的，他们对实现目标的支持系统特别在乎；而基础性员工，则是更多要满足他对未来安身立命的基础工作的需求，当然，他也同样看重未来的发展，如组织企业引进的一些为他们充电的课程非常受欢迎。

被从事全球杰出雇主评定的专业机构（Corporate Research Foundation，CRF）授予"2011中国杰出雇主"的罗氏诊断公司就是一家典型的高科技企业。罗氏诊断公司中国人力资源总监张红霞女士介绍，罗氏诊断公司的员工把职业发展的计划看得比当下的薪水福利还重要。"我们公司员工的平均年龄还不到31岁，所以相对来讲还是非常年轻的组织。在这么年轻的组织里面，每一个人都希望自己能有更好的发展前途，公司要提供这个平台让他们发展。当下的中国年轻人大都非常有事业心，负责任的企业应该支持他们。同样，公司也需要冲劲十足的年轻人。"张红霞认为，也正是因为罗氏诊断公司有众多优秀的员工,所以实现了两年翻一番的出色业绩。

数据显示,罗氏诊断公司的员工流动率远远小于市场平均水平。而同样以年轻员工为主的巨人网络公司,面临的员工流动压力却是很难避免的,因为它处在一个快速发展和充满诱惑的行业。好在巨人有位优秀的、感召力在中国企业界可算一流的老板史玉柱。巨人总裁刘伟认为,有才华的人,都是想好好做事的人,而每个人知道独自做事未必都能做到史玉柱这种格局,所以有他在,也可以聚集更多的人才。于是,巨人筑巢引凤,给大家提供一个"'聚人'的平台,在这个平台上做事,相对于独自做事,效果更好,赚钱更多,做的事情也更风光"。

罗氏诊断公司人力资源总监张红霞认为,每一个员工都看重自己在公司的发展,而为了罗氏诊断公司员工更好的发展,企业的架构里必须要有接班人管理计划,让员工看到自己事业发展的通路在哪里。实际上,人力资源的目标和业务目标一致,人力资源都是为了支持业务战略取得的成功。在罗氏诊断公司,人力资源部定位在"业务伙伴"的角色,除了传统的人力资源职能,更注重与各部门紧密合作,成为业务部门值得信赖的伙伴,提升公司的领导力,提升核心竞争力。如何留住和培养人才是罗氏诊断公司中国业务持久发展的重要战略之一。"我们希望将罗氏诊断打造成学习型组织,促使每位成员不断学习和发展,从中实现并完善个人的价值体现。"

5. 顺应变化,调整管理方式

新生代员工的管理需要管理者调整管理方式。建立程序公正的制度化管理,且保证制度的"取之于民、用之于民"。避免管理制度上带有太强的领导者个人色彩。避免英雄式、权威式的领导风格,多采用参与式的、授权式的领导风格,提高员工参与度,激发其工作活力,也可以加强员工对于组织的承诺,降低离职率。例如,在做建议方案时,主管们可考虑让员工多参与,因为这些员工并不是要求在多大程度上采纳他的意见,而是在多大程度上他们可以参与到决策制度的过程中。

新生代员工注重自我利益,行为灵活,一旦意识到在组织中只有某些行动才能获得更大收益时,就会迅速调整自己的行为方式。"80后"员工的灵活性、适应性和高学习能力在当今不断变革、创新的时代是企业的重要资源。新生代员工的"个性化"并不绝对是缺点,如果得到适当管理和引导将有利于企业的创新。

思考题

1. 新生代员工给企业管理带来了什么影响?
2. 新生代员工个性化诉求对管理者的管理方式提出了怎样的要求?
3. 对于如何应对新生代员工的个性化诉求,你有什么样的看法?

第三章

激励与个体行为

第一节 激励概述

现代组织管理，首先是对人的管理。现代组织的效率，在很大程度上取决于其员工受激励的水平。因此，激励是管理最重要的职能。激励是人群管理的核心。人的一切行为都是受到激励而产生的。一个组织的发展历史，就其实质而言就是一部激励人的历史。

一、激励的概念

激励即激发人的行为动机，以促使个体有效地完成行为目标。或者说，"激励就是组织通过设计适当的外部奖酬形式和工作环境，以一定的行为规范和惩罚性措施，借助信息沟通，来激发、引导、保持和归化组织成员的行为，以有效地实现组织及其成员个人目标的系统活动。"这个定义包含以下几个内容。

（1）激励的出发点是满足组织成员的各种合理需要。
（2）激励是奖励和惩罚并举。
（3）激励应该贯穿于员工工作的全过程。
（4）信息沟通贯穿于激励工作的始终。
（5）激励的最终目的是在实现组织预期目标的同时，也让组织的成员实现个人目标。

激励过程本身是一个内部心理过程，只能通过观察人的行为来推断一个人被激励的程度。个人绩效取决于诸多因素，但这些因素有主次之分，组织行为学的基本公式之一就是绩效函数：

$$工作成绩 = 工作能力 \times 动机激发程度$$

上式说明，在工作能力一定的情况下，人的工作成绩同动机的激发程度成正比。

二、激励模式

动机激发的过程就是通过外界的刺激（外因）使人的内在动机（内因）发生强化作用，从而增强人的内驱力，如图3-1所示。

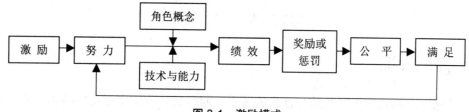

图3-1 激励模式

三、激励的作用与重要性

人类行为都是具有一定的目的和目标的，而这种有目的的行为又总是离不开满足需求的欲望，人是由满足许多需求的欲望所激励的。

美国哈佛大学心理学家威廉·詹姆斯研究发现：一般情况下，人的积极性和能力只发挥20%～30%，而受到充分激励的情况下，人的能力可能发挥到80%～90%。

激励的基本任务就是调动下属的积极性，激发他们的创造性和主动性。正如弗朗西斯（C.Francis）所说的："你可以买到一个人的时间，你可以雇到一个人到指定的工作岗位，你可以买到按时或按日计算的技术操作，但你买不到热情，你买不到创造性，你买不到全身心的投入，你不得不设法争取这些。"这段话生动地道出了激励的重要性。对一个组织来说，激励制度至少有以下几个方面的作用。

（1）吸引优秀的人才到组织中来。
（2）最大限度地开发员工的潜能。
（3）为组织留住优秀的人才。
（4）造就组织内良性的竞争环境。

四、激励与绩效的关系

人不能没有积极性，但有了积极性，也不一定有理想的绩效。因为，积极性是取得高绩效的关键因素，但并不是唯一因素，如图3-2所示。

如果一个人对任务没有真正理解，或缺乏完成任务的基本能力和技术水平，或人际关系紧张，障碍重重，或时机条件不成熟，即使是高激励也难以导致高绩效。

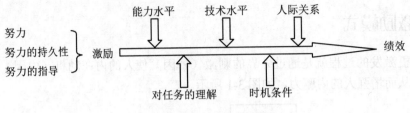

图 3-2 激励与绩效的关系

五、激励理论

按照激励侧面的不同及其与行为的关系不同,把各种激励理论归纳和划分为内容型激励理论(Content Theory)、过程型激励理论(Process Theory)、行为改造型激励理论(Behavior Modification Theory)和综合型激励理论(Comprehensive Theory)。

1．内容型激励理论

这是研究"需要"作为激励基础的理论。它着重对激励的原因与起激励作用的因素的具体内容进行研究。其中最著名的有马斯洛(Maslow)的"需要层次理论"、奥尔德弗(Alderfer)的"ERG 理论"、麦克利兰(McClelland)的成就需要理论和赫茨伯格(Herzberg)的双因素理论。

2．过程型激励理论

该理论着重研究动机的形成和行为目标的选择,即激励过程的理论。其中最有影响的是弗鲁姆(Vroom)的"期望理论"、亚当斯(Adams)的"公平理论"和韦纳的"归因理论"。

3．行为改造型激励理论

这是着重研究激励目的的理论,激励的目的是改造和修正人的行为。这种理论主要有斯金纳(Skinner)的"强化理论"(操作型条件反射理论)和"挫折理论"。

4．综合型激励理论

该理论是企图通过一个模式把上述几类激励理论综合起来,把内外激励因素都归纳进去的理论。其中有波特—劳勒的"综合激励模型"和迪尔(Dill)的"综合激励模型"。

第二节 内容型激励理论

内容型激励理论是从研究"需要"是激发行为动机的原因这个角度来研究激励问

题的。"需要"是激发和推动人的行为的原因,也是激励的起点。这类理论认为,人的积极性和受激励的程度,主要取决于人的需要的满足程度。

一、马斯洛(Maslow)需要层次理论

人是由满足许多需求的欲望所激励的,这些需求可以分成不同的类型。人本主义心理学家马斯洛提出的需要层次理论,系统地阐述了人类需求的规律。

1. 马斯洛需要层次理论的内容

(1)人类的多种需要可归纳为五类,即生理需要、安全需要、社交需要、尊重需要和自我实现需要,按照其重要程度和发生发展的先后顺序形成五个层次,如图3-3所示。

① 生理需要。这是人类维持自身最基本的需要,包括衣、食、住、行、医、性等方面的需要。这些需要得不到基本满足,人类就难以生存。从这个意义上说,生理需要是推动人的行为的最强大动力。

② 安全需要。这是人类要求保障自身安全、摆脱失业和丧失财产的威胁、避免心理

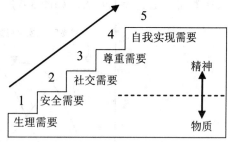

图 3-3 马斯洛需要层次理论

的伤害和环境以及职业病的侵袭,解除严酷的监督等方面的需要。

③ 社交需要。这一层次的需要包括两个方面的内容:一是爱的需要,人人都需要同事伙伴之间关系融洽,保持友谊和忠诚,人人都希望得到爱,希望爱别人也渴望接受别人的爱;二是归属的需要,即人都有一种归属于一个群体的需要,希望成为群体中的一员,并互相关心和照顾。

④ 尊重需要。人人都希望自己有一定的社会地位,希望个人的成就能得到社会的承认。尊重的需要又可分为内部尊重和外部尊重。内部尊重即自尊,是指在各种不同的情境下有实力、能胜任、充满自信、能独立自主;外部尊重即他尊,即希望自己有地位、有威信、受到别人的尊重、信赖和良好的评价。

⑤ 自我实现需要。这是人的最高层次的需要,它是指实现个人抱负、远大理想,个人的潜能发挥到最大限度,完成与自己能力相称的一切事情的需要。

(2)人的需要像阶梯一样从低到高逐级上升,低层次需要满足以后就会产生更高一级的需要。高层次需要产生以后,低层次需要仍然存在,只是对人的行为失去了吸引力,即得到基本满足的需要就不再是行为的激励力量,只有未满足的需要才能影响人的行为。

(3)人的五类需要又分为物质和精神两个方面,即生理和安全需要属于物质需要;

社交、尊重和自我实现的需要属于精神需要。人的五类需要还可以分为高低两级。其中生理、安全和社交需要属于低一级的需要,这些需要通过外部条件就可以满足;而尊重和自我实现的需要则属于高级的需要,它们是通过内部因素才能满足的,而且一个人对尊重和自我实现的需要是永无止境的。

(4) 人的需要有主导性,人的行为是由主导需要决定的。人类典型的主导性需要结构模式有五种:① 生理需要占主导;② 安全需要占主导;③ 社交需要占主导;④ 尊重需要占主导;⑤ 自我实现需要占主导。

2. 人类需要的强度

人类在不同的心理发展阶段,其需要强度不同,即在人的心理发育过程中,五个层次的需要是逐步上升的,如图3-4所示。

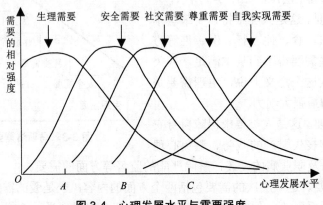

图3-4 心理发展水平与需要强度

一个国家多数人的需要层次结构,同这个国家的经济发展水平、文化和人民受教育的程度直接相关。在不发达国家,生理和安全需要占主导的人数比例比较大,而高级需要占主导的人数比例较小;在发达国家刚好相反。即使在同一个国家的不同时期,人们的需要层次也会随着生产水平的变化而变化。

3. 对马斯洛需要层次理论的评价

马斯洛的需要层次理论,在一定程度上反映了人类行为和心理活动的共同规律;马斯洛从人的需要出发探索对人的激励和研究人的行为,抓住了问题的关键;马斯洛提出人的需要有一个从低级向高级发展的过程,这一趋势基本符合人类需要发展的一般规律。马斯洛认为人的需要具有主导性,认为人有物质与精神两类需要,而且两者只能互相促进转化而不能互相代替。这些对企业管理工作有着重要的启发意义。

同时,马斯洛的需要层次理论存在着历史的局限性。首先,马斯洛的理论基础是错误的。他认为人的自我实现完全是一个自然成熟的过程,人的一切行为都是出于利己的本能，宣扬个人主义。其次，马斯洛的理论带有一定机械论色彩，他把需要的层次看成是一种单纯的机械上升运动，忽视了人的主观能动性。

二、奥尔德弗（Alderfer）的 ERG 理论

1. ERG 理论的内容

ERG 理论是奥尔德弗提出的一种与马斯洛需要层次理论密切相关但又有些不同的理论。他把人的需要分为三类，即生存需要（Existence）、关系需要（Relatedness）和成长需要（Growth），简称 ERG 理论。

（1）生存需要。即人类生存所必需的物质条件，这实际上相当于马斯洛理论中的生理和安全需要。

（2）关系需要。即人际交往与和谐人际关系的需要，包括马斯洛理论的社交和部分尊重需要（外部因素）。

（3）成长需要。即事业、前途的发展，包括马斯洛的自我实现需要和部分尊重需要（内在因素）。

2. 奥尔德弗需要理论的特点

同马斯洛相比较，奥尔德弗把需要理论作了修正，避免了无法精确地预言人的需要从一个范畴到另一个范畴的缺点。奥尔德弗需要理论的特点如下。

（1）ERG 理论并不强调需要层次的顺序。

（2）ERG 理论认为，当较高层次需要受到挫折时，可能会降而求其次。

（3）ERG 理论认为，某种需要（特别是成长需要）在得到基本满足后，其强烈程度不仅不会减弱，还可能会增强，如图 3-5 所示。

图 3-5　ERG 理论

三、赫茨伯格（Herzberg）的双因素理论

1. 双因素理论的内容

赫茨伯格等人采用"关键事件法"对 200 名工程师和会计师进行调查访问，研究分析后发现，促使员工在工作中产生满意或良好感觉的因素与产生不满意或厌恶感觉的因素是不同的。前者往往和工作内容本身联系在一起，后者则和工作环境或条件相联系。赫茨伯格把凡是与员工工作本身或工作内容有关的、能促使人们产生工作满意感的这类因素称为激励因素（又称内部因素）；而把与工作环境或条件有关的、能防止人们产生不满意感的另一类因素称为保健因素（又称外部因素），两类因素的具体

内容如表 3-1 所示。

表 3-1 保健因素与激励因素

保健因素（外部因素）	激励因素（内部因素）
1. 公司（企业）的政策与行政管理	1. 工作上的成就感
2. 技术监督系统	2. 工作中得到认可和赞赏
3. 与上级主管之间的人际关系	3. 工作本身的挑战性和兴趣
4. 与同级之间的人际关系	4. 工作职务上的责任感
5. 与下级之间的人际关系	5. 工作的发展前途
6. 工作环境或工作条件	6. 个人成长、晋升的机会
7. 薪金	
8. 个人生活	
9. 职务、地位	
10. 工作的安全感	

赫茨伯格等人认为，外部因素不满足，人们是不满意的，外部因素满足了，只能消除不满，而不能使人感到很满意，因此，将外部因素称为保健因素；而内部因素的满足，则是人的行为动力之源，因此，将内部因素称之为激励因素。所以，为了真正调动员工的积极性，不能仅仅在外部因素上做文章，而更应该在内部因素上下功夫。

2. 双因素间的关系

外部因素的扩大可能会引起内部动机的萎缩，两种因素的作用不同，如图 3-6 所示。

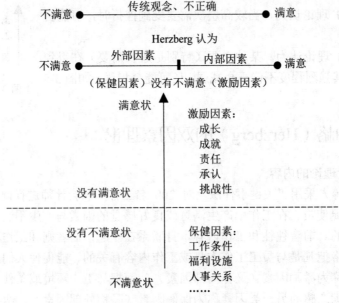

图 3-6 激励因素与保健因素的关系和作用

3．马斯洛与赫茨伯格两种理论的关系

赫茨伯格的双因素理论和马斯洛的需要层次理论是相吻合的。马斯洛理论中低层次需要与赫茨伯格的保健因素相似；而马斯洛理论中的高层次需要相似于赫茨伯格理论的激励因素。两者的关系如图 3-7 所示。

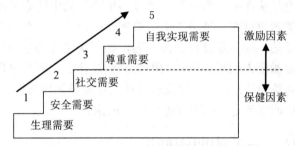

图 3-7 马斯洛与赫茨伯格两种理论的关系

双因素理论与需要层次理论有相似之处，但也有不同点。马斯洛的需要层次理论是针对需要和动机而言的；而赫茨伯格的双因素理论则是针对满足需要的目标（诱因）而言的。保健因素是人们对外部因素（环境）的要求，激励因素则是人们对工作本身的要求。

4．双因素理论的实际应用

实际应用双因素理论时应注意以下几方面。

（1）激励要及时。当人们作出了成绩时，应马上进行激励。因为激励越及时，人们会感到激励与成绩之间的关系越密切。

（2）根据不同人的不同需要，运用不同的激励方式。有的人需要外部因素，有的人则需要内部因素，千篇一律则不会有好的激励效果。

（3）在工作设计中，注意使工作丰富化和扩大化。

（4）注重工作中的内在激励，特别是注重物质激励的精神含量。

5．对双因素理论的评价

双因素理论对于分析高层管理人员和生产力水平较发达的国家和地区企业员工的需要，具有十分重要的参考价值。但是，在一些发展中国家，如中国，生产力水平还不够发达，社会产品还不够富足，因此，对保健因素和激励因素的划分，就与西方发达国家有所不同。在西方发达国家被认为是保健因素的，在中国可能是很重要的激励因素，如工资等。即使是同一具体因素，在不同时期也可能划归不同的类别。因此，对中国现阶段企业员工需要的分析，必须从实际出发。

第三节 过程型激励理论

过程型激励理论是从连接"需要"和"行为结果"的中间心理过程这个角度来研究激励问题的。这类理论试图弄清员工面对奖酬怎样决定付出努力的程度,它涉及员工如何对奖酬进行评估,如何选择自己的行为,如何决定行为方向等。如果说,内容型激励理论是要确定激励人们积极工作的因素究竟是什么,那么过程型激励理论则侧重于研究激励理论的整个认知过程,以及这种认识过程是如何与积极的行为相关联的。过程型激励理论包括期望理论、归因理论和公平理论。

一、弗鲁姆(Vroom)的期望理论

1. 期望的概念

在一定的条件下,人们总有某种需要,需要产生动机,动机支配行为,行为指向目标,当目标还没有实现的时候,人们的需要就变成为一种期望。因此,期望的本身就是一种强大的激发力量,它能调动一个人的积极性。期望理论就是研究需要与目标之间规律的一种理论。

2. 期望理论模型

弗鲁姆的期望模型是围绕着效价(Valence)、工具性(Instrumentality)和期望(Expectancy)这三个概念建立起来的,因此又叫作 VIE 理论或工具性理论。其理论模型,如图 3-8 所示。

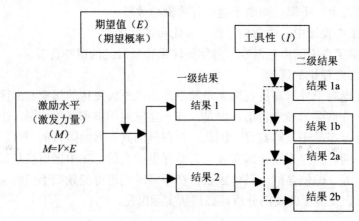

图 3-8 VIE 理论模型

(1) 效价（V），又称目标价值。效价是指个人对某种结果效用价值的判断，是指某种目标、某种结果对于满足个人需要的价值估计，或者说，效价是某种结果对个人的吸引力。由于个人的价值观念不同，因此，同一个目标，同一种结果对于不同的人其效价各不相同。效价的正值越高，对人的激励作用也就越大。

(2) 工具性（I）。工具性是与效价有关的一个因素。个人所预期的结果有两个层次，即一级结果和二级结果。二级结果是个人在某一行动中希望达到的最终结果，而一级结果被认为是达到二级结果的工具或手段。弗鲁姆指出，工具性就是对一级结果和二级结果之间内在联系的主观认识。一般说来，一级结果是指工作绩效，二级结果则可能是各种各样的，如加薪、提升、得到同事的好评、得到上级的表扬、得到优厚的待遇等。例如，一个人希望得到提升，他就认为工作有突出的表现是达到这一结果的前提条件，于是他就会努力工作，希望能以出色的成绩得到提升。这里，工作成绩是一级结果，提升是二级结果，对工作成绩与得到提升之间关系的认识就是工具性。

(3) 期望（E），又称目标概率。期望是指个人对自己通过努力达到某种结果（实现某种目标）的可能性大小的估计，即由主观估计得到的一个概率值。人们总是根据自己以往的知识和经验来判断眼前事物成功可能性的大小。期望与工具性的区别在于期望是对个人努力与一级结果之间关系的估计，而工具性则是对一级结果与二级结果之间关系的认识。期望是一种主观概率，其数值在 0 和 1 之间。概率越接近于 1，则个人就越有可能去追求某种结果（目标），即个人受到激励的水平越高。

将上述三个因素的关系加以简化，弗鲁姆的期望理论可以用下列公式来表示。
即：　　　　　　　　　激励水平=效价×期望值
或者：　　　　　　　　激发力量=目标价值×目标概率

上式的激励水平（激发力量）是指调动人的积极性、挖掘人的内在潜力的程度。显然，一个人对目标价值估计得越大，估计目标实现的可能性（目标概率）越大，则对于他的激发力量也就越大。

3．期望与现实的关系

期望与现实之间，存在着三种关系。

(1) 期望小于现实。期望小于现实就是实际的结果大于期望值，或者说，实际的情况比预想的好得多。这种情况，在正强化的条件下（奖励、晋级、提职、提薪、分房等），有利于调动人们的积极性。因为这样会使人产生意想不到的高兴，从而增加激发力量。

(2) 期望大于现实。期望大于现实就是实际的结果小于期望值。这种情况，在负强化的条件下（惩罚、灾害、祸患等），有利于调动人们的积极性。因为这时人们做好最坏的打算和准备，而结果却比预想好得多，这自然对人的积极性是个很大的激发。

(3) 期望等于现实。期望等于现实，即人们常说的在预料之中，这种情况自然有利于激发人们的积极性。但是，为了继续调动人的积极性，必须继续实施激发，否则，人们的积极性只能维持在原来水平上，甚至会下降倒退。

4．期望理论的实际应用

实际应用期望理论时应注意以下方面。

（1）处理好三个关系。弗鲁姆认为，根据期望模型，为有效地激发人的工作动机，必须处理好以下三个关系。

① 努力与绩效的关系。让人们感觉到只要努力就能达到预期的绩效。因为人们总是希望通过努力来达到自己预想的结果。如果他认为只要通过努力就能达到目标，他就会有信心、有决心，就会激发出强大的力量。

② 绩效与奖励的关系。人们总希望在达到预期的绩效之后能得到适当的、合理的奖励。当然，这种奖励是广义的，既包括物质的奖金、报酬、待遇、提升，也包括精神的表扬、赞赏、认可、威信的提高、同事的信任等。

③ 奖励与满足个人需要的关系。人们总希望奖励能满足个人的需要，如生理的、安全的、社交的、尊重的以及自我成长发展的需要。

（2）适当降低人的期望值。人的积极性实质上是一种情绪状态，而情绪状态反映了一个人的满意度和积极性。如果一个人的情绪状态良好，积极性就高。否则，情绪状态不好，积极性就低。情绪状态的好坏可以用情绪指数来表示：

$$情绪指数 = \frac{现实值}{期望值}$$

如果上式的值大于1，说明人的情绪状态饱满、高昂，自然有着高的积极性。为使情绪指数大于1，有两条途径：一是在期望值一定的情况下，提高现实值；二是在现实值已定的情况下，降低人的期望值。

二、亚当斯（Adams）的公平理论

公平感是一个强有力的激励因素，通常情况下，公平感对人的积极性会产生极大的影响。因为，人人都有公平的需要，总希望自己的贡献和所得的回报之间保持最大限度的平衡。公平分配是一个重要的激励因素；分配不公，必将导致人心不稳甚至社会动乱。

1．公平的概念

公平理论是美国心理学家亚当斯提出来的。公平理论认为：人与人之间客观上存在着相互比较和社会比较，其结果必然在人们心理上产生公平或不公平的问题。

（1）绝对公平。人们都关心自己的收入（Q）与支出（I）之间的关系，若两者

成正比例，则产生公平感。这种公平叫作绝对公平。用公式表示，即：
$$\frac{Q}{I}$$

（2）相对公平。人们都关心自己的收入（Q_1）与支出（I_1）的比例同条件相同的人的收入（Q_2）与支出（I_2）的比例关系。若两个比例相同，则产生公平感。即：
$$\frac{Q_1}{I_1}=\frac{Q_2}{I_2}$$

这时，公平的概念是：条件相同的人，无差别的分配是公平的。

（3）适宜差别公平。现实生活中，人们之间总存在着如资历、经验、能力、水平、工龄、职务、态度等各种不同条件。显然，条件不同的人，无差别的分配是不公平的。这时，公平的概念应该是：条件不同的人，适宜差别分配是公平的。

也就是说，条件不同的人，分配的比值保持适宜的差别，双方才会有公平感。若分配差别过大（悬殊差别）或差别太小（无差别），都会造成人们的不公平感。只有适宜差别分配才能使人产生公平感。使条件不同的人产生公平感时的适宜差别的比值称为公平差别阈。

（4）市场公平。社会主义初级阶段，首先要把经济建设搞上去，因此，必须坚持效率优先，鼓励竞争。竞争产生效率，为社会创造更多财富。工资分配也就必然体现效率优先原则：让高素质、高效能的劳动者获取高工资、高报酬，工资报酬由市场竞争决定，这样做是公平的。这种公平就叫作市场公平。

（5）社会公平。人们的收入分配与市场竞争适当分离，让一部分残疾、老、弱、病等丧失劳动能力的人有基本生活保障。这有利于社会安定，符合人道主义。同时，通过政府行政干预，调节过高收入，避免引发劳资对立。这种公平叫作社会公平。

2．收入与支出的含义与判断

（1）收入 Q 可分为两类：物质性的收入，工资、奖金、住房、福利等；精神性的收入，表扬、荣誉、提升、进修等。收入 Q 的多少判断，往往无客观通用标准，而是由当事者主观判断确定。

（2）支出 I 也可分为两类：与工作职位有关的环境因素，如责任大小、风险高低、劳动条件的艰苦程度等；与个人素质有关的因素，如知识、能力、经验、学历、资历、绩效等。

支出 I 的多少的判断，也往往由当事者主观来确定。

收入与支出的判断，如图 3-9 所示。

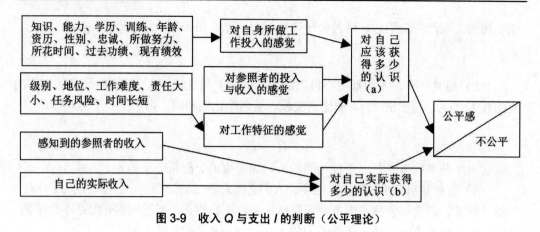

图 3-9 收入 Q 与支出 I 的判断（公平理论）

注：

a=b 感受公平（满意）

a＞b 感受委曲 ⎫
a＜b 感受负疚 ⎭ 感受不公平（不满意）

3．两种意义上的分配公平

（1）分配法则的公平。分配法则即分配标准，为了真正做到公平，在分配之前就应设计公平的分配模型和分配标准。否则，分配标准的本身不科学、不公平，分配的结果就不可能公平。

（2）分配结果的公平。所谓分配结果公平是指避免收入差别过大，形成两极分化。

4．公平理论的实际应用

实际应用公平理论时应注意以下方面。

（1）坚持三大分配原则。按照公平理论，在分配中应该坚持三条分配的原则：

① 效率优先，兼顾公平的原则。

② 以按劳分配为主，按劳分配与按生产要素分配相结合的原则。企业中有七种生产要素：劳动力、劳动资料、劳动对象、资金、技术、经济信息、经营才能。这些要素都应该参与分配。

③ 先富、后富、共同富裕的原则。

（2）尽可能打破行业垄断，实行自由经营，平等竞争。

（3）调整人们的主观认识。自我解释，自圆其说，达到自我安慰；选择另一个参照者进行比较，以求得主观上的公平心理；采取一定行为，改变自己或别人的收支状况。

三、韦纳（Weiner）的归因理论

归因理论是一种重要的过程型激励理论，它侧重研究个人用以解释其行为原因的认知过程。也就是说，归因理论主要研究人的行为是"因为什么"而受到激励。

1. 归因的含义

根据人的外部特征对他内心状态所做的解释和推论称为归因（Attribution）。有时，人们对自己的行为也要进行归因。例如，当人们看到一个人在笑时，就会问："他为什么笑？"并要找出他笑的内在原因，这就是归因。

归因理论是一种重要的激励理论，它主要研究人的行为受到激励是"因为什么"的问题。

2. 归因理论研究的内容

（1）心理活动的归因。即人们的心理活动的产生应归结为什么原因。

（2）行为的归因。即根据人的行为和外部表现对其心理活动的推论。

（3）对人们未来行为的预测。根据人们过去的行为表现预测他们以后在有关情境中会产生什么样的行为。

3. 控制源

归因理论中有一个重要概念叫作控制源（Locus of Control）。就是说，职工在解释自己的行为时，把自己的行为结果看成是由外源控制的还是由内源控制的。如果职工认为自己的行为结果受内源控制，他就会通过个人的能力和努力去影响行为的结果。如果认为自己的行为受外源控制，他会感到自己对行为的结果是无能为力的，完全受外在力量的摆布。对控制源的不同认识会对职工的工作绩效和满意感产生不同影响。

研究表明：感受到自己行为受内源控制的职工对自己的工作有更大满意感，工作绩效更好，从而更可能被晋升；而且，正式组织成员往往有更强烈的内源归因倾向。

4. 韦纳得失成败归因模型

归因理论研究的一个重要的问题是人们获得成功或遭到失败的归因倾向。美国心理学家韦纳提出了得失成败归因模型，他认为，人们成功或失败主要归因于四个方面的因素：努力、能力、任务难度和机遇。这四个因素可按内外源（内外因）、稳定性和可控制性三个维度来划分。

从内外源来看，努力、能力属于内因，任务难度和机遇属于外因。

从稳定性来看，能力和任务难度属于稳定因素，努力和机遇属于不稳定性因素。因为一个人的能力和他所面临的任务难度是很难改变的，而一个人的努力程度和是否遇到适当的机遇则是不断变化的。

从可控制性来看，努力是可控制的因素，任务难度和机遇都是不以人的意志为转

移的。由此，韦纳提出了归因模型，如图3-10所示。

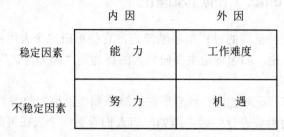

图 3-10　韦纳归因模型

人们把成败归因于何种因素，对工作积极性有很大影响。

（1）把成功归结为内部原因（努力、能力），会使人感到满意和自豪；而归结为外部原因（任务容易或机遇），会使人产生惊奇和感激的心情。

（2）把失败归于内因，会使人产生内疚和无助感；归于外因，会产生气愤和敌意。

（3）把成功归因于稳定因素（任务容易或能力强），会提高以后的工作积极性；而归因于不稳定因素（碰巧或努力），以后的工作积极性可能提高，也可能降低。

（4）把失败归因于稳定因素（任务难或能力弱），会降低以后的工作积极性；而归因于不稳定因素（运气不好或努力不够）则可能提高今后的工作积极性。

掌握了人的行为归因规律，就可以根据已制定的归因模型，对理解和解释人的行为的归因倾向并进行引导，从而更好地激发人的工作动机，调动人的工作积极性。

第四节　行为改造型激励理论

行为改造型激励理论是从当前的行为结果出发，来研究人的行为是否受到激励而得到矫正与改造，认为受到激励的行为就会倾向于反复出现。

一、强化理论

1. 强化理论的概念

所谓强化是指加强或削弱人的行为（反应）的一种刺激，强化理论是研究行为的结果对动机影响的理论。

从个体行为规律可知，人的需要决定动机，动机产生行为，行为必然有结果，而行为的结果无论大小好坏，对产生该行为的动机都有一个反作用。也就是说，如果行为的结果是好的，则对动机就起到一个正强化的作用，从而使该行为重复出现；相反，如果行为的结果是不好的或者是坏的，则对动机就起到一个负强化的作用，使该种行为削弱以至停止或消失，如图3-11所示。

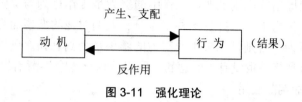

图3-11 强化理论

2．强化的种类

强化有两种：正强化和负强化。

能使人的行为（反应）得到加强以至重复出现的刺激称为正强化。例如，表扬、奖励、认可、赞赏、晋升、树立标兵、评比等都属于正强化，它是一种积极的强化。在一般情况下，使用正强化的激励效果会更好。

能使人的行为（反应）得到削弱以至消失的刺激称为负强化。例如，批评、处分、罚款、扣分、道义或舆论的谴责等都属于负强化，它是一种消极的强化。在一般情况下，使用负强化的激励效果比较差，因为用负强化的刺激会使人产生一种挫折感，在心理上有一种压抑感。但是，针对某一特定现象和个体，采用负强化也会收到应有的效果。为使强化效果更好，实际中往往正强化和负强化相互配合使用，以起到相辅相成的作用。

3．强化模型

当员工受到工作情境中物质的或精神的各种刺激之后，就会产生积极性而努力工作，产生高水平的绩效，按照绩效的大小好坏，得到奖励、惩罚或者中性的不同结果，而不同的结果对员工的强化效果不同，这就是工作动机强化模型，如图3-12所示。

图3-12 工作动机的强化模型

（1）人们的行为结果得到了奖励，就会继续保持这种行为。就是说，奖励会强化（加强）在类似情况下再次进行这种行为的可能性。

（2）人们的行为结果如果受到了惩罚，就会回避这种行为。就是说，惩罚会减少以后再次发生这种行为的可能性，至少是在出现这种惩罚条件时会减少这种行为的可能性。

（3）人们的行为结果既无奖励又无惩罚，最终会停止这种行为。就是说，得到中性结果的行为迟早会消失。

上述强化模型提出的原则说明，工作中的努力是工作行为与奖励之间联结强度的函数。如果一个人努力工作，并且这种工作符合人们对他的期望而得到了奖励，则他以后会继续这种行为；否则，如果工作努力的结果是受到惩罚，则以后会减少这种行为。如果既没有得到奖励也没有得到惩罚，则以后该行为会逐渐消失。

4．强化理论的实际应用

在强化理论的实际应用中，应注意以下几点。

（1）根据不同人的不同需要，采用不同的强化物。所谓强化物即运用于强化的刺激物。由于人的性别、年龄、资历、身份、地位、社会背景、所处环境等的不同，其需要也就不一样，因此，为了调动其积极性所采取的强化手段也就应该因人而异。在强化中，所有的奖励（包括奖金、奖品等）都是强化物，但并不是所有的强化物都是奖励。除了奖金与奖品之外，强化物还包括权力、责任、名誉、爱慕、赞扬、认可、信任等。因此，为了强化人的行为，就要区别不同对象的不同需要采用不同的强化物。

（2）信息反馈要及时。人的行为结果，无论大小好坏，都应该尽快向当事者本人反馈。让人们通过某种形式或途径及时了解自己的行为结果。为了使强化收到最好的效果，应该在一个合意行为发生之后立即予以强化。

（3）正负强化相结合。正强化是引着员工向前走，负强化则是赶着员工向前走，两者都能起到激励的作用。该奖励的不奖励，对有功者不公；该惩罚的不惩罚，则对守法者不公。所以，"奖勤罚懒"是管理的一项基本原则。

（4）正负强化都要实事求是。正强化时对当事者不要任意拔高、言过其实而绝对化；负强化时对当事者不要全盘否定、认为其一无是处。无论是正强化还是负强化，都应该实事求是，客观公正，恰如其分。

二、挫折理论

1．挫折的含义

人们在复杂的社会实践活动中，无论知识如何渊博，能力多么强，都难免遇到各种困难和挫折。挫折是人们在实现目标过程中，由于种种原因使目标难以实现，甚至根本无法实现而导致的一种失落的心理状态。或者说，挫折是人们的需要的满足受阻或处于中断状态时产生的一种心理状态。而挫折理论则是运用心理学的有关知识专门研究在达不到目的（或满足不了需要）的情况下，人们的心理状态的理论。

2．挫折的客观性

挫折是普遍存在的一种社会心理现象，任何人的一生都不可能一帆风顺。这是因为，客观事物不仅纷繁复杂，而且不断发展变化；有些事物难以预料，甚至具有不可抗力。而且，人们为要达到某一目标，总有一个积聚力量、创造条件的过程。所以，当条件尚不具备，力量尚未达到一定程度时，挫折也就难以避免。

3. 挫折的两重性

挫折本身是坏事。因为，挫折会使人失望、痛苦、消极、颓废、一蹶不振，消极对抗、激化矛盾，对工作、生活、人生、未来失去希望，以至最终走上极端，葬送一生。

挫折也可以变成好事。因为，挫折会给人以教益，使人吃一堑，长一智；失败是成功之母，挫折可以砥砺人的意志，使人更加成熟、坚强，激人努力、从逆境中奋起。

4. 各类人员遇到的主要挫折

古今中外，没有一个人是永远一帆风顺的，现实生活中，人人都难免遇到挫折，只是时间有早有晚有先有后，程度有大有小罢了。不同的人所遇到的具体挫折也不一样，大体说来，人们遇到的挫折类型，如图 3-13 所示。

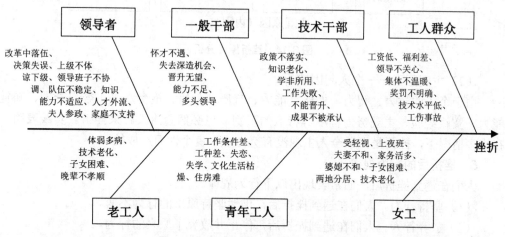

图 3-13 各类人员常遇到的主要挫折

5. 造成人们挫折的原因

造成人们挫折的原因是非常复杂的，但归纳起来，造成人们挫折的原因主要有两大类，即客观原因和主观原因，如图 3-14 所示。

（1）客观原因——环境起因挫折

① 自然环境。一方面人们不可能对自然界的所有事物都能正确认识，因为受各种条件的限制，人们对自然界有许多未知领域；另一方面，人们还不能完全征服自然，生、老、病、死以及各种自然灾害必然会给人造成挫折。

② 社会环境。复杂的人际关系、社会的政治、经济、种族、宗教、家庭、风俗、

习惯等方面的影响和干扰，都可以使人们遇到挫折。而且，同自然环境相比，社会环境给人带来的障碍和困难更多、更大，甚至后果也更严重。

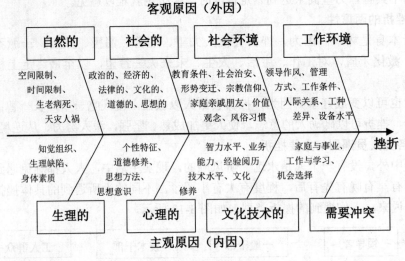

图 3-14　挫折原因分析

（2）主观因素——个人起因挫折

由于个人的体力、智力、性格、能力、气质、觉悟、抱负水平、容忍能力、知觉能力、实践经验、主观努力程度等特点的限制，也必然会给人带来挫折。实践表明，在许多情况下，挫折是由于个人主观没有努力或不良个性而造成的。

6．挫折后的行为规律

人们在遇到挫折后，通常表现出以下行为规律。

（1）坚持行为。人们在遇到挫折后，仍然坚持原来的行为不变。

（2）放弃行为。人们在遇到挫折后，停止并放弃了原来的行为。

（3）对抗行为。人们在遇到挫折后，产生反抗行为或攻击性行为。

（4）改变行为。人们在遇到挫折后，改变了原来的行为或改变了原来的目标。

（5）顺应行为。人们在遇到挫折后，自圆其说，自我解释，自我安慰，自我平衡。

7．挫折理论的实际应用

（1）正确引导人们挫折后的心理发泄。人们在遭受挫折之后，一般都会在心理上产生一种紧张不安的情绪，以至产生激愤心理，从而导致心理上的不平衡。为了使心理得到新的平衡，其重要的渠道就是发泄。但由于心理上的紧张不安，往往会导致反常行为，使人们形成消极甚至对抗因素，如果不及时给予正确引导，就会带来不良后果。因此，对于遭受挫折的人，必须正确引导他的心理发泄，如图 3-15 所示。

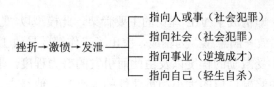

图 3-15 挫折与发泄

（2）对待遭受挫折者的方法。对待遭受挫折的人要采取宽容的态度；帮助遭受挫折的人提高认识、分清是非；帮助遭受挫折的人改变其周围的环境。例如，调离原工作和生活环境，改变环境气氛等。

（3）精神发泄法。让受挫折的人写申诉信；同受挫折的人个别谈心；让受挫折的人在会议上（或一定场合）发表意见。

（4）心理咨询。受挫折的人可以进行一些心理咨询，如门诊咨询、专栏咨询、通信咨询、电话咨询等。

第五节　综合激励模型

一、波特—劳勒（Porter-Lawler）的综合激励模型

波特和劳勒以工作绩效为核心，对与绩效有关联的许多因素进行了一系列相关性研究，在此基础上提出了波特—劳勒综合激励模型，如图 3-16 所示。

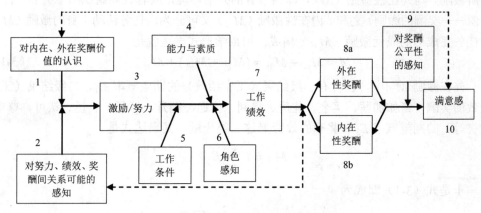

图 3-16　波特—劳勒综合激励模型

波特—劳勒综合激励模型是在弗鲁姆的期望理论（VIE 理论）上发展而来的。模

型中的因素 1、2、3 即构成了 VIE 理论的主要骨架。此模型以"工作绩效"为核心，以"激励→努力→绩效→满意感"为轴线，突出了工作绩效导致工作满意的因果关系。这个模型表明一个人受激励的程度以及由此而引发的努力程度，取决于他对奖酬的效价（即在此人心目中奖酬价值的大小和重要性的大小）、他努力工作后达到绩效标准的可能性（期望概率的大小）和得到所期望的奖酬的可能性。该模型还引入了在赫茨伯格双因素理论基础上发展起来的内在性奖酬和外在性奖酬，即模型中因素 8a 和 8b，取代了 VIE 理论单一的二级结果，即奖酬。

综合模型在努力与绩效之间增加了三个新的因素，一是"能力与素质"即因素 4，说明只有热情而无真才实学及必要的素质，仍难以实现预期的绩效标准；二是"工作条件"即因素 5，指人力、物力、财力、场所、设施等环境因素，这些对达到预期绩效也是不可缺少的；三是"角色感知"即因素 6，这是指对组织的意图与期望的领会，领会错了，必然会"好心做了坏事"。

综合模型引入了"对奖酬公平性的感知"因素，即模型中的因素 9，这一因素是公平理论所关注的要点。人的满意感不仅取决于能否得到自己所期望的奖酬及其质与量，还取决于奖酬中的分配方式和与个人信奉价值观对照时所感受到的公平性。

二、迪尔（Dill）综合激励模型

美国组织行为学家迪尔，以 VIE 理论为基础，同时融入了内、外奖酬分类的概念，提出了一个综合激励模型。迪尔的综合激励模型采用了数学方程式的表达形式。

迪尔认为，人的总的激励水平（M）应该是内在性激励（$M_{内}$，即靠任务的本身因素所激励）与外在性激励（$M_{外}$，即当事者的外部环境，或者说靠组织所掌握和分配的资源——奖酬的激励）之和。内在性激励（$M_{内}$）又可分为由任务活动本身的激励（$M_{活}$）和任务完成后的成就激励（$M_{成}$）构成。用数学形式表达就是

$$M = M_{内} + M_{外} = (M_{活} + M_{成}) + M_{外} \tag{3-1}$$

外在激励 $M_{外}$ 中，包含有一级结果（工作绩效）的期望概率 E_1、二级结果（工作绩效的奖酬，诸如加薪、奖金、住房、福利、待遇、提升、信任、表扬、认可、尊重、荣誉等）的期望概率 E_2 和奖酬的效价 V 这三类变量，其表达式是

$$M_{外} = E_1 \sum_{i=1}^{n} E_{2i} V_i$$

于是式（3-1）即成为

$$M = (M_{活} + M_{成}) + E_1 \sum_{i=1}^{n} E_{2i} V_i \tag{3-2}$$

$M_{活}$ 中与外在性奖酬无关，它不涉及工作任务是否完成，因此，不存在一级结果的

期望 E_1；同时也不涉及工作任务完成后是否给予奖酬的期望 E_2，因此，$M_{活}$中只含有单一的效价变量即代表工作任务本身对人们的吸引力与价值 $V_{活}$。

而 $M_{成}$中，它既包含工作任务完成后所取得的成就的吸引力及其价值的效价 $V_{成}$；同时又涉及工作任务能否完成，即含有一级结果的期望值 E_1。

于是公式（2）即成为

$$M = (M_{活} + M_{成}) + E_1 \sum_{i=1}^{n} E_{2i} V_i$$

$$= (M_{活} + E_1 V_{成}) + E_1 \sum_{i=1}^{n} E_{2i} V_i \tag{3-3}$$

$$= V_{活} + E_1 \left(V_{成} + \sum_{i=1}^{n} E_{2i} V_i \right)$$

式（3-3）即迪尔综合激励模型的数学表达式。

在式（3-3）中，总激励 M 只包含了三类效价变量 $V_{活}$、$V_{成}$、V_i，以及两类期望变量 E_1 与 E_2。因为它们之间的关系不是加就是乘，所以，总激励 M 是这五种变量的增函数。就是说：要想提高总激励 M 的水平，应该设法增大这五类变量。

当然，这个模型虽然具有方程式的形式，但实际并无定量计算与分析的功能。它可以向管理者提供一套虽是定性的，但却是系统的、条理分明的分析路线和思维程序，以找出改进激励功能的有效策略。

运用迪尔的综合激励模型，我们可以通过以下措施和途径来提高激励的有效性和总的激励水平。

（1）$V_{活}$的提高。这是指如何使工作任务本身对员工更具有吸引力。例如，不断变化工作的内容，提高工作任务的挑战性，实行换岗轮岗，工作扩大化、丰富化、新颖化，增加自主权等，以增加工作的吸引力。另外，在工作设计中增加与他人交往的机会，任务与目标交代明晰，减少不确定性，这些对提高 $V_{活}$都有积极的作用。

（2）$V_{成}$的提高。这是指任务完成时所作出的成就应有较大的吸引力。为此，分配任务要注意完整性，不要分割得太细；要讲清任务的重要意义，用户的反馈，对用户的重要性。

（3）V_i的提高。这是指各种外在性奖酬的诱激力。首先，要使激励能满足职工各种不同的需要，投人所好；其次，为职工提供多种奖酬，令员工各自选取。

（4）E_1的提高。这是指增加人们对自己付出努力后能达到预期绩效水准的把握。为此，要给下级具体指导和支持，进行培训，不断提高员工完成任务的技能，讲清组织的要求、意图和期望，以提高员工对预期绩效水准的把握程度。

（5）E_2的提高。这是指要使人们在完成工作任务后能确保拿到原来向他们许诺给予的各种外酬。为此，必须事先宣布付酬政策，并信守诺言，使员工相信领导说话算数，而且对所有下级要一视同仁。

三、内激励与外激励的关系

1. 次生强化机制

（1）次生强化效应的含义。当一个人对自己所从事的工作毫无体验，或者所知甚少，仅仅是为了获得某种外酬以满足其外在性需要而不得已从事此工作时，此项工作纯属于获得所需外酬的手段。这时，他只感受到外激励并无内激励可言。但在工作实践中他逐渐入境，对工作产生兴趣，甚至被其中的丰富学问所迷，这时，在外激励之外，又增添了强烈的内激励。这说明，外激励有时可以诱发和增强内激励，提携和助长内激励。因为这时的内激励是产生于初生的外激励，所以称此作用为次生强化效应。

（2）次生强化效应适用的条件。① 受激励的当事者本人的个性特点，如个性、爱好、价值观、需要与动机的构成等；② 工作任务本身的性质，如是否确实有趣、富有挑战性等。

2. 自我感知效应

（1）自我感知效应的含义。人们在推断他人行为的动机时，往往按当时情景中有无强大明确的外在激励物而定。若有，则就会判断此人的行为必源于此诱激物而引发的外激励；若没有或诱激物引力很小而又含糊不清时，人们就会判断该人的行为源于内激励驱动。后来，将这种观点移植到人们对自己行为的归因分析上，并加以深化扩展而形成了"自我感知论"的理论。而且，这种机制比次生强化理论复杂，涵盖领域也更加广阔。它表明人们在感知和归因自己的激励状态与根源上，存在着四种不同的典型情景，如图3-17所示。

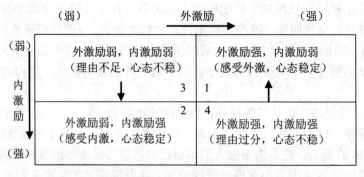

图 3-17 自我感知效应对内、外激励关系的影响

（2）内外激励的四种典型关系。人们在感知和归因自己的激励状态与根源上，有

以下四种典型情景，如图 3-18 所示。

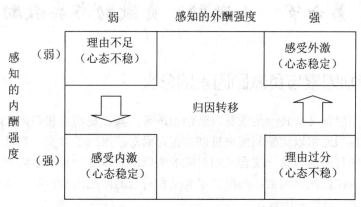

图 3-18　内外激励的四种关系

① 外激励强，内激励弱。此时，环境提供明确易见而又诱激力强大的外在性奖酬，如丰厚的薪酬、奖金、崇高的荣誉、无保留的信任等。但工作本身枯燥乏味。此时当事者心态稳定，把自己的工作行为归因为外激励。

② 外激励弱，内激励强。此时的工作任务得不到外在性的奖酬，但工作本身却是有趣的、有意义的、具有挑战性的。当事者会在事业上有所发展和成就，在此情景之下，人们心态平衡稳定，并把自己工作的热情归因于工作本身蕴含的内在激励性的因素。

③ 外激励弱，内激励弱。此时，工作本身索然无味，也缺乏诱激力的外酬。在这种情况下，人们唯恐避之不及，心态不稳，找不到工作的原因，无法归因，内心惶惑。这时，当事者为了自圆其说，自我解释与自我安慰，就会对工作活动的性质予以重新估价。例如，这工作并不像我估计的那样无聊，还是挺有意思的，从而发生了归因转移，把心理转换到感受内激的状态上，使归因有限而恢复稳定的心态。

④ 内激励强，外激励强。此时，工作本身引人入胜，而且又有着丰厚的外酬。但是，人们可能陷入不知所措、不知自己的工作是外激吸引还是内激推动，因而出现了难以归因的心态失衡。这种"理由过足"会使人无所适从。为了摆脱这种局面，恢复稳定心态，当事者就会用自我感知机制，主观上降低工作活动的效价，觉得这个工作也不过如此，从而把工作的努力归因为外激励。

第六节 正激励、负激励与去激励

一、正激励因素与负激励因素的含义

激励有两层含义：其一是激发、鼓励和诱导；其二是约束和归化。对于激励的第一层含义，组织通常以奖酬制度来贯彻实施，而对于第二层含义，则以负强化和惩罚来达到激励的目的。与第一层含义相对应的激励因素，称为正激励因素，包括外在性激励因素和内在性激励因素；与第二层含义相对应的激励因素，称为负激励因素，负强化和惩罚都是负激励因素。

惩罚是指在消极行为发生以后，给予当事者某些令人不愉快的对待，或取消他所需要的某些东西，以示对某一不符合要求的行为的否定，从而减少直至取消组织所不希望的行为。在企业中，对员工的惩罚有多种多样，如批评、降薪、罚款、调离、开除、停工教育等。惩罚之所以能对人的行为起作用，是因为被取消或被剥夺的东西已成为个人的需要，为了重新获得满足，个人将减少或停止企业不希望的行为。

二、正激励因素与负激励因素的关系

正激励因素用来引发组织所希望的行为，并促进组织所希望的行为继续保持下去；而负激励因素则用来阻止或减少员工的行为向组织所希望的行为方向的反方向发展。两者在根本目的上是一致的，在对员工行为的影响方面具有内在统一性。没有正激励因素的作用，就难以引发员工行为的内在动力；没有负激励因素的作用，就难以保证员工起码的努力程度和努力方向。

三、负激励因素的负效果

负激励因素有时会带来负效果，例如，惩罚措施在企业中是普遍采用的，从直接效果看，惩罚能一定程度地起到减少企业不期望的行为的出现频率，但受惩罚者可能只是暂时隐蔽了企业不希望他出现的行为。正如斯金纳所说的："受到惩罚的人并不会改弦更张，不再我行我素了，他充其量也不过是学会了如何免于惩罚而已。"日本一家公司根据马斯洛的需要层次理论，运用不同形式的惩罚措施取得了不同的结果，得出了很有价值的数据，如表3-2所示。

表 3-2　不同惩罚措施的激励效应

惩罚方式	变化结果	
	变好比率（%）	未变比率（%）
个别指责	66	23
公开指责	35	27
个别嘲笑	35	33
公开嘲笑	17	36
个别体罚	28	28
公开体罚	23	65

四、去激励因素的含义

去激励因素（Demotivator）是相对于激励因素而言的，它是指那些抑制或削减人们工作积极性的因素。去激励因素使组织成员产生不满意感，使其工作效率降低或维持在低水平状态。

去激励因素既然是与激励因素相对而言的，两者之间就可以相互转化。即当某一因素具备了满足个人需要的条件时，它就是激励因素；当它不具备满足个人需要的条件，或在实施过程中出现了偏差时，那么，它就可能成为去激励因素。例如，发奖金是调动企业员工积极性的激励因素，但是，如果实行平均奖金制，干多干少一个样，那么，它就会打击贡献大的员工的积极性；而有的员工看到"干多干少一个样"这样的现实因素，他就会将自己的努力水平调整在大家工作的"平均"努力水平上。再如，评选先进工作者能够调动员工的积极性，但是，如果评选过程不公正，就会打击一部分人的积极性。

去激励因素对员工努力水平的抑制作用表现在：由于去激励因素的存在，谁也不愿意多贡献一份力量。去激励因素对员工努力水平的削减作用表现在：员工在首次体验到去激励因素作用以后，下一次的努力水平就有可能比这一次低。当然，一般情况下，员工在去激励因素作用下的努力水平会保持在一定的水平之上，否则将会受到负激励因素的作用。

五、我国现阶段企业中的去激励因素

中国部分企业低效率的原因是由于去激励因素的存在。在中国现阶段的企业中，存在着六个方面的去激励因素，这六个方面包括公平与认可、人际关系、责任、工作条件、发展和工作中的报酬。这六个方面涉及的具体因素，如表 3-3 所示。

表3-3　六个去激励因素的名称及主要变量

名　称	序　号	内　容
公平与认可	1	领导专制，不听群众意见
人际关系	2	在单位里得不到他人尊重
责任	3	在工作中没有什么责任承担
工作条件	4	工作单调重复，没有吸引力
发展	5	缺少参加学习和培训的机会
工作中的报酬	6	与同行其他企业相比，收入及福利较差

第七节　激励理论的综合应用

从工作激励理论到实际应用，可以划分为三个不同层次或水平。第一个层次是各种行为激励理论的本身，它们是对行为激励问题的最概括的理论分析，从而为判定影响组织成员行为的激励措施奠定了基础；第二个层次是一般的实际激励措施，适用于各种类型的组织，当然必须与各种组织的实际情况相结合；第三个层次则是某一具体组织根据一般的激励措施而制定的本组织所特有的激励措施和方案，如图3-19所示。

图3-19　工作激励从理论到应用的各种层次

一、目标设置

美国著名的行为科学家洛克（E. Locke）提出了目标设置理论。他认为：目标设置是管理领域中最有效的激励方法之一。职工的绩效目标是工作行为最直接的推动力。因此，为职工设计适当的目标是管理工作中的一项重要任务。图3-20是洛克目标设置理论的模型描述。

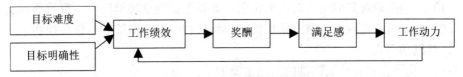

图 3-20　洛克目标设置模型

1. 目标设置的原则

（1）目标应当是具体明晰的，含混不清的目标难以激发人的行为。

（2）目标应当是难度适中的，太难或太容易的目标也难以激发人的工作行为。

（3）目标应当能被个人接受，只有自觉接受的目标才能最大限度地激发人的工作动机，而被动接受的目标，人们往往有一种逆反的心理。

（4）对达到目标的进程有客观及时的反馈信息，因为客观及时的反馈信息更能激励人的行为。

（5）个人参与设置的目标要比别人为他设置的目标更为有效。因此，应该让员工参与目标的设置。

2. 目标管理（MBO）

目标管理（Management by Objectives，MBO）是美国著名管理学家德鲁克（P. Drucker）提出的，这既是一种管理制度，也是一种制订计划、进行控制、进行人事评价和对组织整体绩效作出评价的方法，如图 3-21 所示。

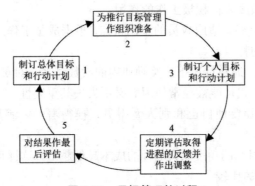

图 3-21　目标管理的过程

二、奖励制度

1. 奖励制度的原则

奖励制度是否得当，直接影响职工的工作积极性。一般来说，制定奖励制度必须遵守两个原则。

(1) 奖励必须对其成员有较高的价值，即员工认为这种奖励对他有重要意义。

(2) 要使员工得到的报酬与他们的工作绩效相联系，即奖励与绩效挂钩。

2．奖励的形式

目前，我国企业对员工奖励的形式主要如下。

(1) 薪酬、福利、待遇。

(2) 工作的稳定。

(3) 良好的工作环境。

(4) 有培训的机会。

(5) 适时晋升。

(6) 企业（或项目）有发展前途。

(7) 良好的沟通渠道和机制。

(8) 公平合理的奖惩制度。

(9) 带薪休假。

(10) 股权。

(11) 住房。

3．奖励制度的维度

奖励制度有以下五个维度。

(1) 重要性。为使奖励发挥积极作用，应让受奖励者认为这种奖励对他有重要价值，否则，不会起到激励人们积极工作的作用。

(2) 数量上的灵活性。适应成员的不同特点，根据成员工作绩效的高低给予奖励，在数量上具有灵活性的特点。

(3) 使用的频率。通常情况下，奖励使用的次数越多，对员工工作绩效的影响也就越大。理想的奖励方式是能被经常使用而又不失去其重要性。

(4) 可见性。奖励要使自己和别人看得见，摸得着，以满足人们的荣誉感和自尊心。

(5) 低成本。从组织的角度看，奖励的成本越低越好，这样可以增加组织的效益。

4．各种奖励方式的比较

(1) 增加报酬。对个人来说很重要，可见性高，成本高，频率低。

(2) 提升。对个人来说很重要，可见性高，灵活性小、频率低，成本高。

(3) 津贴。对个人来说很重要，可见性不高，成本高。

(4) 地位和身份象征。灵活性低、频率低。

(5) 特殊证书。成本低、灵活、可见性高、频率少、数量少。

三、工作设计

工作设计主要是组织向员工分配工作任务和职责的方式。工作设计是否得当,对激发职工的工作动机,增强员工的工作满意感以及提高生产率都有重大影响。

工作设计的发展趋势如下。

(1) 工作扩大化。横向增加工作种类,同时承诺几项工作或者周期更长的工作,以克服单调工作的厌烦,增加工作的兴趣,激发工作的积极性。

(2) 工作丰富化。纵向扩大工作范围,让员工有机会参与工作的计划与设计,扩大工作的垂直负荷,要求员工完成更复杂的任务,负更大的责任,有更多的自主性。因此对他们的技术也提出更高的要求,使员工对工作本身产生兴趣,增加责任感和成就感。

四、激励机制设计

1. 激励机制的含义

激励机制的含义是激励和机制两个含义的有机合成。所谓机制,是指系统内各子系统、各要素之间相互作用、相互联系、相互制约的形式和运动原理以及内在的、本质的工作方式。它包含以下几层含义:

(1) 机制按照一定的规律自动发生作用并导致一定的结果。

(2) 机制不是最终结果,也不是起始原因,它是把期望转化为行动、原因转化为结果的中介。

(3) 机制制约并决定着某一事物功能的发挥。

(4) 在一定的系统中,机制是客观存在的,它所反映的是事物内在的、本质的作用方式和规律,是系统各组成部分之间相互作用的动态关系。

(5) 机制的优劣是以其作用于系统而导致的系统机能的强弱来评价的。

这样,我们就可以把激励机制定义为:在组织系统中,激励主体与激励客体之间通过激励因素相互作用的方式。

2. 激励机制的内容

根据激励的定义,激励机制应包括五个方面的内容。

(1) 诱导因素集合。诱导因素就是用于调动员工积极性的各种奖酬资源。

(2) 行为导向制度。它是组织对其员工所期望的努力方向、行为方式和应遵循的价值观的规定。

(3) 行为幅度制度。它是指对由诱导因素所激发的行为在强度方面的控制规则。

通过行为幅度制度，可以将个人的努力水平调整在一定范围之内，以防止一定奖酬对员工的激励效率的快速下降。

（4）行为时空制度。它是指奖酬制度在时间和空间方面的规定。这方面的规定包括特定的外在性奖酬与特定的绩效相关联的时间限制，员工与一定的工作相结合的时间限制，以及有效行为的空间范围。这样的规定可以防止员工的短期行为和地理无限性，从而使组织所期望的行为具有一定的持续性，并在一定的时期和空间范围内发生。

（5）行为归化制度。行为归化是指对成员进行组织同化和对违反行为规范或达不到要求的处罚和教育。组织同化实质上是组织成员不断学习的过程，对组织具有十分重要的意义。

激励机制是上述五个方面构成要素的总和。其中诱导因素起到发动行为的作用，后四者起导向、规范和制约行为的作用。

3．激励机制设计的含义及其内容

所谓激励机制设计是指组织为实现其目标，根据其成员的个人需要，制定适当的行为规范和分配制度，以实现人力资源的最优配置，达到组织利益和个人利益的一致。激励机制设计的实质是要求管理者抱着人性的观念，通过理性化的制度来规范员工的行为，调动员工的工作积极性，谋求管理的人性化和制度化之间的平衡，以达到有序管理和有效管理。这正是管理者孜孜以求的。

激励机制设计包括以下几个方面的内容。

（1）激励机制设计的出发点是满足员工个人需要。设计各种各样的外在性奖酬形式，并设计具有激励特性的工作，从而形成一个诱导因素集合，以满足员工个人的外在性需要和内在性需要。

（2）激励机制设计的直接目的是调动员工的积极性。其最终目的是实现组织目标体系，来指引个人的努力方向。

（3）激励机制设计的核心是分配制度和行为规范。分配制度将诱导因素目标体系连接起来，即达到特定的组织目标（即绩效标准）将会得到相应的奖酬。行为规范将员工的性格、能力、素质等个性因素与组织目标体系连接起来。行为规范规定了个人以一定的行为方式（即路径）来达到一定的目标。

（4）激励机制设计的效率标准是使激励机制的运行富有效率。而决定机制运行成本的是机制运行所需的信息。信息沟通贯穿于激励机制运行的始末，特别是组织在构造诱导因素集合时对员工个人真实需要的了解，必须充分进行信息沟通。通过信息沟通，将个人需要与诱导因素连接起来。

（5）激励机制运行的最佳效果是在较低成本的条件下达到激励相容，即同时实现了员工个人目标和组织目标，使员工个人利益和组织利益达到一致。

通过以上分析，我们得到激励机制设计内容，如图3-22所示。

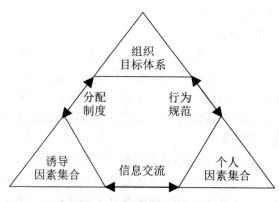

图3-22 激励机制设计内容

4．激励机制中的三个支点

组织目标体系、诱导因素集合和个人因素集合构成激励机制设计模型中的三个支点。这三个支点通过三条通路连接在一起，构成了一个完整的激励机制设计模型。

（1）组织目标体系。巴纳德将共同目标看作组织存在的要素之一。西蒙则将组织的目标区分为两个，一个是能够维持组织生存下去的目标，另一个是保证组织发展壮大的目标。佩罗（Perrow）则详细地分析了组织的多层次目标，包括：① 社会目标，如生产产品、提供服务、产生和维持文化价值观念等；② 产量目标，包括向消费者提供产品和服务的质量和数量等；③ 系统目标，包括增长率、市场份额、组织气氛和在本行业中的地位等；④ 产品特性目标，包括向消费者提供的产品或服务的品种、独特性、新颖性等；⑤ 其他派生目标，如参与政治活动、赞助教育事业、促进员工发展等。为了使组织目标更好地和员工的工作绩效衔接，根据目标设置理论，组织可以将目标进一步分解和细化，使之成为考核员工工作绩效的标准。

（2）诱导因素集合。巴纳德、西蒙等人都指出，个人参加到组织中来是因为组织能提供个人所需要的各种奖酬，而这些奖酬就成为产生某种行为的刺激因素。组织将这些刺激因素作为引发员工符合期望的行为的诱导因素。组织对个人最明显的刺激因素就是薪金或工资，即经济性奖酬。为了满足不同员工对奖酬内容的不同需要，组织可以列出奖酬内容的"菜单"，让员工自己选择。组织成员从组织获得的诱因，必须与他们为组织所作的贡献相称。

（3）个人因素集合。个人因素包括个人需要、价值观等决定个人加入组织的动机的一些因素，以及个人的能力、素质、潜力等决定个人对组织贡献大小的一些因素。只有真正了解和把握了个人的需要，才能有效地激发、控制和预测人们的行为。总之，组织的激励机制设计要充分考虑到员工素质、能力水平以及个人要求发展的愿望，将目标设置、工作安排与这些因素相匹配。

5. 激励机制中的三条通路

在激励机制设计内容中，分配制度将诱导因素集合（奖酬资源）与组织目标体系连接起来，行为规范将个人因素集合与组织目标体系连接起来，信息交流将个人因素集合与诱导因素连接起来。因此，我们可以把分配制度、行为规范和信息交流称为激励机制设计内容的三条通路。通过三条通路的连接作用，使三个支点所包含的内容相互对应，形成一定的逻辑关系。

（1）分配制度。分配制度之所以成为诱导因素集合与组织目标体系之间的通路，是因为对奖酬资源（诱导因素）的分配是通过分配制度与个人完成目标的程度（绩效水平）相联系的，而个人正是通过分配制度看到了自己努力工作后得到奖酬的可能性及其多寡和具体内容的。组织分配行为的分配对象是奖酬资源，其依据是个人完成目标的程度。

（2）行为规范。个人能力是在一定的制度环境中发挥作用的。遵守一定的行为规范，是个人加入组织的一个重要前提，即巴纳德所说的协作意愿。一个组织，也只有通过一定的行为规范，才能将不同个人的努力引向组织的目标。行为规范是建立在对个人素质和能力水平的正确认识基础上的，个人通过遵守行为规范可以实现一定的组织目标，进而得到自己所期望得到的奖酬资源。同时，行为规范也作为控制和监督员工工作的依据。因此，行为规范成为个人素质与组织目标之间的一个通路。

（3）信息交流。激励机制设计所涉及的信息交流，一方面使组织能及时、有效、准确地把握员工个人的各种需要和工作动机，从而确定相应的奖酬形式；另一方面，通过信息交流，员工个人可以了解到组织有哪些奖酬资源，以及怎样才能获得自己所需要的奖酬资源。因此，信息沟通是连接个人需要与诱导因素的通路。

复习思考题

1. 你怎样理解人的行为模式与行为规律？
2. 谈谈激励与绩效之间的关系。
3. 你怎样理解马斯洛的需要理论？
4. 联系目前我国实际，谈谈你对双因素理论的理解。
5. 你怎样理解期望理论、公平理论、归因理论？
6. 你怎样理解强化理论和挫折理论？
7. 联系我国实际，谈一谈你对 Dill 综合激励模型的理解。

8. 谈谈你对正激励、反激励与去激励的认识。
9. 怎样设计一个企业的激励机制？

案例3-1 南港铁路公司车务段

新段长上任

南港铁路公司车务段新段长廖为友一上任，面对他的车务段的情况是：生产任务十分繁重，一昼夜要装卸车1 000辆；在册职工176人，竟有56人是劳教和劳改刑满释放人员，不少人打架成性，全市有名的"十大杀手"之一就在这里；事故率高得惊人，最多一个晚上就发生事故7次，安全生产问题十分严峻。廖段长上任的第一天，段里职工就私下串通集体罢工，给新段长来个下马威。面对这样一个车务段，廖段长应该采取什么对策呢？

繁忙的南港铁路公司

南港铁路公司是一个拥有1 500名职工的大公司，公司管辖铁路线150千米，火车头16台，主业为铁路的接送，货物倒载，生产任务十分繁忙，一昼夜倒载车1 000辆，一年倒载货物2 000万吨，而且平均倒调系数大于6；整个公司，车、机、供、电、检齐全。由于生产任务繁重，操作现场艰苦，安全生产一直是管理中的严峻问题。在有记录可查的23年内，公亡10人，重伤23人，平均一年重伤一人，两年死亡一人，轻伤最多一年144人，行车事故最高一年88起，最高一天晚上连续发生事故7次。有一次死亡事故，尸体连续存放两年不能处理，弄得全公司人心混乱。因此，安全生产问题成了这个公司的突出严峻问题，而这些生产事故集中发生在这个公司的车务段。

复杂的车务段

51岁的廖为友，身材魁伟健壮，性格开朗，多才多艺，能歌善舞，曾参加过市专业文艺团体；体育也是行家里手；喜欢看书学习，大专毕业后在工作实践中又学习了《组织行为学》《人力资源开发与管理》《公共关系学》等现代管理理论，一直在公司企管科任科长，工作成绩显著。由于工作需要，公司决定派他到车务段任段长。

车务段是全公司关键的一个段。一方面它承担着公司的全部机务、车务、调车、货运等生产任务；另一方面这个段作业条件艰苦而危险，人员素质低下，公司的生产事故几乎全部集中在这里。

车务段在册职工176人，其中调车工110人（即车皮挂钩员，又称钩子手），扳道叉工60人，3名段领导，还有3名后勤服务人员。一线工人年龄都在35岁以下，是全港年龄最年轻的。在110名调车工中,劳教和劳改释放人员56人。调车工这个工种既艰苦又危险,没人愿意干。公司向社会登报招工20名,报名的只有14人,其中竟有12人是刑满释放人员,在录用考试时,有的连自己的姓名都不会写,由于急于用人,也只好全部录用。因此,这个段的职工队伍素质低下。工作环境被破坏得目不忍睹;更衣箱破烂不堪,沙发被用刀划得全是一道道口子,墙面踏得全是脚印,到处是痰迹,处处是垃圾,同事之间张口就骂,举手就打,拿刀就捅,打架不要命,不计后果。其中有一个"拼命三郎",外号叫"刁老虎",打架在全市有名,为了讲义气、够意思,三天两头打抱不平,头上被刀砍得全是伤疤。因此,这个段的人员思想混乱、纪律涣散,事故率不断上升,换了几任领导,也未能扭转局面。

思考题

面对这样一个车务段,新上任的廖段长应该采取什么对策呢?

案例3-2 需求层次测试

为了了解人们的不同需要,心理学家设计了20个自我测试项目,要求在看过每个测试项目之后,对每一个项目给予评分。

1. 对那些工作出色的人应该给予特殊的报酬。
2. 如果你能对工作进行更好的描述,这将有助于人们了解自己的责任。
3. 应该提醒人们,他们的工作是否有保障,取决于组织的竞争能力。
4. 一个管理者应该十分注意改善人们的工作环境。
5. 管理者应该十分努力地去创造良好的人际关系。
6. 重视高质量的工作对人们来说是十分重要的。
7. 千篇一律的管理会挫伤人们的积极性。
8. 人们愿意把自己真正的技巧和能力用在工作上。
9. 组织实行的各种福利政策,对保证人们不调动工作来说是十分重要的。
10. 无论做什么事情,人们都愿意把它干得更好。
11. 几乎任何工作都可以成为令人激动的事情。
12. 在业余时间里,管理者应该提倡更多的社会活动。
13. 为工作而感到自豪是最重要的奖励。
14. 人们都希望被人看成是最优秀的工作者。

15. 非正式工作群体中的关系是非常重要的。
16. 个人奖金会有力地改善个人的工作。
17. 对人们来说,与上层管理者保持沟通是很重要的。
18. 人们愿意自己安排工作时间,并与少数管理者一同制定有关工作的决策。
19. 工作保障是非常重要的。
20. 使用好的工具,对人们来说是很重要的。

评分标准:

每个项目后面有 7 个选择答案:

强烈同意+3; 同意+2; 有点同意+1; 不知道 0; 有点不同意-1; 不同意-2; 强烈不同意-3。请你在这 7 个答案中选择一个答案,例如,你强烈同意第一个测试项目,就请你在题目后面写+3。

测试答案:

请把以下每组项目的总得分计算出来

自我实现需求	尊重需求	社交需求	安全需求	生理需求
10.	6.	5.	2.	1.
11.	8.	7.	3.	4.
13.	14.	12.	9.	16.
18.	17.	15.	19.	20.
总分_____	总分_____	总分_____	总分_____	总分_____

得分最高的需求,对你来说就是相对重要的需求。

案例 3-3 "海底捞"火锅的员工激励

"海底捞"是 18 年前从四川简阳街边的一家麻辣烫摊子起家的,如今的四川海底捞餐饮股份有限公司是一家以经营川味火锅为主,融汇各地火锅特色于一体的大型跨省直营餐饮民营企业,已经在北京、上海、天津、西安、郑州、南京、沈阳等全国多个城市拥有 60 多家直营店、4 个大型现代化物流配送基地和一个原料生产基地,拥有员工 10 000 多人。海底捞虽然是一家火锅店,但它的核心业务却不是餐饮,而是服务。在将员工的主观能动性发挥到极致的情况下,"海底捞特色"日益丰富。

海底捞的服务很多时候让第一次来消费的顾客瞠目结舌。据说曾经有个顾客在就餐时打手机打到欠费了,不经意嘟哝了一声,"这儿要是有充值卡卖就好了",结果几分钟之后,气喘吁吁的服务员真的拿着一张充值卡出现在顾客面前。海底捞的服务让人印象深刻，它的内部管理也一样与众不同。在火锅这样技术含量不高的行业，海底捞证明了中国企业一样可以创造出令人羡慕的士气高昂、充满激情的员工团队和出色业绩，这不可谓不独特。

海底捞对员工创造性的激发和激励做得很好，同时在员工物质福利方面投入较大，正向激励更多（当然这与海底捞员工全来自农村有一定关系），这或许可以视为"海底捞特色的人性化"。

海底捞内部有一本定期出版的"红宝书"，员工主动为顾客服务的事迹都会体现在上面，这无疑对员工服务顾客有很大的正向作用。在每间海底捞的办公室里，墙上都会贴着一张"金点子排行榜"，这就是海底捞思想火花的来源。每个月，由各大部长、片区经理组成的创新委员会，会对员工提出的创意服务作出评判，一旦评上就会推广到各个分店，员工可以获得 200～2000 元不等的奖励。员工的创意一旦被采纳，就会以发明者的名字来命名。"包丹袋"就是典型的一例，这是一个防止顾客手机被溅湿的塑封袋子。由于是一名叫包丹的员工提出的创意，即用员工的名字命名。当包丹袋在其他店也开始使用时，这些店会给这位员工交纳一定的费用。如此一来，对于海底捞的员工来说不但得到了尊重，还给了更多的员工以鼓励。

海底捞的员工宿舍离工作地点不会超过20分钟，全部为正规住宅小区，且都会配备空调，有专人负责保洁以及洗衣服；公寓甚至配备了上网电脑；如果员工是夫妻，则考虑给单独房间。仅是住宿一项，一个门店一年就要为此花费50万元。海底捞在简阳当地赞助了一家学校，海底捞员工子女在该学校上学，全部都是寄宿制管理。为了激励这些大都来自农村的员工的工作积极性，海底捞有一个传统，就是将员工奖金中的部分直接寄给他们的父母亲人。虽然每月只有 400～500 元，但这让员工的家人也分享到了这份荣耀。

要让员工的大脑起作用，除了让他们把心放在工作上，还必须给他们权力。在海底捞，员工可以享受一个特权：200万元以下的财务权都交给了各级经理，基层服务员可以享有打折、换菜甚至免单的权力，只要员工认为有必要，都可以给客人免费送一些菜，甚至免掉一餐的费用，事后口头说明即可。不论什么原因，聪明的管理者能让员工的大脑为他工作。当员工不仅仅是机械地执行上级的命令时，他就是一个管理者了。按照这个定义，海底捞是一个由 6 000 名管理者组成的公司。

人是群居动物，天生追求公平。海底捞知道，要让员工感到幸福，不仅要提供好的物质待遇，还要让人感觉公平。海底捞不仅让这些处在社会底层的员工得到了尊严，还给了他们希望。海底捞只有财务总监和采购总监是从外部招聘，其他所有的干部都是服务员出身，这些大孩子般的年轻人，独立管理着几百名员工，每年创造几千万元的营业额。海底捞的薪金构成是建立在他们的"员工发展途径"之上的，没有管理才能的员工，通过任劳任怨地苦干也可以得到认可，普通员工如果做到功勋员工，工资收入只比店长差一点，如果不能升职也可以通过评级提高工资。2010年6月，公司还成立了作为内部培训机构的海底捞大学，为提升员工价值又迈出了新的一步。

海底捞的种种特色激励措施最终取得的效果是：员工似乎不知疲倦地平均一天连续工作10~12小时，每周工作6天，脸上却始终能挂着自然、真诚的微笑，服务能让顾客感觉到其发自内心的主动、殷勤和真诚。公司的业绩也连年攀升，曾先后在四川、陕西、河南等省荣获"先进企业""消费者满意单位""名优火锅"等十几项称号和荣誉，创新的特色服务为其赢得了"五星级"火锅店的美名。

1. 海底捞的成功之道带给我们哪些启示？
2. 海底捞的员工激励措施都用到了哪些激励理论，具体是如何运用的？
3. 海底捞的激励模式是否能够复制到其他企业中？为什么？

第四章

工作压力与压力管理

现代社会，人们面临的压力问题越来越多。工作压力问题是一个早已引起人们注意的问题。组织行为学研究这个问题是因为工作压力直接影响着员工的工作绩效和身心健康。

第一节 工作压力的含义

一、工作压力的概念

心理学将工作压力定义为：在工作过程中，人们面对那些自己认为无法对付的情况（威胁）时，所产生的情绪上和身体上的异常反应。它源于人与环境的相互作用，是机体的一种内部状态，是焦虑、强烈的情绪和生理上的唤醒以及挫折等各种情感和反应。能否正确地处理工作压力问题对于每个工作者和整个组织绩效，都有重大影响。

二、工作压力的性质

工作压力对人来说具有两重性，对大多数人来说，工作压力既有积极的一面，也有消极的一面。积极的压力是指压力事件及压力反应所带来的健康的、肯定的、建设性的结果。积极的压力是个体对压力的适度感受，并能刺激个体改变现状、产生积极行为。消极的压力是指对压力事件产生某种生理、心理和行为与健康的背离。无论是积极压力还是消极压力都是个体生存的必备要素。譬如，当我们面对棘手的工作时，会有一种兴奋感，觉得干劲倍增，同时也感到某种程度的威胁和不安。职位的提升也会产生两方面的效果，一方面，面对新的职位时，当事人会产生一种担心：担心不了解情况；担心新的工作环境中人际关系不和谐；担心自己能否胜任此职等。另一方面，新职位的获得会使他们急于去开展工作，以期待更多新的挑战、奖赏和满足。在这种情况下，新的、未知的工作状况产生了有利的压力。

对我们来说,压力的存在是不可避免的。我们的工作及业余生活都有可能产生压力,如刚找了一份工作,自己很满意,却担心做不好被老板辞退;学生临近考试,功课还没弄懂;出差赶飞机时,汽车在路上抛了锚等。事实上,没有任何压力的工作生活环境是不存在的。

第二节 工作压力的来源

压力的来源是多方面的,几乎周围环境中的任何事情都有可能成为某人的压力来源。为了方便研究,我们把这些压力源分为两大类:生活压力源和工作压力源。

一、生活压力源

美国著名精神病学家赫姆斯(Holmes)在研究员工个人生活压力来源时,编制了评定员工个人生活压力来源的社会再适应量表,如表 4-1 所示。该量表列出了 43 种生活压力事件,并将每个生活压力事件所引起的压力值定义为生活变化单位(LCU),赫姆斯指出,一个人在特定时期所经历的各种生活压力事件的压力值可以用 LCU 值相加得到。

表 4-1 社会再适应量表

排序	生活压力事件	LCU 值	排序	生活压力事件	LCU 值
1	配偶死亡	100	14	子女出生	39
2	离婚	73	15	生意上的变化	39
3	夫妻分居	65	16	经济状况变化	38
4	被判入狱	63	17	好友去世	37
5	家中亲人死亡	63	18	工作性质变化	36
6	个人受伤或生病	53	19	与配偶争吵	35
7	结婚	50	20	中等数额贷款抵押	31
8	被解雇	47	21	贷款或抵押品赎取权取消	30
9	复婚	45	22	工作职责变化	29
10	退休	45	23	子女离开家庭	29
11	家庭成员患病	44	24	和儿媳或女婿相处困难	29
12	怀孕	40	25	杰出的个人成就	28
13	性生活问题	39	26	妻子开始或停止工作	26

续表

排序	生活压力事件	LCU 值	排序	生活压力事件	LCU 值
27	学业开始或结束	26	36	社会活动变化	18
28	生活环境变化	25	37	小额贷款或抵押	17
29	生活习惯改变	24	38	睡眠习惯改变	16
30	和老板相处困难	23	39	家庭成员数量改变	15
31	工作时间或环境改变	20	40	饮食习惯改变	13
32	搬家	20	41	休假	13
33	转学	20	42	过圣诞节	12
34	娱乐方式变化	19	43	轻微触犯法律	11
35	宗教活动改变	19			

表中的 43 项不同事件是根据它们所产生的典型压力的大小排列的。得分越高，生活事件压力越大。把过去一年所发生的各种事件的得分加起来，就能估计出他们所经受的压力大小。经过实验发现，通过考察人们过去年份的生活事件就能推测他们对健康变化的敏感性，大部分因生活有明显变化而具有高压力的人会由于表中所列的主要生活事件而得病。

霍姆斯及拉赫还提出了具体的数量标准。例如，一个人一年中经历的总压力得分如果超过 200 分，第二年他将会有 50%的可能出现严重的健康问题；如果得分超过 300 分，第二年就会有 75%的可能产生严重的健康问题。

二、工作压力源

当工作中面临新的或有威胁的因素时，个人就会感受到工作压力。尽管压力的感受因人而异、差别很大，但工作压力的产生还是有规律可循的。工作压力源有多种形式，几乎所有的工作环境中任何事都可能成为某人的压力源。

1. 组织因素产生的压力源

员工所担负组织交给的具体任务是压力的主要来源。任务不同，组织、上级、同事和下级对职工的工作期望也不同。如果其他人对一个员工的期望要求太高、太低、模棱两可甚至矛盾，就会给员工带来思想上的焦虑和不安，感受到压力。

（1）工作负荷。这方面比较突出的是工作太多或太少产生的压力。有研究者指出，逐渐增加的工作负荷一方面是由于全球化要求的工作效率，另一方面是由于个体想提高自己的生活质量而带来的更多的工作压力。

（2）任务含糊不清（角色模糊）。个体对行为结果缺乏了解与预计时会产生角色模糊的感受。组织在向一个成员交代其工作任务时，一定要把工作目的、工作要求、工作规范、工作纪律、任务完成的数量和质量、完成时间等一切必要的问题交代清楚，让他知道该做什么和不该做什么，了解他的工作范围和责任。否则，这些方面的含糊不清就会给员工带来很大的精神压力。

（3）任务和角色冲突。任务冲突是在一个组织中，不同的群体之间会有各种不同的期望，而它们又不可能同时去满足这几个不同群体的要求，这种矛盾性和不一致性就产生了任务冲突。角色冲突是指个体的期望与其社会角色的某种程度的不相容或不协调。一些人在他的两重角色相互冲突时感到压力（也称角色间冲突）。当一个职员对于如何完成某项任务听到多种自相矛盾的指示时（也称角色内冲突），或者当组织价值观和工作职责与他的个人价值观相矛盾时（个人角色冲突），角色冲突就会发生。

（4）组织的特征。一个组织的特征，如组织气氛、组织的整个心理气候，也会对工作产生压力。当一个组织到处充满敌对、疏远和不友好的气氛时，员工之间就很难进行有效的磋商，就会感到终日惴惴不安，相互之间不信任，不能真正交流感情。员工之间缺乏共同解决问题的协作精神，从而产生了压力。

2．工作经历和人际关系产生的压力源

工作经历压力源与每个人的亲身经历密切相关，如工作安全、提升、调动和发展的机会等。太多或太少的工作任务，都可能使员工感到不利于他的发展。

组织中的各种群体对组织中人的行为具有很大的影响。与其他人的关系是组织生存和压力潜在来源的关键部分。良好的人际关系可以促进个人和组织目标的实现，而不好的人与人之间的关系则会产生压力和其他不愉快的后果。

人际压力源是学习和工作中最普遍的压力源。在团队协作的趋势下，雇员之间必须有更多的相互影响，从而产生了人际压力源。恶劣的老板、办公室政治以及人际冲突都会产生人际压力源。最近的研究发现，当员工发现置身于组织政治中时会立刻感到压力。人际压力源还包括性骚扰、工作场所暴力、威吓。

3．组织及自然环境压力源

组织及自然环境压力源有多种形式，裁员（缩减雇员的数量）对于那些失去工作者极具压力。但是，对于那些"幸存者"也会因降低了的工作保障、无序的变化、额外的工作负担以及对于失业同事的歉疚而感到压力。

在体力劳动环境中也会发现一些压力源，如过度的噪音、灰暗的光线及人身危险等。一项关于嘈杂车间里纺织工人的研究表明，当他们戴上耳罩后可测得他们的压力级别降低了；另一项研究报告称，职员在嘈杂开放的办公室里的压力级别明显比处于安静环境里更高，处于危险环境中工作的人们的压力级别也会更高。

4. 工作—非工作压力源

工作—非工作压力源有基于时间的冲突和基于紧张的冲突。

（1）基于时间的冲突。基于时间的冲突是指在工作、家庭与其他非工作活动之间平衡时间分配的挑战。基于时间的冲突与前面提到的超负荷工作压力源有关。固定的工作时间表、商务旅行和连轴转的班次都会带来不利的影响。基于时间的冲突，女人比男人更剧烈，这是因为在双职工的家庭里，家务劳动和抚育孩子对于许多妇女来说是"兼职"。

（2）基于紧张的冲突。基于紧张的冲突发生在压力从某领域转嫁到另一领域的时候，家庭关系问题、经济困难、失去爱人通常会处于非工作压力源之列。新产生的责任，如婚姻、生子、抵押等，对我们大多人来说同样也是一种压力。工作上的压力也可以转嫁到员工的私生活中，并且往往成为其与家人或朋友压力关系的根源。

第三节 个体对工作压力反应的差异

一、个体对压力反应的三个领域

个体对压力的反应表现在很多方面，比较明显的反应主要体现在生理、情绪和行为这三个主要领域。

（1）压力对生理的影响：包括血压升高、大量出汗、呼吸加快、肌肉紧张、肠胃功能混乱等。

（2）压力对情绪的影响：包括容易激动、发怒，意志消沉，神经过敏，负面情绪增多等。

（3）压力对行为的影响：工伤事故率高，对批评过敏，难以集中精力，缺勤率高，有冲动性行为等。

值得注意的是，压力也有累积效应。长期的压力会在身体内积聚起来，一旦人体健康处于不良状态，积累的压力就会倾泻而出，损害健康，即"压力会杀人"。

二、不同人所产生的不同压力综合症

人们面对相同的压力时可能会有不同压力综合症的原因有以下三个方面。

（1）对相同的情形，每个人会有不同的知觉。人们在遇到自己所熟悉的情形时知道如何保护自己，此时的压力要比遇到不熟悉或不熟练的情形时承受的压力要小。例

如，高度自我功效的人，不太可能经受压力后果，因为压力源不具危险性。自我功效是指个人自信具备成功完成任务所需的能力、心境、资源。同样的，有些人的性格使他们更乐观，而有些人的性格使他们更悲观。悲观性格的人往往会出现更强的压力综合症，可能因为他们会从事物负面的角度来理解。

（2）对于同一个压力源，人们有不同的阻抗水平阈值。与年长的员工相比，年轻的员工通常会承受较低的或较轻的压力综合症，这是因为他们有更多的精力贮备去对付高级别压力，这就解释了本章后面所要讨论的，为什么锻炼和健康的生活方式是压力管理的方法。有规律的锻炼和拥有健康方式的人不大可能产生压力的负面后果。

（3）人们承受相同压力级别时采取了不同的解决策略。有些员工往往不太注意压力源，总是希望压力源离开，这往往不是有效的办法，这也解释了为什么他们会承受更高的压力级别。有证据（虽然不是决定性意义的）表明，女性解决压力比她们的配偶要好，特别是当遇到压力时，女性更可能从他人那里寻求情感支持，而不像男性那样试图改变压力源或采取无效的解决机制。

第四节 消极压力的后果

工作压力的影响是多方面的，压力产生的时候，人处于工作应激，从压力产生影响的性质来分，有积极的和消极的两种后果。从压力产生影响的领域来分，有个人健康方面的，有工作绩效方面的，也有个人决策方面的。

一、压力的生理后果

工作压力对人们的身体健康有很大的危害作用，这种危害作用表现在两个方面。

（1）工作压力经常使人感到身体不适。长期承受工作压力的人容易患头痛、胃病、关节炎、背痛和胸骨病等，还常常伴有失眠、神经衰弱等身体失调症状。

（2）工作压力还能成为大病的诱发因素，使病情加重、加快。人们在承受较大压力时会感到心脏跳动加快，呼吸困难、血压升高，血液中的胆固醇含量增加。所有这些因素使人很容易患心脏病之类的大病。尤其是，工作压力直接成为酗酒、吸毒及溃疡等病症的诱因。一些研究结果表明，承受较高压力的管理人员患心脏病的可能性是正常人的两倍；遭受心脏病第二次打击的可能性是常人的五倍；得致命心脏病的可能性是承受较低压力的管理人员的两倍。还有确凿的证据表明，工作压力不但能使人易染重病，还能直接引起致命的疾病，缩短人的寿命。医学研究人员最近证实，压力与癌症有很大关系。疾病的产生降低了劳动者的素质，不仅给个人和家庭带来痛苦和不幸，也给组织带来巨大损失。

二、压力的心理后果

压力不但对身体健康有重大的影响，对个体心理的影响也很明显。

1. 焦虑感

工作压力对人们心理的最主要影响是增加了人的焦虑感。当人们承受较大的工作压力时，会感到很容易受周围环境中其他人和事的伤害，觉得自己对工作、对周围的一切失去了控制，时常经受着工作环境中难以预料的困难，却又担心无力去处理那些并不一定出现的潜在威胁，为此产生了巨大的精神压力。

2. 沮丧情绪

当人们的正当需要得不到满足或行为受到妨碍时，情绪就受到了伤害。根据这种伤害的程度不同，人们情绪上的反应主要有以下几种。

（1）消极情绪。当人们虽几经努力，却屡遭失败以后，人们对某种行为活动的积极性就会大大降低，甚至放弃这种行为，冷眼观世界。

（2）敌视态度。当人们在经受较大的挫折或遭受不公正的待遇后，就会产生敌视态度，变得孤独、不善与人交往，无论对什么人或什么事都吹毛求疵，并伴有攻击性行为。

（3）悲观情绪。当人们付出了很大努力，却由于种种原因没能实现自己的目标时，就会变得悲观失望、缺乏自信心和自尊心。

（4）厌世。当人们觉得工作和生活中的困难和挫折太多，自己实在无力应付这种不利环境时，就很容易出现厌世情绪，产生轻生的念头。

3. 工作倦怠

工作倦怠是指由于长期压力导致情绪衰竭、缺乏人情味和低成就感的心理状态。工作倦怠可以从三个维度来加以定义，即情绪衰竭、缺乏人情味和个人成就感降低。情绪衰竭是指个人的情绪资源及与之相关的生理资源被用尽的感觉。代表工作倦怠的个人应激维度在三个维度中，情绪衰竭是报告最广泛、分析最彻底的一个，有很多研究报告指出，情绪衰竭维度代表着工作倦怠的核心内容。缺乏人情味是指在工作中对他人的一种消极的、没有人情味的或疏远的反应，它代表工作倦怠的人际情境维度。个人成就感降低是指一种不胜任，以及在工作中缺乏成就的感觉，代表工作倦怠的自我评价维度。

工作倦怠的发生是一个连续的进程，在此进程中，一个阶段促进了另外阶段的发展。在这个进程中，情绪衰竭是第一阶段，表现为精力不足、身心疲劳。有时，情绪衰竭也被称为同情疲软，员工不再感到自己应给予其他人或顾客以更多的关心或帮助。

第二阶段进入缺乏人情味阶段,也被称为人格解体,表现为对工作的冷淡态度,对组织的吹毛求疵,对顾客及其他人的疏远。第三阶段进入低成就感阶段,也称低职业效能,表现为对完成工作的自信心下降,个体在这种情况下会产生无助感,不再认为自己的努力会起作用。

工作倦怠的影响因素主要包括工作特征因素(工作量要求、角色冲突与角色模糊、缺乏支持和资源、信息和控制感、公平感、人际情绪压力、职业特征)和个体特征因素(年龄、性别、婚姻状况、教育程度、倔强、低自尊、外控型、神经质、性格等)。

三、压力的行为后果

当压力变成消极压力时,工作绩效下降,工作意外发生得更频繁。高压力级别会损害个体记忆、有效决策、采取恰当行动的能力。

1. 高缺勤率

高度压力的员工也可能会有高的缺勤率,其中一个原因是压力会让人生病,另一个原因是缺勤也是应对压力的一种办法。我们对压力的基本反应就是抗争或逃避,缺勤是逃避的一种形式——暂时地从压力环境中抽身出来好让自己有机会喘口气。公司一般会设法降低缺勤率,但缺勤却往往可以帮助员工避免压力的衰竭阶段。

2. 工作场所侵犯

工作场所侵犯不仅是一种严重的人际压力源,还是一种让人日益忧虑的压力后果。侵犯表示的是一种对压力的抗争(不是逃避)反应,职员间的口角是其最轻微的表现形式。他们对同事勃然大怒并且毫无同情心,有时候,个人背景与工作场所压力源的组合会把这种冲突提高到更高水平的工作场所敌对。

同事侵犯代表的是一种比例相对较小的工作场所暴力,而这些行为既不是随机的,也不是无缘无故的。和组织行为的大多数形式一样,同事侵犯是由人与环境共同引起的。当某个个体有了更多的侵犯性,我们必须认识到这种侵犯同样也是压力的后果。特别是当员工认为他们被不公正地对待、经历了某种无法控制的挫折和在有压力的自然环境中工作(比如高温、噪声)时,人们更可能有侵犯行为。

第五节 工作压力管理

在我们的日常工作和生活中,压力的存在是不可避免的,不可能也没有必要完全消除压力。实际上有确凿证据表明,在中等压力下员工更能激发出能量和热情。大部分人要求的是压力最大不超过这样一个程度,即他们觉得对周围的事物有一定控制能力。

一、发现、识别压力

正确处理工作压力首先要能识别工作压力,并指出它对组织和个人工作绩效的影响。有效的管理者认为,人们体验太大的压力的征兆是改变个性、工作习惯或行为方式。一般来说,由于压力太大,行为方式有可能发生下列变化。

(1) 工作比通常晚得多、少得多。
(2) 增加了拖拉性。
(3) 缺勤增加。
(4) 很难做出决策。
(5) 粗心出错的次数增加。
(6) 逃避不可逾越的界限。
(7) 遗忘职位的要求。
(8) 难以与别人相处。
(9) 盯在个人的错误和失败上。

如果某位员工在某段时期内的表现符合上述大部分情况,他就应该积极去寻找应对压力的办法了。

二、消除压力源

消除压力源的方法有两种,即永久的或暂时的消除员工的压力源。

1. 永久的消除压力源

永久的消除压力源是在员工换到了更适合其能力与价值观的工作岗位上时才会出现。

2. 暂时的消除压力源

暂时从压力源中撤出是员工压力管理最常见的办法。休假和节假日意味着一段时间内可以暂时从压力环境中撤出。一项关于警察和应急反应服务部门的研究发现,这些闲暇时间能明显改进员工应对工作压力的能力。个别雇主可以提供带薪休假,让员工可以"劳逸结合,恢复耗费的体力,轻松、振作地回到工作中"。

三、改变压力知觉

员工们经常在相同的情形下感到不同的压力水平,这是因为他们知觉的差异。因此,压力可以通过改变环境中的压力知觉实现最小化。我们可以增强我们的自我功效和自尊,这样,工作挑战将不被我们视为威胁。幽默,通过卸下心理重负同样可以改进知觉。例如,一项对于新聘人员的研究指出,当人们进入新的工作环境中时,个人目标设定和自我强化也可以减轻压力,积极的自言自语,通过增强自我功效和培养更乐观的世界观,能够潜在地改变压力知觉。

四、控制压力后果

解决工作场所压力也包括控制其后果,鉴于此,许多公司设立了健身中心以让员工保持好的身体。研究表明,体育运动会减轻压力的生理后果,帮助员工降低呼吸、肌肉紧张、心律及胃酸水平。控制压力生理后果的另一种办法是通过放松与冥想。例如,在部门会议间隙或咖啡休息时间推行一种名叫气功的冥想。通常来讲,这些活动会降低个体的心率、血压、肌肉紧张和呼吸频率。

许多大公司提供员工帮助计划——帮助员工克服个人或组织压力源并采取更有效解决办法的一种咨询服务。它可以帮助员工理解压力源,学到压力管理技巧并锻炼压力管理技巧。

五、获得社会支持

来源于同事、上级、家庭、朋友以及其他人的社会支持是一种更有效的压力管理办法。社会支持是指个人与他人的人际交往,包括提供相互的情感或信息的支持以缓解压力感受。

社会支持至少有三种途径可以减轻压力。

(1)员工改进他们对于所看重和尊重的事物的知觉,由此会增强他们的自尊和应对压力源的知觉能力。例如,"我能化解这一危机是因为我的同事们对我有信心"。

(2)社会支持提供了帮助员工了解、理解以及可能消除压力源的信息。例如,由于同事描述了应对难缠顾客的办法,社会支持会减轻一名新员工的压力。

(3)来自他人的情感支持可以直接帮助员工缓解压力感受。当面临危险的情形时,人们寻求并得益于他人的情感支持。

社会支持是一种重要的应对压力的方法,每个人都可以通过交朋友来实现,这包括给予处于生活压力源的人们所需的一些帮助。组织可以通过提供员工以及他们家庭之间的社会交往的机会来推动社会支持。当员工处于压力环境下并需要社会支持时,处于领导角色的人也同样需要培养一种支持的领导作风,给予更多的高职位员工的指导同样也会帮助低职位员工应对组织压力源。

复习思考题

1. 什么是压力?压力有哪两重性?

2．压力通常有哪些来源？
3．个体通常对压力有哪些反应？
4．消极压力通常有哪些不良后果？
5．怎样管理人们的压力？

案例 4-1　常务董事 Joe Hansen 的一天

　　Joe Hansen 是南非开普敦 Magical Connection 的一名常务董事。跟随着他一天，我目睹了在一天的工作中他所面对的挑战和压力。

　　早上 6 点整，闹钟嗡嗡作响，Joe 翻身关上了闹钟，犹豫是否起床，他昨晚工作到很晚，所以他决定晚些起床，再睡上半个小时。天啊，几分钟后 18 个月的女儿开始啼哭，他看了看妻子，然后决定让她再睡会儿，她昨晚照料女儿跟他一样工作到 11 点。他轻轻地起床，抱起哭闹着的女儿，走进厨房为她准备奶瓶。在厨房里，他把女儿放在自己的大腿上，打开他的笔记本电脑，电脑显示了 42 封新邮件。他想回到 e-mail 和手机没普及的年代，不过他首先要承认没有这些先进的科技手段他将一事无成，他认为在各个方面，工作与非工作的界限在逐渐模糊。和他的许多 IT 同事一样，Joe 把职业生活从家庭生活中分离出来实在太难。利用女儿正在婴儿床上安静地吃奶的机会，Joe 开始回复 e-mail 并删除他收到的垃圾邮件。6 点 45 分他开始沐浴，当他梳理头发时第一次有了暮年的感触——38 岁，他自嘲着开始洗澡，他想他工作到很晚以及工作的压力是导致这些的原因。现在已经是 7 点 15 分了，Joe 应该去办公室了，他没有时间吃早餐，只能灌下第二杯浓咖啡作为替代，暗暗发誓从明天起自己要在工作前腾出时间来吃早餐。

　　当 Joe 驾车去工作的时候，早晨的路上逐渐开始拥堵，他庆幸自己不是在经常去往机场进行商务之旅的路上，那些旅行让他精疲力竭，每次都有一大堆工作等着他回来处理。他刚行驶不到 10 分钟，他的手机响了，是他的一位部门经理 Justin 打来的，Justin 请示今天见他，与他讨论为什么有些成员不能达到预定目标的问题。Joe 回想起他在一家大银行里的第一份工作，在那里团队协作根本不存在，他位于管理链的最底层，他从没有被征求过决策意见。如今所有的都改变了，特别在 IT 部门，Joe 在 Magical Connection 公司里是位常务董事，他公司的 22 名员工里只有很少的几名经理。与之大不相同的是，他当时所在的那家银行有 500 多名员工，他在庞大的管理层内无名无姓。当初和 Joe 一起在银行业工作的人大多数仍在那里工作。而对 Joe 来说，留住有能力的员工依然是个挑战，这些员工一般每两年都要跳到另一家 IT 公司，甚至会去南非的其他一些地方谋职。尽管行业里频繁的跳槽，Joe 还是不怀念银行里的工作方式，他喜欢自己公司的组织，公司人员的分组有助于业务进展，任务被合理地分配，庞大的管理层框架不是他所期盼的。

当 Joe 走进办公室的时候，他见到了 Alan 正在接待处走来走去，公司正急等着来自亚洲的零部件，Alan 解释说虽然零部件已经在德班上岸，但因为有关文档丢失了，被海关扣留了。被许诺得到许多零部件的客户已经打电话给 Alan 问那些零件在哪里，Alan 看来像是到了爆发的极点了，他努力地向 Joe 诉说应付那些发火现在就要零件的客户给他的压力。Joe 对 Alan 深表同情，他自己也是经常要面对来自各个方面的压力。见了 Alan 并为他想办法如何化解这一危机后，Joe 太想喝他的第三杯咖啡了，希望咖啡因能使他振作精神。尽管只是10点，他在桌子的抽屉里捞到了香烟并出去抽烟，他知道烟对健康的危害，更不要说如果妻子发现后他会怎样面对妻子愤怒的脸色。整天里都是麻烦，只有这5分钟的间隙属于他自己。

11点，Joe 坐下来与他的一个下属讨论他们的目标。Justin 一开始就指责 Sharon 的不称职以致损害了团队目标的完成。Justin 激昂地说他对因弥补 Sharon 的过失要加大工作量厌烦透顶了。Joe 坐着，他认为 Justin 尖刻的个性对讨论无益，Joe 意识到，团队里有些人缺乏良好的人际技巧对团队有效开展工作是个阻碍，进而他想弄清楚为什么 Sharon 没能完成她的既定目标。Joe 铭记在心要为他的团队成员开展一些人际技巧的培训，保持团队的效率对于 Magical Connection 是必需的，因为这将转化为在全国和全球标准上的竞争力，公司要想在这高度竞争的环境中立足，保持竞争力是生存的基石。

Joe 的老同学 Dan 下午1点的时候打电话给他，邀他共进午餐。Joe 笑了，他告诉 Dan，他两年来从没有过午餐休息，他期望有一顿安静午餐——有着可口的食物和好友——但是他知道自己还有许多事要做，Justin 仍在抱怨团队差绩效，Joe 知道他要尽可能快地处理好这个问题。Dan 嘲笑他，告诉他一个管理者应当善于委托并享受闲暇。Joe 有自己的观点，他认为在南非授权仍是个新的理念，但是 Joe 知道如果将他的工作更多地委托给年轻的员工，并让他们作更多的决策，这样的话他会省下更多的时间来为公司做长远的战略考量。而现在还没有到午餐休息的时间，他只能对付对付食堂的汉堡和面包片。

下午2点30分，Fiona 走进他的办公室告诉 Joe 她打算离开公司。听到这，Joe 有些失落。她是公司最聪明的员工之一，她的离开意味着公司又要想办法去招收并留住另一个新人。招募并挑选新人要花时间，Joe 打算启动这一工作。

下午4点，Joe 自己躺在桌子上，在办公室里做了个按摩。一个月前采纳了员工们的这个意见，公司所有的员工每周可以做一次30分钟的按摩。舒缓的音乐在办公室里飘荡，空气里散发着精油芳香，Joe 感到自己的关节在按摩师灵巧的手里活动开来，肌肉开始放松。这个好主意真管用。

下午 6 点，Joe 带着一个鼓鼓囊囊的公文包想离开办公室——想到他的妻子整天照看着女儿，她此刻一定很累了，正期盼着他回家好帮帮她。他有 6 本新电脑杂志要看，还有一个有人让他看的网页要浏览。此刻，Joe 意识到他下周应该参加一个电脑培训，这样的话可以让他置身于办公室之外。这些再培训以及在大量的信息里与行业保持同步的持续压力吞没了他生活的所有特征。

当 Joe 开始他 20 分钟的驾程回家时，他放进一张新 CD 跟着哼唱他最喜欢的歌曲。哼唱逐渐变为大声地唱，合唱的声音格外大，鼓的噪声振着方向盘。而一个与工作有关的电话打断了这短暂的轻松。电话结束了，他打算要带妻子和女儿出去过周末，也许去山里，在那里他们可以像一个家庭那样轻松。他还可以与妻子多说说话。没有手机也没有笔记本电脑，想到这，他笑了笑。这会儿有点舒服，他想起明天和未来要面对的挑战，Magical Connection 需要保持快速、灵活、敏捷、韧性、创造性，Joe 想成为这个公司的领导者之一。尽管工作有这么多挑战，Joe 还是爱自己的工作，有挑战也值得。

思考题

1. 找出 Joe 所面对的压力源。
2. 你认为 Joe 如何才能更有效地管理压力？
3. IT 部门的员工比其他部门，如银行或者制造部门，所承受的压力要大，这种说法恰当吗？

案例 4-2 团队压力管理——怯场

目的：这个练习设计用来帮助你对压力环境作出判断，并确定如何采取压力管理以应对这种状况。

背景：怯场（包括害怕在公共场所说话）是许多人在日常生活中所遇到的最紧张的情况之一。据估计，我们将近 75% 的人经常会怯场，即使面对很少的人群说话或动作时也会。这个关于压力管理的小组练习是怯场的一个好论题，因为怯场的生理和心理症状其实就是压力的症状。换句话说，怯场是在特定的公众场合时的压力感受。在小组成员个人感受的基础上，要求小组识别怯场的症状并找出防止怯场的压力管理方法。

说明：

第一步　将学员分成小组，通常4~6人一组，最好每个组里有一个或一个以上的人承认经历过怯场。

第二步　每个组的第一个任务是识别怯场的症状，找出症状的最好方法就是对照教材里所列的压力的三类后果：生理的、心理的和行为的。怯场的特殊压力症状可能会与教材上所写的有一定的差异，但是与这三类主要的分类有关。小组要识别出怯场的几个症状，并在小组成员个人感受的基础上列举怯场的一两个特殊症状（注意，怯场的个人感受不需要对着全班描述出来）。

第三步　每个小组的第二个任务是找出特定的办法来减轻怯场。教材中所写的压力管理的五种办法已经为怯场的控制做了很好的示范。每个小组要总结出控制怯场的几种办法，并能够举出一两个例子来说明这些方法。

第四步　全班聚集起来，听取每个小组关于怯场症状和解决办法的分析，将这些与压力感受和压力管理办法分别进行比较。

思考题

1. 怎样进行团队压力练习？
2. 你经过团队压力练习后有什么收获？

案例4-3　压力测评

你是否是一个坚强的、能够承受外来压力的人？请你根据自己的实际情况回答。

1. 你是否比以前更容易发怒？
2. 你是否有睡眠困难？
3. 你是否周期性做噩梦？
4. 你是否经常地摇动双脚？
5. 你是否对一切都比以前兴趣少了？
6. 你是否经常把自己和别人比较，以区别自己条件的好坏呢？
7. 在你成长期间，你的父母是否经常争吵？
8. 当你周围的事一塌糊涂时，通常是否因为你的错误所引起？
9. 你是否觉得自己的工作压力太大？
10. 你是否觉得自己比别人懒惰？

11. 你是否觉得怕羞、内向？
12. 你是否觉得自己不善理财？
13. 你是否经常妒忌他人？
14. 你的手掌是否经常多汗、冰冷？
15. 你是否认不清自己职业的意义、作用？
16. 你的父母在你成长期间，是否经常有重病？
17. 你是否认识与自己同年而欠健康的朋友？
18. 你是否经常有胃病？
19. 你是否经常在一段时间内觉得决定一些事情有困难？
20. 你是否喜欢你的上司、同事、同学或合伙人？
21. 你是否经常觉得疲倦？
22. 你的口腔及喉咙是否经常感到干？
23. 你是否经常吃得过饱？
24. 你的肩膀、颈和背的肌肉是否经常酸痛？
25. 你考试时，是否不停地敲点手指头或玩手中的笔？

计分方法：

选择"是"记1分，选择"否"不记分。

如果总分大于等于20，表明你的精神极度紧张；如果总分小于20，大于等于15，表明你的压力较高；如果总分小于15，大于等于6，表明你的压力较低；如果总分小于6，表明你完全没有压力，要防止过于怠懒。

第五章

职业兴趣与职业锚

第一节 职业兴趣

一、职业兴趣的含义

职业兴趣是指人们对某类专业或工作所抱的积极态度。不同的人对于同一职业可能抱积极的态度，或者抱消极的态度，或者抱无所谓的态度；同一个人对不同的职业可能抱不同的态度。如果一个人对某种职业感兴趣，他在学习和工作中就能全神贯注、积极热情并富有创造性地努力完成所从事的工作。一个对自己的专业或工作毫无兴趣的人，即使聪明能干，如果缺乏自觉地、主动地不断追求新的成就的热情，也不可能在本专业或本行业中有所建树。

二、职业兴趣经历的过程

从职业兴趣的发生和发展来看，一般要经历这样一个过程：有趣——乐趣——志趣。

第一阶段是有趣，也是兴趣发展的低级水平，如有的学生的职业兴趣变化多端，今天想当一名教师，明天想当一名服装设计师，后天又想成为导师，这种职业兴趣是短暂的，往往转瞬即逝，易起易落。

第二阶段为乐趣，乐趣又被称为爱好。它是在有趣定向发展的基础上形成的，是兴趣发展的中级水平。在这一阶段或水平上，人们的兴趣会向专一的、深入的方向发展。如一个人对无线电深有乐趣，他不但会学习这方面的知识，还会亲自装配和修理，参加有关的兴趣小组活动。

第三阶段，当乐趣与奋斗目标结合起来时，便会转为志趣，它是兴趣发展的高级水平。志趣具有社会性、自觉性和方向性三个特点。

任何人的任何兴趣都不是与生俱来的，而是以一定的素质为前提，在生活实践过程中逐步发生和发展起来的。如果一个人缺乏某种职业知识，或者根本不了解这种职业，那么他就不可能对这种职业感兴趣。现实生活中，之所以会出现很多子承父业的情况，与这些人在家庭的影响下对父母所从事的行业的了解认识是分不开的。因此，一个人只有具备广泛的职业知识，参加相关的职业活动，才可能真正显示和发现自己的职业兴趣所在。

由于人与人之间在素质和生活实践方面有很大的差异，因此人们的兴趣类型也会表现出很大的个别差异。

三、常见的职业兴趣类型的特点与相应的职业选择

从理论上来看，职业兴趣测验应首先区分出多种典型的兴趣类型，然后，将这些兴趣类型与职业选择相联系，以便于人们在知道自己的兴趣时，能够选择合适的职业种类。以下是12种常见的职业兴趣类型及其特点。

兴趣类型1：喜欢与工具打交道。这类人喜欢使用工具、器具进行劳动的活动，而不喜欢从事与人或动物打交道的职业。相应的职业有修理工、木匠、建筑工、裁缝等。

兴趣类型2：喜欢与人相接触。这类人喜欢与他人接触的工作，他们喜欢销售、采访、传递信息一类的活动。相应的职业有记者、营业员、邮递员、推销员等。

兴趣类型3：喜欢从事文字符号类工作。这类人喜欢与文字、数字、表格等打交道的工作。相应的职业有会计、出纳、校对员、打字员、档案管理员、图书管理员等。

兴趣类型4：喜欢在野外工作，如地理考察、地质勘探等活动。相应的职业有勘探工、钻井工、地质勘探人员。

兴趣类型5：喜欢生物、化学和农业类职业。这类人喜欢实验性的工作。相应的职业有农技员、化验员、饲养员等。

兴趣类型6：喜欢从事社会福利和助人工作。这类人乐意帮助他人，他们试图改善他人的状况，喜欢独自与人接触。相应的职业有医生、律师、教师、护士、咨询人员。

兴趣类型7：喜欢行政和管理的工作。这类人喜欢管理人员的工作，爱好做别人的思想工作，他们在各行各业中起着重要的作用。相应的职业有辅导员、行政管理人员等。

兴趣类型8：喜欢研究人的行为。这类人喜欢谈论涉及人的主题，他们爱研究人的行为举止和心理状态。相应的职业有心理学工作者，哲学、人类学研究者等。

兴趣类型9：喜欢从事科学技术事业。这类人喜欢科技工作类活动。相应的职业有建筑师、工程技术人员。

兴趣类型10：喜欢从事创造性的工作。这类人喜欢需要有想象力和创造力的工作，爱创造新的式样和概念。相应的职业有演员、作家、创作人员、设计人员、画家等。

兴趣类型11：喜欢做操纵机器的技术工作。这类人喜欢运用一定的技术，操纵各

种机器，制造产品或完成其他任务。相应的职业有驾驶员、飞行员、海员、机床工等。

兴趣类型 12：喜欢从事具体的工作。这类人喜欢制作能看得见、摸得着的产品，希望很快看到自己的成果，他们从完成的产品中得到自我满足。相应的职业有厨师、园林工、农民、理发师等。

四、各种职业与其相应的职业兴趣类型匹配表

根据以上 12 种常见的职业兴趣特点，可以确定与其相匹配的具体职业。以下是常见的职业与职业兴趣类型的匹配关系。在确认自己的职业兴趣后，可以据此选择适合你自己的工种或职业。

职 业	相应的职业兴趣类型	职 业	相应的职业兴趣类型
1.农业劳动者	12，5，1	24.家具制造工人	1，12，11
2.农机操作人员	11，1，12	25.家具设计人员	9，10，12
3.农业技术人员	5，12，1	26.造纸工人	1，12，11
4.营造林工人	11，5，12	27.纸制品工人	1，12，11
5.林业技术人员	5，10，12	28.印刷工人	1，12，11
6.畜牧业劳动者	5，12，1	29.工艺美术设计人员	10，12，1
7.畜牧、兽医技术员	5，12，1	30.化工工人	5，11，1
8.水产养殖人员	5，12，1	31.化工技术人员	5，9，10
9.水产捕捞人员	1，11，12	32.制药工人	5，12，1
10.水利技术工人	11，1，12	33.制药技术人员	5，12，9
11.水利技术人员	11，1，12	34.化纤工人	1，11，5
12.采煤工人	4，1，11	35.化纤技术人员	9，5，10
13.采煤工程技术人员	4，9，11	36.橡胶制品工人	1，11，12
14.采油工人	4，1，11	37.橡胶制品技术人员	9，11，5
15.石油开采技术人员	4，9，11	38.塑料加工工人	1，11，12
16.自来水生产工人	1，11，12	39.塑料加工技术人员	9，10，1
17.自来水生产技术人员	9，1，11	40.油毡工人	11，1，12
18.食品、饮料制造工人	1，12，11	41.水泥生产工人	1，11，12
19.食品饮料制造技术员	9，12，5	42.水泥生产技术人员	5，11，12
20.纺织工人	1，11，9	43.炼钢工人	1，11，12
21.纺织技术人员	9，1，10	44.炼钢技术人员	9，11，1
22.服装加工工人	1，12，11	45.压延加工工人	11，1，12
23.服装设计人员	10，12，1	46.玻璃生产工人	11，1，12

续表

职　业	相应的职业兴趣类型	职　业	相应的职业兴趣类型
47.平板玻璃工人	11，1，12	80.公交服务员	6，2，12
48.玻璃制品设计人员	9，10，1	81.公共场所服务人员	6，2，12
49.金属切削加工工人	11，1，12	82.园林绿化工作者	5，10，12
50.金属热处理工人	11，1，12	83.环卫工人	1，12，11
51.机械制造工程技术员	9，10，11	84.理发、美容员	12，1，10
52.电子设备制造工人	11，1，12	85.导游员	6，2，7
53.电工	1，12，11	86.旅馆服务员	6，2，12
54.电气自动化设计人员	9，10，11	87.保育员	6，2，12
55.电气仪表工人	11，1，9	88.摄影师	10，6，2
56.仪器仪表设计人员	9，10，11	89.殡葬事业服务人员	6，12，2
57.地质普查、勘探技术员	4，9，1	90.家用电器修理服务员	1，12，6
58.建筑工人	1，11，12	91.科技咨询工作者	9，6，10
59.电气安装工人	1，11，12	92.心理咨询工作者	8，6，2
60.勘察设计技术人员	4，9，10	93.职业咨询工作者	6，8，2
61.城市建设规划设计人员	9，10，11	94.社会福利院工作人员	6，2，12
62.市政工程技术和管理员	9，7，11	95.银行信贷工作人员	3，6，2
63.汽车驾驶员	11，1，12	96.税收专管人员	3，6，2
64.运输工人	1，11，12	97.会计、审计、统计人员	3，6，2
65.调度员	7，12，2	98.保险公司工作人员	6，3，2
66.电信业务员	1，12，6	99.公共卫生医师	6，2，9
67.零售商业经营人员	2，3，6	100.护士	6，2，12
68.商业经营管理人员	7，3，6	101.药剂师	6，5，12
69.售货员	2，6，3	102.运动员	10，2，8
70.商业采购员	2，3，7	103.教练员	8，7，2
71.商业供销员	2，6，7	104.演员	10，8，2
72.外贸工作人员	2，6，8	105.导演	10，7，8
73.厨师和炊事员	12，1，6	106.编辑	3，2，10
74.餐厅服务员	6，2，12	107.图书管理人员	3，12，6
75.物资供销员	3，2，7	108.播音员	2，6，8
76.物资采购员	2，3，7	109.广播、电视、工程技术员	1，9，12
77.仓库保管员	1，3，12	110.幼儿园教师	6，8，7
78.房管员	6，3，12	111.中小学教师	6，8，7
79.房屋维修工人	1，6，12	112.中小学管理人员	7，8，6

续表

职　　业	相应的职业兴趣类型	职　　业	相应的职业兴趣类型
113.教学辅助人员	6，2，12	120.业务类公务员	7，6，8
114.自然科学研究人员	9，5，4	121.打字员	12，3，1
115.社会科学研究人员	8，2，3	122.秘书	7，3，6
116.科技情报人员	9，3，6	123.警察	7，6，2
117.电子计算服务工作人员	11，3，6	124.律师	7，8，2
118.气象观测预报人员	11，10，3	125.审判员	2，8，7
119.地震观测预报人员	11，9，3	126.军人	1，6，7

五、我国常用的职业兴趣与职业选择

根据我国的实际情况，研究者提出 10 种兴趣类型所对应的职业，分别如下。

兴趣类型 1：愿与事物打交道。

这类人喜欢同事物打交道（如工具、器具或数字），而不喜欢从事与人和动物打交道的职业。相应的职业有：制图员、修理工、裁缝、木匠、建筑工、出纳员、记账员、会计等。

兴趣类型 2：愿与人接触。

这类人喜欢与他人接触的工作，他们喜欢销售、采访、传递信息一类的活动。相应的职业有：记者、营业员、服务员、推销员等。

兴趣类型 3：愿做有规律的工作。

这类人喜欢常规的、有规律的活动，在预先安排的条件下做细致工作。相应的职业有：邮件分拣员、图书馆管理员、办公室职员、档案管理员、打字员、统计员等。

兴趣类型 4：愿从事社会福利和助人的工作。

这类人乐意帮助他人，试图改善他人的状况，喜欢独自与人接触。相应的职业有：医生、律师、护士、咨询人员等。

兴趣类型 5：愿做领导和组织工作。

这类人喜欢管理工作，爱好掌握一些事情，他们在企事业单位中起着重要的作用。相应的职业有：辅导员、行政人员、管理人员等。

兴趣类型 6：愿研究人的行为。

这类人喜欢谈论涉及人的主题，他们爱研究人的行为举止和心理动态。相应的专业有：心理学、政治学、人类学等。

兴趣类型 7：愿从事科学技术事业。

这类人喜欢分析的、推理的、测试的活动,长于理论分析,喜欢独立解决问题,也喜欢通过实验获得新发现。相应的专业有:生物、化学、工程学、物理学等。

兴趣类型8:愿从事抽象性和创造性的工作。

这类人喜爱需要有想象力和创造力的工作,爱创造新的式样和概念。相应的职业有:演员、创作人员、设计人员、画家等。

兴趣类型9:愿做操纵机器的技术工作。

这些人喜欢运用一定的技术,操纵各种机械,制造产品或完成其他任务。相应的职业有:机床工、驾驶员、飞行员等。

兴趣类型10:愿从事具体的工作。

这类人喜欢制作看得见、摸得着的产品,希望很快看到自己的劳动成果,他们从完成的产品中得到自我满足。相应的职业有:厨师、园林工、理发师、美容师、室内装饰工、农民、工人等。

第二节 职 业 锚

当一个人在进行职业选择时,往往喜欢自己所认同的职业中的那种至关重要的东西或价值观。职业锚概念假定人们在选择和发展自己的职业时,时常有一个核心范围,并乐于在该范围内找到适合自己的工作。职业锚是企业和个人进行职业决策时所要考虑的核心因素,在国际上企业职业生涯规划实施中受到人们的重视。

一、职业锚的概念

职业锚(Career Anchor)是指当一个人对自己的职业不得不做出选择的时候,无论如何都不会放弃的职业中的那种至关重要的职业价值观,即一个人的职业取向或定位。职业锚的概念是由美国埃德加·施恩(Edger H.schein)教授提出的。他认为职业规划实际上是一个持续不断的探索过程。在这一过程中,每个人都在根据自己的天资、能力、动机、需要、态度和价值观等慢慢地形成较为明晰的与职业有关的自我概念。研究表明,职业锚是一个人内心深处对自己职业的看法,它是自己的才干、价值观、动机经过自省后形成的,职业锚可以指导、约束或稳定个人的职业生涯。

职业锚在职业生涯过程中非常重要,这是因为它是以人们实际的生活工作经历和他人的反馈为基础形成的。即使面临非常困难的状况,职业锚在职业选择过程中也不会被放弃,所以它可以解释人们与公司之间是如何以及为什么相互影响、相互作用。这意味着人们不会放弃目前的工作,而转换到一份不能满足职业锚需要的其他工作。

二、职业锚的分类

施恩根据自己多年的研究，提出了以下八种类型职业锚。

1. 技术或功能型

具有较强的技术或功能型（Technical Functional Competence）职业锚的人往往不愿意选择那些带有一般管理性质的职业。相反，他们总是倾向于选择那些能够保证自己在既定的技术功能领域中不断发展的职业。

2. 管理型

管理型（General Managerial Competence）人表现出想要成为管理人员的强烈动机。这些人的职业经历往往使得他们相信自己具备被提升到那些一般管理性职位上去所需要的各种必要能力以及相关的价值倾向，他们将承担较高责任的管理职位视为最终目标。有资格获得管理职位的人应具备以下三个方面的能力：

（1）分析能力，即在信息不完全以及不确定的情况下发现问题、分析问题和解决问题的能力；

（2）人际沟通能力，即在各种层次上影响、监督、领导、操纵以及控制他人的能力；

（3）情感能力，即在情感和人际危机面前只会受到激励而不会受其困扰以及在较高的责任压力下不会变得无所作为的能力。

3. 创业型

创业型（Entrepreneurial Creativity）的人希望逐渐成为成功的企业家，"建立或创设某种完全属于自己的东西——一件署着他们名字的产品或工艺、一家他们自己的公司或一批反映他们的成就的个人财富等。"例如，成为某大城市中的一个成功的城市住房开发商、修缮商和承租商；成立一家成功的咨询公司等。

4. 自主与独立型

具有自主与独立型（Autonomy Independence）职业锚的人希望随心所欲安排自己的工作方式、工作习惯和生活方式，追求能施展个人能力的工作环境，最大限度地摆脱组织的限制和制约。因为，当一个人在某家大企业中工作的时候，提升、工作调动、薪金等诸多方面都难免要受他人控制。所以他们宁愿放弃提升或工作发展的机会，也不愿意放弃自由与独立。

5. 安全型

具有安全型（Security Stability）职业锚的人追求工作中的安全感与稳定感。他们因为能够预测到稳定的将来而感到放松。他们关心财务安全，如退休金和退休计划。稳定感包括诚实、忠诚以及完成老板交代的工作。尽管有时他们可以达到一个高的职位，但他们并不关心具体的职位和具体的工作内容。

这类人极为重视长期的职业稳定和工作的保障。他们比较愿意去从事这样一类职业：这些职业应当能够提供有保障的工作、体面的收入以及可靠的未来生活。这种可靠的未来生活通常是由良好的退休计划和较高的退休金来保证的。还有一些追求安全型职业锚的人，安全则是意味着所依托的组织的安全性。他们可能优先选择到政府机关工作，因为政府公务员是一种终生性的职业。这些人显然更愿意让他们的雇主来决定他们去从事何种职业。

6. 服务型

具有服务型（Service Dedication to A Cause）职业锚的人一直追求他们认可的核心价值，如帮助他人，改善人们的安全，通过新的产品消除疾病等。他们一直追寻这种机会，这意味着即使变换公司，他们也不会接受不允许他们实现这种价值的变动或工作提升。

7. 挑战型

具有挑战型（Pure Challenge）职业锚的人喜欢解决看上去无法解决的问题，战胜强硬的对手，克服无法克服的困难、障碍等。对他们而言，参加工作或职业的原因是工作允许他们去战胜各种不可能。他们需要新奇、变化和困难，如果事情非常容易，他们会立刻失去兴趣。

8. 生活型

具有生活型（Life Style）职业锚的人希望将生活的各个主要方面整合为一个整体，喜欢平衡个人的、家庭的和职业的需要，因此，具有生活型职业锚的人需要一个能够提供"足够弹性"的工作环境来实现这一目标。生活型的人甚至可以牺牲职业的一些方面，如放弃职位的提升，来换取三者平衡。他们将成功定义得比职业成功更广泛。相对于具体的工作环境、工作内容，具有生活型职业锚的人更关注自己如何生活、在哪里居住、如何处理家庭事情及怎样自我提升等。

第三节 职业价值观及测评

职业价值观涉及职业取向上的目标和要求。由于个人所受教育的不同和所处环境的差异，在职业取向上的目标和要求也是不尽相同的。在许多场合，人们往往要在一些得失中做出选择，职业价值观往往左右着个体的选择。例如，是要工作舒适轻松，还是要高标准的工资待遇；要成就一番事业，还是要安稳太平。当两者有矛盾冲突时，最终影响人们决策的是存在于内心的职业价值观，而人们有时对自己的价值观并不是很清楚。通过职业价值观自我测评，就可以大致了解自己的职业价值观倾向，从而为自己选择理想的职业提供信息。

一、价值观与职业价值观的含义

1. 价值观

价值观是指个人对客观事物（包括人、物、事）及自己的行为结果的意义、作用、效果和重要性的总体评价。它涉及对什么是好的、什么是应该的等总体看法，是推动并指引一个人采取决定和行动的原则、标准，是个性心理结构的核心因素之一。它使人的行为带有稳定的倾向性。价值观是人用于区别好坏，分辨是非及其重要性的心理倾向体系。它反映人对客观事物的是非及重要性的评价。人的价值观在一定程度上是不可逆的。具有不同价值观的人会产生不同的态度和行为。

2. 职业价值观

由于个人的身心条件、年龄阅历、教育状况、家庭影响、兴趣爱好等方面的不同，人们对各种职业有着不同的主观评价。这些评价逐渐形成了人的职业价值观，并影响着人们对就业方向和具体职业岗位的选择。

价值观是一种内心尺度，支配着人的行为、态度、观察、信念、理解等。职业价值观注重探讨人们在职业选择和职业生活中，在众多的价值取向里优先考虑哪种价值。

二、价值观的特性与作用

1. 价值观的基本特征

（1）价值观是因人而异的。由于每个人的先天条件和后天环境不同，人生经历也不尽相同，每个人的价值观的形成会受到不同的影响，因此，每个人都有自己的价值观。在同样的客观条件下，具有不同价值观的人，其动机模式不同，产生的行为也不同。

（2）价值观是相对稳定的。价值观是人们思想认识的深层基础，它形成了人们的世界观和人生观。它是随着人们认知能力的发展，在环境、教育的影响下，逐步培养而成的。人们的价值观一旦形成，便是相对稳定的，具有持久性，对人的行为产生深远的影响。

（3）价值观又是可以改变的。由于环境的改变、经验的积累、知识的增长，人们的价值观有可能发生变化。

2. 价值观的作用

价值观影响着人们的行为选择，决定人的自我认识以及个人的理想、信念、生活目标和追求方向的性质。

价值观的作用大致体现在以下两个方面。

（1）价值观对动机有导向的作用，人们行为的动机受价值观的支配和制约。在同样的客观条件下，具有不同价值观的人，其动机模式不同，产生的行为也不相同，动机的目的、方向受价值观的支配。

（2）价值观反映人们的认知和需求状况，价值观是人们对客观世界及行为结果的评价和看法，因而，它从某个方面反映了人们的人生观，反映了人的主观认知世界。

三、职业价值观测评

职业价值观测评采用问卷形式，让被试者评定对代表不同价值追求的多种活动的好恶情况，依据被试者的好恶程度来确定其主导的职业价值观类型。

测试首先将人的职业价值观分为以下13种类型。

（1）利他主义。总是为他人着想，把直接为大众的幸福和利益尽一份责任作为自己的追求。

（2）审美主义。能不断地追求美的东西，得到美感的享受。

（3）智力刺激。不断进行智力开发、动脑思考、学习和探索新事物，解决新问题。

（4）成就动机。不断创新、不断取得成就、不断得到领导和同事的赞扬或不断实现自己想要做的事。

（5）自主独立。能够充分发挥自己的独立性和主动性，按自己的方式、想法去做，不受他人干扰。

（6）社会地位。所从事的工作在人们的心目中有较高的社会地位，从而使自己得到他人的重视与尊敬。

（7）权力控制。获得对他人或某事的管理权，能指挥和调遣一定范围内的人或事物。

（8）经济报酬。获得相应的经济报酬，使自己有足够的财力去获得自己想要的物质条件，使生活过得较为富足。

（9）社会交往。能和各种人交往，建立比较广泛的社会联系和关系，甚至能和知名人物结识。

（10）安全稳定。希望不管自己能力怎样，在工作中要有一个安稳的局面，不会因为奖金、加资、调动工作或领导训斥等而经常提心吊胆、心烦意乱。

（11）轻松舒适。希望将工作作为一种消遣、休息或享受的形式，追求比较舒适、轻松、自由、优越的工作条件和环境。

（12）人际关系。希望一起工作的大多数同事和领导人品好，相处在一起感到愉快、自然。

（13）追求新意。希望工作的内容经常变换，使工作和生活显得丰富多彩，不单调、枯燥。

 复习思考题

1. 什么是职业兴趣？通常职业兴趣的发生发展要经历一个什么样的过程？
2. 常见的职业兴趣有哪些类型？
3. 什么是职业锚？职业锚有哪些分类？
4. 什么是职业价值观？
5. 职业价值观对人的职业选择有什么作用？

案例　职业价值观测评

请根据以下各陈述对你来说的重要程度作出选择。在你同意的选项上画○。

	很不重要	较不重要	一般	比较重要	非常重要
1. 你的工作必须经常解决新的问题	1	2	3	4	5
2. 你的工作能为社会福利带来看得见的效果	1	2	3	4	5
3. 你的工作奖金很高	1	2	3	4	5
4. 你的工作内容经常变换	1	2	3	4	5
5. 你能在你的工作范围内自由发挥	1	2	3	4	5
6. 你的工作能使你的同学、朋友非常羡慕你	1	2	3	4	5
7. 你的工作带有艺术性	1	2	3	4	5
8. 你的工作能使人感觉到你是团体中的一分子	1	2	3	4	5
9. 不论表现如何，你总能和大多数人一样晋级、加工资	1	2	3	4	5
10. 你的工作有可能经常变换工作地点、工作场所或工作方式	1	2	3	4	5
11. 在工作中你能接触到各种不同的人	1	2	3	4	5
12. 你的工作上下班时间比较随便、自由	1	2	3	4	5
13. 你的工作使你有不断取得成功的感觉	1	2	3	4	5
14. 你的工作赋予你高于别人的权力	1	2	3	4	5
15. 在工作中，你能试行一些自己的新想法	1	2	3	4	5
16. 在工作中，你不会因身体、能力等因素，被人瞧不起	1	2	3	4	5
17. 你能从工作的成果中，知道自己做得不错	1	2	3	4	5

题号	题目					
18.	你的工作经常要外出、参加各种集会和活动……………	1	2	3	4	5
19.	只要你干上这份工作，就不会再被调到其他意想不到的单位或工种上去………………………………………………	1	2	3	4	5
20.	你的工作能使你的世界更美丽……………………………	1	2	3	4	5
21.	在你的工作中，不会有人常来打扰你………………………	1	2	3	4	5
22.	只要努力，你的工资会高于其他同年龄的人，升迁或加工资的可能性比干其他工作大得多………………………	1	2	3	4	5
23.	你的工作是对智力的挑战…………………………………	1	2	3	4	5
24.	你的工作要求你把一些事务管理得井井有条……………	1	2	3	4	5
25.	你的工作单位有舒适的休息室、更衣室及其他设备……	1	2	3	4	5
26.	你的工作有可能结识各行各业的知名人物………………	1	2	3	4	5
27.	在你的工作中，能和同事建立良好的关系………………	1	2	3	4	5
28.	在别人的眼中，你的工作是很重要的……………………	1	2	3	4	5
29.	在工作中你经常接触到新鲜的事物………………………	1	2	3	4	5
30.	你的工作使你能常常帮助别人……………………………	1	2	3	4	5
31.	你在工作单位中，有可能经常变换工种…………………	1	2	3	4	5
32.	你的作风使你被别人尊重…………………………………	1	2	3	4	5
33.	你工作单位的同事和领导人品较好，相处比较随便……	1	2	3	4	5
34.	你的工作会使许多人认识你………………………………	1	2	3	4	5
35.	你的工作场所很好，如有适度的灯光、舒适的座椅，安静、清洁的环境，宽敞的工作空间，甚至恒温等优越的条件	1	2	3	4	5
36.	在工作中，你为他人服务，使他人感到很满意，你自己也就很高兴……………………………………………………	1	2	3	4	5
37.	你的工作需要计划和组织别人的工作…………………	1	2	3	4	5
38.	你的工作需要敏锐的思考…………………………………	1	2	3	4	5
39.	你的工作可以使你获得较多额外收入，如常发实物、常购买打折商品、常发商品提货券、有机会购买进口货等………	1	2	3	4	5
40.	在工作中你是不受别人差遣的……………………………	1	2	3	4	5
41.	你的工作结果应该是一种艺术品而不是一般的产品……	1	2	3	4	5
42.	在工作中不必担心会因为所做的事情领导不满意，而受到训斥或经济惩罚………………………………………………	1	2	3	4	5
43.	在你的工作中能和领导有融洽的关系……………………	1	2	3	4	5
44.	你可以看见你努力工作的成果……………………………	1	2	3	4	5
45.	在工作中常常要你提出许多新的想法……………………	1	2	3	4	5
46.	由于你的工作，经常有许多人来感谢你…………………	1	2	3	4	5
47.	你的工作成果常常能得到上级、同事或社会的肯定……	1	2	3	4	5
48.	在工作中，你可能做一个负责人，虽然可能只领导很少几	1	2	3	4	5

个人，你信奉"宁做兵头，不做将尾"的俗语……………

49．你从事的那一种工作，经常在报刊、电视中被提到，因而在人们的心目中很有地位………………………………	1	2	3	4	5
50．你的工作有可观的夜班费、加班费、保健费或营养费等…	1	2	3	4	5
51．你的工作体力上比较轻松，精神上也不紧张……………	1	2	3	4	5
52．你的工作需要和电影、电视、戏剧、音乐、美术、文学等艺术打交道………………………………………………	1	2	3	4	5

评分方法：请按以下题号统计分数（每项各小题分数加到一起），找出最高的3项和最低的3项，并参照前面13种价值观类型的含义进行解释。

一、（2，30，36，46）　　　　　　　二、（7，20，41，52）
三、（1，23，38，45）　　　　　　　四、（13，17，44，47）
五、（5，15，21，40）　　　　　　　六、（6，28，32，49）
七、（14，24，37，48）　　　　　　　八、（3，22，39，50）
九、（11，18，26，34）　　　　　　　十、（9，16，19，42）
十一、（12，25，35，51）　　　　　　十二、（8，27，33，43）
十三、（4，10，29，31）

得分最高的三项是：_____；_____；_____。
得分最低的三项是：_____；_____；_____。

群体行为

　　人总是生活与工作在群体之中。每个人在他的一生中，不仅要参加一个群体，而且要同时或先后参加若干不同的群体，而每一个群体都有着不同于其他群体的特征，不同的群体有着不同的心态和不同的价值观，有着不同的行为准则和行为规范等。因此，不同的群体必然对其成员的心理与行为有着不同的影响。组织行为学就是要研究工作组织中各种群体影响人的心理与行为的规律，以及工作群体的各种特点和人际关系。

第六章

群体概述

第一节 群体的概念

一、群体的定义和特征

群体是指为了达到特定目标而由两个或两个以上的个人所组成的互相影响、互相依赖的人群结构。就是说，群体是一个整体，它建立在其成员相互依存和相互作用的基础上，并有着特定的目标。个体的简单集合并不是群体。

群体具有以下特征。

（1）心理上的认知性。即群体的每一成员都意识到其他成员的存在，也意识到自己是该群体的一员，大家都有同属于该群体的心理感受。

（2）行为上的联系性。群体成员的行为互相影响、相互作用、相互补充，组成完整的行为系统。

（3）利益的依存性。群体有着共同的利益，个体利益存在于群体之中。没有群体利益，个体需求也就无法满足。

（4）目标的共同性。群体有着为全体成员共同接受的目标，这个目标只有靠群体的共同努力才能实现。

（5）结合的组织性。群体是一个组织，不是一般的人群集合。群体有一定的结构，每个成员都充当一定的角色，执行一定的任务，有共同规范。

二、人类和群倾向

人类群集生活的历史已有二三百万年。生物群集有其特定的原因，对于人类来说，群集生活的主要原因有以下几个方面。

（1）群集生活能更好地满足自身生物性需要，包括获取食物，得到掩蔽场所，受到某种威胁时相互保护等。

（2）当外界存在某种压力时，群体可以使某种恐惧得到缓解。

（3）群体是个体成长的保障，幼儿时期必须靠家庭，成人以后需要别人的经验。

（4）群体能满足个体的诸如人际交往的社会性需要，而且，个体在不能确定自己的行为时，群体便成了参照，这种社会对比减少了不确定性。

（5）群体能解决困难的问题，集体的智慧和力量对解决问题起到良好的作用。

（6）群体具有某些遗传因素。群体是分析个体行为的中介层次，群体活动的规律支配和控制了大量社会生活。

三、群体的功能

组织行为学认为，群体主要有完成组织任务和满足成员的需要两大功能。

1. 完成组织任务

群体对组织的主要功能是完成组织赋予的任务。一个庞大的组织要想有效地实现其目标，必须分工合作，把最终目标分成若干分目标，分配给每一个群体单位。正式群体的功能便是承担组织分配下来的目标，执行基本的任务，提出建议，负责联络，确保整个组织处于最佳的工作状态。

2. 满足成员的需要

群体对个体的主要功能是满足其心理与生理的需要。群体的成员有许多需要，有些是通过工作可以满足的，有些是由群体的组成可以满足的。群体可以满足成员以下需要：

（1）满足安全的需要。个人只有归属于群体时，才会增强信心和力量，互相依赖，互相帮助，免于孤独的恐惧感，获得心理上的安全感。

（2）满足"归属"的需要和社会交往的需要。群体能为其成员提供广阔的活动天地，帮助成员解决困难，增加知识，促进成员间的信任与合作，在交往中获得友谊、关怀、支持和帮助。

（3）满足自我确认的需要。通过群体的参与，不但可以体会到自己是社会的一分子，而且能够确认自己在社会中的地位。

（4）满足自尊的需要。个人在群体中的地位，无论是职位上的地位或心理上的地位，如受人欢迎、受人尊重、受人爱护等，都可以在群体中得到满足。

（5）满足"责任感""成就感"的需要。个人要做出某方面的成就，总离不开他人的帮助与合作，个人的成长、进步与事业上的成功，总离不开群体的帮助。

（6）满足其他有关需要。群体可以满足其他属于个人的个别需要，如收集资料信息、生病或疲倦时互相协助、摆脱烦恼、彼此支持鼓励等。

任何一个群体如果能完成以上两大功能，便是有效的群体。有效的群体一般有以下特征：① 群体的成员都有着强烈的工作动机，表现出较高的生产和工作热情，因而有较高的生产与工作效率；② 群体成员自愿接受组织的任务并努力出色地完成；③ 群体成员同心协作，心情舒畅，精神饱满，对组织的目标充满信心和力量；④ 群体成员之间、上下级之间有着良好的信息沟通联系，成员关心集体，并积极参与群体的管理。

第二节 群体的类型

群体是多种多样的，按照不同的标准，群体可划分为不同的类型。

一、假设群体和实际群体

从群体是否实际存在的角度可以把群体分为假设群体和实际群体。

假设群体又称为统计群体，即实际上并不存在，只是为了研究和分析的需要而划分的群体。假设群体可以根据不同特征，如民族、年龄、性别、职业等来划分。虽然假设群体在客观上并不存在，但这样划分却是研究分析问题的有效手段。

实际群体是客观上实际存在的群体，这类群体的成员之间有着实际的直接或间接的联系。例如，企业的车间、班组、科室等，都是实际群体。

二、松散群体、联合群体和集体

从群体中成员间相互关系的密切程度和发展水平的角度，可以把群体分为松散群体、联合群体和集体。

松散群体是指人们仅在空间和时间上结合成群体，彼此间关系松散，只是某种偶然的机会结合在一起。

联合群体是指人与人之间有着共同的目标、活动和利益，但彼此的关系并不是很紧密，其共同活动是有限的，在共同目标和利益上的联系程度较松散的群体。例如，各种"学会""协会"，成员间建立了公务和个人接触，但关系比较松散。

集体是指成员之间不仅有着共同的目标、活动和利益，而且彼此联系密切，具有明显的组织性和心理上团结一致特点的群体。集体是群体发展的最高形式。其成员都承担着明确的社会任务，集体能有效地解决有社会意义的问题，能建立具有稳定性和互助性的相互关系。

三、大群体和小群体

根据群体人数的多少和规模的大小,把群体划分为大群体和小群体。

群体的大与小是相对的,其界限很模糊。为此,社会心理学对于群体大小的划分提出了一个标准,即群体成员之间是否有直接的、面对面的接触和联系。凡是成员之间有直接的、面对面的接触和联系的群体即为小群体。其心理因素(感情因素)起决定作用。大群体是指成员较多,彼此间多是间接接触甚至不常见面或互相并不认识的群体。在大群体中,社会因素比心理因素有更大的作用。

四、正式群体与非正式群体

根据构成群体的原则和方式的不同,群体可划分为正式群体与非正式群体。

正式群体是由正式文件明文规定而正式建立的群体。群体的成员有固定的编制,有规定的权利和义务,有明确的职责分工,有一定的组织制度和统一的纪律。例如,工厂的车间、班组、科室,学校的班级、教研室等都是正式群体。

非正式群体是指非经官方规定,是人们在共同的劳动、生活中自然形成的群体,其成员之间的关系带有明显的感情色彩,以个人之间的好恶、喜爱为基础。这种群体没有定员编制,其成员的权利、义务也没有条文规定。成员的行为受群体中自然形成的"领袖"和"规范"所调节。非正式群体有着它的特殊作用,在某些情况下,它的社会作用超过正式群体。

五、参照群体和一般群体

根据群体在人们心目中的形象,可以分为参照群体和一般群体。

参照群体又叫作标准群体或榜样群体。这种群体的标准、目标和规范会成为人们行动的指南,成为人们要努力达到的标准。个人会把自己的行为与这种群体的标准进行对照,如果不符合这些标准,就会改正自己的行为。现实中,自己所参加的群体并不一定是个人心目中的参照群体。可能有这种情况,一个人参加某个群体,而把另一个群体作为自己的参照群体。

除参照群体以外的群体是一般群体。

六、开放群体和封闭群体

根据群体中成员流动情况把群体分为开放群体和封闭群体。

开放群体是指成员来去自由、经常更换的群体。这种群体由于经常更换成员、输入"新鲜血液",因此可以吸收新思想和新人才,而且对环境的适应性较强,适于新思想和新产品的开发。但成员的地位、权利不稳定,所以不适合完成长期的任务。

封闭群体是指成员比较稳定,成员间等级关系严明的群体。封闭群体具有历史眼光,适于长期规划。

七、冷漠群体、规律群体、战略群体和保守群体

根据不同工作具有不同的行为模式和对人的特定组合,把群体分为冷漠型群体、规律型群体、战略型群体和保守型群体。

冷漠型群体的工作中无明确的领导,内部联系少,没有什么可抱怨的事情,技术性强,成员并不共用工具,工序不联结。

规律型群体中所有人都从事相似的工作,大都具有非常集中的领导,成员间容易积怨,但能很快恢复与领导的良好关系。

战略型群体内部一致性强,为利益而采取有计划的行动。所从事的工作往往是高技术的,而且是组织中的要害部门。

保守型群体的成员分散于各个部门,技能高超,内部的一致性强,对组织的作用大。

第三节 群体的结构

一、群体结构概述

1. 群体结构的概念与意义

群体结构是指群体成员的组成成分。群体成员的结构可以分为不同的方面,如年龄结构、知识结构、专业结构、性格结构,以及观点、信念结构等。所谓群体结构就是指这些结构的有机结合。

2. 群体结构的同质性与异质性

群体的同质性是指群体的成员在能力、性格、年龄、知识等各方面都比较相似和接近。而群体的异质性则是群体成员在上述各个方面都迥然不同。一个群体应该是同质的还是异质的,应该根据工作的性质、完成的任务而定。

研究表明,在下述三种条件下,同质结构的群体可能达到最高的工作效率。

(1)工作比较单纯,不需要复杂的知识和技能。

（2）工作需要成员之间的密切配合。

（3）群体成员从事连锁性的工作。

在下述三种条件下，异质结构的群体将会达到最高的工作效率。

（1）工作比较复杂，群体需要各种不同的见解。

（2）决策的过程不能太快，否则就会产生不利的后果。

（3）工作需要有创造性。

3. 几点必要的说明

在研究群体结构的同质性与异质性时应该注意以下几个方面。

（1）在分析群体的结构是同质或异质时，不能把基本观点、基本信念的结构包括在内。因为，群体成员在对待重大问题的基本观点和基本信念方面必须一致或基本一致，这是群体顺利完成任务的前提条件。

（2）在分析群体结构时，同质和异质只是相对而言，不能绝对化。

（3）群体结构分析是一种相对静止状态的分析，这种分析对组织的管理工作有一定的意义，但也不能绝对化，因为群体实际上是一个动态的结构。

二、群体层次测定理论

苏联心理学家 A.B.彼得罗夫斯基认为，可以根据群体发展的水平和群体成员之间关系密切程度将群体进行分类。这种理论认为，群体的分类应该按三个维度来划分。

（1）群体中个人之间联系的紧密程度。

（2）群体活动对社会发展起促进作用。

（3）群体活动对社会发展起阻碍作用。

根据以上三个维度可以把群体划分为五种类型，如图 6-1 所示。

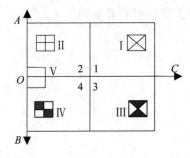

注：OC 表示群体中个人之间联系的紧密程度；

OA 表示群体促进社会发展的趋向；

OB 表示群体阻碍社会发展的趋向。

图 6-1　群体测定理论的群体分类

从图6-1可以看出：

Ⅰ表示某群体是一个符合社会进步的、具有高度团结性的集体。

Ⅱ表示某群体是一个符合社会进步要求的群体，但由于建立不久，而未形成协调的共同活动，群体成员之间的互相影响并不很大。

Ⅲ表示某群体是一个违反社会发展方向而且组织严密的团伙。例如，计划周密、纪律严明的犯罪集团。

Ⅳ表示某群体是一个具有反社会倾向且组织松散的团伙。

Ⅴ表示是一个典型的松散群体，对社会既无促进作用，也无阻碍作用。例如，一个临时组成的旅行团。

第四节 群体行为规律

一、群体行为规律

群体的行为受到各种因素的影响，这些因素主要有：群体的规模和结构、群体领导人、群体的任务目标、群体规范、群体外部环境等。群体行为是以上各个可变因素的复合函数。

（1）群体规模。群体规模是指群体人数的多少。群体规模的大小是由多种因素决定的，就正式群体而言，在保证任务完成的前提下，规模应尽量小一些，否则会导致"鸡多不下蛋""龙多不治水"的消极局面。美国心理学家詹姆斯曾对9 129个群体进行了研究分析认为，在多数情况下，小群体的人数为2~7人，这是小群体模型的最佳人数。群体规模（人数）与工作效率的关系如图6-2所示。

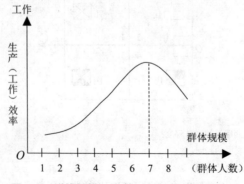

图6-2 群体规模（人数）与工作效率的关系

（2）群体领导人。群体领导人的能力素质与行为特点对群体行为有很大影响。群体领导人的个性特征和行为方式在很大程度上决定着群体的社会心理气氛，并使每个成员都受到直接的影响。

（3）群体目标。不同群体有着不同的任务目标，而群体目标与群体规范之间存在着必然一致的联系，作为整体的群体所希望达到的目标和状态，是产生人们行为的一种诱因。所以，不同的任务和目标，必然影响群体的行为水平。

（4）群体规范。不同的群体有不同的群体规范，而不同的规范制约着成员的不同行为，各种规范对个人或群体都有很大的影响。

（5）群体成员构成。群体是所有个体特点的组合。每一个成员都有其个性特征。他们的特征有相似的（同质群体），也有不相似的（异质群体）。这些都会影响整个群体的行为。

（6）外部环境。任何一个群体必然处在一个开放的环境之中。外部环境既包括技术的、物质的，也包括政治的、经济的、法律的等。群体外部环境对群体行为有着重要的控制和导向作用。

二、群体心理活动规律

1. 社会助长作用

所谓社会助长作用是指在一定条件下，群体对个人的工作起促进作用，也就是说，当有人在场时比单独一个人时工作的表现更佳。这种现象并不仅仅独限于人类。在对一群蚂蚁掘土的观察中发现，当蚂蚁群体掘土时，平均工作量比单独掘土时要大。

社会助长作用有时也可以是一种反向作用，即由于环境中他人的在场，降低了主体的工作效率，这种反向的社会助长作用也被称为社会干扰作用。一般来说，当工作是一些简单的机械或手工操作时，有更多发生社会助长的机会；而学习、判断、推理等复杂活动则更可能产生社会干扰作用。

2. 从众效应

所谓从众是指个人由于受到真实的或臆想的压力，而放弃自己在认知上或行为上的独立性，屈从于大多数人的认知或行为的现象。影响人们发生从众的原因主要有以下两个方面。

（1）某些个性因素的影响：① 自信是从众与否的一个重要影响因素。一般说，高度自信者不易从众，一个人对自己的看法越稳定、积极、自信心越强，就越不容易从众。② 智力或其他方面存在缺陷者易于从众。③ 过于重视人际关系、重视人际间的利害冲突者易于从众。④ 情绪不稳定者易于从众。⑤ 责任感强烈的人不易从众，他们要对自己的看法和行为负责。

(2) 某些群体因素的影响：① 群体规模在一定限度内增大时，从众倾向增加；但超过了一定人数的限制，从众效果递减。② 群体的内聚力越大，越易从众。③ 个体与群体的亲密程度越大，越易从众。④ 群体的专业化程度越高，权威性越强，越容易从众，群体的社会地位直接决定人的从众倾向。

其他因素：① 在信息不充分时，解决问题的人就越容易从众。② 在问题的难度增大时，从众增加。

根据人的外显行为与内在自我看法的一致程度，可以把从众分为四种类型，如图 6-3 所示。

在图 6-3 中，"真从众"意味着行为赞同，内心也赞同的情况。这可能来源于人的知觉判断错误，或太缺乏自信。真从众者通常没有内心矛盾和冲突。"假从众"又称权宜从众，这种人行为与他人一致，但内心认为自己正确，但迫于群体的压力，不敢标新立异，从而保全自己。"假不从众"意味着表面行为不从众，但内心中与群体的倾向一致，这种人的个性或观念中有一些需要掩饰的部分。"反从众"的人认为真理在自己手里，而大多数人的看法是不对的，这种人通常比较自信，但也可能比较僵化。

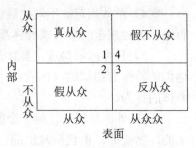

图 6-3 从众的类型

从众现象对管理有一定影响。首先，从众是改进后进职工、矫正职工行为的比较成功的方法。其次，从众会增加个人的安全感。当然，也可能会带来某种灾难，因为由于行为上的盲目性，会做出不利于群体的事情。再次，从众可能压抑个体创造力的发挥。最后，在决策中的从众可能使组织走向冒险。

3. 竞争效应

竞争是人们在相互对抗中朝预定目标前进的一种行为，竞争现象普遍地存在于人类的生活之中。影响竞争程度变化的因素有很多。刺激的改变是增加竞争的一个重要原因，当奖酬增加时，竞争的强度可能增大；环境情景的变化也会改变竞争的强度；问题的难度、任务的种类、沟通交流的程度等，对竞争程度的大小都有一定的影响。

研究的结果表明，竞争会使群体产生以下效应。

① 竞争产生外部压力，使成员减少内部分歧，增强团结，更加忠诚于团体。

② 竞争压力的存在，使成员对个人需求的关心减弱，而对完成任务的关心逐渐增强。

③ 竞争对领导人提出了很高的要求，他必须当机立断，具有决策和命令的能力与勇气。

④ 竞争使群体的组织严密、纪律严明。

⑤ 竞争使本群体成员对另一群体成员的敌意逐渐加强，与对方的沟通和交往逐渐减少。

⑥ 竞争使每一群体都产生偏见，只看到本群体的优点，看不到自己的弱点，对另一群体则只看到缺点，看不到优点。

在管理中，对于工作简单，可单独完成或必须单独完成的任务，可以展开个人竞争。计件工资制就是个人竞争的良好形式。在人员的选拔上，个人竞争也是值得肯定的。但在更多的时候，我们必须教育职工形成合作的愿望，讲求奉献和讲求合作，可以扩大群体范围的竞争，及时处理好成败带来的后果。

4．责任分摊效应

在没有明确责任的情况下，当事者越多，采取主动行为的人越少，仿佛责任被平均分配到每个个体身上的现象就是责任分摊效应。责任分摊效应起源于20世纪中期美国发生的吉诺维茨案件。当一位老人被歹徒恶意攻击时，有38人次观察到了这一事实。这38人也分别采取了如打电话报警等行动，但没有一人主动出击去解救老人。在扣除了道德等许多因素的影响之后，人们也对这类事件的心理起因进行了分析。雷特恩主张，这是一种群体心理现象。他设计了一个电话讨论会的实验。让被试者参加一个电话讨论会，事先告知出席的人数和每人所在的电话间。实验者从听筒中听到一个人正在发言。但是，发言被某种呻吟声打断了。原来，这个发言者有癫痫症，刚好在讲演中发作。实验者观察在这样的现象发生后，参加实验的人有多少将采取主动行动救助病人。研究的结果证明了他的理论，在得知有1人、2人和5人参加会议的情况下，采取主动救助行为的比率分别为85%、62%和31%，一个递减的趋势表达得非常明显。在管理工作中如何更好地设计和明确责任，减少责任分摊的发生是对领导者的一个新课题。

复习思考题

1. 什么是群体？群体有哪些基本特征？
2. 群体的基本功能是什么？
3. 群体有哪些基本类型？
4. 什么是群体结构？研究群体结构有什么意义？
5. 怎样测定群体的层次？
6. 群体行为有什么规律？群体心理活动有什么规律？

案例　海尔"三件宝"

海尔的第一件宝是"梦想"

什么是"梦"？梦就是梦想，就是理想，就是远大的抱负。海尔的梦就是"敬业报国"，就是"振兴中华"。有了这个理想，就有了远大的目标，就有了不断提升的高标准；有了这个理想，就有了激情，就有了不竭的动力；有了这个理想，就有了顽强的意志，就有了克服困难的勇气；有了这个理想，就有了处理各种矛盾的标尺，就有了良好的内外环境。

对于企业的社会责任问题，曾经有过讨论。有人提倡企业要有社会责任感，有人不赞成。不赞成的人说，企业要把经济效益搞上去就可以了，赋予企业那样多的社会责任，企业难以搞好。实际上，应该把"企业办社会"那样的社会责任和企业的社会责任感加以区别。企业是经济实体，是市场主体，当然，它必须把经济效益、资产增值、员工福利、企业发展作为自己的目标，并以此来衡量企业经营的好坏，不应该把更多的本来是社会的责任加到企业的身上。但是，任何企业都有一个如何经营的问题。是以经济效益与社会效益、环境效益相统一的思想去经营，还是为了企业的经济效益不惜损害社会效益和环境效益？这就有社会责任感的问题。任何企业领导者都有为什么经营的问题。如果企业领导者仅仅为个人发财去经营，到了一定阶段就会没劲了。目前已经有一些人遇到了这样的困惑——挣再多的钱为什么？只有建立了社会责任感，把个人价值和社会价值融合在一起，才会有不竭的动力。通观世界那些能够持续发展多年的大企业，在它们的企业文化中，都贯穿着社会责任感；只单纯强调自身业绩的企业，常常会冒出各种各样的问题。

海尔的第二件宝是"品牌"

海尔是我国企业中最重视品牌、实施品牌战略最有成果的企业之一。海尔实施名牌战略最早、最一贯。从20世纪80年代中期"砸冰箱"的故事，到最近提出"做世界品牌运营商"的总战略，海尔正在一步一步发展成为中国乃至世界著名的品牌。

海尔超人的地方，就是对品牌的重视，对名牌的打造，对名牌效应的运用。靠名牌去动员和提升员工，靠名牌去进行资本运营，靠名牌形成企业形象。如果说海尔有什么奥秘的话，那么张瑞敏和海尔人懂得品牌的奥秘，就是最大的奥秘。"名牌是市场竞争的法宝"，海尔人深深懂得这个真理。

海尔人认为，名牌并不简单地等同于商标、商号，它是企业有形要素和无形要素的有机结合形成的企业品格和企业综合竞争力。就企业自身而论，一个名牌至少具备如下条件。

（1）持续而稳定的高质量的产品和优质的服务。
（2）相当大的经济规模。
（3）现代企业制度和现代企业管理。
（4）先进的科技水平和较强的研发能力。
（5）完善的品牌体系和品牌管理。
（6）有特色的企业文化。海尔正是按照这样的要求来建立自己的企业的。

海尔人懂得，名牌是市场竞争的产物，最核心的是建立和消费者的"三度关系"，即拥有较高的知名度、信任度和美誉度。海尔"真诚到永远"的理念已经家喻户晓，海尔的"星级服务"获得众人的称赞，不是偶然的。

海尔在打造名牌的过程中，始终抓住了"名实循环"这个核心。善于以实造名，又善于以名促实，贯穿在海尔20年的经营管理之中。众所周知的"砸冰箱"的故事，打入德国市场的故事，能洗红薯的洗衣机的故事，张瑞敏哈佛讲学的故事，都是实实在在的注脚。

中国目前在世界上是一个制造大国，同时又是一个品牌小国。所以，海尔的经验，尤其具有重要的意义。

海尔的第三件宝是"领导班子"

以张瑞敏、杨绵绵为首的经营班子，是海尔成功的关键性因素，这一点已经无须论证。

做好企业经营者是不容易的，内部要处理好人、财、物、产、供、销、理念、技术、制度等方面的关系；外部要处理好企业和消费者、政府、社会的关系，要处理好国内市场和国际市场的关系，要处理好市场竞争和彼此合作的关系，特别是处在转型期中国的大环境，改革和发展的问题交织在一起，许多问题更加显得复杂。在这种情况下，带头人的作用就更加重要。

海尔经营班子有两个"谜"。一个是稳定。20年来主要领导人没有变动。为什么能够做到这一点，是个"谜"。另一个是进步。20年来企业从街道小厂到世界级现代化企业，发生了翻天覆地的变化，管理复杂了多少倍，为什么这些人还能够驾驭得得心应手，这也是一个"谜"。这里，至少有两点是肯定的，一是品质，品质好保证了团结，团结保证了稳定。二是学习，勤于学习，勇于创新，才能够不断进步。

企业家是稀有资源，在中国尤其如此。过去有一个时期曾经讨论中国有没有企业家的问题。像张瑞敏这样的人，创造了像海尔这样的业绩，还不算是企业家，那谁算是企业家呢？其实，张瑞敏已经超出了一般企业家的水平，被称为"优秀企业家""企业领袖",也可以被称为"企业卓越领导者"。企业卓越领导者必须具备"五有"素质:有文化、有品德、有思想、有能力、有影响。这样的企业家的作用,其实已经超出了一个企业的范围,对于整个社会都产生了重大影响。

思考题

1. 海尔成功的根本经验是什么?
2. 海尔成功的经验对我们有什么有益的启示?

第七章

群体动力理论

第一节 群体规范与群体压力

群体动力理论是心理学家勒温（K. Lewin）于1932年在美国斯坦福大学一系列研究的基础上创立的。群体动力理论借用了物理学中的"力场"观念，描述群体行为的产生机制。所谓群体动力是指群体行为的动力与方向。研究群体动力，就要研究影响群体行为的诸因素。

一、群体规范

群体规范是群体成员所共同接受并遵守的行为标准与行为准则，它是一个群体能保持一致的基本因素，它是由价值观、心理、行为方面的相互接近达成一致而形成的。规范具有强迫成员接受的规定形式，它常常是"标准"或"规划"的同义语。

群体规范包括两个部分：一是正式的明文规定的准则，这是有组织、有领导、有目的地制定的，用条文加以确定的，带有强制性，必须遵守，如法律、法令、政策、规章制度等。二是非正式的、在群体生活中自然形成的、约定俗成不成文的行为标准。它虽不带有强制性，但群体的舆论压力促使其成员必须遵守，如风俗、习惯等。

群体规范有以下几种功能。

① 支持群体的功能。维系群体的存在，保持群体的一致性和整体性。

② 群体行为的导向功能。群体规范指明了为实现群体目标和个人目标，个人应当怎样做，明确了个人行为的方向。

③ 评价、控制功能。个体怎样确定自己的行动是否符合要求、怎么评价他人的行动，群体规范界定了个体行为的范围和优劣标准。

④ 群体行为的合力功能。群体规范将群体成员的行为统一结合在一起，形成一种合力，这是完成群体目标的一个重要保证。

群体规范的形成方式大约有四种。

① 沿袭已有规范。一些行业早已具有了定型的规范；如果新的机构从过去的机构中沿袭下来，也会将原有规范移植过来。

② 首次活动（如成立之初的聚会）就可能形成规范。当时的座次、个人的讲话方式、发言顺序、人的活跃程度等都有可能被固定下来。

③ 重要事件（一些高强度，特别是情感高强度的事件）会形成规范，因为大家对此有很深的印象。

④ 故意决策（硬性地制定一些规定、制度等）也可以形成规范。

二、群体压力

群体压力是指由于群体规范的形成而对其成员在心理上产生的压力。群体对个体行为的影响主要通过群体规范所形成的群体压力而起作用。美国心理学家阿希（S. Asch）设计了一个典型的实验，如图 7-1 所示，证明群体规范的形成会产生群体压力。阿希把 9 人编成一组，让他们看两张卡片，在第一张卡片上画着一条直线 x，第二张卡片上画着三条直线 a、b、c，而且让 $x=b$，然后，让大家比较三条直线的卡片上哪条直线与另一张卡片上的直线 x 长短相等。在正常情况下被测试者都能判断出 $x=b$。但阿希对实验预先做了布置，在 9 人的实验组中对 8 个人都要求他们故意作出一致的错误判断 $x=c$，第 9 个人并不知道事先有了布置，实验中让第 9 个人最后作判断。统计分析表明，这第 9 个人中有 37%放弃了自己的正确判断而顺从群体的错误判断。

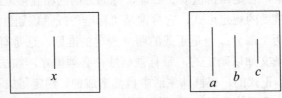

图 7-1 阿希实验

群体为改变个体行为所采取的压力一般有四种类型。

① 理智压力。即采取摆事实、讲道理、进行耐心教育与引导，使其从道理上明辨是非。

② 舆论压力。即通过正面（表扬、树先进典型、奖励等）或反面（批评、处分等）的舆论，对成员形成一种压力。良好的舆论能为个体指明行为的正确方向，是扶植正气、批评阻止邪气的一种前进力量。

③ 感情压力。即对群体成员动之以情，深厚真挚的感情能打动人心，促其顺从

群体。

④ 强制压力。即采取强制的办法，如处分、惩罚、经济制裁等，以使其顺从群体。

以上几种群体压力都会影响群体成员的行为。但是，影响群体成员行为的决定性因素是其远大的理想，正确的世界观、人生观和价值观。因此，一个有效的群体应该对其成员经常进行理想、纪律和人生观教育。

第二节 群体意识与群体士气

一、群体意识

群体意识是指成员对群体的态度，或称以群体为主体的意识。这是某一特定群体内占主导地位的、对群体本身及所从事工作的看法。群体意识包括了理想、价值观、道德标准、工作态度等成分。

影响群体意识形成的因素多种多样，主要有如下几种因素。

（1）特定群体构成。由不同人构成的群体其认知水平、理想、价值观念、文化素养、道德标准等都是不同的，这使不同群体具有了明显的差别。

（2）工作任务的特殊性。工作的特点也决定了群体的意识差异。这是由工作要求和制度决定的。因为工作任务不同，个人对工作的看法也不同。

（3）其他。群体意识中重要的部分包括以下四个方面：① 共同利益和目标；② 合理的规章制度；③ 领袖人物的威信作用；④ 友爱。

群体意识对行为的影响是多方面的。首先，它影响群体行为的方向。意识的导向作用使得一个企业要将创立良好组织意识放在重要位置上。主人翁意识、集体主义意识、竞争意识、创新意识也是值得提倡的。其次，群体意识影响群体行为的强度和持久性，也影响成员的态度变化。最后，群体意识对群体的支配是不全面的，它不支配个人的具体行为，也不会使每个人都表现出共同的行为，它只指出群体成员行为的大致方向。所以，对群体意识的忽略和过分相信都是不现实的。比较合理的办法是注重各种主客观条件下的群体意识问题。

二、群体士气

1. 群体士气的含义

群体士气又称团队精神，由群体的工作精神和成员对组织的积极态度组成。对士气的定义因人而异。史密斯（G. R. Smith）认为，士气是对某一群体感到满足，乐意成为该群体的一员，并协助达到群体目标的态度。雷顿（A. H. Leighton）则认为，士气是一群人追求共同目标，持久地、首尾一贯地协力工作的群体能力。

2. 群体士气与生产率、绩效的关系

群体士气与生产率、绩效有非常密切的关系。戴维斯认为，在士气和生产率之间，至少有三种组合，如图7-2所示。

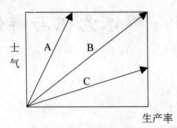

图7-2 士气与生产率

图中A线的情况是只关心满足感，职工目标与正式目标相互抵触。结果，生产效果不佳。C线起源于领导者的严格科学管理，但职工的士气在这种管理下并不理想。只有B线的情况最好。此时，职工目标与正式目标达成一致，职工的士气和工作效率具有一致性。

3. 影响士气的因素

影响士气的因素很多，概括起来主要有：（1）个人、群体、组织目标之间的一致性；（2）内部团结性；（3）报酬合理性与需求满足公平；（4）民主性等。在大部分心理学者看来，高昂的士气是高水平工作的一个先决条件，假如一个企业、一个学校、一个医院中，人人干劲十足，工作肯定有希望得到提高。

克雷奇认为，高士气的群体有如下几个特征。

（1）士气高的群体是团结的群体，这种团结来自于内部凝聚力，而不是外部压力。

（2）高士气的群体成员之间没有分裂成互相敌对的小群体的倾向。

（3）这种群体本身，既有适应外界变化的能力，又有解决内部冲突的能力。

（4）成员之间认同感和归属感更强烈，成员承认群体存在的价值，并具有维护这些群体继续存在的意向。

（5）每个成员都明确知道群体的目标，成员对群体目标及领导者抱肯定和支持态度。

4. 高士气并不是实现管理目标的充分条件

高士气是实现管理目标的一个必要条件，但却不是一个充分条件。没有工作导向和其他辅助，仅仅保持高士气当然是不够的。

第三节 群体冲突

一、群体冲突的含义

群体冲突是指群体内或群体间两种目标的互不相容和互相排斥性。人们通常把矛盾视为冲突。冲突是矛盾，可矛盾并不都是冲突，只有当矛盾激化到一定程度，才会以冲突的形式出现。群体冲突包括群体内个体的心理冲突、个体之间的冲突和群体之间的冲突。但群体冲突研究的重点是群体之间的冲突。现代组织观念认为，群体冲突是经常发生甚至是不可避免的，群体冲突有些是有害的，有些是有益的，不能一概否定。组织的发展和变革，必然要有群体冲突，重要的是学会控制和驾驭冲突，使之有利于达到组织的目标。

二、群体冲突的类型

1. 按冲突的社会性程度分

（1）个体心理冲突

个体心理冲突是个体心理中两种不相容的或互相排斥的动机形成的个体心理冲突。

（2）群体内个体间的冲突

群体内个体间的冲突即人际冲突，发生冲突的原因主要有：①信息不畅；②认识不同；③利害冲突；④个性差异。

（3）群体之间的冲突

群体之间的冲突主要有以下原因：①组织原因。机构不合理，制度不健全，责任不明确。②竞争原因。对竞争缺乏引导，进行不正当竞争。③工作性质原因。工作性质不同，互不了解。④群体素质原因。群体成员特别是领导者思想水平、素质水平不高，从而导致群体之间的冲突。

2. 按冲突的性质分

（1）建设性冲突

建设性冲突是指在目标一致的基础上由于看法或方法不一致而产生的冲突。它的发生和结果对组织有积极意义。这种冲突包括对同一目标的不同看法、实现目标的不同方式的争论，还包括那些可以振奋精神的竞争。

（2）破坏性冲突

破坏性冲突是指在目标不一致，各自为本群体利益，采取错误的态度与方法而发生的冲突。这类冲突对组织会造成不良后果。冲突的有害表现在：①使人力、物力分散，凝聚力降低；②造成人人的紧张与敌意，降低工作关心。

判断冲突是有效还是有害，根据不同的场合、时间、人员特点、目标等进行区分。

如果冲突不多，就不利于群体和组织的改善提高。如果冲突太多太大，则会引起混乱和组织的生存危机。适宜的冲突数量应该如图7-3所示，处于中等程度的水平。

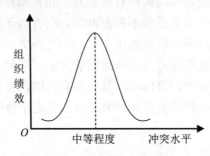

图7-3　冲突量与组织绩效

三、冲突的发展过程

（1）潜在阶段，或称潜伏期。即冲突双方由认识到彼此目标利益上的矛盾，预感到冲突而在暗中戒备，积蓄力量，准备应付冲突。

（2）交锋阶段。双方较理智地进行争论，并努力不使矛盾激化，希望说服对方。

（3）全面公开阶段。全面公开论战，互不相让，冲突已经白热化。

（4）解决冲突阶段。通过自我协调，或者第三者干预，或者由于采取组织措施而使矛盾冲突得以解决。

四、解决群体冲突的原则与方法

1．解决群体冲突的原则

（1）发展建设性冲突，消除破坏性冲突。

（2）发扬民主，鼓励发表不同意见。

（3）加强信息沟通，提倡交换意见，互相理解、信任、谅解与支持。

（4）分清是非，公正解决冲突，不可是非不清，偏袒一方。

2．解决群体冲突的方法

（1）沟通解决。即双方交换意见，加强彼此了解，消除隔阂，解除误会。

（2）协商解决。在第三者的主持下，通过协商，求同存异。

（3）权威解决。由领导者或权威部门在调查研究的基础上，采用强制性措施加以解决。

（4）吸收、合并。即将冲突的双方分别吸收合并。

（5）设置新的较高层次的目标。用一个新的较高层次的目标，将原来的冲突目标淡化，引导他们"共同对外"，缓和解决原来的矛盾冲突。

第四节　群体决策与群体竞争

一、群体决策

所谓群体决策是指从两个或两个以上的备选行动方案中确定一个的过程。与个人决策相比，群体决策的优越性在于：（1）可以集思广益，博采众长，避免主观片面性；（2）有利于调动更多人的积极性，有利于决策的贯彻执行。但这并不否认个人决策的作用。

1. 群体决策的策略

为了把个人择优选择集中起来，变成群体决策，可采用四种集中个人意见的策略。

（1）简单多数策略。简单多数策略即"少数服从多数"策略。许多学者认为简单多数策略简便易行，体现了民主原则，考虑到了多数人的意见。当然，有时可能少数人的意见反而是正确的。因此，需要同时考虑其他策略。

（2）等级累计策略。等级累计策略是把个人全部备择方案的选择按优次的顺序排列出来，然后把每个人的等级排列顺序加以累计，等级累计分数最高的方案应作为群体择优方案。

（3）最小离差策略。最小离差策略是美国统计学家赛文吉（L. J. Savdge）提出来的。根据这种策略，群体的决策要使个人择优选择与群体择优选择之间的差距达到最小限度。这种策略在小型群体作决策时是很适用的，它是一种集中个人择优选择，形成群体决策的有效方法。

（4）最优预见策略。最优预见策略是波兰统计学家里索夫斯基（G. Lissowski）提出来的。根据这种策略，使群体对各种可能方案的择优排列能最好地预见群体成员对方案的择优选择。如果群体预测的平均错误达到最小限度，就是最优的预见。最优预见方案为集中个人意见进行群众决策提供了一种测量尺度。

2. 群体决策的方法

为集思广益，博采众长，从而作出科学合理的群体决策，各国学者提出了许多群体决策的方法。

（1）头脑风暴法。这种方法最早是由奥斯本（A. F. Osborn）于20世纪50年代提出来的。即让人敞开思想，畅所欲言的一种群体决策方法。具体做法是把有关人员召集在一起，让他们就某一专门问题无拘无束地发表意见，不允许对人们提出的意见进行反驳，也不作结论，但允许人们经过协商联合提出某种意见，鼓励大胆自由地思考问题，思路越广越受欢迎，意见提得越多越受欢迎。后来，从头脑风暴法中又派生出另一种方法，叫作反向头脑风暴法。即让人们对某个方案只提批评意见，尽量挑毛病，甚至吹毛求疵，从而根据批评意见修改方案，使之达到较为完美的程度。

（2）德尔菲法。这是一种集中各方面专家的意见，预测未来事件的方法。具体做法如下：① 将预测内容写成若干条含意明确的问题，并规定统一的评估办法；② 选择有关专家数十人，将上述问题邮寄给他们，征求他们的意见，但专家之间不沟通，以避免因各专家意见不同而产生消极影响；③ 将专家意见收集、统计、整理，找出答案的中位数和分布情况；④ 将统计结果再次反馈给专家，请其考虑其他专家的意见，并修改自己的建议；⑤ 将修改过的意见再寄给专家，这样经过几次反复，取得比较一致的意见。

（3）提喻法。提喻法（Synectics）是由哥顿（W. J. Gordon）提出来的，故又称哥顿法。其做法是邀请5~7人参加会议进行讨论，但讨论的问题与即将进行的决策没有直接关系，而是运用类比的方式进行讨论。类比的方式是多种多样的，如拟人类比、象征类比、幻想类比等。采用这种类比的方式，把熟悉的事情变成陌生的事情，有助于人们摆脱原来框框的束缚，充分利用自己的想象力来开拓新的思路。

（4）方案前提分析法。这种方法与提喻法相类似，它并不去直接讨论有待决策的备选方案本身，而是讨论这些方案所依据的前提，甚至不仅要讨论方案的前提，而且还要讨论方案前提的前提，以使讨论步步深入。

以上各种群体决策方法都有参考意义。但群体决策方法并非只有以上几种，还有一些其他的方法。

二、群体竞争

1. 竞争的作用

竞争是两个或两个以上的个人或集团为了达到一定目标而相互争胜的行为。竞争具有以下特点：（1）竞争各方所要争夺的最终目标都是一定的；（2）竞争必然有争胜较量的对手；（3）竞争的最终结果，一般只有一个或几个竞争者获胜。

竞争有以下社会作用。

（1）竞争有利于激发经济实体的活力。竞争打破了平均主义的安全感，造成了生存的危机感，在激烈竞争环境中，为了生存和发展，就必须挖掘一切潜力，调动一切积极性，以增强自己的竞争能力。

（2）竞争可以改善群体人际关系，增强群体内聚力。群体间的竞争使成员感到外部压力对切身利益的威胁，群体成员为共同实现目标就必须紧密团结，一致对外。这样，群体内聚力增强，人际关系得到改善。

（3）竞争有利于人才的成长和培养。市场竞争，表面上是商品竞争，深层次是科学技术竞争，竞争的本质是人才。谁拥有一批高素质高水平的人才，谁就会在竞争中处于优势地位。

（4）竞争有利于变革旧的传统观念。竞争是市场经济的天然属性，而竞争就要抢时间，争速度，争创优质名牌，就要贯彻物质利益原则，变革旧的传统观念。竞争使人们的道德观、理想观、价值观、交往观、审美观以及思维方式都发生了深刻的改变。

2．影响竞争的因素

由于种种原因，存在着许多妨碍竞争的不利因素。

（1）传统观念的障碍

错误地认为竞争和公有制根本相悖。那些长期得过且过，习惯于吃大锅饭的人，害怕竞争打破了自己的铁饭碗而产生恐惧心理等。这些传统思想观念难以适应竞争的环境而有碍于竞争的进行。

（2）体制弊端的障碍

由于长期计划经济的影响和惯性作用，使得一些行政部门和管理人员不负责任，存在官僚主义思想，按长官意志去干预竞争。由于条块分割，使某些单位和地区存在狭隘的本位主义。由于缺乏危机感和竞争意识，使组织机构不断膨胀，人浮于事等，这些弊端影响竞争的进行。

（3）竞争两重性导致的障碍

竞争既是一种挑战，可能催人奋进，又是一种威胁，可能使人束手无策；竞争既可能使胜者充满信心，从而激发自己再接再厉，也可能使获胜者陶醉于一得一利，丧失警惕，忘乎所以，不思进取；竞争既可以使败者吸取教训，卧薪尝胆，东山再起，从而反败为胜，也可能使败者从此一蹶不振，丧失元气，自暴自弃等。这些都会影响竞争的顺利进行。

（4）不正当竞争造成的妨碍

在竞争中，某些抬价压价、冒用商标、以次充好、偷工减料，欺骗宣传、虚假广告、欺行霸市、"牵驴"做戏等损人利己手段，既严重败坏了社会风气，也妨碍竞争的正当进行。

3. 对竞争的组织管理

（1）强化竞争意识

竞争是社会发展的动力机制。因此，应鼓励并引导群体和其成员的竞争，强化竞争意识，形成竞争风气，并为竞争创造公平的环境条件。

（2）树立良好的竞争道德

群体竞争既要讲究经济效益，也要讲究社会效益，只有互惠才能互利，那种见利忘义、唯利是图的人，难以在竞争中最终取胜。

（3）对竞争要给以正确引导

心理学观点认为，采取措施把个人竞争导入更大范围的群体组织间的竞争是一种值得推广的做法。明茨（Mintz）的一项实验是这个观点的最好证明。

明茨实验（见图 7-4）用一只广口瓶进行。在瓶内装入五只有引线的圆锥体，每个圆锥体直径的大小刚好与瓶口相当。要求参加实验的人手持引线，将锥体从瓶中取出。参加实验者共五人，他们第一次实验得到的指导是在规定的时间内，按照取出圆锥的"先后次序"得到奖励。实验的结果是大家"争先恐后"，却没有一个人可以取出圆锥体。

第二次实验，研究者改变了"奖励制度"，提出只要在规定的时间内能拿出圆锥体便可得到奖励。结果，五个人认真配合，互相合作，按事先商定好的顺序，很快解决了问题。

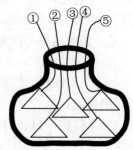

图 7-4　明茨实验

第五节　群体内聚力

一、群体内聚力的含义

群体内聚力是指群体对其成员的吸引力。这一概念包括了三层含义。

（1）群体对其成员的吸引力。主要是群体目标、群体领导、群体环境对成员的吸引程度，这是构成群体内聚力的基础。

（2）群体成员对群体的向心力。群体的吸引力与成员的向心力是互为因果的，但吸引力不等于向心力。从一定意义上讲，成员的向心力来自成员的思想觉悟，而思想觉悟又是群体培养教育的结果。

（3）群体成员之间人际关系的紧密程度。如果人际关系紧张，互相防范，钩心斗角，即使群体的目标再宏伟远大，人们也不想多留一天。

一个高内聚力的群体主要有以下特征。

（1）群体成员之间意见沟通畅通，信息传递快，成员间彼此了解、信任与合作。

（2）群体气氛民主，生动活泼，人们知无不言，言无不尽，心情舒畅，没有压抑感。

（3）群体成员有较强的归属感，安心于本群体的工作，并以此为自豪。

（4）群体成员有强烈的事业心和责任感，愿意参加群体的各种活动，敬业奉献，主动寻求责任，出勤率高。

（5）群体的每个成员都喜欢其他成员，愿意和他们在一起工作，情同手足，关系和谐。

（6）群体可以帮助个体达到个人独自达不到的目标，为成员的成长发展创造良好条件。

（7）群体成员关心群体，群兴我荣，群衰我耻，维护群体的利益和荣誉。

二、影响群体内聚力的因素

影响群体内聚力的因素有两方面，一是来自群体内部的，二是来自群体外部的。

1. 内部因素

（1）领导威信与领导方式。群体领导威信与领导方式是影响群体内聚力的直接因素。领导威信高，其下属必然愿意在其领导下工作。而领导威信的高低，取决于领导者的思想品德、工作作风、知识和专业能力等因素。研究表明，"民主型"的领导方式比"专制型""放任型"的领导方式内聚力强。

（2）目标设置与目标结构。群体目标是群体的奋斗方向，是群体成员共同的行为导向。一个有吸引力和号召力的群体目标，不仅要振奋人心，而且要把群体目标同个人目标结合起来，这样就会进一步增强群体观念和内聚力；否则，两者互不关联，就会降低群体内聚力。另外，群体目标如果能经常顺利地实现，就会对群体成员起着积极促进作用，使他们增加荣誉感、自豪感、自信心、归属感从而增强内聚力。

（3）群体成员的一致性。群体成员的一致性也称同质性，即成员利益一致、目标一致、理想信念相同，以至文化背景、需要动机、价值观念和人格等方面的相同或相似。一般来说，成员的同质性越高，群体内聚力也就越强。

（4）群体规模。群体规模大小是影响群体内聚力的一个重要因素。群体规模太大，相互接触减少，彼此互不了解，关系淡漠，不可能有高内聚力；群体规模过小，一方面造成群体力量不足，难以适应任务的需要，另一方面又会失去平衡力量，矛盾难以解决。研究表明，群体规模以七八人为最佳。

(5)群体内部的奖励方式。群体内部的奖励方式对其成员会产生不同的心理影响，影响成员之间的感情和期望。研究表明，个人与集体相结合的奖励方式，有利于增强群体的内聚力。只提倡和强调个人成功，只进行个人奖励，会增加群体成员之间的矛盾，不利于彼此之间的协作与团结，从而影响群体的内聚力。

(6)群体成员需求的满足对群体的依赖性。群体满足个体需求越高，群体对个体的吸引力就越大，个体对群体的依赖性就越强，表现出来的内聚力也就越大。

2. 外部因素

(1)群体间的竞争。研究表明，群体间的竞争使群体经常遇到挑战性压力，这种压力使群体成员放弃前嫌，团结起来，一致对外，共同对付竞争对手，这有利于提高群体的内聚力。

(2)群体的社会地位。群体社会地位的不同，对群体内聚力也有影响。往往有两种情况，一是当群体社会地位高时，如先进群体，它的内聚力会由此而提高；二是当群体社会地位低时，也会在一定程度上增强内聚力，从而一致排外，内聚力增强。

三、群体内聚力与生产效率

群体内聚力和工作、生产效率有着密切而复杂的关系。通常情况下，高内聚力的群体，其职工的士气和满意度都比较高，有益于群体目标任务的完成。但是不能绝对认为内聚力高，生产效率与生产水平就必然高。进一步的研究表明，群体内聚力越高，其成员越是遵循群体的规范和目标，这时如果是正确积极地诱导，则群体成员就会产生努力工作和积极生产的倾向，这时，高内聚力的群体生产效率就高；相反，如果是错误地、消极地诱导，群体成员的工作和生产率就会受到限制，甚至产生本位主义、小团体主义等无组织倾向而大大降低生产水平，进而破坏组织的整体目标。社会心理学家沙赫特（Schachter）的一个重要实验就证明了这一点。

沙赫特实验的自变量是内聚力和诱导，因变量是生产率。除了设立对照组进行比较以外，他把试验组分为四种条件，即积极诱导和消极诱导，高内聚力和低内聚力，如图7-5所示。

实验分两个阶段进行，前阶段没有进行任何诱导，生产率一直保持初始状态。后阶段进行诱导，结果发现两种诱导都产生了明显不同的效应，极大地影响了内聚力与生产率的关系，如图7-6所示。

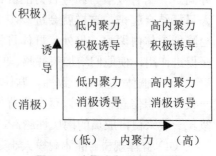

图7-5 内聚力与诱导关系图

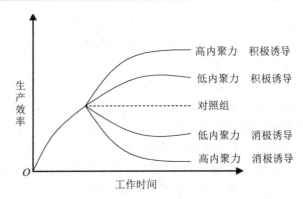

图 7-6　内聚力、诱导同生产率的关系

沙赫特实验证明，无论内聚力高低，积极诱导都能提高生产效率，而且内聚力越高生产效率也就越高；消极诱导都能明显降低生产效率，而且这时高内聚力组的生产效率更低。这说明，高内聚力条件比低内聚力条件更容易受诱导因素的影响。因为群体内聚力越高，其成员就越是遵循群体的规范和目标。这时，群体规范如果是有利于群体成员倾向于努力工作和生产，则高内聚力的群体其生产率就更高。否则，就会大大降低生产效率。所以，群体规范是决定群体内聚力与生产效率的重要因素之一。这一研究还告诉人们，对群体的教育与引导是关键的一环，而不能只靠加强成员之间的感情来提高内聚力。管理者必须在提高群体内聚力的同时，加强对群体成员的思想教育和指导，克服群体中可能出现的消极因素，才能使群体内聚力成为提高生产率的动力，从而使群体向正确的方向发展。

四、群体内聚力的测量

测量分析一个群体的内聚力，可以采用多种方法。西方组织行为学认为，群体内聚力测量的方法主要有以下五种。

（1）测量群体内个体之间的吸引力。
（2）测量群体对个体的吸引力。
（3）测量群体成员与该群体接近和认同程度。
（4）测量群体成员表示愿意留在群体内的意向。
（5）上述四种方法的综合运用。

以上五种测量群体内聚力方法的共同特点，就是把群体成员之间以及个体对群体的选择数量、频率、强度作为内聚力的主要指标。

美国心理学家多伊奇（Deutsch）提出如下的内聚力的计算公式：

$$群体内聚力 = \frac{群体成员实际相互选择的数目}{群体成员可能相互选择的总数} \times 100\%$$

这个公式可以用于实际测定。

对上述测量群体内聚力的方法，苏联心理学家 A.B.彼德罗夫斯基提出了不同的见解，并提出了群体层次测量理论。该理论认为，西方学者所提出的群体内聚力测量方法，只适用于测量松散团体及集体的表面层次。集体作为群体发展的高级阶段，具有多层次的结构。集体由三个层次构成，即表层、深层和核心层。表层结构是以群体成员之间的直接感情（好感、反感）为基础的，实际上这是松散群体形成的基础。但对于集体来说，表层结构是非本质的。深层结构则是指群体成员之间以价值观念的一致为联系的纽带。当然，群体成员价值观念的一致并不是要求群体成员在所有问题上的看法一致，而是对一些重大的道德和事务方面的评价比较相似和接近。核心层是指集体中成员之间的关系通过集体活动的动机和目的，通过集体对其工作对象观点的一致而结合起来的。这一层次的特征是集体成员对集体活动的社会意义有明确的认识。彼得罗夫斯基根据上述理论观点指出，仅仅测量群体成员之间彼此的吸引力以及群体对个体的吸引力，并且计算他们彼此之间相互选择的次数、频率和强度，这只表明松散群体和集体表层次的特点，而要测定集体的团结性，测定其深层和核心层的特点，应该有其他指标，从而提出了测量集体团结性的三个指标。

（1）群体价值观念的一致。为了测量群体成员价值观念的一致程度，设计如下的实验程序，让集体成员列举出作为一个集体领导者应具备的品质；选择其中 15 种品质按重要程度排列出一个标准系列；过一段时间之后，再让集体的每个成员将 15 种品质排出个人的系列；然后把个人系列与标准系列进行比较，并计算出这两个系列的等级相关系数。该系数越高，说明集体价值观念越一致。

（2）群体成员积极行动的情绪认同。所谓"情绪认同"，类似于"感情移入"。"感情移入"指的是人们的共同感受，是对他人的同情。有积极行动的情绪认同与感情移入的区别在于，不是从第三者的立场对他人表示消极的同情，而是采取积极行动与他人共同实践与体验。

（3）群体成员对工作对象的观点一致。这是集体团结性的另一个重要指标。一个团结的集体，不仅在关于"好职工应该具备哪些品质"这类问题上价值观念有比较一致的意见，而且在评定每个职工时也有比较一致的看法。

群体层次测量理论及其提出的实验根据，对群体管理有一定的启发意义。这就是对于群体的内聚力，不仅应作定性的分析，而且可以作定量的分析。组织行为学的一个重要任务就是探索测定群体内聚力和客观指标。

复习思考题

1. 怎样理解群体动力的含义？
2. 什么是群体规范？群体规范的种类及功能？
3. 什么是群体压力？试述阿希实验。
4. 什么是群体意识？影响群体意识有哪些因素？
5. 什么是群体士气？士气与生产效率之间的关系？
6. 怎样理解群体的冲突？群体冲突的类型及解决的方式有哪些？
7. 群体决策的策略与方法有哪些？
8. 什么是群体竞争？怎样对竞争进行组织与管理？
9. 群体内聚力的含义是什么？高内聚力的群体有哪些重要特征？
10. 影响群体内聚力有哪些因素？群体内聚力与群体效率是什关系么？
11. 怎样测量群体内聚力？

案例 海上遇险——群体决策

一艘大型豪华客轮航行在赤道附近的太平洋海面上，离开出发地已有 3 000 多海里，距目的地还有 1 500 多海里，目的地在客轮的西南方向。客轮行驶中突然触礁而被撞毁，客轮逐渐在大海里沉没，人们开始逃生。这时，船上有 15 种物品可以带走。可以带走的 15 种物品如表 7-1 所示。

表 7-1 海上遇险

物 品 名 称	第一步	第二步	第三步	第四步	第五步
六分仪					
剃须镜					
一桶 25 公升的淡水					
蚊帐					
一箱压缩干粮					
若干太平洋海区图					
一个救生圈					
一桶 9 升油气					
小半导体收音机					
驱鲨剂					

续表

物 品 名 称	第一步	第二步	第三步	第四步	第五步
20平方米不透明塑料布					
一瓶烈性酒					
15米尼龙绳					
两盒巧克力					
钓鱼具					
四、五两步分加紧纵向求和:				Σ四:	Σ五:
Σ五—Σ四之差:				Σ五—Σ四:	

首先请全体成员分组，并选出小组长。然后，按照下列步骤进行。

第一步：请每人都认真审阅表7-1，并认真思考，然后，按你个人认为可以带走的15种物品的重要性，把15种物品排列顺序，并把你所排列的顺序号码写在"第一步"一列的相应方格中。

第二步：请以小组为单位，由小组长组织小组成员进行讨论，按照可以带走的15种物品的重要性，全体成员一起把15种物品再次进行排序，并把小组集体排列的顺序号码，写在"第二步"一列相应的方格中。

第三步：请大家将专家所做决策的结果，记在"第三步"一列的相应方格中。
首先将专家所做决策作必要说明。

（1）任何一个正确的决策，首先必须对已知的背景情况十分了解、非常清楚。
本案例中的背景情况是：客轮离出发地3 000多海里；离目的地1 500多海里。

（2）对问题的性质和解决问题的途径有准确的判断。
本案例中，显然是要作出是采取自救，还是采取他救的决策。由已知条件可知，自救显然是不可能的，只能采取他救，即保护自己，等待救援。

（3）解决问题的思路方法一定要清晰。
本案例中，为了实现他救，必须采取以下措施。第一，想方设法和外界联络。为此，必须要有一定的和外界联络的方法和手段；第二，尽量保护自己，以等待救援。为此，必须千计百计地保证生理、生命的需要，以延长等待救援的时间。

根据上述分析，专家决策的结果，15种可以带走物品的重要程度顺序是表7-2。

第四步：用第三步专家决策的结果，减去第一步中个人决策的结果，将所得的绝对值，填在"第四步"一栏的相应方格中。

第五步：用第三步专家决策的结果，减去第二步中小组群体决策的结果，将所得的绝对值，填在"第五步"一栏的相应方格中。

第六步：将第四步纵向求和，将所求之和，填写在"第四步"一栏下端的方格内。

第七步：将第五步纵向求和，将所求之和，填写在"第五步"一栏下端的方格内。

第八步：将第五步的纵向之和减去第四步的纵向之和（即Σ五—Σ四），将其所算结果(代数和)填写在"Σ五—Σ四"的相应方格内。

下面进行讨论与确认。

第九步：确认各小组内成员中，第四步纵向之和（即Σ四）的最小者与最大者。

第十步：各小组计算本组Σ四的平均数，即Σ四/n。

第十一步：确认全班各小组的第五步纵向之和（即Σ五）的最小者与最大者。

第十二步：各小组计算并确认全班各小组该项结果为正数的最大者、为负数的绝对值最大者。

第十三步：确认各小组成员中Σ五—Σ四的结果为正数的最大者、负数的绝对值最大者。

第十四步：确认全班成员中，第四步纵向之和（即Σ四）最小者和最大者。

第十五步：确认全班成员中，Σ五—Σ四的结果为正数的最大者、负数的绝对值最大者。

由此，产生最佳决策的个人和最佳决策的群体。

案例总结：

1. 正确决策的四项原则

（1）决策前，对现状必须有透彻、清醒、明晰地了解与把握。本案例中，有两个数据至关重要，即：离开出发地3 000余海里；离目的地还有1 500余海里。

（2）大方向（即问题的性质与关键）必须有正确的判断。本案例中，问题的性质或者说问题的关键是要采取自救？还是他救？显然，自救是不可能的，只有他救。

（3）决策中，解决问题的思路、方法、途径一定要清晰。本案例中，前提已定，即应采取他救的方案。为此，就有两个关键点：①如何同外界联络；②如何保护自己，延长时间，等待救援。

（4）群体成员的素质决定决策的质量。群体成员的素质越高，决策的质量也就越高。

2. 决策的成败关键在主要领导——正职决定命运

（1）尊重专家意见。

（2）善于分析，吸纳团队中的正确意见。

（3）善于沟通与说服，统一团队的认识，达成一致。

（4）不要过早地发表意见，也不要急于拍板。

（5）胸怀宽广，勇于承担责任，推功揽过。

3. 克服以下几种心理障碍

（1）克服从众心理；

（2）正确对待群体压力；

（3）不要一团和气；

（4）不要意气之争；

（5）正确对待个人权威。

表 7-2　专家决策 15 种可以带走物品的重要程度顺序的结果

15 种物品名称	序　号	用　途
剃须镜	1	外界联络
一桶 9 升油气混合物	2	
一桶 25 公升的淡水	3	生理需要
一箱压缩干粮	4	
20 平方米不透明塑料布	5	
两盒巧克力	6	
钓鱼具	7	
15 米尼龙绳	8	其他需要
一个救生圈	9	
驱鲨剂	10	
一瓶烈性酒	11	
小半导体收音机	12	
若干太平洋海区图	13	
蚊帐	14	
六分仪	15	

思考题

1. 本案例中，正确决策依据的关键因素是什么？并说明理由。
2. 本案例的决策中，应遵循什么样的思路、方法和途径？
3. 通过本案例，你能得到哪些启迪？

第八章

群体人际关系

第一节 群体人际关系的概念与重要性

一、群体人际关系的概念

1. 什么是群体人际关系

人际关系是指人们在社会实践活动中通过各种交往与联系，由相互认知和体验而产生的心理关系。人际关系的内涵十分广泛，组织行为学所研究的人际关系是指群体中成员与成员、成员与领导以及成员与群体之间的相互交往关系。它反映了人们彼此之间在思想感情上的距离和相互吸引或互相排斥的心理状态。

群体中的人际关系是在其成员相互交往的过程中产生的。所谓交往，是指人与人之间在心理与行为方面相互影响、相互作用的过程。在交往过程中，成员之间实现着信息、感情和个人特征的相互交流和行为上的相互作用。交往是人类社会所独具的现象。人们在社会交往中，体现了人与人之间的社会关系。

2. 群体人际关系确立的条件

人际关系确立有三个必要条件：一是要有人，没有人也就没有人际关系；二是人际接触，人际关系是在人与人的接触交往中产生的，而人际间接触的方式、机会、频率、内容，决定了人际关系的性质和密切程度；三是人际需要，俗话说："有缘千里来相会，无缘对面不相识。"其中讲的"缘"，实际上就是需要。彼此如果没有需要，就是天天见面，也不会结成人际关系。

3. 群体人际关系的形成过程

人际关系的构成有三种心理成分：一是认知成分，指人与人之间以认识上的一致为相互选择的标准；二是情感成分，指人与人之间以情感上的倾慕为相互选择的标准；三是行为成分，指人与人之间以行为上的共同活动为相互选择的标准。

人际关系的形成过程有三个心理阶段。

（1）觉察阶段。觉察阶段即彼此知觉、判断阶段。人与人结成一定的人际关系，首先是从彼此认识开始的。先是觉察到对方，继而了解认识对方，进而衡量对方，并思考是否值得同对方交往。觉察阶段是人际关系形成的前提和基础。

（2）表面接触阶段。双方彼此有了觉察并认为值得交往后，便开始了面对面的交往，这样就由不相识转为相识关系了。此时的交往多是角色性的接触，而非情感上的融合，彼此还不十分了解，还谈不上友情成分。人们日常生活中与许多人打交道，大多数是表面接触，这是普遍的人际关系。

（3）亲密互惠阶段。随着双方在接触上越来越频繁，关系逐渐密切，彼此了解加深，心理上越来越贴近，逐渐产生了感情的依赖和融洽，这就形成了亲密互惠的人际关系。亲密互惠的关系是以主动热情地关心、帮助对方，并以对方的相应友好表示为进一步发展动力。当然，这种关系也有三种水平：一是合作水平，二是亲密水平，三是知交水平。

二、群体人际关系的重要性

人际关系在管理活动中有着重要的意义。

1. 人际关系影响群体内聚力和工作效率

良好的人际关系是群体内聚力的基础。群体中人际关系的好坏，直接影响职工的工作积极性和工作效率。正如古语所说："天时不如地利，地利不如人和"，道理就在于此。

2. 人际关系影响职工的身心健康

良好的人际关系，使人心情舒畅，生活、工作愉快；反之，人际关系紧张，使人心情苦闷，情绪低落。特别是受到他人无端打击、诽谤，遭到不公平待遇，就会使人心理失衡，以至导致身心疾病。

3. 人际关系影响个体行为和自我发展与完善

个体在自我成长与发展中，受人与人之间相互交往关系的影响。良好的人际关系会有一种积极的社会助长作用，互帮互学，催人奋进，促进个体的自我发展与自我完善。

4. 人际关系影响精神文明建设

精神文明建设包括建立团结一致、友爱互助、共同奋斗、共同前进的新型人际关系。人际关系的好坏，直接影响到社会的精神文明。人际关系不良，精神文明就会受到破坏。

第二节 群体人际关系的特点与类型

一、群体人际关系的特点

1. 社会性

人际关系是在社会实践活动中形成的，并随着社会的发展变化而发展变化。不同的社会实践，不同的社会生活，就会结成不同类型的人际关系。同时，人际关系又是受社会制度、社会条件、社会发展水平影响和制约的。

2. 历史性

人际关系是随着历史的发展变化而发展变化的，具有新旧交替的特点。就是说，人际关系是建立在一定生产关系基础上的，总要打上时代的烙印。

3. 客观性

人际关系是在客观现实的社会活动中建立的，具有现实性，而不是随意的主观想象。人际关系的调整改进，既要符合社会现实，又要在现实活动中来实现。

4. 多样性

人际关系的形式多种多样，内容多种多样，同时又有多种层次。

5. 复杂性

人际关系的建立因素是复杂的，各种人际关系也是复杂的，而且又是不断变化的。

二、群体人际关系的类型

由于社会实践、社会生活的复杂性和多样性，因而也就形成了多种多样的人际关系。

1. 根据人际关系的内容结构划分

（1）政治关系。即人们在政治活动中形成的关系。例如，政府领导与群众的关系。

（2）经济关系。即在经济活动中形成的人与人的关系。例如，买卖关系、合同关系、契约关系、借贷关系、分配关系等。

（3）法律关系。即依据法律规范结成的关系。例如，原告与被告的关系、夫妻关系等。

（4）伦理道德关系。即由伦理道德规范制约影响形成的关系。

2．根据人际关系的性质划分

（1）公务关系（正式关系）。即随群体活动的开展而形成的人与人之间的业务往来及协作关系。

（2）私人关系（非正式关系）。即在同情、好感、友谊以及反感、敌视等基础上产生的、不能制度化的人与人之间的感情关系。

3．根据人际关系相互地位划分

（1）上下级关系。

（2）领导者与群众关系。

（3）同级关系。

4．根据人际关系的规模划分

（1）个人之间的关系。

（2）个人与群体的关系。

（3）群体与群体的关系。

5．根据人际关系存在时间长短划分

（1）长期人际关系。例如，父母与子女关系、师生关系、领导与被领导关系。

（2）短期人际关系。例如，顾客与售货员的关系、医生与患者的关系、交警与司机的关系等。

6．根据人际关系形成的纽带划分

（1）血缘关系。例如，父母与子女、兄弟关系。

（2）业缘关系。即由于业务、工作联系而建立起来的人际关系。

（3）地缘关系。例如，老乡关系、邻里关系等。

（4）趣缘关系。由于兴趣、爱好一致建立起来的人际关系。

第三节 影响群体人际关系的因素

影响人际关系的主要因素有主观和客观两个方面。

一、影响群体人际关系的主观因素

1．成员的个性特点

一个人的气质、性格、思想品德等个性特点往往影响人际交往的数量与质量。一个态度友好和善、性情忠厚，富有同情心，能体谅他人并善于交际、活泼热情的人，往往容易受到其他成员的欢迎而易于同他人建立起良好的人际关系。反之，性格孤僻、倔强固执、迟钝、刻板而又多疑的人则难以与人接近，不易形成良好的人际关系。为人谦和虚心的人能获得别人的好感，而自高自大，目空一切的人则令人厌恶。一个具有高尚道德的人，能严于律己、宽以待人、关心同志、助人为乐，因而能够建立起纯洁而又融洽的人际关系。一个私心杂念很重，处处为自己打算的人，则必然与人格格不入，很难与人相处。

2. 态度观点的相似性

人们之间若对某一事物有共同或相似的态度、观点，有共同的理想、信念和价值观，互相之间就容易共鸣、理解、支持、信任与合作，从而形成密切的人际关系。"志同道合"，"人以群分，物以类聚"，就是这个道理。

3. 需要的相互补充

需要的相互补充，可以使群体成员发展密切的友谊。成员间有着不同的兴趣、爱好，为了满足各自的需要互相取长补短，互相学习，相得益彰，也可以建立起良好的人际关系。共同的利益和目标是形成良好人际关系的重要原因。

4. 代际关系

代际关系泛指两代人之间的关系。代际关系中突出地表现为两代人在心理状态、行为表现、价值观念和道德观念等方面所存在的差异。当然，年龄差别并不是不可逾越的障碍，事业上的共同需要和认识上的一致性，不仅可以保证老、中、青团结奋斗，还可以促成老少间的"忘年之交"。

二、影响群体人际关系的客观因素

1. 距离的远近

人与人之间在地理位置上越接近，就越容易互相交往而形成密切关系。除地理距离之外，心理距离也很重要。但空间距离的远近仅仅是形成人们彼此密切关系的一种可能因素，并不是决定性因素。只有在其他条件适宜的情况下，才会表现出空间距离远近的作用。

2. 交往的频率

交往的频率是指人们互相接触次数的多少。一般情况下，人们交往的频率越高，就越容易互相了解，交流思想感情，形成彼此间密切的关系。但不能过分夸大交往频率对形成密切人际关系的作用。因为，人际交往的内容比交往的频率有更重要的意义。

3. 群体的社会地位与社会影响

一个群体的成就越大，知名度越高，影响越广，越容易使其成员在交往时心理相容和感情共鸣，进而形成良好的人际关系。反之，一个在社会上声名狼藉、屡遭失败的群体，成员间容易出现摩擦，难以建立良好的人际关系。

4. 环境因素的变化

环境因素（自然环境或社会环境）的改变也会影响人际关系。在正常环境中，人们可能少于交往而关系并不密切。但是在恶劣的环境中或在某种突然的灾害面前，人们会为共同的防御、共同战胜灾害而风雨同舟，从而加强了交往，使人际关系密切。

5. 第三者

人际关系的建立、确定与改变，往往涉及第三者，即通过某事物或某人为中介而达到。美国社会心理学家纽科姆（T. M. Newcomb）提出了"A-B-X"模式来说明这种关系。A、B 分别代表两个认识主体，X 代表第三者（可能是某人或某物或某件工作等）。纽科姆认为，A 与 B 能否形成密切关系，与他们对 X 的态度是否一致有关。

第四节 群体人际关系分析

群体人际关系分析是一件非常复杂的事情，迄今为止，还没有创造出分析人际关系的更简便方法，下面介绍几种。

一、群体成员关系分析图

群体成员关系分析图是美国社会心理学家莫雷诺（J. L. Moreno）创造的。他认为，群体成员相互作用的关键在于彼此好恶的感情。据此，群体中人际关系大体上可以划分为三类，即"好感"（吸引）、"反感"（排斥）、"不关心"（无所谓好感或反感）。测试者精心设计了各种问题在一个 8 人小组让被测试者（即群体成员）回答。根据回答结果绘制选择矩阵，如表 8-1 所示。

表 8-1 群体中 8 成员选择矩阵

谁选择	选择谁								合计
	1	2	3	4	5	6	7	8	
1		+	+						2
2	+		+						2
3	+	+				−			+2-1
4									1
5		+		+		−	−		+3-2
6			+		−				+1-1
7							+		2
8					+	−	+		+2-1

续表

谁 选 择	选 择 谁								合 计
	1	2	3	4	5	6	7	8	
总计	2	5	4	1	+1-1	-3	-1+1	1	

注：表中，"+"为吸引选择；"-"为排斥选择；空者为不关心。

根据表 8-1，绘制成图，如图 8-1 所示。图 8-1 中：实线箭头代表吸引；虚线箭头代表排斥；无箭头代表不关心。图 8-1 反映 8 人群体成员间的人际关系，其中，2 是核心人物，对多数人有吸引力；1、2、3 之间互相吸引，关系密切，可能是个非正式团体；6 是孤立者，人缘最差；5、6 之间互相排斥，关系紧张。

二、相互作用分析法

相互作用分析法是贝尔斯（R. F. Bales）创造的一种群体成员关系分析方法。他认为，在一个没有领导人的群体活动中，群体成员相互作用的行为可以分为两种：一种是成员对工作任务的行为，另一种是成员间相互关系的行为，如图 8-2 所示。

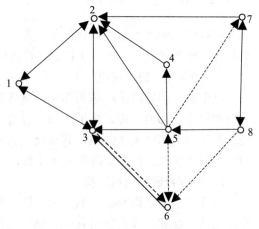

图 8-1 人际关系示意图

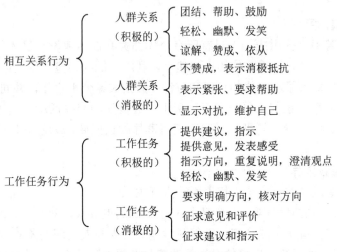

图 8-2 群体成员相互作用分析

贝尔斯经过研究分析发现，群体内存在着两种领袖人物：一种是对工作任务提出意见和建议最多，被称为"任务专家"；另一种是与大家关系很好，为大家所喜爱，被称为"群众关系专家"。他认为应该让这两种人分别发挥作用，前者集中精力，专管业务，完成任务；后者关心成员的需要，提高成员的满足感，协调成员之间的关系，使这一群体工作融洽进行。

三、群体人际关系的改善

群体的人际关系影响群体的士气和工作效率，关系到群体成员的身心健康，关系到精神文明的建设。因此，应特别注意人际关系的改善。

1．加强领导班子建设

一个群体领导班子的思想作风，对该群体有着重要的导向作用。领导班子成员如果政治坚定、品德高尚、公道正派、以身作则、清正廉洁、深入群众、工作勤奋，就会使群体成员感到亲切敬佩，其高尚人格就能形成一种无形的、巨大的道德力量，促使整个群体建立起友好和谐的人际关系。

2．建立合理的组织结构

合理的组织结构和必要的组织措施，是维持良好人际关系的组织条件和保证。组织结构精干合理，成员各司其职，勤于工作，就会形成良好的人际关系。必要的组织纪律和制度，可以有效防止无事生非、挑拨离间等破坏群体人际关系的不良现象产生。否则，组织机构臃肿，人浮于事，人多无事，无事生非，相互扯皮，就不可能建立起和谐的人际关系。

3．培养集体意识

群体是由若干个体组成的，只有所有个体都关心群体建设和群体目标，群体才会得到发展。因此，必须加强群体的思想建设，利用组织的力量，创造适宜的群体气氛，一方面让每个成员都了解群体的目标和方针，鼓励大家分工合作，共同完成组织任务，形成团结共事的良好氛围；另一方面积极组织成员间的交往活动，增进感情交流，加深相互了解，让职工参与管理，增强职工对群体的认同感，为建立良好的人际关系创造条件。

4．加强自我修养

群体中每个成员的良好个性修养影响人际关系。

（1）树立正确的世界观。一个人树立了正确的世界观，对社会、对集体、对人与人之间的关系就会有正确的认识，就能科学地分析人与人之间的矛盾。

（2）重视个性锻炼。良好的个性能改善与增强人际关系。一个人心胸开阔，性情开朗，严于律己，宽以待人，就为搞好人际关系提供了有利的心理条件。否则，心胸狭窄，性情孤僻，就难于与人交往。因此，注重个性锻炼，改造不良性格，对于增进人际关系十分重要。

（3）提高人际交往的技巧。"己所不欲，勿施于人"；以诚相待，不卑不亢；热情有度，礼仪得当。反对庸俗的关系学，提倡正当的交往技巧。

复习思考题

1. 什么是群体人际关系？建立群体人际关系需要什么条件？
2. 群体人际关系是怎样形成的？
3. 群体人际关系的类型、特点、重要性？
4. 影响群体人际关系有哪些主客观因素？
5. 怎样分析改善群体人际关系？

案例 8-1　AC 航班坠落事件

一个初春晚上的 7:40，AC 航班正飞行在离目的地 K 市不远处的高空。机上的油量还可以维持近两个小时的航程。在正常情况下，像 AC 这样的航班，由此飞行到 K 机场降落，仅需不到半小时的时间。可以说，飞机的缓冲保护措施是安全的。但没有想到，AC 航班在此遭遇了一系列耽搁和问题。

首先，晚上 8:00，K 机场航空交通管理员通知 AC 航班飞行员，由于机场出现了严重的交通问题，他们必须在机场上空盘旋待命。8:45，AC 航班的副驾驶员向机场报告他们飞机的"燃料快用完了"，交通管理员收到了这一信息。然而，在 9:24 之前，飞机并没有被批准降落机场。而在此之前，AC 航班机组成员没有再向 K 机场传递任何情况十分危急的信息，只是飞机座舱中的机组成员在相互紧张地通告说他们的燃料供给出现了危机。

9:24，AC 航班第一次试降失败。由于飞行高度太低及能见度太差原因，飞机安全着陆没有保证。当机场指示 AC 航班进行第二次试降时，机组乘员再次提到他们的燃料将要用尽，但飞行员还是告诉机场交通管理员说新分配的飞行跑道"可行"。几分钟后，准确的时间是 9:32，飞机有两个引擎失灵了，1 分钟后，另外两个也停止了工作。耗尽燃料的飞机终于在 9:34 坠毁于 K 市，机上 73 名人员全部遇难。

当事故调查人员考察了飞机座舱中的磁带并与当事的机场交通管理员讨论之后，他们发现导致这场悲剧的原因实际上很简单：机场方面不知道 AC 航班的燃料会这么快耗尽。下面是有关人员对这一事件所做的调查。

第一，飞行员一直说他们"油料不足"，交通管理员则告诉调查者，这是飞行员们经常使用的一句话。当因故出现降落延误时，管理员认为，每架飞机都有不同程度存在燃料问题。但是，如果飞行员发出"燃料危急"的呼声，管理员有义务优先为其导航，并尽可能迅速地允许其着陆。一位管理员这样指出："如果飞行员表明情况十分危急，那么，所有的规则程序都可以不顾，我们会尽可能以最快的速度引导其降落的。"事实是，AC航班的飞行员从未说过"情况危急"，由此导致K机场交通管理员一直未能理解到飞行员所面对的真正困难。

第二，AC航班飞行员的语调也未向交通管理员传递有关燃料紧急的严重信息。机场交通管理员普遍接受过专门训练，可以在多数情况下捕捉到飞行员声音中极细微的语调变化。尽管AC航班机组成员内部也表现出对燃料问题的极大忧虑，但他们向K机场传达信息时的语调却是冷静而职业化的。

另外也应当看到，AC航班的飞行员不愿意声明情况紧急是有一些客观原因的。如按条例规定，驾驶员在飞行中作了紧急情况报告之后，他们事后需要补写出长篇的、正式的书面汇报交给有关方面。还有，紧急情况报告后，如果飞行员被发现在估算飞机在飞行中需要多少油量方面存在严重的疏漏，那么，飞行管理局就有理由吊销其驾驶执照。这些消极的强化因素，在相当程度上阻碍着飞行员发出紧急呼救。在这种情况下，飞行员的专业技能和荣誉感便会成为一种"赌注"！

思考题

1. AC航班与K机场航空交通管理员之间的沟通存在着什么问题？
2. 从AC航班坠落事件中可以吸取哪些教训？

案例8-2　人际关系状况测试

下面各题，请结合自己的实际情况做选择。

	是	否
1. 和自己兴趣爱好不相同的人相处你也不会感到兴味索然，无话可谈吗？	是	否
2. 当你住在楼上时，你会往楼下倒水或丢纸屑吗？	是	否
3. 你经常指出别人的不足，要求他们去改进吗？	是	否
4. 你是否关心和时常谈论别人的私事？	是	否
5. 你善于和老年人谈他们关心的问题吗？	是	否

6. 你讲话时常出现一些不文明的口头语吗？	是	否
7. 你是否时而会做出一些言而无信的事？	是	否
8. 当有人与你交谈或对你讲解一些事情时，你是否时常觉得很难聚精会神地听下去？	是	否
9. 当你处于一个新的集体中时，你会觉得交新朋友是一件容易的事吗？	是	否
10. 你是一个愿意慷慨地招待同伴的人吗？	是	否
11. 你向别人吐露自己的抱负、挫折以及个人的种种事情吗？	是	否
12. 当告诉别人一件事情时，你是否试图把事情的细节都交代得很清楚？	是	否
13. 遇到不顺心的事，你会精神沮丧、意志消沉或把气出在家里人、朋友、同事身上吗？	是	否
14. 你是否经常不假思索就随便发表意见？	是	否
15. 你是否注意到赴约前不吃大葱、大蒜，以及防止身带酒气？	是	否
16. 你是否经常发牢骚？	是	否
17. 在公共场合，你会很随便地喊别人的绰号吗？	是	否
18. 你关心报纸、电视等信息渠道中的社会新闻吗？	是	否
19. 当你发觉自己无意中做错了事或伤害了别人，你是否会很快地承认错误或作出道歉？	是	否
20. 有闲暇时，你是否喜欢跟人聊聊天？	是	否
21. 你跟别人约会时，是否常让别人等你？	是	否
22. 你是否有时会与别人谈论一些自己感兴趣而他们不感兴趣的话题？	是	否
23. 你有逗乐儿童的小手法吗？	是	否
24. 你平时告诫自己不要说虚情假意的话吗？	是	否

计分方法：请把你的答案和下面的答案逐个对照，检查你在每一道题上的答案，若与下述相应答案符合得 1 分，否则得 0 分。计算总得分。

1.是；2.否；3.否；4.否；5.是；6.否；7.否；8.否；9.是；10.是；11.是；12.否；13.否；14.否；15.是；16.否；17.否；18.是；19.是；20.是；21.否；22.否；23.是；24.是。

如果某题你圈的答案与上面所列的这道题的答案相同，就得 1 分，如果不相同，就不得分，最后把全部得分加起来。得分越高，表明你的人际关系越好，最高得分为 24 分。

20 分以上：人际关系很好。

15~19 分：人际关系较好。

9~14 分：人际关系一般。

5~8 分：人际关系较差。

5 分以下：人际关系很差。

案例 8-3　人际交往能力测试

有研究表明，除了工作能力、工作动机会影响到一个人的职业生涯发展以外，交往能力也是一个对个人事业发展的预测因素。现实生活中，一个人很有能力和才华，却总是怀才不遇，得不到到提拔和重用，其中一个重要的原因是人际交往存在缺陷，缺乏良好的人际关系。一个人的成长、发展、成功与成才都是在人际交往中完成的，一个人的喜、怒、哀、乐，也与人际关系密切相关。大量研究表明，心理健康水平越高，与人交往就越积极主动，其人际关系就越融洽，越符合社会期望，就越容易在事业上取得成功。

在当今社会，与人相处的能力，是最有价值的个人资产，个体的自我实现往往需要与他人圆满合作才能达到。心理学上把人与人之间的交往关系，称之为人际关系。人际关系体现在人际交往上，所以交往能力在人际关系中起着非常重要的作用。

请结合你自己的情况考虑下面的问题，回答"是"或"否"。

本测验的答案没有正确与错误之分。

	是	否
1. 你喜欢参加社会活动？	是	否
2. 你喜欢结交各行业的朋友？	是	否
3. 你常常主动向陌生人作自我介绍？	是	否
4. 你喜欢发现他人的兴趣？	是	否
5. 你在回答有关自己的背景与兴趣的问题时感到为难？	是	否
6. 你喜欢做大型公共活动的组织者？	是	否
7. 你愿意做会议主持人？	是	否
8. 你与有地方口音的人交流有困难？	是	否
9. 你喜欢在正式场合穿礼服？	是	否
10. 你喜欢在宴会上致祝酒词？	是	否
11. 你喜欢与不相识的人聊天？	是	否
12. 你喜欢在孩子们的联欢会上扮演圣诞老人？	是	否
13. 你在公司组织的集体活动中愿意扮演逗人笑的丑角？	是	否
14. 你喜欢成为公司联欢会上核心人物？	是	否
15. 你是否曾为自己的演出水平不佳而苦恼？	是	否
16. 你与语言不通的外国人在一起时感受到乏味？	是	否
17. 你与人谈话时喜欢掌握话题的主动权？	是	否
18. 你与地位低于自己的人谈话时是否轻松自然？	是	否

	续表
19. 你希望他们（地位低于自己的人）对你毕恭毕敬？	是　否
20. 你在酒水供应充足的宴会上是否借机开怀畅饮？	是　否
21. 你是否曾因饮酒过度而失态？	是　否
22. 你喜欢倡议共同举杯？	是　否

计分方法，检查你在每一道题上的答案，若与下述相应答案符合得1分，否则得0分。计算总得分。

1.是；2.是；3.是；4.是；5.否；6.是；7.是；8.否；9.是；10.是；11.是；12.是；13.否；14.是；15.否；16.否；17.是；18.是；19.否；20.否；21.否；22.是。

17~22分：你在各种各样的机会场合都表现得大方得体，从不拒绝广交朋友的机会。你待人真诚友善，不狂妄虚伪，是社交活动中备受欢迎的人物，也是公共事业的好使者。人际交往能力强。

11~16分：你在大多数社交活动中表现出色，只是有时尚缺乏自信心，今后要特别注意人际交往。

5~10分：也许是由于羞怯或少言寡语的性格，你没有表现出足够的自信。当你应该以轻松、热情的面貌出现时，你却常常显得过于局促不安。

4分以下：你可能是一位孤独的人，不喜欢任何形式的社会交往活动。缺乏人际交往能力。

第九章

团队与团队建设

越来越多的企业都把"团队"引入生产过程中,通过"团队"进行组织重构。实践证明,团队是提高组织运行效率的可行方式,有利于充分发挥人员才能。而且,团队比传统部门更加适应多变的环境,可以快速地组合、重组,反应更加灵敏、迅捷。

第一节 团队概述

一、什么是团队

1. 团队的概念

管理学家罗宾斯认为,团队就是由两个或者两个以上的,相互作用,相互依赖的个体,为了特定目标而按照一定规则结合在一起的组织。团队是为了共同目标、优势互补、相互支持与合作的一群人。或者说,团队是一个共同体,该共同体合理利用每一个成员的知识和技能,协同工作,解决问题,以达到共同目标。

2. 团队的构成要素

团队的构成要素,总结为"5 P"。

(1)目标(Purpose)。团队有一个共同的既定目标,为团队成员导航,知道要向何处去,没有共同目标,这个团队就没有存在的价值。

(2)人(People)。人是构成团队最核心的力量。3个(包含3个)以上的人就可以构成团队。目标是通过人员具体实现的,所以人员的选择是团队中非常重要的一个部分。在一个团队中可能需要有人出主意,有人定计划,有人实施,有人协调不同的人一起去工作,还有人去监督团队工作的进展,评价团队最终的贡献。不同的人通过分工来共同完成团队的目标,在人员选择方面要考虑人员的能力如何,技能是否互补,人员的经验如何。

(3)团队定位(Place)。团队的定位包含两层意思:①团队自身的定位,团队在企业中处于什么位置,由谁选择和决定团队的成员,团队最终应对谁负责,团队采取什么方式激励下属?②团队个体的定位,作为成员在团队中扮演什么角色,是定计划还是具体实施或评估。

(4)权限(Power)。团队当中领导人的权利大小跟团队的发展阶段相关,一般来说,团队越成熟,团队的领导者所拥有的权利相应越小,在团队发展的初期阶段领导权是相对比较集中的。

(5)计划(Plan)。计划的两层含义:①目标最终的实现,需要一系列具体的行动方案,可以把计划理解成目标的具体工作的程序。②提前按计划进行可以保证团队目标的顺利进行。只有在计划的操作下团队才会一步一步地贴近目标,从而最终实现目标。

二、团队与群体的关系

团队和群体经常容易被混为一谈,但它们之间有根本性的区别,主要区别有以下几点。

(1)领导方面。作为群体应该有明确的领导人;团队可能就不一样,尤其团队发展到成熟阶段,成员共享决策权。

(2)目标方面。群体的目标必须跟组织保持一致,但团队中除了这点之外,还可以产生自己的目标。

(3)协作方面。协作性是群体和团队最根本的差异,群体的协作性可能是中等程度的,有时成员还有些消极,有些对立;但团队中是一种齐心协力的气氛。

(4)责任方面。群体的领导者要负很大责任,而团队中除了领导者要负责之外,每一个团队的成员也要负责,甚至要一起相互作用,共同负责。

(5)技能方面。群体成员的技能可能是不同的,也可能是相同的,而团队成员的技能是相互补充的,把具有不同知识、技能和经验的人综合在一起,形成角色互补,从而达到整个团队的有效组合。

(6)结果方面。群体的绩效是每一个个体的绩效相加之和,团队的结果或绩效是由大家共同合作完成的产品。

团队不同于一般群体,是企业实现总目标过程中必不可少的一支有形的人力资源力量。团队与群体的区别,如表9-1所示。

表9-1 群体与团队的区别

群 体	团 队
个人目标各自独立	个人目标与团队目标一致
认为自己只是一名雇员	强烈的组织归属感

续表

群　　体	团　　队
被告知如何去做	个人天赋、知识无保留奉献
成员之间不了解，不支持	相互信任、鼓励发表意见
彼此小心，沟通不畅	在公开诚恳的环境中
个人才能不愿奉献	团队支持个人发挥其技能
没有机会参与	成员参与任何影响团队的决定

工作团队与工作群体虽有区别，但也有紧密的联系。本章中关于群体的一些理论，对于团队同样适用。将其运用于团队的环境中，有利于加强对团队的建设。

三、团队的类型

根据团队存在的目的，团队分为三类：问题解决型、自我管理型和多功能型。

1．问题解决型

当团队刚刚兴起时，采用的就是问题解决型。这种团队一般由来自同一部门的 5～12 人组成，每周花几个小时聚在一起，讨论如何提高产品质量、生产效率和改善工作环境等问题。

2．自我管理型

这种团队是独立自主的，不仅能够提出解决方案，而且有权执行，并承担责任。其责任范围一般包括控制工作节奏、决定任务分配、安排工间休息等。有的还担任成员选择、绩效评估等责任。

3．多功能型

这种团队的成员来自同一等级、不同工作领域，为了完成同一项任务而集中到一起。多功能型团队是一种有效的组织方式，有助于不同领域的人相互交流信息，激发创造性，完成复杂的项目。但是，建立起多功能型团队，也并不意味着成功。因为，他还需要解决人员冲突、磨合、协调等一系列复杂的问题。

四、成功团队的特点

成功的团队有以下特点。

1．责任自负、功能自建

成功的团队能确保完成组织所规定的任务，承担起生产或经营的责任，致力于完成为开发新产品或新服务的先锋队。

2．配置合理、平衡一体

一个优秀团队的成员并不一定个个都是奇才高手，但是，优秀团队的成员必须有不同的层次和特长。尤其重要的是，团队成员之间要能够取长补短，互相配合，在技术和人格特点上达到平衡。

3．目标一致、团结协作

优秀的团体通过共识或强有力的领导来达到共同的目标和愿景，并由此把团队成员连接起来，使他们能够求同存异，相互协作，使团队充满生机和活力。

4．环境宽松、关系和睦

团队成员之间亲密无间，无虚情假意，相互尊重，互相接纳。民主风气浓厚，沟通渠道顺畅。通过正式或非正式渠道，增进成员之间的了解，培养成员之间的友谊。

5．有效约束、职责分明

保证信息畅通无阻地传播，保证工作高效运转，是支撑团队成功的两个重要支柱。注重明确职责和责任，避免职责不清，责任不明，导致工作重复，使团队成员各司其职、各尽其责。

6．共同愿景、善始遏终

团队的共同愿景植根于个人愿景基础之上，是对个体愿景的提炼和升华。把合理的每个人愿景结合起来，可以创造出巨大的驱动力。每个人在实现愿景的过程中能自觉地承担起自己的责任，精益求精，不懈追求，德无尽头，业无止境。

第二节 团队建设

一、团队建设的概念

团队建设是指有意识地在组织中努力开发有效的工作小组，每个小组由一组员工组成，通过自我管理的形式，负责一个完整的工作过程或其中一部分工作。在团队建设过程中，参与者和推进者都会彼此增进信任，坦诚相对，愿意探索影响工作小组能创造出不同寻常的业绩的原因。

二、加强团队建设的重要性

1．个人智慧有限，团队智慧无穷

团队建设可以使团队在恶劣的大环境下营造良好的小气候。

2. 小成功靠个人，大成功靠团队

如果有一车沙子从大厦的顶上倒下来，对地面的冲击是不太大的。如果把一整车沙子凝固成整块的混凝土从大厦上倒下来，其结果就大不一样！团队建设就是把一车散沙凝固成整块的混凝土！

3. 团队建设可以增强企业的凝聚力和战斗力

团队建设的好坏，象征着一个企业后继发展是否有实力，也是这个企业凝聚力和战斗力的充分体现。团队建设首先应该从班子做起，班子之间亲密团结，协作到位，管理者心里始终要装着员工，支持员工的工作，关心员工的生活，用管理者的行动和真情去感染身边的每位员工，平时多与员工沟通交流，给员工以示范性的引导，捕捉员工的闪光点，激发员工工作的积极性和创造性，更重要的是管理者要和员工融为一体，让员工参与管理，给员工创造一个展示自己的平台，形成一种团结协作的氛围，让员工感到家庭的温暖，在这个家庭里面分工不分家，有福同享，有苦同担，个人的事就是团队的事，团队的事就是大家的事。对待每个人、每件事都要认真负责，做到以上几点，建设一支好团队并不难。

三、团队发展不同阶段的特点和工作指导对策

1. 团队发展的五个阶段及其特点

（1）开始阶段。该阶段的特点是成员之间互相打量、互相熟悉；找到自己相对于他人的位置；相互间掩藏感情，沟通不畅；相互猜测；遵循现行规则；任命的领导人不具有较大的影响力；成员之间相互并不充分信任；个人的弱点处于隐藏状态。

（2）困惑阶段。该阶段的特点是成员之间相互活动增强，随着组织各项工作活动的展开，成员之间障碍开始消失，个人的个性开始显露；等级建立；对控制与支配等原则产生争议；对领导人的能力产生疑问；小团体开始形成；尚缺乏主动投入精神；可能发生异性间的竞争。

（3）成型阶段。该阶段的特点是情感发展，成员间相互关怀的态度形成；个人需求处于次要地位；认识到各成员的长处和短处；意识到他人的贡献；各成员真正的才能开始显露；乐于合作并进行一些解决问题的实践；相互间从实践中开始总结并吸取经验教训；集体工作，开始进行相互交流。

（4）行动阶段。该阶段的特点是成员之间达成共识；建立其解决问题的有效的程序；长期关系得到加强；自信关系确立，技能得到认同，差异被接纳，各成员的角色基本定位；自我约束，自我管理。

（5）团队阶段。该阶段的特点是各成员具有高度的组织归属感；成员之间充分沟通，密切合作；为达成团队目标，队员开展创造性的工作；明确团队目标与个人的角

色并分工协作；个人在团队中得到良好的发展；在企业中发挥作用并参与管理。

2．团队发展的各阶段的工作指导对策

为了建设一支成功的团队，在其发展的各个阶段中，管理者一般可采取以下的对策。

（1）开始阶段。营造良好的环境，创造沟通的机会和场合（大会、小组会等），使成员感受到有乐趣，验证团队建设的可行性；制定目标、选择开始的地点，开展培训。

（2）困惑阶段。鼓励沟通和架设交流的桥梁，发现冲突后予以正确处理；鼓励正确对待失败；建立保护双向信息沟通并做到信息共享，鼓励成员介入参与式的管理。

（3）成型阶段。加强领导，培养解决问题能力的技能，鼓励小组解决一些实际问题；有限的自我指导；培养个人的新技能，成员间进一步相互了解（长处和短处）。

（4）行动阶段。明确团队目标，强调团队协作；授权；召开检讨会议；培训较强的人际沟通技巧，注重与其他团队间的合作。

（5）团队阶段。建立"自我指导工作小组"。鼓励建立相互信任的人际关系并予以发扬，鼓励员工发展与外界关系；利用外部信息支持团队建立有效的工作程序，上级领导支持（物质上、精神上、财力上），培养奉献精神。

四、团队建设的方法和程序

1．分阶段拟定有效的执行计划

其过程包括：（1）将上级的工作要求作为基本的工作要求。（2）将组织的新需求（包括团队成员的需求）转变成团队的目标。（3）仔细选择可能成功的执行方法，并将它变成可行的计划。（4）找到达成目标所需要的资源（人力、时间、原料与设备），并确定其资源的存在。（5）排定完成的时间表，并依序完成。

2．培养团队成员的组织能力

团队的资源，包括人力、资金、原料与技能，都必须有效协调才能发挥作用。此外，团队成员会期待领导者指引整体努力的方向，并妥善分配资源。如果没有做好组织、协调的工作，这个团体就会产生疑惑、争吵、不合作以及互相攻击的情形。

3．创造良好的团队组织环境

（1）努力了解成员特质与需求，以及他们的工作动机，据此来创造良好的组织环境。（2）建立激发动机的工作气氛。人们会为了各式各样的理由而工作，其工作动机是非常个人化的。

4．建立可达到目标的控制系统

计划开始执行后，需要一套控制系统使其正常进行，并对干扰引起的偏差进行调整，从而实现最终目标。

五、团队建设中应防止的错误倾向

1. "团队利益高于一切"

团队首先是一个集体，由"集体利益高于一切"这个被普遍认可的价值取向，自然而然地可以衍生出"团队利益高于一切"这个论断。但是，在一个团队里过分推崇和强调"团队利益高于一切"，可能会导致两方面的弊端。一方面是极易滋生小团体主义。团队利益对其成员而言是整体利益，而对整个企业来说，又是局部利益。过分强调团队利益，处处从维护团队自身利益的角度出发，常常会打破企业内部固有的利益均衡，侵害其他团队乃至企业整体的利益，从而造成团队与团队，团队与企业之间的价值目标错位，最终影响到企业战略目标的实现。另一方面，过分强调团队利益容易导致个体的应得利益被忽视和践踏。如果一味只强调团队利益，就会出现"假维护团队利益之名，行损害个体利益之实"的情况。所以，不恰当地过分强调团队利益，反而会导致团队利益的丧失。

2. "披上团队外衣的大锅饭"

在团队内部引入竞争机制，有利于打破另一种形式的大锅饭。如果一个团队内部没有竞争，在开始的时候，团队成员也许会凭着一股激情努力工作，但时间一长，他发现无论是干多干少，干好干坏，结果都是一样的，每一个成员都享受同等的待遇，那么热情就会减退，在失望、消沉后最终也会选择"做一天和尚撞一天钟"的方式来混日子，这其实就是一种披上团队外衣的大锅饭。通过引入竞争机制，实行赏勤罚懒，赏优罚劣，打破这种看似平等实为压制的利益格局，团队成员的主动性、创造性才会得到充分的发挥，团队才能长期保持活力。

3. "团队内部皆兄弟"

不少企业在团队建设过程中，过于追求团队的亲和力和人情味，认为"团队之内皆兄弟"，而严明的团队纪律是有碍团结的。这就直接导致了管理制度的不完善，或虽有制度但执行不力，形同虚设。纪律是胜利的保证，只有做到令行禁止，团队才会战无不胜，否则充其量只是一群乌合之众，稍有挫折就会作鸟兽散。严明的纪律不仅是维护团队整体利益的需要，在保护团队成员的根本利益方面也有着积极的意义。

4. "牺牲'小我'，才能换取'大我'"

团队精神的核心在于协同合作，强调团队合力，注重整体优势，远离个人英雄主义，但追求趋同的结果必然导致团队成员的个性创造和个性发挥被扭曲和湮没。而没有个性，就意味着没有创造，这样的团队只有简单复制功能，而不具备持续创新能力。其实团队不仅仅是人的集合，更是能量的结合。团队精神的实质不是要团队成员牺牲自我去完成一项工作，而是要充分利用和发挥团队所有成员的个体优势去做好这项工作。

第三节 团队精神

一、团队精神的含义

团队精神是指团队成员彼此共鸣、一致认同的内心态度、意志状态和思想境界。或者说，团队精神是团队成员的士气。团队精神是团队成员的大局意识、协作精神和服务精神的集中体现。团队精神的基础是尊重个人的兴趣和成就。核心是协同合作，最高境界是全体成员的向心力、凝聚力，也就是个体利益和整体利益的统一后而推动团队的高效率运转。团队精神的形成并不要求团队成员牺牲自我，相反，挥洒个性、表现特长保证了成员共同完成任务目标，而明确的协作意愿和协作方式所产生的真正的内心动力。没有良好的从业心态和奉献精神，就不会有团队精神。

二、团队精神的重要性

有一个著名的公式：

$$（知识+经验）\times 精神 = 竞争力（新的生产力）$$

以上公式说明，知识可以在课堂上和书本中学习，经验可以在实践中积累，两者只有乘上一种高尚独特的精神，才能成为竞争力（新的生产力）。也就是说，在知识与经验相同的情况下，精神具有决定性作用。

三、团队精神的本质特征

1. 团队精神的基础——挥洒个性

团队业绩来自于两个方面：首先来自于团队成员个人的成果，其次来自于集体成果。也就是说团队所依赖的是个体成员的共同贡献而得到的实实在在的集体成果。这里不要求团队成员都牺牲自我去完成同一件事情，而要求团队成员都发挥自我去做好这一件事情。

2. 团队精神的核心——协同合作

团队成员在才能上是互补的。共同完成目标任务的保证就在于发挥每个人的特长，并注重流程，使之产生协同效应。

3. 团队精神的最高境界——凝聚力

全体成员的向心力、凝聚力是从松散的个人集合走向团队最重要的标志。向心力、凝聚力来自于团队成员自觉的内心动力，来自于共识的价值观。很难想象在没有展示自我机会的团队里能形成真正的向心力。同样也很难想象，在没有明了的协作意愿和协作方式下能形成真正的凝聚力。

4. 团队精神的根本——团队利益与个体利益的统一

只有使每个员工的目标和利益与团队的目标和利益一致，使团队成为维护和实现大家利益的共同体，才能使大家为了共同的利益而走到一起来，心往一处想，劲往一处使，拧成一股绳。

5. 团队精神的外在表现

团队精神的外在表现，一是积极、向上、充满活力的精神面貌、士气，二是强烈的责任心，三是强烈的集体荣誉感。

第四节 团队信息沟通

理论界提出了管理中的三个50%：管理中50%的问题都是因为沟通不良造成的；50%的管理问题都是需要通过沟通去解决的；50%的时间都应该用于沟通。这说明了沟通的重要性。

一、团队信息沟通的含义

团队信息沟通是指团队内外人与人之间利用一定媒介与渠道传递和交流态度意见、观点理念、思想感情、信息资料，从而到相互了解，相互认知的过程。

二、沟通的障碍与克服

1. 沟通的障碍

（1）个性因素的影响。个性是人们独特的、稳定持久的、习惯性的行为模式或倾向。人的个性决定其行为，进一步决定了其沟通的有效性。

乐观、聪明、坦诚、有个性、独立性强、有幽默感、能为他人着想、充满活力等个性，在沟通中颇受欢迎，很得"人缘"。

性格过于内向、封闭、缄默，自私、心眼小、斤斤计较、孤傲、依赖性、自我为中心、虚伪自卑、没有个性、自负、嫉妒、多疑、干涉、敌视等，影响与人的正常沟通。

（2）情绪的影响。一个人若情绪不佳，容易形成情绪污染而影响沟通。喜时之言多失信，怒时之言多失体。

（3）知识、智力水平的差异。孤陋寡闻，智力不足，难以与人沟通。

（4）语言表达能力水平。缺乏语言表达能力与修养，也难以与人沟通。

（5）沟通的不彻底性。该讲的没讲明白，该说的没说清楚，该交代的不交代完整等都会影响沟通的效果。

2．沟通障碍的克服

（1）主动倾听。与别人讲话，多听少说。你不说话，别人才有话说。注意倾听是一个非常重要的好习惯。"会听"是任何一个成功者必须具备的条件。

（2）简化语言，加强语言表达的修养。讲话要有重点，简单扼要，善用比喻。把很复杂的问题用很简单的比喻讲出来。

（3）勤于并善于学习，不断丰富自己的知识，力争与上司同步。

（4）加强个性修养，加强性格与情绪管理，养成良好的主动与人沟通的好习惯。

三、三大有效沟通技巧

团队信息沟通有三种，即对上沟通、对下沟通和平行沟通。

1．对上沟通

（1）对上沟通的一般原则

① 依靠但不依赖；服从但不盲从；到位但不越位。

② 献策但不决策；超前但不抢前；出力但不急于出名。

（2）对上沟通的技巧

① 除非上级想听，否则，不要讲；要讲，先讲上级想听的东西；站在上级的位置想问题，而不是站在自己位置上想；尽量不要给上级出问答题，尽量出选择题。

② 报告事实要客观，同时要报告个人看法；有不同意见，要合理坚持；过分坚持，不对；完全不坚持，就毫无信用。

③ 对上级有意见，千万不能立即反应、当面顶撞，最好过一会再来一次；立即反应是最愚蠢的人。

④ 上级讲完以后，不要讲"我再补充二点"；也不要大加发挥；也不能用"不过……"；切记：下级对上级一定要自己委屈二三分，不能平起平坐。

⑤ 与上级沟通一定要准备答案或对策，而且答案要在一个以上，并分析优劣和可能的后果。

⑥ 要学会让上级了解、欣赏、器重自己。为此，要做到：尊重上级，细心专注地倾听上级的指示；自动地向上级报告自己的工作进度；对上级的询问，有问必答，而且清晰严谨；努力学习，充实自己，了解上级的言语，跟上上司的节奏；接受批评，不犯三次同样的过错，因为第一次过错是不知道，第二次过错是不小心，第三次过错

则是故意。不忙的时候，主动去帮助别人；毫无怨言地接受并圆满完成上级交给的任务；对自己的工作，主动提出改善的计划。

2. 对下沟通

（1）对下沟通的原则

① 决断不独断；帮办不包办；爱护不庇护；信任不放任。

② 用人不整人；管事不多事；讲话不多话；严格不严厉。

（2）对下沟通的技巧

① 首先要了解状况，多听、多问、多想，不着急说。

② 多说小话，少说大话。小话就是亲切的话，温馨的话；大话就是空话、打官腔。

③ 谨言慎行，职位越高，越不能乱开口；不要自以为是，谦逊一些；放下架子，换位思考。

④ 耐心听下属的意见，不要打断；就事论事，少指责，多赞赏。

⑤ 接受意见，共谋对策，给下级尝试的机会，一个人的意见并不永远都是正确的。

⑥ 不动声色，否则，就会有人投其所好。下级讲对了，不要马上肯定；讲错了，也不要马上否定；上级的眼睛，是看大家的反应，而不能透露任何信息。

⑦ 要控制情绪，不轻易发怒；既会发火，也会熄火；一个会熄火的人，才有发火的资格。

⑧ 了解下属，一人一策。

3. 平行沟通

（1）平行沟通的原则

① 有责任不推；有权力不争；有困难不让；有功劳不揽。

② 理解不误解；补台不拆台；分工不分家；交心不存心。

（2）平行沟通的技巧

① 平行沟通的4个要领：主动—采取积极主动的态度沟通；尊重—尊重对方；谦让—有"舍"才有"得"；体谅—语气要和缓，要体谅对方的难处，多替对方想想。

② 自己先提供协助，再要求对方配合。先帮助别人的人，才有资格让人家帮你的忙。

③ 陈述大家为了公司"目的"的一致性，分析利弊，与人分享，结果双赢。

④ 平行沟通少说"我"。一个成功的人士是很少说"我"的，都是讲"我们"。

第五节 创业团队

随着知识经济的兴起，高科技创业的增多，靠个人的力量难以创建成功的企业，因此创业团队的重要性就凸显出来。创业研究的焦点也逐渐从单个创业者转向创业团队，这说明对创业者个体的研究渐趋成熟，有必要从多层面探讨新企业的创立和管理问题，拓展创业的研究领域；另外也反映出理论研究与现实的贴近，风险投资家经常把新企业创业团队的素质作为其投资与否的一个重要决策依据。

一、创业的界定

随着市场竞争的日益激烈，企业所面临的环境也呈现动态化、复杂化的特点，用创业的理念来审视整个企业势在必行。创业的定义是随着企业家的概念逐步发展起来的，因为企业家在某种程度上也就是创业者。著名经济学家熊彼特（Joseph Alois Schumpeter，1912）认为，企业家是创新者、经济变革和发展的行动者。在熊彼特的定义中，创新和新结合是其核心含义，新结合包括新产品、新生产方法、开拓新市场、利用新资源以及经济部门的重新组合。在人类历史中，创新的作用处处可见，也可以说，创新是人类文明发展至今最基本的推动力。郁义鸿、李志能和罗伯特 D·希斯瑞克（Robert D.Hisrich，2000）在其编著的《创业学》中指出："创业是一个发现和捕获机会并由此创造出新颖的产品、服务或实现潜在价值的过程。"从以上定义可以看出，创业必须贡献时间、付出努力、承担相应的风险，并获得金钱的回报、个人成就感的满足。

二、创业团队的内涵

在团队概念的基础上，许多学者从不同角度对创业团队给出了自己的定义。从所有权的角度，郭洮村（1998）认为创业团队是指两个或两个以上参与公司创立过程并投入资金的个人。在他的定义中，明确提出了创业团队成员股权并不一定相等的观点。从人员构成的角度，光子平田（Mitsuko Hirata，2000）把创业团队定义为参与且全身心投入公司创立过程，并共同克服创业困难和分享创业乐趣的全体成员。至于律师和会计师等外部专家，由于只参与公司创立的部分工作，因此不能算作创业团队成员。从参与时间的角度，钱德勒（Gaylen N.Chandler）和汉克斯（Steven H.Hanks，1998）指出，创业团队指的是在公司成立之初执掌公司的人或是在公司营运的头两年加盟公司的成员，但不包括没有公司股权的一般雇员。

综合以上观点，创业团队可以有狭义和广义两种解释。狭义的创业团队是指有着共同目标、共享创业收益、共担创业风险的一群经营新成立的营利性组织的人，他们提供一种新的产品或服务，为社会提供新增价值。广义的创业团队还包括与创业过程有关的各种利益相关者，如风险投资商、供应商、专家咨询群体等。

三、创业团队的组建

创业团队的组建,主要涉及以下几个关键问题。

1. 创业团队的成员

作为创业团队成员,应该具备创业者的特征和技能。优秀的创业者应具备的特征包括以下方面:工作积极主动,有目的性;有明确的目标;全身心地投入其事业发展之中;信心十足;能从失败中吸取教训;容易接受新事物;意志坚定但不拒绝改变;勤学好问;有强烈的责任感;正确地行使权力和对待金钱。

以上对成功创业者的素质要求,单个创业者难以完全具备,每个创业团队成员也不可能都具备。这表明了组成创业团队的必要性和重要性,也表明在选择创业团队成员时要考虑其是否具备这些素质,特别是团队成员之间素质是否具有互补性。

2. 创业团队的形成过程

创业团队的形成过程有两种典型方式。第一种是一个创业者有了一个创意,或只是想创办一个企业,然后几个熟人在接下来的企业形成过程中加入进来。第二种是一个完整的团队基于一个共同的创意、一种友谊、一段经历等因素从创业过程一开始就形成,整个团队是基于一个核心的创业者。在起步阶段,核心创业者通常拥有许多头衔,身兼数职,是个多面手。过了这个阶段,企业的性质和要求与这个核心创业者的能力、动机和兴趣之间将会出现差距,要求由其他团队成员予以弥补,或联系其他外部资源,如外部董事、咨询人员、律师、会计师等。

四、创业团队的合作与冲突

创业团队组建之后,在运作过程中,成员之间会产生合作行为,有时候也会产生冲突,这些都是不可避免的。

1. 创业团队成员之间的合作

现代管理学认为,共同目标、协作意愿和信息沟通是构成正式组织的三个必要条件。在组建创业团队这一正式组织进行创业时,应做好以下三个方面的基础工作:首先,共同的现实利益是促使人们走到一起的主要原因,风险的对称也同样重要。因此,在组建团队的过程中,不仅要寻找利益的共同点、风险的交叉点,而且要建立利益和风险的对称机制。其次,共同的未来目标。目标在团队整合过程中具有特殊的价值,是一种有效的激励和协调因素。最后,相互信任。信任是合作的基础与前提,对于一个团队而言,信任意味着一种凝聚力的产生。这种信任既包括对团队成员能力水平的相信,也包括对团队成员正直程度的相信。作为团队成员,无论其扮演的是何种角色,都应该全身心地投入这个角色当中，明白自己该做什么，如何去做，明确个人职责分工，确保信息的正确和快速传递，确保人与人之间的紧密配合，做好同事成员间的沟通与协调。团队的成功，实质上就是各种角色综合平衡的结果。

无论创业者之间是合伙关系，还是雇佣关系，其本质都是人与人之间的合作关系。它不仅包括人与人之间的能力合作、资源合作，还包括文化的认同、心灵的融合。合作是否成功，除了各自能力和资源是否具有互补性和对等性外，一个最重要的因素便是各自在道德和情感上是否具有相容性。因此，从终极意义上来说，团队成长的过程也是一个文化磨合与道德认同的过程。只有团队内部形成了基于文化和道德认同的互尊、互信、互爱、互惠关系，创业团队才有可能步入成功的良性循环，形成超强的凝聚力。研究表明，凝聚力是预测团队行为的一个重要指标，对创业团队显得尤为重要，因为创业团队所面对的环境具有很高的复杂性和不确定性。

2. 创业团队成员之间的冲突

创业过程不可能一帆风顺，合作的同时，也会产生许多冲突。从团队冲突的影响来看，冲突可以分为建设性冲突和破坏性冲突两种，前者有助于团队目标的实现，后者则会对团队协作产生负面影响。团队中不同成员对于同一问题可能会提出不同的解决途径和方式，观点上的差异引发的矛盾在一定程度上有助于对不同方案进行深入讨论和分析，从而更好地实现团队工作的目标。然而，冲突如果超出了控制，则会危害团队成员的团结协作，影响工作效率，严重的甚至导致团队难以正常运转。

因此，冲突管理成为团队中的一个重要问题。可以通过对团队冲突进行合理的引导，加强信息沟通、互相交换意见、建立成员间的信任与谅解，发展建设性冲突，消除破坏性冲突。应采取包括沟通、协商、仲裁、权威、吸收合并和设置新的高层目标等在内的多种方式化解团队冲突，促进团队成员之间的合作。

复习思考题

1. 什么是团队？团队与群体的关系如何？
2. 团队有哪些类型？
3. 成功的团队有哪些特点？
4. 什么是团队建设？
5. 加强团队建设有什么重要性？
6. 团队发展不同阶段的特点和工作指导对策有哪些？
7. 怎样进行团队建设？
8. 什么是团队精神 团队精神有什么重要性？

9. 团队信息沟通的含义是什么？
10. 有哪三大有效沟通技巧？
11. 什么是创业和创业团队？
12. 怎样组建创业团队？
13. 怎样正确对待团队的合作与冲突？

案例 9-1　如何带好团队

一、减时提薪

麦考公司成立之初也还顺利，员工收入和企业利润的增长都比较快，但是，公司创始人麦考密克是个个性豪放、带有浓厚江湖义气的经营者，其经营方法逐渐落后于时代，虽然苦心经营了许多年，公司却渐渐变得不景气，以致陷入裁员减薪的困境，几乎马上就要倒闭了。此时，麦考密克得病去世，公司总裁由密城继任，人们希望他能重整旗鼓，恢复公司的元气。新经理胸怀壮志，表示不把公司搞好决不罢休。所以他一上任就向公司的全体员工宣布了一条令人吃惊的、与以前截然不同的措施：自本月起，全体员工薪水每人增加 10%，工作时间适当缩短，并号召大家："本公司生死存亡的重任落在诸位肩上。我希望大家同舟共济，协力渡过难关。"原先要减薪一成，如今反而提薪一成，而且工作时间还要缩短，员工们顿时听呆了，几乎不相信自己的耳朵。转而对年富力强的新经理的做法表示由衷的感谢。从此，士气大振，全公司上至总经理，下至普通员工，共同努力，年内就扭亏为盈了。

同一个公司，由于新老公司经理采用了截然不同的措施，效果是不一样的。减薪，加大了员工的危机感，使之背水一战，这是激励；加薪，振奋了员工精神，调动了其积极性，也是激励。麦考公司也由此大为振奋，发展更加迅速。如今，该公司已成为知名的大公司。

二、将功抵过

如何对待犯错误的员工？日本电机公司的做法值得借鉴。

日本电机公司的情报科长因提供了错误的市场信息，致使领导作出了错误的决策，企业也因此蒙受了重大的经济损失。怎样对待这个严重错误，总经理是这样考虑的：情报科长可能是根本不称职，但也可能是"好马失蹄"，一时大意而判断错误。把他撤职就会毁掉一个人才，何况目前还找不到一个更合适的人选来接替这个职务，一旦撤职会影响工作。于是总经理把情报科长找来，只告诉他要对这次错误作处理，情报科长为了挽回因自己错误给企业带来的损失,一直兢兢业业地工作,多次提供很有价值的信息,从而为企业决策作出了重要贡献。由此可见,他是很称职的,上次出现的错误,只不过是个意外。

此时,总经理再次把他找来,明确地告诉他,由于他的贡献,本应给予嘉奖,但因前次的问题还未作处理,故将功抵过,功过抵消,既不嘉奖,也不处分,不升也不降。这样的处理使情报科长及其他员工都感到满意。

三、为员工多花费点钱值得

藤田是日本麦当劳汉堡店的创始人和经营者,他说:"记住这一句话:日本麦当劳成功的信条是,为员工多花一点钱绝对值得。"他认为,勤劳的员工是公司的财富,对员工不能吝啬。他说:"日本麦当劳汉堡店每年平均在员工身上花费1000万日元,当然这笔钱绝对不是浪费。"

为了保障员工及其家属的健康,每年共支付1000万日元给东京获洼卫生医院和警察医院,作为保留病床的基金。当员工或其家属生病、发生意外时,可立即住院接受治疗或者动手术。即使在星期天有了急病,也能马上送入指定医院,避免在多次转院途中因来不及抢救而丧命。

前年及去年,麦当劳的员工都不曾因病住院,那么每年1000万日元,四年共4000万日元的钱岂不是白花了?藤田不这样想,他认为只要能让员工安心工作,对麦当劳来说就不会吃亏了。

四、握手话别跳槽的员工

实力雄厚、信誉颇佳的惠普(HP)跨国公司,在中国台北有一家惠普科技公司,担任该公司总经理的是一个刚届"不惑之年"的年轻企业家柯文昌。他领导的惠普公司年平均增长率达30%,比HP跨国公司22%的年平均增长率还要高。如此卓越的人物在人事管理方面独树一帜,能为跳槽的员工的实际着想,不指责、不强留、利索地放人、握手话别,这是柯文昌"互胜"精神的体现。

公司高层经理吴传成想离开惠普,柯文昌听说此事后一夜未睡,他仔细考虑,分析着惠普的现状。惠普是美国跨国公司,在中国台湾只能有一个负责人。吴传成虽说在公司工作10年,但做了高层经理后,再也没有升迁的机会了,这可能是他要离开惠普的直接原因。柯文昌考虑成熟了,待吴传成正式提出申请时,柯文昌十分爽快地答应了,出乎吴传成所料。

"完全理解",柯文昌友好地主动握着吴传成的手,用了一句最古老的格言:"树挪死,人挪活,你很有实力,在别处发展可能更有前途,再说,我们还是兄弟,今后免不了要相互帮助。"一席话说得吴传成泪水差点涌了出来。就这样,吴传成去了宏基。接着,人事经理陈逸民也跳槽去了和兴制衣公司,柯文昌也同样十分利索地同他握手话别。

许多人不理解柯文昌此举,他放走的人都是惠普的栋梁,最起码也要用各种方法,千方百计使他们留下来,干吗这么轻易地放行?一个离开惠普、出去创业的人士说:"惠普每年至少要花 1 000 万台币用在人才培训上,有的人来惠普只是为了镀金,学会了本事待价而沽。"对此,柯文昌坦然地说:"人家愿意来,说明惠普有很大的吸引力。人家想走,强留也不会安心。再说,计算机业本来流动率就高。当初选进的人才不见得都符合惠普的要求。退一步说,一些优秀人才到外面去服务,也是惠普对社会的贡献,这也符合惠普一贯坚持的'双赢'精神。"

思考题

1. 企业如何处理好同员工的关系?
2. 怎样建设一个同心同德的高效团队?
3. 上述案例对你有哪些有益的启示?

案例 9-2　新东方三剑客

《中国合伙人》是中国第一部创业题材大片,陈可辛执导,王石深度参与,冯仑跑龙套。你能看到新东方"三剑客"的影子——徐小平提供了最初的剧本,俞敏洪则公开表示不认可此片。

土鳖成东青、海归孟晓骏与愤青王阳白手起家,合伙创办英语补习学校"新梦想"。《中国合伙人》演绎的其实是一代中国人的创业梦想。靠着自己的打拼,土鳖也能变身"留学教父",成为大众偶像。兄弟之间,变曾反目成仇。在自己的婚礼上,眼见成东青与孟晓骏没法坐在一张桌子上,心里难过的王阳喊出:"千万别跟最好的朋友合伙开公司。"导演陈可辛自己也经历过兄弟合伙与拆伙。

电影只有短短两小时,必须把复杂的商业现实处理成一个简单争议。在《中国合伙人》里,这个争议变成了究竟要不要到美国上市。土鳖青年为了保留自己从一砖一瓦开始创校的成果,认为自己赚的钱没有理由变成股利,白送给对创校没有帮助的大众股东,因此对臭拽海归极力主张的赴美上市有很大抵触情绪,甚至增发 30%股票给员工,以稀释其他股东在公司内的话语权,加强自己阻止上市的优势地位。

至此,当初齐心协力克服困难、在没有学生的时候上街到处贴小广告、在工厂改建的校舍几乎要被强拆的时候找公安说理，在所有困难来临时相互扶持的三兄弟，刀尖却在彼此喉咙上越抵越紧，在各种决策问题中互相找碴，到了剑拔弩张的地步。

新东方的真实故事远比电影复杂、纠结许多。商业合伙关系因为利益分配的冲突而必须告终，本来是一件再正常不过的事情，但是合伙关系一旦纠缠了复杂的情感因素，拆伙就变得越发困难，往往纠结着超越商业关系破裂的个人情感伤害，也导致"中国式拆伙"显得特别惊心动魄。

电影的原型新东方教育集团经历过一段广受公众关注的混乱时期。由于新东方学生众多，大众知名度高，一有风吹草动都能引起学生好奇，如广受学生喜爱的名师罗永浩（现锤子 ROM 创始人），就曾经"带头造反"，对呛俞敏洪，造成一时轰动。和君咨询公司创始人王明夫在《高手过招》一书里提及，最早新东方学校是个杂乱无章的大摊子，一块大牌子底下搁着一群个体户，尽管名师辈出，但学校老师如同地方诸侯割据、各自为政，有人把持了托福班和 GRE，有人把持了雅思和 GMAT，谁能多开班，谁就能多分钱，校方只管拆账，其余几乎不管，导致老师们为了自身利益，互相挤兑攻击，抢课程、抢学生，对新东方品牌产生了负面作用。

直到 2000 年俞敏洪找到王明夫，制定出一套统一战略，慢慢把权力重心从"地方诸侯"手上收回"中央"，对学校进行股份制改造。王明夫形容，当时各方利益难以平衡，俞敏洪安抚了这个又得罪了那个，最后核心团队辞职的辞职、栽赃的栽赃、跳槽的跳槽、另起炉灶的另起炉灶，争权夺利到了白热化程度，连创始大佬间都气氛火爆。

熟悉新东方三大佬的人士说，三人因为有创业的革命情谊在，许多冲突是在一方觉得对方应该能理解、支持的情况下，发生了期待的落差，导致严重的失落感，使彼此间的冲突放大、更加难以收拾。一次俞敏洪得知徐小平竟然带领内部教师进行"革命"，反对他的"新政"，心中愤怒不解，直接让人把徐小平的办公室占了，隔日徐小平上班一看，见到自己的办公室里坐着别人，几乎说不出话来。但是在熟悉双方的人士看来，徐小平也有私下为俞敏洪化解集体冲突的想法，并不是单纯为了反对俞敏洪，"他们的事，反正说不清。"类似的冲突持续进行了四五年，以王强、徐小平淡出新东方收场。

创业路上，你可能体验辛酸、失败与快乐，也可能见证荒诞、欺骗乃至背叛，兄弟情义有时候是靠不住的。中国需要创业精神，需要合伙人精神。

思考题

1. 什么是中国式合伙？有何特点？
2. 为什么会导致合伙人对立事件甚至中国式拆伙？
3. 上述案例对你有何启发？

第三篇

领导行为

随着科学技术的飞速发展、全球经济一体化趋势的不断增强、市场竞争的日益激烈等组织所处内外环境的复杂多变，领导及领导行为问题已经成为组织行为学中一个重大而紧迫的主题，正在受到越来越多的关注。可以毫不夸张地说，一个组织能否成功，与组织的领导及其领导行为有着极为密切的关系。有人提出，没有杰克·韦尔奇（Jack Welch），就没有今天的通用电器公司；没有路易斯·郭士纳（Louis Gerstner），就没有今天的 IBM；没有张瑞敏，就没有今天的海尔……从某种程度上讲，是有一定道理的。本篇首先对领导与领导者的有关问题，诸如领导的内涵与特征、领导者的影响力、领导者的基本素质——智商与情商、成功领导的基本类型等，进行了简要的概述；然后重点阐述了主要的领导理论，包括领导特质理论、领导行为理论、领导权变理论等；同时，在对未来组织的领导者、被领导者和领导情境进行展望的基础上，构建了未来组织领导模型；最后介绍了现代领导的成功方略。

第十章

领导概述

在影响员工积极性的各种因素中,领导及领导者是非常关键的因素。不同的领导与领导者,会造成组织不同的社会心理氛围,从而影响到员工的积极性和组织目标的实现。本章主要探讨领导的内涵与特征、领导的影响力、领导者的基本素质——智商与情商、成功领导者的基本类型等问题。

第一节 领导的概念

一、领导的概念表述

尽管领导的概念多种多样,但以下几点应该是不争的事实。

(1)领导必须有领导主体和领导客体,即领导者和被领导者,否则,就不能称为领导。

(2)领导实际上是一种人际影响,在这种影响中,领导者对被领导者的影响要比被领导者对领导者的影响具有更大的权威,即领导可通过这种影响改变其下属的态度与行为。

(3)领导的目的是实现组织的目标,这种目标一般是根据组织的使命与其所处的内外环境确定的。下属之所以愿意接受领导者的影响,是因为他们认识到这样做有利于组织目标的实现,而组织目标的实现往往是与其个人利益密切相关的。

由此,我们认为,领导是影响个体、群体和组织在一定情境下实现所期望目标的活动过程。这个过程是由领导者、被领导者和所处的领导情境三个因素共同决定的,换句话说,领导是领导者、被领导者和领导情境这三个因素所组成的复合函数。用公式表示如下:

$$领导 = f(领导者,被领导者,领导情境)$$

可见,领导实际上是一个动态的过程。在这一过程中,领导者是领导活动的主体,他是影响领导行为的第一个变量。被领导者指的是领导者所领导的个人或团体，他是领导活动的客体，不过这种客体是一种能动的客体。领导情境是领导所处的内外环境，具体包括宏观环境、中观环境（产业环境）和微观环境。一般地讲，领导者、被领导者和领导情境三者之中的任何一个发生改变，领导行为就会有所不同。因此，世界上不存在一成不变的、万能的、适合于任何人、任何时代的最佳的领导行为模式。组织的领导行为应随上述三种因素的不同而权宜应变。

二、领导与领导者之间的关系

在现实生活中，人们常常将"领导"与"领导者"混为一谈。实际上，"领导"与"领导者"是两个不同的概念。在英语中，这两个词之间的区别是很明显的。"领导"的英文为 Leadership，"领导者"的英文为 Leader。在汉语中，这两个词之间既有联系又有区别。"领导"与"领导者"之间的联系表现在：在特定的语言环境里，当"领导"被看作是名词时，可与"领导者"通用。例如，"热烈欢迎各级领导来我公司视察工作"中的领导，指的就是"领导者"。"领导"与"领导者"之间的区别表现在：在大多数情况下，"领导"是动词，而"领导者"是名词。当"领导"被看成是动词时，领导是一种影响过程，致力于实现这种影响过程的人是"领导者"，接受影响的人就是被领导者。这就是说，"领导"就是"领导者"通过自己的活动对被领导者施加影响、从而实现某种目标的过程。一个组织可以指定或选举出一个"领导者"，但却不能指定或选举出某种领导行为。

三、领导与管理之间的关系

在现实生活中，人们也往往将"领导"（Leadership）与"管理"（Administration）混为一谈，似乎"领导者"就是"管理者"，领导过程就是管理过程。实际上，"领导"与"管理"也是两个不同的概念，相应地"领导者"与"管理者"也是两个不同的概念，当然，领导过程与管理过程也不完全相同。要达到组织的最佳效果，领导与管理具有同等的重要性，两者缺一不可。随着社会的进步、经济的发展，领导与管理工作越来越分离了。一方面管理的工作越来越具体，主要是为实现组织的目标而采取合适的手段和方法，对有关的人、事、物、时间、信息等进行计划、组织、指挥、协调和控制等一系列的活动；另一方面领导的工作则更需要超脱于具体的管理，以便从全局出发，用战略的眼光和头脑进行运筹谋划，致力于战略方针的决策和经营政策的制定。两者之间的区别如表 10-1 所示。

表 10-1 领导者与管理者之间的主要区别

项目	领导者	管理者
产生方式	正式任命或从群众中自发产生	往往正式任命
工作对象	人	人与物
所处理的问题	变化、变革问题	复杂、日常问题
主要行为	建立愿景、激励下属	计划、监督、员工雇佣、评价、物资分配、制度实施等
影响下属的方式	正式权威或非正式权威	正式权威
思维特点	直觉、移情、冒险、独处、创造	理性、规范、合作、安全、程序
工作目标	变革、构建结构、设立程序或目标、制定战略	稳定组织秩序、维持组织高效运转

第二节 领导者的影响力

一、领导者影响力的概念

领导的实质就是影响力。所谓领导影响力，就是指领导者在与他人的交往过程中表现出来的、影响和改变他人心理与行为的能力。其实，这种影响力人皆有之，它是任何人与人之间相互发生作用时都会产生的一种力量。但在现代管理中，由于领导者身居要职，承担着带领众多下属去实现组织目标的职责，其影响力也就具有不同寻常的意义。

二、领导者影响力的分类与构成

根据不同的分类标准，可以将领导者影响力分成不同的类型，而每一种类型则又由不同的要素组成。

1. 六种影响力的划分

心理学家弗兰奇（R. P. Franch）和雷文（B. Rwen）曾将领导者影响力分为五种类型，即合法权（Legitimate Power）、奖励权（Reward Power）、强制权（Coercive Power）、专长权（Expert Power）和人格权（Referent Power）。后来，俞克（Yukl G. A.）在此基础上，又增加了信息权（Information Power）。表 10-2 列出了这六种影响力的基本构成。

表 10-2　六种领导者影响力的基本构成

领导者影响力的类型	领导者影响力的内涵	领导者影响力的内容
合法权	领导掌握支配下属的职位和责任的权力，期望下属服从法规的要求	任命、罢免等权力，具有明确的垂直隶属关系
奖励权	领导能给下属以特殊的利益或奖赏，下属知道与其关系密切对自己有益	对合理期望者分配有价值的资源，如鼓励、表扬、物质奖励、晋级等，以强化其行为
强制权	领导可随时为难下属	对不服从要求或命令的人进行惩罚，如批评、训斥、降薪、降级、解雇等，使之惧怕，以修正其行为
专长权	领导的知识和经验会赢得下属的尊重，并服从其判断与决策	专业知识在决策、运营等方面的影响，其影响方向可能是平行的，也可能是自上而下的
人格权	下属喜欢、拥戴领导，并乐意为他做事	人格魅力和社交技能使人欣赏、喜欢、服从，示范和模仿是影响的主要方式
信息权	领导掌握和控制对下属而言非常有价值的信息，下属依赖	以是否分享信息作为奖赏的手段，领导掌握分享信息的主动权

2．两种影响力的划分

根据领导者影响力产生的基础、性质与发挥作用的方式等方面的不同，可以将其划分为权力影响力和非权力影响力。

（1）权力影响力

权力影响力也称强制性影响力，是由社会赋予个人的职务、地位、权力等构成的影响力。只要一个人担任了某一职务，便具有这个职位所赋予的法定权力。这种权力可根据国家的法律、法令由主管部门的决议、命令等直接规定。

一般地讲，权力影响力具有如下特点。

① 权力影响力是法定的，带有强制性的色彩。
② 权力影响力的大小同法定权力的大小成正比。
③ 权力影响力持续的时间以领导者居于领导职位的时间为限。
④ 权力影响力对人的心理与行为的影响主要体现在控制权和奖罚权两个方面。
⑤ 权力影响力只与法定权力有关，与领导者本人无关。

权力影响力的构成要素主要有三个方面。

① 传统因素。这里所说的传统因素是指一种由历史沿传下来的领导者不同于普通人的传统观念。这种观念逐步成为某种表现形式的社会规范，进而产生了对领导者的

服从，它影响着每一个人的思想和行为。只要你成了领导者，这种力量就自然而来。这是一种观念性因素。

② 职位因素。职位因素是指一个人在组织中的职位或地位。具有领导职务的人，要被组织赋予一定的权力。凭借着这种权力，领导者可以左右下属的行为、处境、得失直至前途和命运，并使下属产生敬畏感。一般地讲，领导者的职位越高，权力就越大，下属对他的敬畏感就越强。它是一种社会性因素。

③ 资历因素。资历是资格与经历的合称，在一定程度上能够反映出一个人的实践经验和能力，因而也成为构成领导者权力影响力的一个要素。领导者的资历越深，其影响力就越大。它是一种历史性因素。

显而易见，由传统因素、职位因素和资历因素所构成的影响力，都不是因领导者的现实行为造成的，而是外界赋予的。它对下属的影响带有强制性和不可抗拒性。这种权力来自领导者担当的职务，有了这个职务，就有了这个职务法定的权力。这种影响力对下属的作用主要表现为被动服从，它的核心是权力，它对人的心理和行为的激励作用是有限的。

（2）非权力影响力

非权力影响力也称自然性影响力，它不是外界所赋予的，而是由领导者自身因素，如道德品质、才能、学识、专长以及交往艺术等所引起的，能影响或改变下属心理和行为的一种力量。非权力影响力的特点是自然性，在这种影响力的作用下，人们的心理和行为多表现为自觉自愿、积极主动。同时，在某些活动中，它比权力影响力具有更大的影响，并起着权力影响力所起不到的作用。

非权力影响力的构成要素主要包括以下方面。

① 品格因素。领导者的品格因素主要指领导者的品行、人格和作风等。古语云："其身正，不令则行；其身不正，虽令不从"，它深刻地道出了领导者品格因素对下属的影响力。一个领导者如果品格高尚、完美，就会使人产生尊敬感，并使之模仿和认同。

② 知识因素。一般来讲，知识渊博的领导者容易取得人们的信任，并由此产生对领导的信赖感，愿意按领导的要求去做。因此，作为一个领导者，如果他掌握了丰富的科学知识，特别是其所在组织生产、工作需要的专业知识以及相关学科的知识，就会对他人产生巨大的影响力。因此，领导者必须勤于学习，善于学习，以提高其因知识因素带来的影响力。

③ 能力因素。能力因素主要指领导者的领导能力和才干。一个才能出众的领导者不仅可给自己的事业带来成功，而且能使别人对其产生敬佩感。领导者的能力包括很多方面，尽管位于不同层次、不同岗位的领导者对各种能力的要求不完全相同，但都

需要较高的能力水平,方能胜任。

④ 情感因素。情感因素指的是领导者情感的真挚程度。如果领导者能平易近人,和蔼可亲,时时关心下属的喜怒哀乐,尽可能地满足他们的物质和精神方面的合理需要,就会使人产生亲切,感到温暖,并愿意接受其领导。

三、提高领导者影响力的途径

要提高领导者的影响力,一方面要合理用权,职权相称,另一方面要加强自身的修养,全面提高个人素质,并使两种影响力相互促进。

1. 正确使用权力影响力

权力影响力是组织中权力的基础,领导者必须首先依靠并正确使用合法权力,使它在组织中发挥应有的作用。要想正确使用权力影响力,至少要做好以下几点。

(1)慎重地运用权力。领导者不仅要按章行事,更要秉公办理。如果过多地采用强制性手段,即使影响力的行使是正确的,也不会收到好的效果。再者,单靠权力影响力对员工施加影响,只能维持短暂的权力,而这种维持是以失去持久的领导影响力为代价的。

(2)努力培养无私精神。领导者客观上拥有行使权力影响力的合法地位,但不能炫耀权力、滥用权力,更不能以权谋私。否则,下属就会产生种种的对抗和抵制,从而削弱权力的效果,降低权力的威信。

(3)善于授权。领导者要善于授权,敢于授权,并在授权中将激励与约束有效结合起来,形成"抓大放小"的局面,才能有效地提高权力影响力的作用。

2. 设法提高非权力影响力

领导者的非权力影响力由品格、能力、知识和情感构成,因此,要提高领导者的非权力影响力就必须从四个方面着手。四个因素中,以品格因素为首。一个领导者若是在品格因素上出了毛病,其他因素肯定会受到影响。

第三节 领导者的基本素质——智商与情商

一、智商的含义

智商(Intelligence Quotient,IQ)是智力商数的简称,它是评价一个人智力优劣的重要指标。所谓智力即人的一般能力,包括观察能力、分析能力、记忆能力、思考能力、想象能力以及学习能力等。它是人们做一切事情都必须具备的能力。

人们通俗地将智力理解为一个人聪明、聪慧的程度，并用智商来表示智力水平的高低。显然，一个人不聪明，缺乏智慧，智商太低，无论做何种事情，都将难以成功，就是说，一个人要想获得成功，必须要有高智商，这是成功的一个必要条件。

二、智商理论的新思考

一个人若没有高智商，不聪明，很难获得成功，这是不言而喻、显而易见的。但是，有了高智商的人，却未必一定成功。古今中外，无数事实证明，高智商并不一定是成功的决定性因素。家喻户晓的诸葛亮和周瑜两个人，都有着高智商，甚至周瑜聪明过人，智商水平不在诸葛亮之下，但周瑜最终却没有获得成功。美国"领导者中心研究所"在对美国和欧洲的大企业总裁调查以后，列出的管理者的"九大致命缺点"中，大都不属于智力方面的问题。

三、情商的含义

美国哈佛大学心理学教授、《纽约时报》专栏作家丹尼尔·戈尔曼基于大量相关研究和实验报告的总结，把情商概括为五个方面的内容：（1）了解自我，自我觉知。这是情商的核心，是人类对心灵的自我感受，是心理顿悟的根基。（2）管理自我。这是建立在自我觉知的基础上的自我控制和自我安慰。（3）自我激励。这是主体为趋向某一目标而做出的自我调动与自我指挥。（4）识别他人情绪。这是体尝他人情绪情感的人际关系能力，丹尼尔称之为移情。（5）处理人际关系。这是调控与他人相处的情绪反应技巧。

1. 了解自我，自我觉知——对自己的情绪了解、把握与控制能力

（1）认识自己的情绪。所谓认识自己的情绪即当自己的情绪产生之时即能觉知。这种自我情绪的觉知作为内在注意力，既不会随情绪之波、逐情绪之流而迷失，也不会对所觉察的情绪夸大其词或过度反应，而是保持中立，哪怕身陷情绪骚乱暴动之中仍能自省，客观地反映自我。情绪的自我觉知是情绪能力的最根本基础。

（2）管理自己的情绪。就是要克服自己本能的好恶，根据理智思考结果做事。即使在情绪高涨时，也能够做应该、而非他想要做的事，当一个人感情胜过理智后，便成为感情的奴隶。

（3）克制自己的情绪。一个人能否把握与控制自己的情绪，往往决定一个人事业的得失成败以至人生命运。世界富豪，美国著名投资家沃伦·巴菲特在谈到自己成功的原因时说：我的成功并非源于我的高智商，最重要的是理性。

（4）消除不良情绪。人的各种不良情绪长期而重复，恶性循环，没来由地感到忧

心、无法控制、持续不断，久而久之，最终可能出现恐惧症、偏执、强迫行为、惊慌失措等症状。

2. 管理自我——面对各种逆境、挫折的承受能力

（1）坚韧不拔。生活中，人人都会有挫折。但"挫折和失败是兴奋剂，激人进取；挫折和失败是镇静剂，使人冷静"。

（2）百折不挠。在成功生活的公式中，百折不挠的坚毅是无可取代的。没有困难，就没有成功；没有奋斗，就没有成就。巴尔扎克也曾经说过："世界上的事情永远不是绝对的，结果完全因人而异。苦难对于天才是一块垫脚石，对于能干的人是笔财富，对于弱者是一个万丈深渊。"

（3）自我安慰。人们时刻都要管理好自己的情绪，尤其是人生的一些关键时刻。永远记住：自己不愉快的情绪，只有靠自己去克服。遇到不愉快就生气，行为就容易失控。富兰克林曾说过："任何人生气都是有理由的，但很少有令人信服的理由。"而使自己心情愉快的基本心理技巧就是自我安慰。

3. 自我激励——乐观人生、自我激励与自我把握能力

所谓自我激励即为服从某一目标而自我调动、指挥个人情绪的能力，集中注意力、自我激励、自我把握、发挥创造性，将情绪专注于一项目标。

（1）自我激励是无形的财富，看不见的法宝。人的一切行为都是受到激励而产生的，通过不断的自我激励，就会使人有一股内在的动力，朝所期望的目标前进并最终达到目标。自我激励在个人走向成功中起着引擎的作用。

（2）喜欢自己，相信自己。坚强肯定的自我印象可以造就出能面对你生活中任何障碍的性格，一个人只要喜欢自己，相信自己，信任自己的经验过程，就可以既成功又快乐，就可以用信心、希望和勇气去应付失望和令人丧失勇气的局面。须知："相信我能，我就能。"

（3）快乐是金——"乐观成功理论"。所谓乐观是指面临挫折、逆境、困难仍坚信情势必会好转。从情商的角度来看，乐观是人们身处逆境时不心灰意冷、不绝望或抑郁、不致流于冷漠、无力感、沮丧的一种心态。乐观和自信一样使人生的旅途更加顺畅。

（4）自信是成功者的必备心理素质。自信心是人们从事一切活动获取成功所必需的前提。法国作家莫泊桑有一句名言："人是生活在希望中的。"自信表现为一种自我肯定、自我鼓励、自我强化，坚信自己一定能成功的情绪素养。没有自信心，也就没有生活的热情和趣味，也就没有探索拼搏的勇气和力量。从这个意义上说，没有信心也就没有了希望。

（5）"忘我"精神——神驰状态。神驰或称忘我是指人的情感的最佳状态。这种状态代表了在实践中驾驭情感的最高境界。神驰是一种愉快至极的体验，其特点是满心欢快，甚至是欣喜若狂。在这种情感状态下，人们做事专心致志、心无旁骛，心行合一。

4．识别他人情绪——对别人的情绪了解、疏导与驾驭能力

（1）善于移情。移情是一种感人之所感、知人之所感，既能分享他人感情，对他人的处境感同身受，又能客观地理解、分析他人情感的能力。移情是在情感的自我觉知基础上发展起来的。移情的典型表现是：设身处地，将心比心，他人的痛苦就是自己的痛苦；推己及人，感人之所感，"己所不欲，勿施于人"；角色转换，转位思考，站在对方的立场上考虑问题。

（2）了解、判断与驾驭他人的情感。精于察言观色，敏锐地监控着他人的情绪，对他人的反应随机应变，从而走向自己的目标。

5．处理人际关系——处理人际关系的技巧与能力

高情商者人际关系和谐融洽，善于洞察并理解别人的心态，设身处地为别人着想，领悟对方的感受，平等客观地对待人。这种人既讲原则，更讲方法和技巧，善于人际沟通与合作，在复杂的人际环境中游刃有余，事事顺利，自然也就容易获得成功。

（1）人际关系融洽的基础是情绪协调。人际关系的一个基本定理是：情绪的互相感染。人们在交往中，彼此传输和捕捉相互的情绪信息，心照不宣，汇聚成心灵世界的地下潜流。实际上，每次交往，人们都发出情绪信息以感染、影响对方。社交技能越娴熟高妙，对情感信息传送的控制也就越随机应变。

（2）心地善良、胸怀开阔。正直的人给人以安全感，人们最忌讳的就是过于尖锐的处理方法。因此，应该让自己养成保持柔和表情的习惯，人际关系的一个重要守则就是保持开阔的胸怀，这不仅仅是表现在脸上，而且出自于内心。

四、领导者情商的表现

领导者的情商典型表现有五个方面。

1．自动自发

高情商者做一切事情的动力来自于内部，有很强的自觉性、主动性和自发性。决定做一件事后，没有完成是不肯罢休的。这种人做事不需要外在的推动力。做任何事情，动机明确、兴趣强烈、独立积极、不甘落后，而且有勇气，自信心强。这种人善于自我激励、自我鞭策、自我肯定、自我强化、自我管理，也就容易获得成功。相反，低情商者做事的动力主要靠外界的推动，靠外部的督促和压力，即使这种人有高智商，也不能持久，最终也难以成功。

2．目光远大

高情商者目光长远，不沉溺于短暂的利益之中，他们想问题、做事情，眼光放得远大，他们懂得，"人无远虑，必有近忧"，"未雨绸缪"。而低情商者恰恰相反，急功近利，鼠目寸光，沉溺于眼前的一失一得，满足眼前的一点点欲望。不能抵抗短暂的利益诱惑，这种人的社会适应能力必然脆弱，也就必然难以成功。

3. 情绪控制

高情商者善于控制自己的情绪，任何时候都能做到头脑冷静，行为理智，抑制感情的冲动，克制急切的欲望。及时化解和排除自己的不良情绪，使自己始终保持良好的心境，心情开朗，胸怀豁达，心理健康。低情商者恰恰相反，他们控制不住自己的情绪，极易发作。很多时候，人们容易被触怒、动火、发脾气。其实，发脾气不解决任何问题。

4. 认识自我

高情商者常常自我反省，并从不同的角度了解、认识自己，客观地评价自己，具有自知之明，为自己正确定位。因此，能够处理好周围的一切关系，成功的机会总是比较大。低情商者往往对自己估价过高，既缺乏自知之明，又缺乏知人之明。一个人连自己都不能正确认识，就很难建立自信心，也就很难了解别人，当然也就难以成功。

5. 人际技巧

高情商者善于洞察并理解别人的心态，设身处地为别人着想，领悟对方的感受，平等客观地对待别人，尊重他人意见，善解人意，与人为善，成人之美。这种人既讲原则，更讲方法、技巧和艺术，善于人际沟通与合作，人际关系和谐融洽，有着良好的人际关系网络，在复杂的人际环境中游刃有余，自然也就容易获得成功。研究表明，一个人的成功，在德才一定的情况下，30%取决于机遇，70%取决于人际关系。低情商者恰恰相反，郁郁寡欢、落落寡合，与人难以相处，甚至格格不入，以至众叛亲离，成为孤家寡人。

第四节 成功领导者的类型

研究表明，成功的领导者大致可以分为五种类型：权威型领导者、决策型领导者、务实型领导者、魅力型领导者和知识型领导者。当然，这五类领导之间，具有一定的交叉点和相似之处。实践表明，一个成功有效的领导团队中，五种类型的领导者都同时存在，如图 10-1 所示。

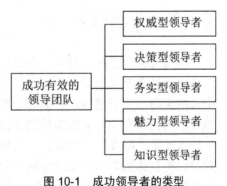

图 10-1 成功领导者的类型

一、权威型领导者

所谓权威是由人们运用其权力、特殊才能与专长对下属的影响与控制力的集中体现。这种影响力与控制力就构成了权威。例如，领导权威、学术权威、军事权威等。

所谓领导权威是指领导者运用其领导权力所形成的对下属影响与控制力的集中体现。这种影响力与控制力就构成了领导的权威。

所谓权威型领导者是指通过其在担任职务过程中长期形成的能为人所感知的品质、行为、职业等魅力特性而在人们心目中产生的一种威慑力与说服力,从而使下属自觉地接受其领导,并按其意图行动的领导者。

二、决策型领导者

所谓决策型领导者是指善于决断,其工作的主要精力放在重大事务的决断上,对执行不直接干涉但又要保持对组织的控制,以使决策能够执行,通过协调使谋划与执行能够配合得当的领导者。决策型领导者通常具有以下特质。

(1) 战略性。决策型领导者往往居于全局的统帅地位,这就要求他们具有广阔的视野,善于掌握和驾驭全局的发展规律。

(2) 系统性。决策型领导者在思考问题、处理问题时必须具备系统观念,而不是只见树木不见森林,重视局部而忽视了整体。

(3) 综合性。当今时代的决策已经成为一项高度综合的实践,决策工作的综合性,社会发展的整体化趋势,要求决策者必须具有专与博相结合的网络化知识结构,综合运用哲学、政治、经济、科技、社会等各方面的知识,多角度地解决问题。决策型领导者的成功之处就在于他善于综合。

(4) 灵活性。客观事物千差万别,总有不同之处,领导者的决策只有根据实际情况做出,才有可能达到预定设想。"病万变,药亦万变。"灵活性是领导实践对领导者决策能力的普遍要求。

三、务实型领导者

所谓务实型领导者是指运用自己的个人实力去实践领导行为的领导者。或者说,务实型领导者是个人实力与领导行为的结合,指的是在实现领导目标的过程中,运用个人的实力和实干精神,对被领导者产生影响力和感召力,以及由此而产生的来自被领导者的自愿自觉与佩服崇敬的支持心理来达到领导目的的领导。务实型领导者的最大特点就是"眼高""手低"。所谓"眼高",就是站在组织系统之上,高瞻远瞩,对组织的总体情境和未来的发展方向具有敏锐的洞察力,对自己的成功与发展具有坚定的信念与信心。所谓"手低",就是能深入到被领导者与工作对象之中,脚踏实地,实事求是从小事做起,解决各种问题。

四、魅力型领导者

所谓魅力是指在人与人关系中表现出来的令人由衷顺服的强大的吸引力,这种吸引力强大到足以让人不自觉地倾倒。魅力是多种因素的综合表现,具有一定程度的神秘性。所谓领导魅力是指领导者个人的人格(品格)、气质、才学、胆识、智能、阅历、举止、相貌、体力等诸多因素综合体现出来的感召力和凝集力。领导魅力通常表现为对被领导者的吸引力和凝聚力。所谓魅力型领导者是指有着"领导魅力"、并有意识地主动利用自己的魅力去展开领导行为的领导。具体地说,魅力型领导者是个人魅力与领导行为相结合,在实现领导目标的过程中,运用由个人魅力对被领导者产生的吸引力、凝聚力、感召力以及由此产生的来自被领导者的自愿与愉悦的支持心理来达到领导的目的。

五、知识型领导者

所谓知识型领导者是指运用知识、智慧、经验、判断,提高应变和创新能力,为组织实现显性知识和隐性知识的共享提供新途径的领导者。知识型领导者既着眼于获得显性知识,更着眼于获得隐性知识。因为显性知识容易整理并进行存储,而隐性知识则难以掌握,它集中存储在被领导者的脑海里,是被领导者知识经验的体现。知识型领导者体现为一种领导能力,在于建立激励被领导者参与知识共享的机制,培养知识创新能力和集体创造力。因此,知识型领导者具有一种全新的领导思想,它既继承了传统领导思想的精髓,又结合知识经济这一新的经济形态的特点予以创新。

复习思考题

1. 什么是领导?领导有哪些特征?
2. 领导者与管理者的主要区别是什么?
3. 什么是领导的影响力?如何提高领导的影响力?
4. 你怎样理解智商与情商?
5. 领导的情商有哪些典型的表现?
6. 领导者有哪几种典型的类型?每一类型的领导者有什么特点?

案例　秦厂长的三板斧

"喂！省机械厅吗？王厅长在吗？"

"我就是，有什么事？"

"我是都城光学仪器厂秦宪明啊。王厅长，我觉得我的能力有限，机械厅能不能另委任一位担任厂长？我想向省机械厅提出辞职，我干不了了。其实我们厂有三位副厂长，都是非常有经验的，还有总工程师、总经济师等人，他们都比我强。请领导再考虑一下能不能换一个人当厂长？"

"老秦啊！我们省机械厅当时之所以批准你当厂长，主要有三个原因：第一，你比较年轻，今年刚35岁吧？其他几位副厂长经验比你多一些，但年纪都大了，都在55岁以上了。第二，你的知识结构比较全面，既懂专业技术，近年来又学了企业管理。第三，你在基层工作多年，有一定的工作经验。我们了解你，我们认为你可以做好。眼下你工作中存在的矛盾和困难我们都知道，大胆干吧，省里会支持你的。"

"我还是请求省里领导再考虑一下，我做厂长不合适呀！"秦厂长有点儿着急了。

"老秦啊！我看辞职的事你就不要再提了。你看呢？"

"我还是请求省里再考虑一下我的意见，我不是当厂长合适的人选。"秦厂长提高了嗓门。

"老秦啊，放手大胆干，没问题！刚上任不久，出点儿小毛病也是自然的。你要有空可以到省里来一趟，咱们再详细谈谈。你有什么困难也可以提出来，我们一起来解决，好不好？就这样吧，再见！"

秦厂长觉得手中的话机非常沉重，放下话机时手都在颤抖。

都城光学仪器厂是我国某中心城市一家有名的工厂，主要生产照相机、测量仪器等，该厂始建于某省山区中，整个工厂就分布在方圆几十里的8个山沟中，职工住在简陋的房子里，生产与生活都十分艰苦。经过该厂领导四处游说，终于得到机械电子工业部的批准，用了3年的时间，将整个工厂由山区搬到了中心城市里。职工们从山区来到城市，看到拔地而起的现代化的明亮高大的厂房，宽阔整齐的厂区大道，优美的厂区公园，雄伟的办公大楼，全厂职工心情舒畅，群情振奋，决心要为国家多作贡献。

但正在此时，立下汗马功劳的老厂长，因年老体衰，向省机械厅提出辞职。上、中层干部及职工代表举行民意测验的结果，90%以上推荐秦宪明担任都城光学仪器厂厂长，经省机械厅批准，一个月后秦宪明走马上任了。

第十章　领导概述

　　新官上任三把火，秦厂长早就认为都城光学仪器厂要走上兴旺发达之路，主要要抓住三个关键问题，即调整组织机构、加强新产品开发及产品质量管理。自上任以来，尽管他没有休息过一个礼拜天，每天工作到深夜一两点钟，但工作半年多，局面并未打开。秦厂长感叹地说："我上任以来砍了三板斧，却碰了三个大钉子，现在要想推动一下工作，有时真比上天还要难啊！"

　　上任后碰到的第一个问题是组织机构调整问题。都城光学仪器厂全厂职工 2 400 人，共有 56 个行政科室。例如，管生产的就有生产科、生产准备科、生产计划科、生产调动科 4 个科室。每个科都有科长、副科长各一名，还有好几名科员。全厂科室干部共有 800 多人，占全厂职工的 1/3。科室人多嘴杂，推诿、扯皮现象十分严重。秦厂长认为这是该厂企业管理效率低下的重要原因，他决心要把一些相关科室合并成 22 个科室，精简出来的 300～400 人大多数都充实到生产第一线去。这一方案在厂务会上没有人表示反对，很快就被通过了。中层干部也同意，基层干部更是拍手称快。但要具体落实这一方案时，如同捅了马蜂窝，凡是需要精简的干部都阴沉着脸。同时在秦厂长的办公室和家里都堆满了找他谈话的人，使秦厂长连吃饭的时间都在与人谈话。

　　一位 40 多岁的干部说："我为都城厂干了半辈子了，说心里话，没有功劳也有苦劳，没有苦劳也有疲劳。我是勤勤恳恳为咱们厂工作的。秦厂长，你现在一脚把我从科室里踢出来，叫我下车间，这太不公平了。他们为什么不下车间？我告诉你，我就待在科室里不走了，看你厂长有什么办法？反正你得发给我工资。工资是国家给的，你厂长没权扣发我工资。"

　　一位 30 多岁的干部用几乎是央求的语气对秦厂长说："我身体不好，有心脏病，不能干体力活，请厂长能不能照顾我一下，让我还留在科室工作？"说着，眼泪已夺眶而出了。

　　企业管理办公室主任对厂长说："你这样的厂长真少见。现在办事情是能凑合过去就凑合过去了。上级说要精简机构，这些年来我们的行政机构是越来越少了还是越来越多了？这不是明摆着吗！你这是自找烦恼。"

　　一位已退休的张副厂长对秦厂长语重心长地谈了一次话。他说："从我做 8 年副厂长的体会来看，我们厂不好办。不好办在哪儿呢？我们厂最大的特点是家族工厂。父子、夫妻、兄弟姐妹、祖孙三代都在我们厂。姓郝的家族在我们厂有亲属关系的共有 80 多人。因此，在我们厂要想批评一个人，所有的家属亲戚都会找你说情。牵一发而动全身啊！你这个精简机构的改革方案看起来真有气魄，现在尝到苦头了吧！现在科室干部已经有一个多月不干活了。上了班就是聊精简的事，许多报表、公文都压着没处理，生产指挥也不灵了，近一个月产品质量也不断出问题，许多干部等着你发落呢！这样下去，工厂要受损失，怎么办呢？我有一个建议，不知合适不合适？"

秦厂长:"你说说看。"

张副厂长:"我认为,精简机构的大旗还是要打出来,我们向省里申请,把有些科室合并,成立处,设处长、副处长,处下面再设几个科。这样看起来机构是合并了,而大多数原班人马基本不动。少数的几个人可以调换到生产第一线去。这样,你的精简机构的任务也算完成了,对上对下都交代得过去,你觉得如何?"

秦厂长沉默不语,心里非常难过。

第二个问题是在选用新产品开发负责人的问题上碰了钉子。杨总工程师毕业于某名牌大学的光学专业,现已是全国有名的光学专家,业务上造诣较深,但在新产品开发上思想过于保守,组织能力相对较差。周副总工程师是全国重点高等学校精密仪器制造专业的毕业生,周副总虽然在业务上比杨总差一大截,但却擅长于组织和协调工作。在一次厂务会议上,秦厂长说:"为进一步发挥杨总的业务专长,使杨总有更多的时间深入技术工作中去,发挥技术总负责人的作用,我和杨总商量过,是否请周副总工程师具体负责我厂新产品开发的领导工作?你们大家觉得如何?"

这时只见杨总脸色铁青,忽地站了起来,指着秦厂长的鼻子说:"你说你和我商量过了,你什么时候找我商量了?你说!同志们!他根本没和我商量过!这是你厂长的有意安排。本来周副总工程师的工作安排是我职责范围内的事,现在周副总的工作既然已由你厂长任命了,那好!以后周副总的工作就由厂长直接安排好了,我可以不管!要我只抓技术,可以!我也没有必要参加这个厂务工作会了!"说完,杨总甩手退出了办公室,"砰"的一声,门被重重地关上。

尽管秦厂长会后再三向杨总解释,检讨了自己工作比较粗糙,这种工作安排问题应事先和杨总充分交换意见。秦厂长记得在厂务工作会议前两天,曾经把这一工作安排讲给杨总听过,当时杨总没有表示反对,也没有表示赞成,秦厂长就以为杨总默许了。但这种安排的用意是想让杨总在业务上有更多的时间去钻研,使新产品开发工作搞得更快、水平更高些。但杨总认为秦厂长对他有看法,这种做法是对他职权的不尊重。他提出"厂领导觉得我不适合在本厂工作,我可以调离本厂,这是我的请调书,请厂长过目。"秦厂长虽然回绝了杨总的请调书,但杨总心理的疙瘩始终没有解开。

与此同时,周副总工程师也没有真正把新产品开发的组织领导工作抓起来。周副总说:"我处在这个位置上很不好办。本来是杨总亲自抓新产品开发的组织领导工作,现在秦厂长叫我抓,尽管秦厂长对我说:'这事情我定了,你就干吧!'可我要是抓了,怎么对得起杨总?不抓又得罪了秦厂长。干脆我不干了。我已提出辞去副总工程师的职务,我谁也得罪不起。我只能回技术开发部,做我的具体业务工作。"

由于这些问题没有解决,使该厂的新产品开发速度更加缓慢。

第三个问题是在确定质量管理科科长人选的问题碰上的。厂技术开发部技术员金洪志是一名大学毕业生，平时肯钻研业务，技术水平较高，工作忠实认真。秦厂长认为金洪志可以提拔做质量管理科副科长。他和三位副厂长一商量，就在一次干部会上宣布了。会后，厂党委何书记找秦厂长提出了意见。何书记说："任命一名中层干部是厂长职权范围内的事，但这个金洪志虽然在政治上没有什么问题，但思想可不怎么样，平时爱说点儿怪话，发牢骚，不知你了解没有？以后有些事情是否应该在党政联席会议上多研究研究再做决定，比较好啊？"

秦厂长说："任命一名中层干部，还是个副职，我觉得没有必要在党政联席会上研究。工作需要，时间紧迫，什么事情都要拿到党政联席会上去研究，会开个没完，还干不干事情了？"

何书记说："我对你这种看法早有意见。按理说党管干部是我们党的光荣传统。任命中层干部应该和党委打招呼，党委有干部科，可以帮助领导在政治上对干部进行审查，这样不是更好吗？"

秦厂长说："党委在确定党的系统干部时，我绝不干涉，由你们做决定好了。我觉得行政上任命中层干部正职时，都是在联席会议上研究决定的。现在任命一个质量管理科副科长，就说这个金洪志，我与他又没有私人关系，这个人政治上也没有问题，思想上有点儿小毛病，又有什么不可以的呢？"

何书记说："好了，好了，我不和你争。我只是提醒你，今后工作注意点儿，尽量争取做到决策科学化、民主化。工会在这方面对你也有同样看法。"

秦厂长说："何书记，我们大家都是为了工作，你话说明白点儿，我哪儿不科学？我哪儿不民主？可以具体指出来嘛！"

何书记说："我们以后再谈吧，今天谈话的条件还不成熟，以后再谈好吧？"说着，何书记把秦厂长请出了他的办公室。

秦厂长走在路上想：厂长要发挥中心作用，党委要发挥核心作用，中心和核心应当如何结合？真是个大问题。

思考题

1. 秦厂长的三板斧为什么不成功？你认为该如何解决都城光学仪器厂的改革问题？

2. 一个领导者应具备什么样的素质？秦厂长的例子对你有何启发？

第十一章

领导理论

领导理论从总体上看可分为三类：领导特质理论、领导行为理论和领导权变理论。本章首先对这三类领导理论进行简要的概述，然后指出领导理论的前沿发展趋势，最后提出未来组织的领导模型。

第一节 领导特质理论

领导特质理论也称"伟人理论"（Great Man Theory），是最早研究领导问题的理论。这一理论研究的是：领导者的个人品质特征对领导活动成败的影响。他们的出发点是根据领导成效的好坏，找出一些成功的领导者和一些不成功的领导者在个人品质特征方面存在哪些差异，并由此确定优秀领导者应具备的品质。根据领导特质理论的理论基础不同，可将领导特质理论划分为两大类：传统的领导特质理论和现代的领导特质理论。

一、传统的领导特质理论

传统的领导特质理论认为，领导者的品质特征是天生的，是由遗传因素决定的。

1. 吉布的观点

心理学家吉布（J. R. Gibb）认为，领导者应具备以下七个方面的品质：外表英俊潇洒、有魅力；善言辞；智力过人；有自信心；心理健康；善于控制和支配别人；性格外向，灵活敏感。

2. 斯托格迪尔的观点

1949 年，美国俄亥俄州立大学工商研究所教授拉尔夫·斯托格迪尔（Ralph Stogdill）曾对 1902—1948 年间产生的 124 个有关领导者特质的研究进行分析，结果找出了一些领导者应具备的共同特征：有良心、可靠、勇敢、责任心强、有胆略、力求革新与进步、直率、自律、有理想、良好的人际关系、风度优雅、身体健康、智力过人、有组织能力与判断能力。

二、现代的领导特质理论

现代的领导特质理论认为，领导者的品质不是天生的，而是在实践中形成的，领导者特质是可以通过教育训练培养出来的。较具代表的现代的领导特质理论包括：十条件论、二十种能力论、六类特质论、五种能力论、三种技能论等。

1. 十条件论

这是美国普林斯顿大学教授包莫尔（W. J. Banmal）提出的。他认为，领导者应具备以下十个条件。

（1）合作精神：愿意与他人共事，能赢得他人的合作，对人不是压服，而是说服和感服。

（2）决策才能：能根据客观的实际情况，而不是凭主观想象作决策，具有高瞻远瞩的能力。

（3）组织能力：善于发挥下属的才智，善于组织人力、物力和财力。

（4）精于授权：能把握方向，抓住大事，而把小事分散给下属去处理。

（5）善于应变：能随机应变，不墨守成规。

（6）勇于负责：对员工、对组织、对国家、对社会都有高度的责任感。

（7）敢于创新：对新事物、新环境、新技术、新问题都有敏锐的感受力。

（8）敢担风险：有雄心，敢于承担对组织不利的风险，能够创造新局面。

（9）尊重他人：能认真听取他人的意见，并能吸收合理的建议，不狂妄自大，固执己见，能器重下属。

（10）品德超人：高尚的品德为社会和下属所敬仰。

2. 二十种能力论

美国管理协会在20世纪70年代花了5年的时间，对在事业上取得成功的1 800余名管理人员进行了广泛的调查与研究，结果发现，成功的管理人员一般具有20种能力。

（1）工作效率高。

（2）有主动进取精神，不断改进工作。

（3）有概括能力。

（4）逻辑思维能力强，善于分析问题。

（5）有自信心。

（6）有很强的判断能力。

（7）善于用权。

（8）能帮助别人提高工作能力。
（9）热情关心别人。
（10）能以自己的行为影响别人。
（11）善于调动别人的积极性。
（12）善于利用谈心做工作。
（13）能实行集体领导。
（14）能使别人积极而乐观地进行工作。
（15）能自我克制。
（16）能自行做出决策。
（17）能客观地听取各方意见。
（18）对自己有正确的估价。
（19）勤俭。
（20）具有技术与管理方面的知识。

3. 六类特质论

这是斯托格迪尔（Ralph Stogdill）的观点。在第一次对1904—1948年间产生的领导特质理论进行分析之后，在20世纪70年代初，斯托格迪尔又分析了1949—1970年间产生的共163个有关领导特质方面的研究。最后，他找到的有关领导特质可分为六大类。

（1）领导者的身体特征：如充满活力、有干劲、仪表出众、打扮整齐等。

（2）领导者的社会背景：包括接受过高等教育和具有良好的社会地位等。

（3）领导者的智慧与才能：如过人的智慧、在专业方面的知识和沟通的技巧等。

（4）领导者的性格：包括有信心、喜欢支配别人、有进取心、独立、能控制情绪、具有创造力等。

（5）领导者在工作方面的特点：如渴望取得成就、追求责任感、有事业心和以工作为本等。

（6）领导者的社会技能：包括善于交际、有行政能力和能与人合作等。

4. 五种能力论

这是美国管理大师彼得·德鲁克（Peter Drucker）在20世纪70年代提出来的。他认为，成功的领导者必须具备以下五种能力。

（1）善于处理和利用自己的时间。

（2）注重贡献，确定自己的努力方向（为成果工作）。

（3）善于发现和用人之所长。

（4）能分清工作的主次（抓大事，放小事）。

（5）能做有效的决策。

5. 三种技能论

这是管理学家罗伯特·卡茨（Robert L. Katz）提出来的。他认为，一个组织的领导者必须学习和掌握三种技能：技术技能、人文技能和观念技能，才能实施有效的领导。

（1）技术技能。技术技能是指领导者必须通过对以往经验的积累以及新学到的知识、方法和新的专门技术，掌握必要的专业技术知识，包括机械、测量、计算等诸方面知识。领导者应具有能胜任特定任务的领导能力，善于把专业知识应用到管理中去。

（2）人文技能。人文技能则强调领导者必须善于与人共事而且能对下属实行有效领导的能力，善于把行为科学知识应用于管理中去。例如，对职工进行激励，激发他们的干劲，为实现组织目标而努力奋斗。了解职工的内在需要，及时满足职工的不同需求，对职工充满爱心，能为职工树立榜样等，使职工愿意接受领导。一般认为这种技能比聪明才智、决策能力、工作能力与计算能力更重要。人文科学也随着对该技能要求的提高而蓬勃发展起来。

（3）观念技能。观念技能是指领导者必须了解整个组织及自己在组织中的地位和作用，了解社会团体及政治、经济、文化等因素对企业的影响，具有良好的个人品质和素质，品德高尚有事业心和开拓进取的变革精神。

不同的领导职位对三种技能的学习与掌握程度的要求不同，如图11-1所示。

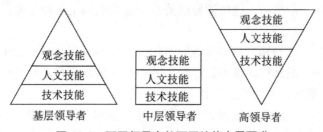

图 11-1　不同领导者的不同技能水平要求

第二节　领导行为理论

由于领导特质理论在解释领导行为的有效性方面出现了问题，于是人们便把研究的侧重点转向了领导行为本身，试图从领导者工作行为的特点来说明领导的有效性。由此便产生了众多的领导行为理论。

一、领导行为四分图理论

研究领导行为的前期代表人物是美国俄亥俄州立大学工商研究所教授斯托格迪尔

（Ralph Stogdill）和弗莱西曼（Edwin Fleshman）以及他们的同事。在做了成千上万次测试后，他们发现，总是有两类领导行为突显出来。他们把这两类领导行为分别命名为"结构维度"（即关心工作）和"关怀维度"（即关心人）。前者是指把重点放在完成组织绩效上的领导行为，包括设立组织机构、明确职责与关系、确定工作目标、设立意见交流渠道和工作流程等；后者是指信任、尊重下属的领导行为，包括建立相互信任的氛围、尊重下属的意见、关心下属的情感等。这两类行为虽有一定的联系，但却是基本分开和独立的。图11-2是就此所做的图解。领导行为可能有四种典型的组合。

图 11-2　四分图理论模型

（1）低关怀、高结构。这种领导最关心的是组织的工作和任务，对下属的需要却不十分在乎。

（2）高关怀、高结构。这种领导对组织的工作和下属的需求都十分关心。

（3）高关怀、低结构。这种领导较为关心领导者与下属之间的合作，重视互相信任和互相尊重的氛围，对组织的工作则不十分关心。

（4）低关怀、低结构。这种领导对组织的工作和下属的需求都不十分关心。

他们认为，同其他三种组合相比，第二种组合的领导效果最好，它可使下属取得较高的工作绩效和较高的工作满意度。

二、管理方格理论

美国得克萨斯州立大学心理学教授布莱克（R. Blake）和莫顿（J. S. Mouton），以俄亥俄州立大学的领导四分图理论为基础，对关心人和关心生产的不同组合进行了具体的分析，提出了颇具特色的管理方格理论。这种管理方格如图11-3所示。

他们分别在两个坐标轴上分别划出了9个等级，从而生成81种不同的领导风格。其中，有五种典型的类型。

（1）9.1型，即任务型的领导者。这种领导者高度关心生产和效率，却很少关心人。由于不重视人的因素，领导者很少关心员工的需求，相应地员工往往也会奉命行事，没有进取精神，不肯用创造性的方法去解决问题。

（2）9.9 型，即团队型的领导者。这种领导者既关心生产也关心人，通过协调和综合各种活动，促进工作和生产的发展，使大家和谐相处并发扬集体精神。

（3）1.9 型，即俱乐部型的领导者。这种领导者只关心人不关心生产。他认为，只要组织内部充满轻松友好的氛围，员工精神愉快，其生产成绩自然会高。因此，不管生产成绩如何，这种领导都会首先重视员工的态度和情绪。

（4）1.1 型，即贫乏型的领导者。这种领导者既不关心生产也不关心人，他只以最小的努力来完成必须做的工作。实际上，这是个饱食终日、无所事事的领导。这种领导往往将企业引向灭亡。

（5）5.5 型，即中间型的领导者。这种领导对人的关心度和对生产的关心度比较平衡，既不过分偏重人的因素，也不过分偏重生产的因素。一旦碰到问题，总想得过且过，只图维持一般的工作效率和士气。

布莱克和莫顿认为，每个领导者都可以用管理方格理论来分析和衡量自己的行为处于哪个管理方格中，从而认识自己的行为，自觉提高领导水平。总体看来，9.9 型的领导方式是最理想的。

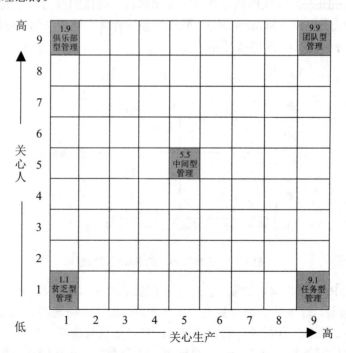

图 11-3 管理方格模型

三、PM 型领导模式

PM 型领导模式是美国学者卡特莱特（D. Cartwright）和詹德（A. Zander）在他们的《团体动力学》一书中提出来的。他们认为，所有团队的组成，其目的可以归入下列两种之中的任何一种，也可以两者兼而有之：一是以达成特定的团体目标为目的；二是以维持和强化团体关系为目的。为达到第一个目的，领导行为的特征可能是："将员工的注意力引向目标""将问题明确化""拟定工作程序""运用专门知识""评定工作成果"等。为达到第二个目的，领导行为的特征是："维持愉快的人际关系""调解员工间的纠纷""激励大家""增强员工的相互作用"等。因此，领导者为达到不同的目的而采取的领导方式可分为三类：目标达成型（P型）、团队维持型（M型）、两者兼备型（PM型）。

后来，日本大阪大学教授三隅二不二在日本长期进行了这一研究。最初他在学生中做实验，后来到企业中进行研究。他将领导方式划分为四种形态，即 PM、P、M、pm。P（Performance）职能指领导者为完成团体目标而做的努力，主要考察工作的效率、规划的能力等；M（Maintenance）职能指领导者为维持和强化团体所起的作用。

PM 型领导模式，如图 11-4 所示。

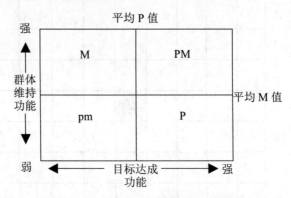

图 11-4　三隅二不二的 PM 领导模型

为了测量 P、M 的因素，三隅二不二设计了通过有关下属情况的 8 个方面来测定 P、M 两职能的问卷。这 8 个方面分别是：工作激励、对工作待遇的满意度、企业保健条件、精神卫生、集体工作精神、会议成效、沟通、功效规划等。每个方面都有 5 个问题，每个问题的回答都采用 5 分制。根据 P、M 分数最后进行统计分析，将结果画在一个两维（P维、M维）的坐标上，从而可在 PM 矩阵中找到对应的特征点。

三隅二不二的 PM 领导模型的独到之处在于：它不像四分图那样对称地分割为四

个等分，它的分割线代表被测群体中所有成员的平均值，因而具有一定的灵活性。所分割出的四个区域分别代表低绩效、低维持的 pm 区，高绩效、高维持的 PM 区，高绩效、低维持的 P 区，低绩效、高维持的 M 区。这四个区域往往并不相等，而是水涨船高，因具体情况而异。

四、领导系统模型

美国密歇根大学社会研究中心利克特（Rensis Likert）等人开始研究"以工作为中心"和"以人为中心"的两种领导方式哪种更为有效。经过长期研究，他们将企业的领导方式归纳为四类。

（1）专制独裁式。权力集中在最高一级，任何事情都由领导单独作出决定，下级没有发言权而只能执行。上级规定严格的工作标准和方法，下级如果达不到规定目标就要受罚。在这种领导方式下，上下级缺乏沟通，领导者对下级缺乏信任，下级对领导者也存有戒心，组织目标难以实现。

（2）温和独裁式。权力控制在最高一级，但授予中下层部分权力。领导者对下属有一种谦和的态度，在作决策时也能听取下属的意见。一般决策由高层管理者作出，但下级也可作出一定限度的决策。上下级之间有一定的沟通，但十分有限，交往是在上级屈就和下级畏缩的气氛中进行的。

（3）协商民主式。领导者对下属有一定程度的信任，授予下属一定的权力，但重要任务的决定权仍然在最高一级。在这种领导方式下，领导注重听取下属的意见，并在取得下属的同意后再作出决定。上下级沟通程度较深，彼此比较信任，能获得一定的相互支持。

（4）参与民主式。领导者对下属充满信任，上下级处于平等的地位，允许下属参与领导过程，在一定范围内，授予下级自主决策权。上下级之间不仅有双向沟通，还有平行沟通，对工作的进展、组织的报酬，下级有评估权。

在上述四种领导方式中，利克特等人认为，第四种领导方式是最好的领导方式。利克特的领导系统模型可用图 11-5 表示。

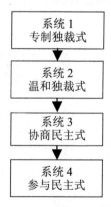

图 11-5　利克特领导系统模型

五、领导作风理论

这是美国心理学家勒温（K. Lewin）提出来的。它是研究领导者的工作作风类型以及不同的工作作风对员工的影响，以寻求最佳的领导作风的理论。它以权力定位为基本变量，把领导者在领导过程中表现出来的极端行为分为三种类型。

（1）专制式领导作风。这是一种独断专行的领导行为，权力定位于领导者个人。一般表现为领导者独揽大权，各种政策均由领导者决定，极少甚至不让被领导者参与决策，领导者也凭个人看法对下属予以褒贬、奖罚。这种领导者认为，权力来源于领导地位，认为人的本性是天性懒惰、不可信赖，必须加以管束。

（2）民主式领导作风。这是一种民主的领导行为，权力定位于群体。这种领导者从建立良好的人际关系着手去管理，认为领导者的权力是由他领导的群体赋予的，被领导者受到激励后会更加投入，并富有创造力。

（3）放任式领导作风。这是一种俱乐部式的领导行为，权力定位于每一个员工。这种领导者仅仅从福利方面考虑问题，认为权力来自于被领导者的信赖。实际上，领导者并没有大胆管理，任何事情均由员工自己做主，领导者不评价，也不提意见。

勒温通过实验证明，专制式领导作风虽能使群体达到目标，但群体成员的消极态度和对抗情绪会增长；民主式领导作风的工作效率较高，不但可实现组织目标，而且群体内气氛活跃，群体成员情绪稳定；放任式领导作风的工作效率最差，群体只达到了社交目标，而未达到组织目标。在实际工作中，上述三种极端的领导作风并不常见。大量的领导者所采用的领导作风往往是处于两种极端类型之间的混合体。图11-6可以形象地说明勒温的领导作风理论。

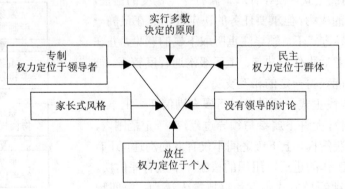

图11-6　领导权力定位的关系

第三节　领导权变理论

前面的领导理论都认为，总是存在着一种最好的领导方式。而领导权变理论则认为,事实上并不存在一种最好的领导方式。领导方式的选择,要么取决于领导者个性和下属的成熟程度,要么取决于领导者个性和领导所处的情境,要么取决于领导者个性、下属的成熟程度和领导情境三个因素。据此,我们将领导权变理论分成三种类型,即领导权变理论 I、领导权变理论 II、领导权变理论 III。

一、领导权变理论 I

领导权变理论 I 主张,组织领导方式的选择主要取决于两个因素,即领导者个性和下属的成熟程度。在现有的领导理论中,领导生命周期理论、领导归因理论等属于此类。

1. 领导生命周期理论

领导生命周期理论是由美国管理学家科曼(A. K. Koman)首先提出,后由赫塞(P. Hersey)和布兰查德(K. Blanchard)进一步发展起来的。

领导生命周期理论认为,事实上并不存在一成不变的最佳领导方式,领导方式是否有效,不仅取决于领导者的工作行为(以关心工作为主)和关系行为(以关心人为主),而且还取决于其下属的成熟程度,即个体完成某一具体任务的能力和意愿的程度。

根据领导者行为和下属成熟程度的不同,可形成四种不同的领导方式,构成领导的生命周期,如图 11-7 所示。

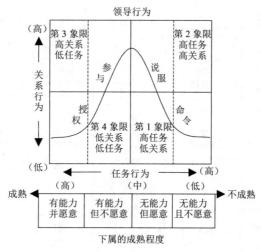

图 11-7 领导生命周期理论模型

图 11-7 中第一象限是命令型领导方式,即高任务、低关系,它适用于低成熟度的下属。其特点是领导者以单向沟通的方式,向职工指明工作任务、操作规程,给下属

以直接的领导。第二象限是说服型领导方式，即高任务、高关系，它适用于较不成熟的下属。其特点是领导者以双向沟通的方式并且通过人的感情使下属从心理上增强协作意愿和工作热情。但大多数工作还是领导者制定的。这时，员工既需要领导，也需要鼓励和支持。第三象限是参与型领导方式，即高关系、低任务，它适用于比较成熟的下属。其特点是领导者与下属通过双向沟通方式互相交流信息、讨论问题，下属能创造性地进行工作，不愿领导者对其进行过多的指示和约束。第四象限是授权型领导方式，即低任务、低关系，它适用于高度成熟的下属。其特点是赋予下属权力，让其自行其是，自主地研究与解决问题，领导者只起监督的作用。

领导生命周期理论体现了一个观点，即领导者只有根据下属的成熟程度不同，采取适当的领导方式才是有效的，而且这些领导方式不是固定不变的，对某些职工采取命令型，对另一些职工采取参与型，既可以同时采取两类型，也可以同时采取四种类型，应以实际情况为转移，进行灵活运用，以实现领导方式的长期有效。

2．领导归因理论

领导归因论是由米切尔（R. Michell）等人提出来的。这一理论研究领导者对绩效不佳的后进下属，如何判断其"病因"，并根据"病因"如何采取适当的领导行为的问题。图 11-8 说明，领导归因的主要过程是：领导者根据对后进下属行为表现及所处环境的观察，作出归因分析与判断；再根据归因结果，作出相应的行为反应。

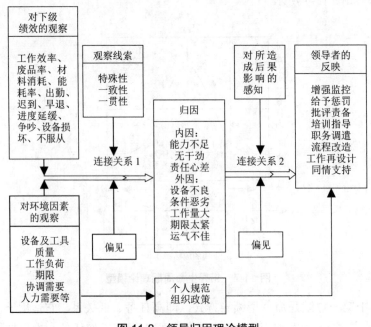

图 11-8　领导归因理论模型

该理论认为，领导归因过程存在着先后两种连接关系。在连接关系 1 中，领导者在诊断下级存在问题的原因时，先观察下级自身的表现，如生产率、出勤率等；再观察环境中的有关因素，如任务难度、工作条件等；然后才作出归因判断，认为源于内因和外因。在此过程中，要注意两种因素：一是观察线索，即下级行为的差异性（是仅对此项工作还是对所有工作）、普遍性（是仅他一人如此，还是全体一致）、一贯性（是偶然行为或不同时期表现不同，还是一贯如此）；二是领导者的个人偏见，如领导者往往倾向于作内部归因，即把问题归咎于下属，自己少担责任，或对下属有固定偏见；而下属则往往作外部归因，使领导者不能推卸责任。但若领导者与下属关系密切，则归因易于趋同；反之，归因各异。不仅如此，若领导者原来对某下属看法不好而后来果然表现欠佳，易归于内因；若原来预计下属会有好表现而其实不然，则易归于外因。还有一些个人特点也可能使领导者产生偏见，如妇女、少数民族、学历低、年轻等，都会导致内在归因倾向的产生。在连接关系 2 中，归因导致相应的行为反应。如果把问题归因于下属懒惰，则反应便是批评、训斥、监控等；若归因于能力差，则反应便是培训和指导；归因于任务艰巨，则提供方便或工作再设计等。这一过程中也有两个因素在起作用，一个是对后果严重性的认识，若认为后果严重、损失巨大时，大多会给予惩罚，而且常常会过分严厉；若认为影响轻微，则反应会温和宽容。另一个影响因素是领导者的偏见，如领导者反应往往着重改变下属的行为而忽视改变环境。

二、领导权变理论II

　　领导权变理论II认为，领导方式的选择取决于领导者个性和领导所处的领导情境两个因素。这类理论主要包括菲德勒的领导理论和弗罗姆与耶顿的领导—参与模型。

1. 菲德勒的领导理论

　　美国管理学家弗雷德·菲德勒（Fred Fiedler）提出了一种领导权变模型。他认为，某种领导方式的有效程度，取决于领导者个性行为和领导者所处环境的影响两个因素。为了确定领导者个体是属于任务取向型还是关系取向型，他设计了一种叫作"最难共事者"（Least Preferred Coworker，LPC）的问卷。在应用时，找一些 LPC 来给领导者打分，若给的分值高（为正值），则该领导者属于关系取向型（注重人际关系）；若给的分值低（为负值），则属于任务取向型（注重工作）。另外，他还分离出三个确定情境的因素。

　　（1）领导者—成员关系，即领导者对下属的信任、信赖和尊重的程度。

　　（2）任务结构，工作任务的程序化程度（即结构化或非结构化）。

　　（3）取位权力，也就是领导者拥有的权力变量（如聘用、解雇、训导、晋升和加薪）的影响程度。

按照这三个因素的不同组合,他把领导者所处的环境从最有利(三个因素都有利于加强领导者的影响力)到最不利共分成 8 种类型。菲德勒搜集了大量的调查资料,并据此绘制了领导者个体行为与领导者所处情境的相互关系图,如图 11-9 所示。从图 11-9 中可以看出,在 4、5、6、7 这四种领导情境下,关系取向型是成功的;而在其余四种领导情境下,任务取向型的效率则最高。进一步地讲,任务取向型的领导方式在极端的情况下,即非常有利或非常不利时,比关系取向型更为有效;而关系取向型的领导方式则更适用于适中的领导情境。由此可见,在不同的领导情境下,同一种领导方式的效率是不同的,因此,不能说某一领导方式就是绝对好或绝对坏,只能说其在某种情境下效率高,而在另一种情境下效率不高。

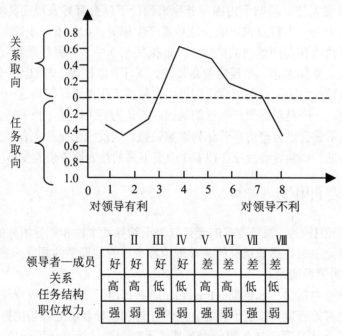

图 11-9 菲德勒领导模型

实际上,领导效率的高低取决于两点:一是领导者个人所采取的领导行为或领导方式;二是领导者所处的情境。要提高领导效率,只有两种途径,要么改变领导者行为以适应特定的领导情境,要么改变领导情境以适应领导者行为。按菲德勒的观点,领导者行为是与生俱来的、固定不变的,因此,要提高领导效率,只有替换领导者或改变领导情境。

他认为,任何组织都有可能创造一些适当的领导情境,因为确定领导情境的三要素都可以采取某些办法加以改善。

(1) 改善领导者—成员关系：按下属人员的经历、文化水平、技术专长和民族习俗等，改组领导者所领导的下属组织的构成。

(2) 改善任务结构：根据具体情况，领导者可明确地确定下属人员的工作任务，也可以对下属人员要完成的工作任务规定一个总的要求，以适应不同的需求。

(3) 改善职位权力：这可通过多种方式进行。领导者可以得到组织授予更高职位或更大的权力去完成工作，也可以通过发布公告，宣布职位的变更或领导者目前具有的权威。此外，如果组织授予领导者考评下属人员业绩的权限，也可以提高其奖励权力。

2. 领导—参与模型

维克多·弗罗姆（Victor Vroom）和菲利普·耶顿（Phillip Yetton）提出了领导—参与模型。这种领导理论的主要特点是把领导方式同下属参与决策的程度联系起来。按下属参与决策的不同程度，可以把领导方式划分成五种类型，如表 11-1 所示。

表 11-1　弗罗姆和耶顿提出的五种领导方式

领 导 方 式	领导者鼓励下属参与决策的程度
A_1 领导者根据手中已有的可用信息，独立解决问题或作出决策	低 ↑ ↓ 高
A_2 领导者从下属那里获取必要的信息，然后独自作出解决问题的决策。领导者向下属收集信息时，可以告诉或不告诉下属问题，下属只起提供信息的作用	
C_2 领导者向个别下属通报情况，听取他们的意见或建议。领导者在作决策时，可能采纳或不采纳个别下属的意见或建议	
C_1 领导者向全体下属通报信息，收集他们的意见或建议，然后由领导者作出决策。决策可能反映也可能不反映下属的意见	
G 领导者让全体下属知道问题，并一起提出或评价可供选择的方案，试图获得一致的解决方法	

领导—参与模型中具有两个非常关键的环境变量，即决策质量和决策可接受程度。决策质量涉及决策影响群体的诸如信息沟通、规范等的活动过程。例如，关于群体在什么时候吃饭的决策就是一种质量要求较低的决策，因为这种决策对群体的工作绩效可能只有很小的影响；而生产率决策、分配工作任务决策和制定工作规章制度的决策等，则对决策质量的要求较高。当决策的质量是重要的，而下属又具有领导者所不具有的信息的情况下，那么让下属参与决策比不让下属参与决策的效果要好些。决策的可接受度是指为有效地实施决策需要下属赞成的程度。在某种情况下，下属们不管决策对他们是否有影响，而总是能够积极地贯彻与执行。而有时候，他们更愿意贯彻与其价值观相一致的决策，对有损其利益的决策会采取不配合的行为。

三、领导权变理论Ⅲ

在这类领导理论中,领导方式的选择不仅取决于领导者和下属的成熟程度或其所处的领导情境两个因素,而是同时取决于领导者、被领导者(下属)和领导情境三个因素。在现有的领导理论中,综合领导理论与路径—目标领导理论与此较为接近。

1. 综合领导理论

综合领导理论是美国学者小詹姆斯·唐纳利等人,在研究了各种各样的领导模式之后提出的一种领导理论。它强调了领导者个人经历与经验对下列两类因素的影响:

(1)对"信息沟通能力"、"自知之明"、"信心"和"工作任务知识"等领导者个性特征的影响。

(2)对领导者感觉,包括领导者对下属的感觉、对情境的感觉、对上级的感觉和对自己的感觉的影响。所有这些因素的相互作用决定了领导者影响被领导者的能力,如图11-10所示。

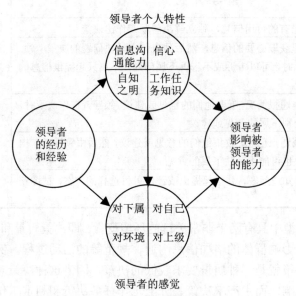

图11-10 综合领导模式

唐纳利等人列举了四种不同情况下应采取的领导方式。

(1)紧急情况:在这种情况下,领导者没有时间去同别人商量、授权别人决策或让别人参与决策。他必须当机立断,马上行动,此时采用专制型领导方式最为适宜,也最为有效。

（2）需要依靠专业人员的情境：在这种情境下，因决策时需要取得一些专业人员，如会计师等提供的各种信息和建议，集中各专业人员的智慧，一般应采取参与型领导方式。

（3）需要人际关系能人的情境：在某些情境下，企业需要善于团结、同别人一道工作的人才。此时就应委派善于处理人际关系的能人做领导者，并采用参与型领导方式。

（4）需要解决重要问题而被领导者缺乏技能或经验的情境：在这种领导情境下，由于被领导者缺乏才能或经验而不能为领导者提供决策所需的信息或建议，采用参与型领导方式是不能奏效的，只能采用指导型领导方式。

2. 路径—目标领导理论

路径—目标理论是由加拿大多伦多大学组织行为学家罗伯特·豪斯（Robert House）和美国华盛顿大学教授特伦斯·米切尔（Terence Michel）提出的领导理论。"路径—目标"的概念来自于如下信念：有效的领导者通过指明实现工作目标的途径来帮助下属，并为下属清理路程中的各种路障和危险，从而使下属的这一"旅行"更为顺利。

按照路径—目标理论，领导者行为被下属接受的程度，取决于下属是将这种行为视为即时获得满足的源泉还是作为未来获得满足的手段。领导者行为的激励作用在于两个方面：一是它使下属的需要满足与有效的工作业绩联系在一起；二是它提供了有效的工作绩效所必需的辅导、指导、支持和激励。为了考察这些方面，豪斯确定了四种领导行为，即指导型、支持型、参与型、成就型。指导型领导让下属知道期望他们的是什么以及完成工作的时间安排，并对如何完成任务给予具体指导，这种领导类型与俄亥俄州立大学的结构维度十分近似；支持型领导十分友善，并表现出对下属需求的关怀，参与型领导则与下属共同磋商，并在决策之前充分考虑他们的建议；成就型领导设定富有挑战性的目标，并期望下属实现自己的最佳水平。路径—目标理论提出了两类情境或权变变量作为领导行为与结果之间关系的中间变量，它们是下属控制范围之外的环境（任务结构、正式权力系统以及工作群体）以及下属个性特点中的一部分（控制点、经验和感知能力）。要想使下属的产出最多，环境因素决定了作为补充所要求的领导行为类型，而下属的个人特点决定了个体对环境和领导者的行为特点如何解释。这一理论指出，当环境结构与领导行为相比重复多余或领导者行为与下属特点不一致时，效果均不佳。图 11-11 显示了路径—目标理论的基本模型。

路径—目标理论认为，领导方式的采用没有固定不变的死板公式，应视具体的权变因素而定。

（1）与高度结构化和安排完好的任务相比，当任务不明或压力过大时，指导型领导会带来更高的满意度；而当下属执行结构化任务时，支持型领导会带来员工的高绩效和高满意度。

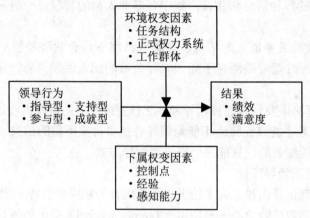

图 11-11　路径—目标领导理论模型

（2）对于能力强或经验丰富的下属，指导型领导可能被视为累赘多余。

（3）组织中的正式权力关系越明确、越官僚化，领导者越应表现出支持型行为，降低指导型行为。

（4）当工作群体内部存在激烈的冲突时，指导型领导会带来更高的员工满意度。

（5）内控型下属（指相信自己可以掌握命运者）对参与型领导更为满意；外控型下属则对指导型领导更为满意。

（6）当任务结构不清时，成就型领导将会提高下属的期待水平，使他们坚信必会带来成功的工作绩效。

第四节　领导理论的新发展

近些年来，领导理论的研究十分活跃，出现了一些颇具潜力的发展趋势，如魅力型领导理论、交易型与变革型领导理论、团队领导模型、三维领导理论、诚信领导理论等。

一、魅力型领导理论

魅力型领导理论是在马克斯·韦伯的"魅力型影响力"理论的基础上提出来的。较早涉足魅力型领导理论的罗伯特·豪斯确定了三个因素，即极高的自信、对他人的支配能力和对自己信仰的坚定信念。瓦伦·本尼斯（Warren Bennis）在研究了美国 90

位最杰出和最成功的领导者后，发现他们有四个共同点，即令人折服的远见和目标意识；能清晰地表达目标并使下属明确理解的能力；对该目标表现出的一致性和全身心投入的执着以及了解自己的实力并以此作为资本的胆略。麦吉尔大学的康格（Conger）和凯南格（Kanungo）提出，魅力型领导者应具备如下特点：他们有一个希望达到理想的目标；能为此目标进行全身心的投入和奉献；反传统；非常自信；是激进变革的代言人而不是维护传统现状的卫道士。表 11-2 总结了魅力型领导者的关键特点。

表 11-2 魅力型领导者的关键特点

1. 自信：魅力型领导者对自己的判断和能力充满信心。
2. 远见：魅力型领导者有理想的目标，认为未来定会比现在更美好。领导者的理想目标与现状的差距越大，下属越有可能认为领导有远见卓识
3. 清楚表达目标的能力：魅力型领导者能够明确地陈述目标，并使其他人理解，最终变成激励下属努力工作的动力
4. 对目标的坚定信念：魅力型领导者具有强烈的奉献精神，愿意从事高冒险性的工作，承受较高代价，为了实现目标能够自我牺牲
5. 不循规蹈矩的行为：魅力型领导者的行为往往被认为是新颖的、反传统的、反规范的。当这些行为获得成功时，下属们会惊诧不已
6. 以变革代理人的身份出现：魅力型领导者是激进的变革代言人，而不是传统的卫道士
7. 对环境具有较强的敏感性：魅力型领导者能够对需要变革的环境加以限制和对资源进行切实可行的评估

二、交易型与变革型领导理论

1. 交易型领导理论

交易型领导理论（Transactional Leadership Theory）的基本假设是领导者与下属间的关系是以一系列的交换和隐含的契约为基础。该领导理论指当下属完成特定的任务后，便给予承诺的奖赏，整个过程就像领导者与追随者之间的一项交易活动。其主要特征如下：

（1）领导者通过明确角色和任务要求，指导和激励下属向着既定的目标活动，领导者向员工阐述绩效的标准，意味着领导者希望从员工那里得到什么，如满足了领导的要求，员工也将得到相应的回报。

（2）以组织管理的权威性和合法性为基础，完全依赖组织的奖惩来影响员工的绩效。

（3）强调工作标准、任务的分派以及任务导向目标，倾向于重视任务的完成和员工的遵从。

交易型领导理论又可分为"权变奖励领导"和"例外管理领导"两种,并随着领导者活动水平以及员工与领导相互作用性质的不同而不同。所谓"权变奖励领导"是指领导者和下属间的一种主动、积极的交换,领导者认可员工完成了预期的任务,员工也得到了奖励;"例外管理领导"则指领导者借助于关注员工的失误、延期决策、差错发生前避免介入等,与下属进行交换,并按领导者介入时间的不同分为主动的和被动的两种类型。主动型的例外管理领导者,一般在问题发生前,持续监督员工的工作,以防止问题的发生。同时一旦发生问题,立即采取必要的纠正措施,当然也积极搜寻有可能发生的问题或与预期目标偏离的问题。领导者在员工开始工作时,就向员工说明具体的标准,并以此标准监督差误;被动型的例外管理者,则往往在问题已经发生或没有达到规定的标准时,以批评和责备的方式介入。

2. 变革型领导理论

变革型领导理论(Transformational Leadership Theory)认为领导是一种领导者向员工灌输思想和道德价值观,并激励员工的过程。变革型领导更多基于领导者对于他们的追随者的价值、信念和需要的提升。在这过程中,领导除了引导下属完成各项工作外,常以领导者的个人魅力,通过对下属的激励和关怀来改变员工的工作态度、信念和价值观,使他们为了组织的利益而超越自身利益,从而更加投入于工作中。该领导方式可以使下属产生更强的归属感,满足下属高层次的需求,实现较高的生产率和较低的离职率。变革型领导的前提是领导者必须明确组织的发展前景和目标,下属必须接受领导者的可信性。其主要特征如下。

(1)超越了交换的诱因,通过对员工的开发与智力激励,鼓励员工为群体的目标、任务以及发展前景超越自身的利益,实现预期的绩效目标。

(2)集中关注较为长期的目标,强调以发展的眼光,鼓励员工发挥创新能力,并改变和调整整个组织系统,为实现预期目标创造良好的氛围。

(3)引导员工不仅为了他人的发展,也为了自身的发展承担更多的责任。

三、团队领导模型

团队领导模型是由休斯(R. L. Hughes)提出来的。该模型从输入、过程和输出三个方面系统地分析了影响领导有效性的各种因素,最后宣称领导者的作用在于明确并关注团队的需要,以保证团队的有效性,如图 11-12 所示。

关于输入,该模型包括了个体因素(如兴趣、动机、技能与态度等)、团队设计(如任务结构、团队组成、规范与职权等)和组织因素(如报酬系统、教育系统、信息系统与结构等)等三部分。关于过程,该模型列举了努力、知识与技能、战略和团队动力等四种水平。值得指出的是:该模型还进一步指出了过程的四种水平与各种输入因素之间的相互影响,这有利于团队其他的诊断。例如,如果发现团队不够努力(P-1),可从个体因素,如成员不感兴趣(I-1);团队设计,如任务结构不明晰(G-1);组织因素,如报酬制度不合理(O-1)等三方面找原因。

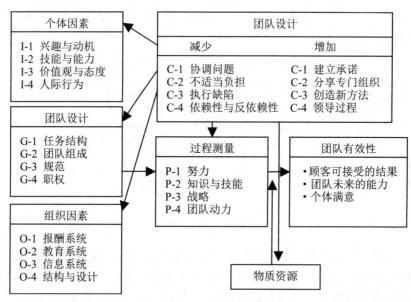

图 11-12　团队领导模型

关于领导,该模型指出,领导者的作用是通过收集与加工信息来识别问题、解决问题。解决问题的措施有减少协调问题、增加员工承诺等。关于团队有效性,模型列举了三个标准,即顾客可接受的结果、团队未来的能力和员工满意等。

休斯等人认为,领导者可以从团队过程的四个维度发现问题的位置,从个体因素、团队设计、组织因素等三个方面分析问题的成因,并找到解决问题的思路。因此,尽管领导与团队有效性模型过于复杂,但它的确为团队领导者提供了诊断问题、分析问题、解决问题的系统途径和方法。

四、三维领导理论

三维领导理论是美国经理发展协会(EDA)的主席詹姆斯·波特提出的。

这个理论认为,世界上有许多管理者,他们顶多是个一维经理,他们精于数理和分析技巧,把全部精力都花费在一个领域中,因此,其视野狭窄。这样的经理一般都害怕作出决策,担心决策失误会带来严重后果,他们是风险回避者。因此,他们倾向于模仿老板以确保提升。而且,他们是工作狂,忽视家庭和朋友。在这样的经理队伍中,很少有人有在国外工作的经历。他们有时会表现出优越感。"能够管理但不适合领导"是对一维经理的恰当描述。

三维领导理论认为,商业、领导艺术、个人效率和技巧都是领导中的基本部分,如图11-13所示。一个经理只是一个完善的商业专家是不够的,还必须同时成为一名有效的领导者,并有杰出的个人效率技巧。

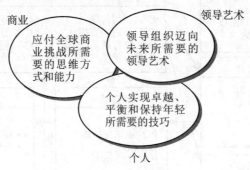

图11-13 三维领导框架

商业方面的发展要通过给经理提供所需要的机会和能力来识别关键的商业挑战。三维模型中的商业方面从大多数MBA课程不涉及的地方入手,提出未来的经理所必须面临的问题。涉及的领域可能包括创建学习型组织、建立以市场和顾客为中心的组织、建立全面质量管理艺术、支持创新等。

领导艺术方面应该不同于其他方面,它集中研究了古典和当代的领导理论和技巧,以此为基础开发出领导艺术的个人表达:追求完美和真实、学会授权、鼓励组织成员发表不同意见,培养组织成员的勇气和创新精神。

个人方面基于这样的信念,即如果在个人生活中不能成功,就不会成为一名成功的领导者,经理必须学会实现卓越和持续更新所必需的技巧。个人方面集中于帮助经理澄清和发展个人的意图、想象力、价值观和才能以及将工作目标和个人生活完美结合起来。除此之外,还应包括自然授权和个人责任,对自然、艺术和人性的欣赏,感情丰富,身体健康,善于学习等,如图11-14所示。

三维领导理论是思维方式、知识和技巧的强有力的结合,其总和大于各个部分之和。

至于组织如何运用三维领导理论,该理论提出了四种用途。

(1)内部经理教育。主要是评价现行的内部经理教育方案或开发新的经理教育方案。我们可以将三维框架看成是一个连续体,从而使组织找出目标和现实之间的差距。

(2)连续计划。三维框架可以用作选择未来领导者的过程中的关键组成部分,它可以系统地帮助经理成为未来的领导者。

（3）人力资源系统模式。三维框架可以作为组织全部人力资源管理系统的模式，它可以作为招募、雇用、解雇、连续计划、内部晋升和激励的基础。

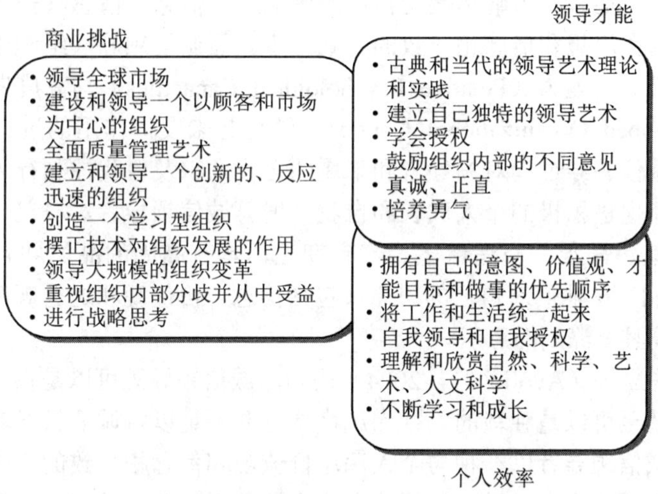

商业挑战
- 领导全球市场
- 建设和领导一个以顾客和市场为中心的组织
- 全面质量管理艺术
- 建立和领导一个创新的、反应迅速的组织
- 创造一个学习型组织
- 摆正技术对组织发展的作用
- 领导大规模的组织变革
- 重视组织内部分歧并从中受益
- 进行战略思考

领导才能
- 古典和当代的领导艺术理论和实践
- 建立自己独特的领导艺术
- 学会授权
- 鼓励组织内部的不同意见
- 真诚、正直
- 培养勇气

个人效率
- 拥有自己的意图、价值观、才能目标和做事的优先顺序
- 将工作和生活统一起来
- 自我领导和自我授权
- 理解和欣赏自然、科学、艺术、人文科学
- 不断学习和成长

图 11-14　三维领导才能框架的发展核心

（4）一种自然评估的工具。在选拔经理时，要求对其自然状况进行评估，以便考察其是否是合适的人选。一般可按照表 11-3 中所示的内容进行评估（自评或他评），然后就可以根据评估结果制订自我发展计划。

表 11-3　三维经理分类表

维　　度	过　　去	将　　来
商业方面	数量型和分析型 立足国内 技术型和职能型	具备总体管理眼光 立足全球 全面发展商业技巧和创造力
领导才能方面	偏重管理的思维模式 偏重于一种管理才能 对自己的领导才能不清楚	学习领导才能 学会授权 明晰自己的领导角色
个人方面	不甚注意 工作狂 牺牲其他兴趣	有明确的个人意图、价值观和目标效率 工作、生活相结合 兴趣广泛

五、诚信领导理论

诚信领导理论（Authentic Leadership Theory）是组织行为学家鲁森斯（Luthans）

等人在 2003 年以领导学、道德学、积极心理学及积极组织学等领域的相关研究为基础，提出的一种全新的领导理论。

诚信是指个体拥有、了解和接受自己的价值观、信念、情感、需求以及偏好，并以一种与这些内在思想和情感相一致的方式行事。而诚信领导（组织中）则是指一种把领导者的积极心理能力（Positive Psychological Capacities）与高度发展的组织情境（Highly Developed Organizational Context）结合起来发挥作用的过程。鲁森斯等人（2003）认为诚信领导过程对领导者和下属的自我意识及自我控制行为具有正面的影响，并将激励和促进积极的个人成长和自我发展。诚信领导者对自己、对他人都是真诚的。他们自信、乐观、充满希望、富有韧性，具有高尚的品德并且是未来导向的（Future-oriented）；他们对自己的思想（包括信念、价值观和道德观等）、行为以及所处的工作情境具有深刻的意识。

此外，阿华立等（Avolio 等，2004）认为，诚信领导既可以是指导性的，也可以是参与性的，甚至可以是独裁的。行为风格本身并不足以将诚信领导者和非诚信领导者区分开来。诚信领导者以一种与个人深层价值观和信念相一致的方式行事，树立可信性，通过鼓励不同观点以及与下属建立协作性关系网而赢得下属的尊敬和信任，并因此以一种被下属确认为诚信的方式来进行领导。当这一过程传递给下属时，他们也可能以类似的，可以向领导者、同事、顾客以及其他利益相关者展示诚信的方式来工作。因此随着时间的推移，诚信就有可能成为组织文化的基础。

夏米尔（Shamir）等人在 2005 年，用以往的相关理论及实证研究为基础，认为诚信领导者主要具有以下特征。

（1）诚信领导者不伪装自己。他们不会仅仅因为身处领导之位，而刻意发展出一种领导者的形象或面具。履行领导角色完全是诚信领导者的自我表达行为，而不是在遵从他人或社会的期望。

（2）诚信领导者承担领导的职责或从事领导活动不是为了地位、荣誉或其他形式的个人回报，而是出于一种信念。

（3）诚信领导者是原创者，而非复制者。

第五节 未来组织的领导模型

未来组织的领导模型构建的基础是有效领导的三要素，即领导有效性取决于领导者、被领导者和环境。因此，在具体构建这个模型之前，我们必须了解这三个因素在未来的变化特点。

一、未来组织的领导者

这可能是未来的组织领导理论触及最多的问题,目前已有许多学者对此进行探讨,其中较为知名的有:彼得·圣吉(Peter Senge)、凯拉·法伦(Caela Farren)与贝菲里·卡耶(Beverly Kaye)、埃德加·沙因(Edgar Schein)、威廉·普拉蒙登(William Plamondon)等。

1. 彼得·圣吉的观点

彼得·圣吉在其名著《第五项修炼:学习型组织的艺术与实践》中指出:"在学习型组织中,领导者是设计师、仆人和教师。"他认为,领导者的设计工作包括设计组织的政策、策略和系统。要想使这种设计有效,必须整合组织愿景、价值观、理念、系统思考和心智模式这些项目。在这种整合过程中,领导者必须扮演教师或教练的角色,不断帮助学员学习。领导者作为仆人的角色可从两个方面来理解:一是领导者是愿景的仆人,永远忠实于自己的愿景;二是领导者是员工的仆人,起着沟通、协调和为员工提供机会的作用。

2. 凯拉·法伦与贝菲里·卡耶的观点

凯拉·法伦与贝菲里·卡耶在其《扮演新角色所需的新技能》一文中提出,未来的领导者必须能够熟练地扮演五种角色。

(1)促进者。帮助人们明确自己的职业价值、工作兴趣以及技术能力;帮助人们认识长期工作计划的重要性;营造一种公开、坦诚的气氛,有助于人们讨论各种工作中遇到的问题;帮助人们理解并弄清其工作的需要是什么。

(2)评估者。把个人成绩和荣誉真实地反馈给每一名员工;指出人们的业绩与工作目标的关系;使每个员工清楚评估的标准和期望值;留心听取别人的想法;向员工提供提高他们工作业绩的具体建议。

(3)预测者。帮助人们发现并使用有关组织、职业和产业方面的信息;指出可能影响人们职业前景的变化趋势;帮助人们理解组织的文化和行政现状;将组织战略传递给每个员工。

(4)指导者。帮助人们区分各种有用的工作目标;帮助每个人选择符合实际的工作目标;指出员工在实现工作目标的过程中可能遇到的有利和不利条件;设法将员工的个人工作目标与组织的战略意图联系起来。

(5)最终帮助者。通过安排组织成员同其他行业或组织的人们进行有益的交流来实现其各自的目标;帮助员工开发详细的行动计划去实现各自的目标;同能够提供潜在机遇的人讨论员工的能力和工作目标;帮助员工同实施工作计划所需资源建立联系。

3. 埃德加·沙因的观点

埃德加·沙因在《领导与组织文化》一文中,从组织生命周期的角度,讨论了未来的组织领导者。他认为,组织在其发展的不同阶段有不同的需要、存在不同的问题,因此,领导者的作用也应该是不同的。

(1)在组织创建初期,唯一的领导功能是提供创建一个组织所需的动力。这种动力表现在他们一次又一次的尝试中,表现在他们所面临的再三失败以及他们创建新企业的努力中。它来源于个人坚强的信念,它既能激发创业者,又能培养他人的兴趣。此时的领导者是鼓舞者。

(2)一旦新组织可能存活下来,创业者的信念、价值观和基本假设就已经转变成下属的精神模式。此时的领导者就是文化创造者。

(3)当组织继续发展,已经适应了成熟的市场、更加激烈的竞争、自己日益扩大的规模和复杂性时,成功的企业领导者应了解体现组织全部优缺点的组织文化,识别出那些维持组织运转和成长所需的因素,并保持其持久与稳定。此时的领导者成了文化维持者。

(4)由于技术、经济、政治等环境的变化,原有的、已经制度化的绝对强项可能会变成企业发展的负担,如何抛弃那些不能再很好地为组织服务的陈规陋习,获取组织所需的新概念和新技能就成了当务之急。此时的领导者就是变革代理人。

4. 威廉·普拉蒙登的观点

威廉·普拉蒙登从理论物理学家爱因斯坦的著名的质量与动力关系 $E=mc^2$(动力等于质量乘以光速的平方)中得到启发,认为组织的"动力(E)是由领导者依靠鼓励他们组织的成员(m)以较高的速率(c^2)去预测和响应未来将要发生的事情来创造的"。基于此,他提出了能创造动力的环境的五个特征,实际上是未来的组织领导者应具备的五种能力。

(1)保持组织对来自顾客、雇员、竞争对手和市场的开放状态。

(2)了解团队的强项与弱项并充分利用强项、回避弱项。

(3)使组织具有超越经济目标之上的远大的、高远的目标,这个目标既受企业核心思想体系的指导,又受引人注目的业绩目标的指导。

(4)分散权力与责任,使组织成为由许多小型的、可互换的、朝着共同目标努力的单位组成的集体。

(5)培养许许多多的领导。

二、未来组织的被领导者

领导活动的客体是被领导者,即组织的员工,这一点虽然一直未变,但在不同的历史发展阶段，其地位和作用是不同的。同以往的组织的员工相比，未来的组织的员工具有如下特征：拥有组织生产经营活动所需的核心资源、其需求将发生质的变化、员工与组织之间的关系将是双向选择与互用、组织员工的主体将是知识型员工等。

1. 拥有组织生产经营活动所需的核心资源

这是未来组织员工同以往的企业员工之间存在的最大不同。在以往的时代，由于组织员工不拥有企业生产经营活动所需的核心资源，因此不可能成为完全自由的人。在工业社会初期，当机器是企业生产经营活动的核心资源时是这样；在工业社会中后期，当资本是组织生产经营活动的核心资源时还是这样。而在未来即将到来的知识经济时代，组织员工首次拥有了企业生产经营活动的核心资源——知识，这将使其成为与领导者一样完全自主的人，而不仅仅是服从或受命于他人。

2. 员工的需求将发生质的变化

在工业社会的大部分时间里，因受当时生产力发展水平的限制，组织员工工作的主要动机就是获取物质上、经济上的满足，工作对他们而言不过是一种谋生的手段。而在未来的知识经济社会中，员工工作的目标将由初级的物质与经济方面的满足转向高级的、无形的社会价值方面的追求，工作的概念将从谋生转变为满足个人多样化的需求以及获得全面发展的途径。在工作中获得满足并实现全面发展将不再是组织最高领导者的特权，凡是有能力、愿意为组织作出贡献的人都有这样的机会。由于工作目的主要是自我实现和企业发展，员工将需要丰富多彩的工作环境、工作内容和工作方式，因此会希望在职务、工种、专业等方面进行较为频繁的流动。

3. 员工与组织之间的关系将是双向选择与互用

在以往的工业经济社会中，员工基本上处于一种被动的、从属的地位，在更多的时候是组织根据自己设定的标准来选择所需要的员工。而在未来的知识经济社会中，即使不是员工居于主导地位，至少也同组织一样。因此，两者之间的关系将是双向选择与互用的关系。员工选择企业可能是由于组织是自己的"另一个家"或是一种工具，它可以为自己提供必要的福利，使自己生活得更好，锻炼自己的才干，丰富自己的知识与阅历，更重要的是实现自我价值，获得全面发展；而组织选择员工的目的则是希望网罗到"第一流"的人才，并通过科学合理的使用，激发其内在动力和创新精神，为组织发展作出贡献。当两者对对方产生不满或有更合适的选择时，他们会互炒鱿鱼，但彼此都会以一种良好的心态面对现实。

4. 组织员工的主体将是知识型员工

美国管理学家彼得·德鲁克认为，今天组织用来提高生产效率的知识从定义上可以分成各种类型。这些知识不仅可以在高层管理人员，即"头马"的身上发现，也可以在那些在工业化时代被我们称作等级和档案的员工身上发现。在未来的知识型组织中,那些处在等级当中的员工不再是可以互换的、从事简单重复性工作的砝码,他们都是知识型员工,他们当中的每个人都拥有几套技能和不同的专门技术,而且他们当中的所有人都会受到持续的升级培训。这一切使得组织对其的依赖性有所增强。

三、未来组织的领导情境

同过去相比,未来的组织领导情境将发生很大的变化。

1. 组织工作性质的改变

未来组织工作的不确定性将有所增强。有时工作可能已经开始,但却可能没有十分明确的目标,只有大致的方向;更没有既定的操作规程,只能在不断探索中前行;也可能没有固定的工作场所和时间,不需要严格的监督与控制,但它需要不竭的动力与不断的创新。如果我们可以将传统的组织工作称为程序性工作,那么,未来的组织工作将更多地具有非程序化的性质。

2. 组织权力距离的缩短

权力距离(Power Distance)是衡量社会对机构和组织内部权力分配不等这一事实认可的尺度。一个权力距离大的社会认可组织内部权力距离的巨大差异,员工对权威显示出极大的尊敬,称号、身份及地位占据着极为重要的位置。而在未来的知识经济时代,由于不需要那么多的监督与控制,组织内部的权力距离将会明显地缩短,人与人之间的关系将会变得更加平等。

3. 领导权力来源的变化

在未来,优秀的组织"将是那些擅长使领导者不依赖于职位等级或身份的组织"。尽管从职位上看不是企业的领导者,但他确实在起着越来越重要的领导作用。他提出未来的组织领导者要获取权力需要具备三方面的能力,即"专门技术、特殊的知识或技巧的能力;人际关系和与人交往的能力;那种崇高的无形的个人威信或领袖魅力"。这就是说,未来的组织领导权力将很少会源于职位,更多的将源于领导的技术知识技能、人际关系技能和个人魅力。

4. 组织领导活动范围的扩大

传统的组织领导活动范围一般在一定的国家区域内的一定企业,随着全球经济一体化浪潮的掀起和科学技术的飞速发展等组织内外环境的变化,组织领导活动的范围将突破国家与企业的界限。这就意味着许多原来不影响组织领导活动的因素将被纳入到领导效果的分析范围,诸如民族文化、组织外资源等,进而使领导有效性分析的权变变量增加。

5. 组织领导幅度的趋窄

领导幅度概念是从管理幅度那里借来的,具体指每个领导者所领导的下属人数。

在工业经济时期,组织领导者的领导幅度是整个组织的员工,因为那时组织是生产经营活动的基本单位。而在未来的知识经济时代,组织的基本活动单位多为团队,对团队的领导将是未来组织领导的核心课题,这必然使组织领导幅度变窄。另外,知识型员工的增多也会强化这种趋势。

6. 组织领导人员的分散

有人把组织的员工比喻成在河上划船的全体船员的观点。由于每个船员都有自己独特的作用,因而在不同时期会自动地充当起领导的角色,引导整个船队向前行进。由此可以看出两点:一是整个船只是命运的共同体,大家彼此信任、精诚团结;二是整个船上没有固定的领导,究竟谁是领导,取决于船所处的不同阶段,可见,船上的领导人员呈现出分散的特性。实际上,这两点是密切相关的。只有当大家彼此信任、成为命运共同体的时候,彼此才会在不需要命令的情况下,自动地承担起自己的职责。未来的组织将是一个命运共同体,未来的领导将分散于企业的各个层次,而不仅仅是高层。

四、未来组织的领导模型

根据对未来的组织领导者、未来的组织员工和未来的组织领导环境的分析,我们构建起如图 11-15 所示的未来的组织领导模型。在模型中,我们提出以下几种未来组织的领导方式。

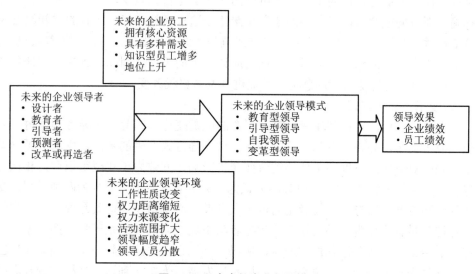

图 11-15　未来的企业领导模型

1. 教育型领导方式

教育型领导方式就是彼得·圣吉提出的学习型领导方式。这种领导方式强调，领导者是员工的教育者，领导者的任务主要有两项：一是为组织创立一种有吸引力的"共同愿景"；二是为组织创建一种"精神文化"，并通过各种沟通方式，将"精神文化"的内涵传授给每一位员工，使每一位员工都有这种文化修养。其实，这两项任务之间也有交集部分，如果领导者能将"共同愿景"与"精神文化"融为一体，则对员工的教育更为有效。因此，教育型领导方式一般是先向组织成员灌输组织的使命、价值观等，并形成具体的共同愿景，然后激发员工的学习与奋斗，以增强其能力，使其能在没有领导者指导的情况下，懂得如何开展工作。

2. 引导型领导方式

由于未来组织所面临环境的复杂多变，组织的许多工作具有了很大的不确定性。在这种情况下，任何领导者都无法了解事情进展过程中的每一个细节，因此，他不可能再采取指导型的领导方式去指导自己的员工如何去行动，而只能采取引导型的领导方式去领导，即尽可能地减少命令和框框，领导者的责任就是指明方向，然后通过恰当的引导，不断激发员工的创造意愿和能力去实现目标。

3. 自我领导方式

在未来不断变革的时代，任何人都不会接受被动的重新安排，领导者也不可能强迫人们去创新或变得更加勇敢，也不可能使人们采取自己不熟悉或不满意的行为。这就是说，任何人都是自己的主导者，所有的变化都是自我改变，只有个人才有权力去选择确定新方向或拿自己已取得的荣誉作赌注去追求新的目标。所有的重新组合主要还是依赖对自我领导的选择。自我领导方式就是在此基础上提出来的。随着自我改变，人们的内心会充满激情，去从事自己认为应该从事的工作。因此，领导者的任务在于帮助人们找到一种征服自我的感觉，并促进其发生自我改变。

4. 变革型领导方式

在未来的时代，一切都在变，唯一不变的就是变化。因此，领导者必须树立变革意识，敢于变革，并善于变革。这就是变革型领导方式产生的基础。变革型领导者必须是那些能对下属的态度和责任感的改变产生影响、并致力于实现组织目标和任务的领导者。巴纳德·巴斯（Barnard Bass）认为，领导者基本上可以分为两种类型：交易型领导者和变革型领导者。前者是通过个人利益来激励员工。这就是说，交易型领导者往往把领导行为作为一种交换，即领导者与下属之间的关系是一种交换关系。通常领导者们会说："我关注你们的利益，所以，你们也应关注我和公司的利益。"巴斯提出，这种观点无法使员工致力于公司的长远发展。为了达到这一目标，领导者必须表现出他们的变革型领导气质。

大量的研究表明，采取变革型领导方式的领导者比采取交易型领导方式的领导者会获得更大的成功。这是因为变革型领导者会通过关怀每一个下属的日常生活和发展需要、帮助下属用新观念看待老问题，从而改变下属对问题的看法，以此来激励、唤醒和鼓舞下属为了组织的利益而付出最大的努力，并能对下属产生深远而不同寻常的影响。

复习思考题

1. 你如何评价领导特质理论？
2. 领导行为理论主要包括哪些？它们之间有什么联系？
3. 领导权变理论是如何分类的？它们之间的区别是怎样的？
4. 你对几种新的领导理论有何评价？
5. 你如何看待未来的组织领导模型？
6. 领导理论的发展路径是怎样的？

案例 11-1　红旗轻工设计院

红旗轻工设计院是一所历史较长的大型设计单位，拥有 800 多名工程技术人员。该院二室第五课题组共有 11 位成员。组长张弛是位经验丰富的高级工程师，他手下还有 3 名高工和 7 名较为年轻的工程师和助理工程师。张弛知识渊博，为人正派，深受组员们爱戴，大家对他都很敬佩。这个组的工作一贯较好，团结也不错。

不久前，张工被市里调到一家正在建设中的大企业负责引进设备的技术工作组去了，五组组长一职暂告空缺，亟待填补。组员们纷纷猜测，都相信新组长会在本组内部选拔。但究竟会看中哪一位呢？当然会是三位资深的高工之一了。

组内舆论普遍认为高工王崴希望最大。王工才 45 岁，是三人中最年轻的，符合年轻化的要求。他不但能力强，而且很富创新精神，设计工作一直很出色，所搞的项目中有两项曾获部颁优秀设计奖，加上英语流利，当组长是理想人选。不过，另一位高工李祖德的实力也不容忽视。李工今年 47 岁，业务能力平平，但和院长私交颇深，他们是同乡，又同时调来本院，交往密切。这一优势可能是决定性的。大家认为，第三位高工刘仰机会最小。此人已经 50 岁了，来本院工作已 23 年，业务能力不差，只是创造性欠缺。此人四平八稳，从不与人争吵，是有名的"老好人"。不过，他对各级领导过于恭顺谦卑，叫干啥，就干啥，未免有些过分，引起了有些人的非议。

好几天不见院里有动静。这期间三位高工干活都特别卖劲，对人也特别和气，而且也不动声色，从不参加大家对谁会被提升的猜测和讨论。有人跟王工开玩笑说："老王该请大伙儿吃一顿，要升官了。"王工谦逊地说："我有何德何能，配当组长？"但眼中却闪着几分得意。

一周后，院里传来正式通知，刘工被任命为五组组长。这实在大出人们的意料，在组内引起了震动。落选的王、李二人虽也面露微笑，但总觉不大自然。他们显然是不那么高兴的。

刘工喜形于色。他认为，这不仅是运气好，而且是他一贯"听话""敬上"的态度所致。

过了几天，院长把刘工召去，布置给五组一项为内地某省设计一家中型造纸厂的任务。这厂地处穷乡僻壤，设备又全是国产的，显然属于一项没"油水"的苦差。老刘思索良久，才去找老李，说："老李，院里下来这个项目，我看就你接了吧，反正你手头的任务马上就完了。"老李说："对不起，这活我可干不了。我手头这项目别看已经快收尾了，还有不少问题，一时很难解决得了。你还是让老王去干吧。"老刘说："老王的项目正干到半当腰，他怎么能又接新活？"老李说："那就偏劳你老兄自己吧。阁下贵为组长，理当身为表率。你不去，谁去？"

老刘语塞，默默回到自己的桌子旁边，想："真倒霉，当了组长，头回布置任务就碰了钉子，下回咋办？我知道他们也想当组长。可这回提我，是院长选上的，难道是我的不是？他们本应该支持我，现在反倒给我小鞋穿。咳，都怪我自己性格太懦弱，压不住他们的气焰。这回我先干了，下回谁再敢顶我，哼，我可不会再客气，非给他点儿颜色看看不可！"

把老刘顶跑了以后，老李也很气："想找我下手？没门！"但他的最大怨气是冲着院长来的。"一点儿不够朋友，多年交情了，节骨眼儿上也不拉一把。怎么会挑上老刘？这回顶回去了，准得罪了他，下回还能给我好果子吃？总不能老顶着呀！"越想越气。吃完中午饭，他闯进院长室，没好气地说："喂，院长大人，这回您是怎么……"没等他说完，院长马上抬手让座，说："老李，来得正好，我正想找你呢。先别发火，听我讲清楚嘛。你知道，谁都知道咱俩的交情，我要提你，这工作很难做。我挑了老刘，因为他听话，通过他可以给你帮忙嘛。""他帮我忙？"老李疑惑地问。院长耐心地继续说："我眼下手头有一项美差，是设计一家大型造纸厂，重要设备全由美国引进。接办这项目，起码有两次去美国的机会。我这就向老刘布置，让他把这个项目分给你干，他会照办的。你现在最要紧的是先把手头上的活尽快干完，并且沉住气，千万别漏一点儿口风。"老李马上笑逐颜开道："好，够交情。不愧是院长，老谋深算。"一腔怨气化为由衷感谢了。

几天后，组长老刘把李工召去，问："你手头项目进展得怎么样？"老李说："快了，大约明天就能全结束。""怎么？上星期你还说问题多得很嘛。"老刘不无讥讽地大声问道。老李颇为尴尬，搓着手，说："我全解决了。"于是老刘进一步提高音量，故意吸引全组人的注意，说："这里来了个新项目，设备主要是从美国引进。一开始和项目中期各有一次上美国出差的机会，这可是咱组从来都没有过的肥缺，能捞回一台彩电，外加一架录像机。老李，你想干吗？"老李有点窘，但说："我想。"

全组都全神贯注地倾听着，这时不禁哗然。老王第一个大步跨过来，双手撑在老刘的桌上，气势汹汹地厉声问道："为什么不让我接这个项目？我最有资格！我设计的项目两次得过部优奖；我的英语流利，出国不用翻译，省了外汇。"老刘却不紧不慢地说："哎呀，这可难办了。分配给李工干，可是院长的旨意。"老王说："分配任务是组长的职权范畴，院长也不能越级插手。你应当行使你的职权。"老刘双手一摊，嘴角带着一丝冷笑，说："我这组长还谈得上啥职权？我布置的任务谁都能顶回来，院长的指示我还敢违抗？"老王气得微微发抖，他咬咬嘴唇，狠狠地说："好，你走着瞧！"转身拂袖而去，门"砰"的一声带上，接连多日，王工请假，未来上班。

待到王工再来上班时，他已判若两人，尤其在两方面与以前截然不同。一方面，一反过去的高效率和泼辣的作风，他经常早上迟到，下午早退。到班上以后，一杯清茶，几张报纸，先悠悠地读上个把小时，然后开始学英语，一学就是一上午，还常常带上一只微型录音机。另一方面，他一反过去的孤芳自赏、目空一切的态度，对组里的同事特别地友好、热情，唯刘、李二工例外。他经常耐心地、无保留地把自己多年设计实践中积累的宝贵经验和诀窍传授给那些青年同事，甚至不惜以自己素来认为寸金难买的大好光阴去跟他们聊天，从人生哲学到影坛逸事，从海外奇闻到改革形势。他的渊博、幽默，使青年们大为倾倒。王工甚至主动地向组内一位曾被他斥为"低能"的助工诚恳道歉，令那青年受宠若惊。

王工宣扬最多的是学习英语的重要性。他说："掌握了英语，受用无穷，能使你阅读外文书刊，掌握最新技术信息，还有助于能力的提高。对青年人来说，英语比专业也许更重要，因为它可能使你出国深造。此外，学习英语本身就极为有趣，你可以听懂外国电台的节目，看外国小说和电影，跟外国人交谈和交朋友。"他不但亲身实践，而且还慷慨地辅助大家学。一股"英语热"席卷五组。

这当然会严重影响组内设计任务的进度和质量，使组长刘工深为忧虑。一天，他走到一位正在专心读《英语900句》的助工前，制止他道："工作时间不能学英语，要学业余学。这里又不是英语强化训练班。"那青年反驳道："又不是我一个人上班念英语，干吗专找我的碴？是看我年轻好欺负不成？"王工俨然以青年保护者自居，立即走过来说："对青年人要爱护嘛，为啥要打击他学习的积极性？学英语跟提高专业水平密切相关,不能那么机械地看问题嘛。我看对小陈学英语不但不该批评,相反还应表扬才是。对不对?"他转向全组,引起热烈掌声和欢呼。刘工气得说不出话。王工则得意洋洋地说:"当然,全天学英语也不好。咱们以后半天工作,半天学习,定成制度,自觉遵守,也就难给人抓辫子了。好不好?"又是一阵掌声和欢呼,王工的形象更高大了。组长的话,从此更没人听了。

李工在美国待了个把月,满载而归:参加了谈判,参观了有关工厂,眼界大开。又带回一台高级录像机。他大声亲切地招呼全组:"咳,你们大伙都好呀。在外边待上一个月,可真想你们呀!"不料,他的热情并未引起相应的热烈反应,只有两三位青年助工不冷不热地说了一声:"呵,李工,您回来了。"然后仍然埋头干自己的事去了。李工被当头泼了一盆冷水,觉得不大对劲,心想:"他们这是怎么了?害红眼病,嫉妒我出国呗。等他们冷静下来再说。"于是,他向组长刘工介绍了他此行的详细情况,最后说:"老刘,你得至少派三个人协助我。这个项目的头一个阶段,就要突击出几十张图纸,下月初就得完成上交。"刘工以无可奈何的表情说:"这可不易呀。这么吧,你自己挑,挑中的我全同意。"于是,李工逐个找每个同事商量。可每人都以这样或那样的借口婉拒,没人愿意跟他合作。他只好又来找刘工:"老刘,你是组长,派三个人协助我吧。"刘工于是指定了三名助工,交代他们道:"明天起,你们仨配合李工搞设计。就这么定了。"

第二天,那三人全没来,都托人递来了假条。李工气得暴跳如雷,大声吼道:"人们怎么能这样?无非嫉妒我出了趟国。设计不能按期搞完,可不能怪我。老刘,你是组长,你要承担全部责任。"老刘苦笑了一下,没吭声。其实,他也挺矛盾:老李受抵制,他是略感舒服一点儿。自从当上这么个组长,头痛的事接连不断,他怀疑自己不是当"头头"的料。开始也真想当好这个组长,还花时间去规划组里的工作及青年人的培养。见鬼去吧!什么计划?白费劲!以前自己太傻了,以后可得学乖点儿。有权不用,过期作废嘛。不久,五组又领了一项有出国考察机会的设计任务。这回刘工谁也没告诉,当仁不让,自己悄悄地一个人接了下来。坐在飞往欧洲的飞机上,他想:"这回组长总算没白当。我才不管人家怎么说呢。我如今算看透了,自己不照顾自己,鬼才会想得到你。"

赴欧回来,刘工发现全组上班时干啥事的都有:聊天、看报、念英语、听录音机,可就没人干活。但如今他都不再操心了,他感兴趣的是他从国外带回来的20寸彩电。

院长终于发现了五组这种极不正常的情况。他召集全组开会,撤了刘工组长的职,任命王工继任组长。刘工为此一点儿也不觉得沮丧,反而如释重负。王工则不但拒绝出任组长,反而递上了辞职申请书,去一家乡镇企业另谋高就了。听说,他一个月的实际收入可达几千元,也不知道这传说是真是假。

思考题

1. 红旗轻工设计院产生如此状况的原因是什么？
2. 从领导的角度看，该如何解决红旗轻工设计院的问题？

案例 11-2　内控与外控领导方式

内控与外控领导方式是指领导者的行为是由内部（或自身）原因控制的，或是由外部（或外界环境）原因控制的。这种区分最初是由罗特（Rotter，1966）完成的，他把归因结构逻辑地区分为内在与外在维度，并强调内部、外部原因的控制作用，提出控制部位概念（Locus of Controllability），将人们觉察到的行为原因区分为内部控制和外部控制两类。

下面的问卷试图发现我们社会中的某些重要事件对不同人的影响方式。每一个题目由两个选项（A 和 B）组成。请从每一对陈述中选择一个对你来说更为赞同的答案。在某些例子中，你可能发现你认为两个陈述都对或都不对，请尽可能选择一个就你来看更符合自己的认识的答案。本问卷用于测量个人的信念，没有绝对的对与错之分。

内控与外控领导方式测评问卷：

1.
   A. 孩子出现问题是因为其父母对他们惩罚过多。
   B. 现在大多数孩子遇到的问题是其父母对他们太溺爱。
2.
   A. 人们生活中发生的很多不幸的事情部分地是因为不好的运气。
   B. 人们的不幸是他们所犯错误的结果。
3.
   A. 有战争存在的一个主要原因是人们对政治没有足够的兴趣。
   B. 无论如何努力地去阻止战争，总是会有战争存在。
4.
   A. 在奋斗过程中，人们赢得了世上应得的尊重。
   B. 不幸的是，无论人们做出了多大的努力，个人的价值时常被忽视。
5.
   A. 老师对学生不公平的观念简直是胡说。
   B. 大多数学生还没有认识到他们的成绩等级会受到偶然事件影响的程度。
6.
   A. 没有权利的被搁置，一个人就不能成为有效的领导。
   B. 不能成为领导的、有能力的人是因为没有抓住机遇。
7.
   A. 无论你如何努力，有些人还是不喜欢你。
   B. 那些不能使他人喜欢自己的人根本不会与他人相处。
8.
   A. 遗传对一个人的人格发展起决定性的作用。
   B. 人们的生活经验决定他们的发展。

9. A. 我时常发现该发生的事情将来总会发生。
    B. 对我来说相信命运不会阻止我作出决定及采取既定的行动。
10. A. 对于准备得很好的学生来说，很少会抱怨考试不公平。
    B. 许多次考试似乎与课程无关，所以学习是无用的。
11. A. 成功是努力工作的结果，与运气无关。
    B. 获得一份工作主要取决于天时地利。
12. A. 一般的公民能够影响到政府的决策。
    B. 这个世界由少数几个当权者统治，一般公民不起多大作用。
13. A. 在我制订计划时，我几乎可以肯定使其实现。
    B. 作太长远的计划有时候是不明智的，因为许多事情后来明白是运气好或不好的结果。
14. A. 有些人简直一无是处。
    B. 每个人都有好的一面。
15. A. 就我来说，得到我所要的东西是与运气无关的。
    B. 有许多时候我们可能通过如掷硬币一样的方式来决定做某事。
16. A. 成为老板的人时常取决于他有足够的运气处于有利的地位。
    B. 让人们做正确的事情取决于能力，而非运气。
17. A. 就世界的事务来说，我们大多数人是我们不能理解的或不能控制的力量的牺牲品。
    B. 通过积极参与政治和社会事务，人们可以控制世上所发生的事情。
18. A. 大多数人不能认识到他们的生活被偶然所发生的事情控制的程度。
    B. 实际上不存在所谓运气的东西。
19. A. 一个人应总是愿意承认错误。
    B. 最好时常掩盖人们的错误。
20. A. 你很难知道某人是否真的喜欢你。
    B. 你有多少朋友取决于你是多么好的人。
21. A. 通过足够的努力，我们可以消灭腐败。
    B. 人们要对政治家办公室里所做的事情进行控制是很困难的。
22. A. 有时我不能理解教师给学生打分的方式。
    B. 在我努力学习的程度和我所获得的分数之间存在直接的联系。
23. A. 一个好的领导期望人们自己决定他们应该做什么。
    B. 一个好的领导使每一个人都清楚他们的工作是什么。
24. A. 有很多时候我感到对发生在我身上的事情没有一点影响力。
    B. 我不可能相信机会或运气在生活中扮演着重要的角色。
25. A. 人们很孤独是因为他们不愿努力对他人友好。
    B. 努力去取悦别人是无用的，如果他们喜欢你，自然会喜爱你的。
26. A. 高中太过于重视竞技运动。
    B. 团队运动才是塑造性格的绝好途径。
27. A. 发生于我身上的事情是我自己造成的。

B. 有时我感到我对我所选择的生活方向缺乏足够的控制。
A. 大多数时候我不能理解政治家的所作所为。
28.
B. 从长远来看，人们应对一个国家或地区的不好的政府承担责任。

计分方法：

选择以下答案的记 1 分：2A，3B，4B，5B，6A，7A，9A，10B，11B，12B，13B，15B，16A，17A，18A，20A，21A，22B，23A，25A，26B，28B，29A。

1、8、14、19、24 题为插入题，用于信度检验，不记分。

总分从 0~23 分，分数越高越外控。

案例 11-3 三种领导方式测评

以下题目说明领导行为的各个方面，如果你是某个群体的领导者，请按你可能采取的工作行为方式，对下列每一项作出反应。如果你的行为与某项所描述的内容相符合，请在题号上画圈。

1. 我在工作上总是作为本单位的代言人。
2. 我鼓励员工们努力工作。
3. 我把员工参与管理作为一种管理方式。
4. 我要求员工必须按照统一的规则办事。
5. 我对下级能表示出个人的兴趣。
6. 我不容许员工凭他们自己的判断来解决问题。
7. 我发现了员工之间的矛盾与冲突，就及时阻止。
8. 我不大喜欢一些员工总是向领导提出各种看法或建议。
9. 我要求员工对外工作时要作为本单位的代表来说话。
10. 我对员工的态度友善、平易近人。
11. 我总是要求员工执行我的意见。
12. 我是一位鼓励集体精神而不是竞争的领导者。
13. 我鼓励员工按照他们认为最好的方法去做工作。
14. 我认为员工应该为了提升而努力工作。
15. 我喜欢那些对上唯命是从的员工。
16. 我重视和强调员工对企业的忠诚及良好的人际关系。
17. 我要使工作经常快速地运转。
18. 我总是鼓励下级把他们的感情和压抑的事说出来。
19. 我与下级共同承担本单位成功或失败的责任。
20. 我总是力争把本单位内发生的冲突解决好。
21. 我每天都要处理一大堆琐碎事情。

22. 我支持员工代表本单位到外面参加会议。
23. 我不愿意听员工在一些会议发言中的牢骚活。
24. 我经常让员工去思考自己该做什么和怎样去做。
25. 我认为对员工工作绩效和管理重于对人际关系的管理。
26. 我要保持和拥有我现在的权力。
27. 我经常给员工一些奖励以使他们工作有积极性。
28. 我要使本单位有高度的主动性。
29. 我的员工对工作任务与结构都非常明确。
30. 我经常以各种方式表扬下级。
31. 我要员工更加勤奋地工作。
32. 我要求员工作出好的判断。
33. 我给员工规定工作的进度与质量。

计分方法：

题号上画圆圈的计 1 分，其他不计分，然后统计三种类型的得分，最高者为你的领导风格。

指导型：1，4，6，8，11，15，17，21，23，26，33。

支持型：2，12，13，14，24，22，25，27，28，29，30。

参与型：3，5，7，9，10，16，18，19，20，31，32。

一般认为，对于成熟员工适宜采用参与型领导方式，而对于新员工或不成熟员工适宜采用指导型领导方式。

第十二章

领导力

第一节 领导力概述

一、领导力的概念与特点

领导力产生于领导者与被领导者之间,它是指把握组织的使命及动员人们围绕这个使命奋斗的一种能力,是领导者对被领导者实施领导的能力。领导力又是一种创造力,一种创新力。领导力是领导者的个体素质、思维方式、实践经验以及领导方法等的综合,是领导者素质的核心。

领导力一般有以下特点。

(1) 柔性特点。重视应用"软权力"来发挥作用。

(2) 双向性特点。特别注意领导者与被领导者之间的相互影响和及时回应。

(3) 人性化特点。在关注工作、关注利益的同时,更突出以人为本的思想,更关注人的情感、人的快乐、人的价值和人的发展。

(4) 叠加性特点。在应用权力的同时,更注重领导者自身的品德、个性、专长、能力、业绩等方面"软权力"的叠加作用和放大作用。

(5) 艺术性特点。既讲究科学,讲究遵循规律,也强调创新,强调权变融合,强调领导艺术的巧妙运用。

二、领导魅力

"领导魅力"包括三个方面的含义:领导者在领导过程中所具有的对部下、群众的感染力、凝聚力、号召力、影响力、鼓舞力;领导者所领导的活动本身对部下、群众造成的参与积极性和自觉性;部下、群众对领导的信任,心悦诚服地自觉地拥护、配合和服从,积极、愉快地参与领导所组织的活动。

权力的正确运用有助于领导魅力的形成和培养,权力的不正确运用将有损于领导魅力。权力的运用是领导魅力培养的一个重要课题。任何一种手段的权力运用,都有可能对增强领导魅力有积极的作用。其问题不在于采取何种方式,而在于是否适当地运用了这些方式。

三、柔性领导力

1. 柔性领导力的概念

柔性领导力,是组织的领导者凭借其所具备的知识和能力,通过灵活地调整目标和领导行为以适应不确定环境的能力,表现为灵活性和韧性。柔性领导以人本主义为领导哲学,以实现组织战略目标为使命,通过建立开放、平等、信任、动态的领导与下属关系和组织氛围,来构建和谐组织和组织文化。柔性领导者,是一群在快速变化与混沌的环境中具备高度适应能力和创新精神,为实现组织目标和愿景而不懈努力的凝聚者和革新者。

2. 柔性领导与刚性领导的区别

柔性领导与刚性领导的区别如表 12-1 所示。

表 12-1 柔性领导与刚性领导的区别

比较项目	柔性领导	刚性领导(传统领导)
资本	人力(智力)	物质资源
组织结构	扁平化、网络化	金字塔(科层)式
领导者的位置	网络中心	塔尖
领导者的角色	多样:变革者、凝聚者、服务者	单一:老板、头儿
领导方式	激发、协作	命令、控制
影响力	非权力影响力	权力影响力
表现	隐性	显性
导向	价值导向	任务导向
组织文化	俱乐部文化	老板文化

3. 柔性领导理论的回顾

柔性领导理论的回顾如图 12-1 所示。

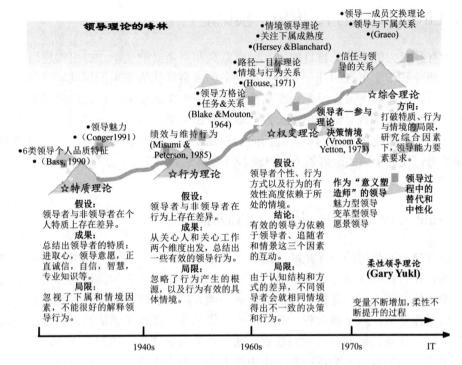

图 12-1 柔性领导理论的回顾

第二节 领导力模型

通用电气（GE）公司对企业领导人的 4E+1E 要求，如图 12-2 所示。

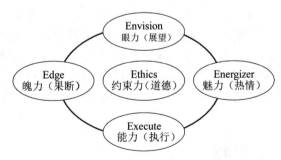

图 12-2 4E +1E 的领导力模型

一、Envision（眼力、展望、预见能力）

没有预见力的领导是盲目的。发现有意义和有新义的变革，提出实现这一变革的设想、战略和切实可行的计划。能够将复杂的战略转化为简单的标准和行动内容；提出改进公司运营的突破性设想；密切注意顾客和竞争对手的动向，以发现未来的发展趋势；对臆断和常规思维提出疑问；向现状发出挑战。有预见力的领导具有广博的科学文化知识、精通的专业知识、娴熟的管理知识、远见卓识的预见能力、多谋善断的决策能力、统筹全局的运筹能力、对顾客潜在需求的科学分析、对市场未来发展的敏锐把握。

二、Energize（魅力、热情、激励能力）

没有魅力、热情的领导是缺乏向心力和凝聚力的。有热情、魅力的领导能激励员工、顾客和合作者对美好设想的热情。对一切工作都注入极为高涨的热情。创造一个人人都满怀激情工作、有机会作出贡献的环境。能够表现出对美好设想的热情，创造积极的工作环境；向下属放权，扫除障碍，提供他们工作所需的资源；承认和表彰人们的贡献。使他们感到自己得到珍重；通过对下属的辅导、指导和支持，培养人才；满怀感情和热情地与人交流；在工作中投入高度的个人热情；满足合理需求、尊重每一个员工、合理授权、敞开心胸。

有热情、魅力的领导有非凡的沟通能力和激励能力。诚信为本、操守为重、坚持准则、以人为本、尊重员工。承认每个人的价值；尊重每个人的权利；把合适的人放到合适的岗位上（位得其人、人得其位）；满足人们提升的愿望；尊重人才去留的选择，给人才以流动的机会。为人才发挥才能创造有序的宽松的环境；相信每一个人，创造一种没有歧视的环境和氛围。从根本上解决尊重个人的问题，还必须端正一些观念和认识：用人之长，容人之短，容人之长，容言、容错、容怨。

有魅力、热情、激励能力的领导者将一定的权力授予自己直接领导的下属，使他们在自己的领导和监督下，自主地对本职范围内的工作，进行决断和处理。授权是领导者智慧和能力的延伸和拓展；授权是最大的信任，给下属提供了建功立业的舞台，因而能够极大地调动下属的积极性；授权以后，领导者才能集中精力议大事、抓协调、管全局。

三、Edge（魄力、果断）

没有魄力的领导是懦弱的。有魄力、果断的领导者，一针见血地切中问题的要害，作出大胆和及时的决定。坚持用更高的标准要求本组织。以实事求是的方式表示善意的不满。当业务或个人表现不佳时，给予警告。能够作出以事实为基础的判断，在决策过程中采用严格的方法；督促个人和本组织充分发挥潜力，制定有发挥余地的目标；使人们承担义务，在他们的业绩未达到期待值时采取行动；当某一个人、职能单位、创意或系统表现不佳时，给予警告；以适当的紧迫感和重要感保持对首要工作的重视，不分散注意力；有挺身而出的勇气，提出敏感问题或发表与众不同的意见。有魄力、果断的领导者，为本组织所出现的问题承担责任。敢想人之所不敢想！敢为人之所不敢为！把握变化，抓住机遇。

四、execute（能力、执行）

没有执行力的领导只能是纸上谈兵。有执行力的领导者通过采用创新性的、经过检验的和严格的管理实践，比竞争对手更快更好地实现重大成果。他们能够遵守承诺，守信。能够按期完成工作，遵守对顾客和内部同事的承诺；通过适当的紧迫感，将全团队的注意力集中到执行计划和取得成果上；根据需要参与运营的细节；领导持续改进工作，工作流程，采用创新性的实践方法；在保证质量的前提下，按时间和预算规定，对项目进行管理；录用和选拔来自各种背景的、其才能可以满足业务需要的优秀人才；在团队成员及团队之间鼓励合作。好的战略，重要的是执行，好的理念，关键也是执行。管理的本质不仅在于知，而且在于执行。什么叫作不简单？能够把简单的事情每天做好就是不简单。什么叫作不容易？大家公认的非常容易的事情认真地做好就是不容易。

五、ethics（约束力、道德）

研究表明，最受爱戴的领导者具有所示比例以下十个特点，如表12-2所示。

表 12-2 最受爱戴的领导者的十个特点

特　点	所占比例	特　点	所占比例
（1）诚实	87%	（6）善于提供支持	46%
（2）高瞻远瞩	71%	（7）襟怀宽广	41%
（3）鼓动性强	68%	（8）才智过人	38%
（4）精明能干	58%	（9）直率	34%
（5）公正	49%	（10）勇敢	33%

最受爱戴的领导者随时随地以道德的方式开展业务，尊重所有的人和文化，不让

个人的志向和情绪反应干扰工作。能够将公司的利益放在个人志向之前；公平对待、尊重所有的人和文化；克制、控制自己的情绪反应；表现出敬业的精诚；建立个人信誉；获得他人的信任。当个人目标或团队目标发生冲突时，选择对顾客和企业最为有利的行动；与人打交道时有礼貌，周到，有涵养；制定决策时考虑到员工的个人条件；表现出言行的一贯性。

此外，在诚信上绝对不可以有任何的松懈。绝对不能出现在公司内有任何人对你在诚信方面有任何疑问。坚持学习，提高悟性，学习中最重要的不是简单找出问题的答案，而是从中发现规律，提高悟性，善于总结规律。

第三节 领导力的提高和发挥

一、优秀领导者应该提升的八项能力

优秀领导者应该提升的八项能力，如图 12-3 所示。

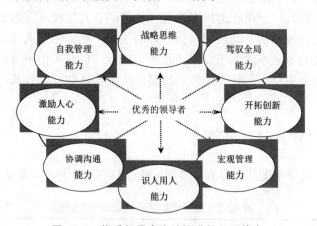

图 12-3 优秀领导者应该提升的八项能力

1. 战略思维能力

战略思维是关于实践活动的全局性思维，是系统性、创造性地思考和谋划全局性问题时的思维活动过程，是运用时间和空间的一门艺术，也是领导者必备的核心能力。其主要特征是科学预测、准确判断、审时度势、因势利导、与时俱进。不谋全局不足以谋一域，不谋长远不足以谋一时。

2. 驾驭全局能力

所谓驾驭全局就是在战略思维的指导下,将战略问题策略化、具体化的行为。对于领导者来讲,就是善于运用战略思维,全面掌握局势和指导实际工作的能力。结合企业实际特点,要重点处理好内部和外部、现在和未来等一系列关系和问题,确保企业持续、平稳、健康、协调的发展。

3. 开拓创新能力

在某种程度上,领导力就是领导变革的力量,也是打破旧的平衡和秩序,更好地适应环境变化的过程。因此,积极推动创新既是领导者的责任,也是领导者发挥领导力的重要体现。

4. 宏观管理能力

对于领导者而言,宏观管理能力既是领导力的体现,也是一种重要的工作方法,而且是领导者必须学会和使用的方法。管住该管的全局的、重要的、关键的和原则性的问题。科学性的管理体现在三个方面:复杂问题简单化,关键问题流程化,日常问题制度化。

5. 识人用人能力

领导者的基本职责就是要将正确的人放在正确的位置上。因此,识人用人是领导者发挥领导力的重要内容,并在领导者的所有决策中处于优先地位。同时,这也是领导者实现宏观管理的前提和基础。所以,领导者要识人有道,用人有方。

6. 协调沟通能力

协调沟通能力是领导者顺利开展工作的必要条件。只有具备较强的组织协调和沟通能力,正确处理领导团队成员之间、上下级之间、以及本部门本单位和其他部门、其他单位之间的关系,把各方面积极性充分调动起来,形成强大的合力,才能有条不紊地推进各项工作,完成各种艰巨的工作任务。

7. 激励人心能力

人是生产力中最活跃的因素。领导者必须消除"见物不见人"的片面观念,把人的发展与物的发展紧密结合起来,建立健全激励机制,增强组织成员的自信心,最大限度地激发员工的工作激情,发挥员工的聪明才智,增强企业的源动力,保持可持续发展的旺盛活力。

8. 自我管理能力

正己修身、提升境界是领导者提高自身综合素质的根本途径,也是发挥领导力、提升影响力的内在动因。因此,领导者必须高度重视自我管理,时刻注重自身修养。欲不可纵、志不可满、乐不可极!

二、优秀领导者应该重视的十个问题

优秀领导者应该重视的十个问题,如图12-4所示。

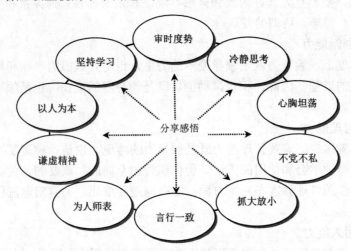

图12-4 优秀领导者应该重视的十个问题

1. 审时度势

自古知兵非好战,不审势即宽严皆误。任何时候、任何情况下,都必须把企业放到经济社会发展的大格局中去谋划。虽有智慧,不如乘势;虽有鎡基,不如待时。善弈者谋势,不善弈者谋子。

2. 冷静思考

要掌握和运用分析问题最根本的两个方法:一是实事求是,二是对立统一。要高度重视内外部环境的变化,善于发现和捕捉别人没有发现的问题和机遇。要时刻关注来自各个方面的风险和挑战,持续不断地完善和更新企业的发展模式。培养冷静思考的习惯,提高压力下冷静思考的素质。

3. 心胸坦荡

客观地理解人、善待人、宽恕人,包括同自己观点不一样的人。世界上只有三种立场:你的立场、我的立场、公正的立场。要主动站在公正的立场客观地对待人。人之谤我,如其能辩,不如能容;人之侮我,如其能防,不如能化。君子坦荡荡,小人长戚戚。

4. 不党不私

所有的人都是你的人,拉拢了一少部分的人,必然疏远了大多数。拉帮结派、结党营私，团队将会丧失战斗力和凝聚力。领导者要时刻把集体的利益、团队的利益放在前。因为只有组织成功，同时，要做到个人才能成功。同时，要做到事前不承诺、事中不泄密、事后不表功；无私念、无私情、无私活。

5. 抓大放小

领导者什么都管，实际上等于什么都没管，最后什么都管不好。领导者要学会管的原则，画大框框，不要画完大框框、再画小框框。如果这样，不仅画起来很难，效果也会适得其反。领导者要信任下属、依靠下属。凡事亲力亲为，下属轻松但牢骚满腹。

6. 言行一致

要言必信、行必果。领导者绝不能很轻易、很随便地许诺。己所不欲，勿施于人。领导者许愿的当时别人很愉快，但兑现不了别人会失落万分，这样会影响领导者的威信，所以领导者坚持常反思，努力做到"静坐常思己过、闲谈莫论人非"。谨慎承诺，绝对兑现！

7. 为人师表

上有所好，下必甚焉。领导者的习惯、嗜好和作风，对一个单位、部门影响重大。兼听则明，偏信则暗。领导者切不可听信小人，更不可被小人所左右。领导者的形象代表着一个单位、一个部门的形象，必须注意自己的内在和外在，努力做一个有品位的人。小胜靠智，大胜靠德！

8. 谦虚谨慎

三人行，必有我师焉。谁比谁都聪明不了多少，谁的身上都有长处可以借鉴。领导者要时常告诫自己：不可一日闭目塞耳、不可一日沾沾自喜、不可一日忽视下情。要做到慎言、慎行、慎独。要求别人做到的自己必须首先做到，严于律己，以身作则。

9. 以人为本

要尊重员工，在确保国家利益不受损的前提下，把员工的利益放在第一位。要真心地去关心员工，尽力帮助员工解决遇到的实际困难。要设身处地替员工考虑，不苟责员工、不为难员工，实实在在地帮助员工成长。责人要含蓄、忌太尽；要委婉、忌太直；要疑似、忌太真。

10. 坚持学习

在知识和信息爆炸的时代，不愿学习、不会学习、不时刻坚持学习，就会逐渐落伍。反思是领导者从过去的经历中学习的主要方式。把提升员工的学习力、创新力作为培育企业核心竞争力的根本途径。学习也许不会改变人生的长度，但却可以改变人生的宽度。

复习思考题

1. 什么是领导力？
2. 什么是魅力型领导？什么是柔性领导？
3. 卓越领导力的内容包括哪些？
4. 什么是 4E+1E 领导力模型？
5. 优秀领导者应该提升哪八项能力？
6. 优秀领导者应该重视哪十个问题？

案例 12-1　给部属一个台阶下 —— 给员工撑足面子

毕业后，我进了苏州一家外贸公司行政部，每天的工作就是打杂，打字、复印、整理资料。一天下来，在办公室里，我也说不了几句话。同事们对我都很客气，相互之间保持着各自的距离。那天，父亲打来电话，他要来住一段时间。

我知道，父亲不过是想来看看我生活得怎么样，住在哪里，工作环境如何。在这座城市，我没有朋友，怎么才能给父亲一个放心的理由？思前想后，我决定向老板求助。

那一天，我小心翼翼地观察着老板的动向，他肯定不认识我，我该怎么开口？他会不会答应我这个滑稽的要求？挨到下班，我硬着头皮，敲开老板办公室的门。这是我工作大半年，第一次走进老板的办公室。

看我进来，他有些疑惑地问："你是……？"我无比尴尬，结结巴巴地说明身份。老板看着我憋红的脸，笑着说："慢慢说。"我停顿很久，说："希望您能请我父亲吃一顿饭，或让公司负责人请我父亲吃顿饭，以公司的名义。"我说了很多我和父亲的事，我说："父亲不放心我，总觉得我在外面会受委屈，其实，我挺好的，工作稳定，也被领导和同事照顾……"怕他不同意，我赶紧结结巴巴地补充道："当然，饭钱由我来出。"没等我说完，他回应道："周五晚上一起吃饭，好吗？"我一愣，随即激动起来："可以，哪天都可以。""那好，你休几天假，带老人到处走走，这几天外出就用公司的车。"我慌忙摆手："不用，太感谢您了。"我不知说什么好，就给他鞠了一躬。

周五下班前，司机找到我，陪我一起到火车站，接父亲去酒店。司机说了酒店的名字，我很意外，那是一个非常豪华的酒店。那是一顿丰盛而温暖的晚餐，饭菜丰盛，老板带来好酒，公司中层都参加了。很多人不认识我，平常仅限于见面点头，他们表现得和我很熟悉，夸我文案写得好，每天总是很早到单位。大家随意地聊天，说笑，陪我父亲喝到尽兴。

之后的两天，司机一大早就等在我租住的楼下，带着我和父亲，一起游遍这座美丽的城市。

两天后，父亲买了回程的票，他说，来之前的确不放心，原本想住一段日子，看我生活得很好，他可以放心地走了。

父亲走后，我准备好好向老板说谢谢。还没等我去找他，老板就召开了公司全体人员大会。

在会上，老板点了我的名字。他先对我和所有像我这样的员工的不了解表示道歉，接着，他说，要谢谢我提出这个要求，这让他知道，作为一个集体，公司不仅是工作的地方，也是每个人相互关心和爱护的大家庭，除了竞争，除了上进，除了利润和发展，还应该有着寻常家庭的温暖。这才是一个好的集体，一个能永远朝前走的集体。

老板站起来，给所有员工深深鞠了一躬。在持久不落的掌声里，我哭了。

三年后的今天，我从一个小文员升职为公司业务经理。我牢记这段经历，并为每一位新入职的职员讲述这个故事。时至今日，公司里每个人都说，那是人生中最好的一课。

俗话说："领导者只有给别人台阶下，他们自己也才会有台阶下。"

学会让人体面地下台阶，在日常工作中可以营造一个美好的空间。成功地运用它，不仅能使他人保住面子，而且会赢得他人的理解和尊重。

作为一位领导，特别要学会给部属台阶下。有这么一句忠告："不善于给别人台阶下，既害人又害己。"在工作中，领导若能适时地给部属台阶下，有助于树立自身良好的形象，团结更多的人，巩固更多的合作伙伴，建立一支优秀的团队。

有的部属由积极工作到消极对抗，由谦虚谨慎、服从配合，到最后发牢骚、唱反调，一个重要的原因就是在他们无意顶撞或与领导意见相左时，在某个尴尬的时刻，领导没有给他们一个台阶下。有的领导在部属犯错误时，故意渲染他的失误；有的领导喜欢当众揭部属的"短处"；有的领导在处罚部属时往往出手太狠，以至部属败得太惨……

给部属一个台阶下，其实就是给他们留一点面子，多一点理解，说句宽慰和鼓励的话让他们有适当的"理由"迈过那道难看的坎儿。

给部属一个台阶下并不难，只需要领导做点换位思考。大多数情况下，部属出现失误甚至犯错误的初衷是好的，是从工作利益出发的。在日常工作和生活中，领导对听不顺耳、想不顺心的一些话，看不顺眼的一些事，要多一些理解和宽容，对部属要多给予一些体谅和关心。给他们一个台阶，其实就是给自己一个提升人格魅力和个人威信的台阶。

在提供台阶的时候，要注意以下四点：一要不动声色。这样做，会让当事人很体面地下台阶，而在场的其他人又难以察觉，这才是巧妙的台阶。二要恰当地运用幽默语言作为台阶。一句幽默的话，能使人在欢声笑语中互相谅解、彼此愉悦，这也堪称最轻松的台阶。三要在给到台阶下后，讲好"下不为例"，要不然他们是不会记到心里，总想在不舒服的时候"过把瘾"。四要注意尽可能在为对方提供台阶的同时，再给他添点儿彩。这样对方会更加感激你，并真正从心底敬佩你！

思考题

1. 领导者为什么要给员工撑足面子？
2. 领导者怎样给员工撑足面子？

案例 12-2　讲故事，树领导力

在为数甚众的企业里，许多领导在管理方面过于严肃，甚至刻板。或许在传统领导者眼里，管理是件神圣庄重严肃的事情，如果不能严肃以对，那么领导的权威何在？复杂的管理如何执行？但是，在现代的企业管理中，通过简单的行政命令来解决问题已不是一种被推崇的手段：时代的变化，决定了员工的个性十足，如果管理仅通过种种命令来达成，只会使人产生反感、厌恶甚至是抵触的情绪。而通过讲故事来解决问题，就不一样了。

在现代社会中，职业经理人进入一家新公司并融入其中，这可不是件容易的事。让下属们快速接受一位空降的领导者，成了职业经理人不得不面对的职场一课。

某位职业经理人就面临着这样的境遇。他入职第一天，老板即召开全体员工大会，一来介绍这位新来的总经理，与员工见面；二来老板也期望能看看他的表现，察其言观其行，看看这位首席信息官（CIO）有何所谓"新官上任三把火"。

如果你是他，你会怎么办？是讲一段四平八稳的个人介绍，还是采用其他方法来拉近和员工之间的距离，树立自己的独特魅力？

这位经理很聪明，他决定讲一头驴的故事。乍一开口，下面员工们都哄堂大笑，他们实在想不出一头驴和总经理、CIO 有着怎样的联系。不过这位经理不理会，情绪丝毫并不受影响，继续讲下去。

"一头掉进枯井里的驴不知该如何走出来，而它的主人在围着井转了几圈之后得出一个结论，认为只有把驴埋掉可行。

驴子看到井口围着人，安静下来，以为就要得救了，但当土不停地落在背上时，恐慌袭来，它开始大叫。人们并没有住手，土仍然不停地倒下，驴子只好拼命地抖落身上的土并将它们踩在脚下。随着土的不断增高，驴子轻松地走出了枯井。"

一片寂静，员工们在等着这位总经理揭晓答案：这样的驴子和总经理之间，有着怎样的联系。

"现在我想说我就是那头驴，大家还觉得好笑吗？"在沉静片刻后，下面掌声雷动。

待掌声渐停后，这位经理开始亮出自己的观点：面对工作、生活中的各种困难和挫折，我们应该像驴一样，不怕困难，不惧挑战，唯有将之踩在脚下，才会创出新辉煌。

在不知不觉间，这位新总经理树立了诚恳谦虚、求进敢为、不惧挑战的形象，与新员工、新团队的距离已悄然拉近。

现在商业讲究的是团队的合作，这也使得我们在商业活动中，要扮演多种角色。许多时候，我们既是领导也是下属，都在说服别人也在被别人说服，所以，越来越多的中层领导，喜欢通过讲故事的方式，来达到对大领导劝谏的效果，或是用迂回的方式，表达出自己的意思，让其得到周围人接受并贯彻执行。常看历史书的人都明白，历史上的名臣都是讲故事的高手，每当皇帝向谋臣们咨询问题时，用讲故事的方式来让皇帝自己悟出答案，是大多数聪明臣子的选择。

在企业做中层领导的人，更要学会对自己的老板讲故事，让老板听得明白、听得开心，从而获得理解与支持。

2009年全球金融危机进一步爆发，使得费朗特杰克所在的公司陷入了财务危机中。由于年终临近，董事长为年终奖一事坐卧不宁；如果不能按此前的承诺给员工如数发放年终奖，恐怕会使人心浮动，影响公司的正常运营；如果按此前的承诺发放，现有的资金已不足以支撑这么巨大的数字。怎么办？董事长左右为难。董事长决定裁员增效，但却也为裁员、奖金一事感到饭食不香：如果按这几天的计划进行大刀阔斧裁员，并暂停发放年终奖金，恐怕会使人心惶惶，影响公司的今后正常运营；如果按年初的承诺给员工照发年终奖金，但企业现有的资金已不足以支撑这么大规模的人力运营。怎么办？

身为财务总监、CIO，费朗特杰克被第一个叫去出谋划策。

费朗特杰克想了一会儿，决定对董事长讲述自己读书时候的故事：大学时，打扫操场是没有人愿意干的活，因为叶子掉得实在太多了，可是，比起这个来，喂门口那只凶悍的狗显然风险更大。我们在说服他人打扫操场时，会这样对他说："嗨，彼得，你来喂门口的那只狗如何？""噢，上帝。"被询问的人一定会拒绝，那么这时，被派去扫操场的人通常会非常高兴地接受任务。在一件更糟糕的事件的衬托下，相对糟糕的事情就变得容易接受多了。

董事长豁然开朗，连声说妙。

此后，关于公司受到经济危机影响，面临破产，不得不裁员一半、年终奖泡汤的流言开始四处流传，该公司员工们惶惶不安，四处打听最新消息。没过几天，董事长召开全体员工会议宣布，流言并不属实，年终奖照发，但每个员工年终奖扣减一半；裁员也不搞一刀切，根据各个部门情况而定，原则不超过15%。

员工们顿时欢欣鼓舞，感动不已。年终奖缩水的危机泡汤、大裁员的危机迎刃而解，皆大欢喜。

 **思考题**

领导者怎样善用比喻、通过讲故事来提高领导力？

案例12-3 管理潜能测试

指导语：请你如实地回答下列60道题，假设题目中的内容是大多数情况下，或是一般情况下发生的，请只用"是"或"否"来回答。

1. 你买东西喜欢讨价还价吗？
2. 你曾在某些集会中担任过主持人吗？
3. 在就餐或买东西时，你是否曾指责过服务员服务不佳？
4. 你曾经率先发动组织集会或团体活动吗？
5. 你曾使兴趣索然的场合变得生气勃勃吗？
6. 你在大众面前讲话感到困难吗？
7. 与陌生人说话你感到困难吗？
8. 第一次做某件事时你会觉得很紧张吗？
9. 你常常因犹豫不决而错失良机吗？
10. 你参加集会时常常告诫自己不要出头露面吗？
11. 热衷于有创造性工作时，即使没有朋友支持，你也能独立进行吗？
12. 让你在跳舞和演戏中选择，你是喜欢选择跳舞吗？
13. 与其共同负责，还不如个人负责更好吗？
14. 受到打击时，宁愿自己个人承受吗？

15. 你做事时更喜欢一个人去完成吗?
16. 你写信时重新誊写过吗?
17. 和多数人相处比一个人独处你更愉快吗?
18. 虽是正当的事,但遭到嘲笑你会觉得没趣吗?
19. 遇到令人烦恼的事希望有他人在你身旁吗?
20. 你更喜欢运动而不太喜欢看书吗?
21. 你很少注意他人的脸色吗?
22. 你已买下的东西,过后常会去退换吗?
23. 你是否很少担心将来的事?
24. 你充满自信吗?
25. 做没有兴趣的工作时,你不需要别人鼓动吗?
26. 你事事都有决断力吗?
27. 被人嘲笑时,你自己也笑得出来吗?
28. 受他人反对时,你还会坚持己见吗?
29. 发生了意外事件时,你会立即行动出力协助吗?
30. 你非常喜欢与众人交往吗?
31. 你有过羞愧到无地自容的经历吗?
32. 你是否经常在积蓄财产?
33. 你经常反思自己的过错吗?
34. 你因为迷惑常常变更正在进行的事情吗?
35. 你与上司相处会觉得拘束吗?
36. 事情受到挫折,你会很快泄气吗?
37. 你是一个十分敏感的人吗?
38. 工作时有旁观者你会觉得不安吗?
39. 你在开会时,常会词不达意、言不由衷或有言不发吗?
40. 你会因为小事受挫而意志消沉吗?
41. 大家聚集一堂,你会感到快乐吗?
42. 你讲话时,别人会用心听吗?
43. 你愿意承认自己的错误吗?
44. 朋友们常会来征求你的意见吗?
45. 你是否常常不原谅他人的过错?
46. 你常常设法提起他人感兴趣的话题吗?
47. 对大部分事情,你可以按自己的想法表达出来吗?

48. 大家讨论问题时，你是否站在团体的立场上听取个人的意见？
49. 你在决策家庭事务或工作问题之前是否先设法了解大家的意见？
50. 你认为，所谓意见主要是由经验造成的吗？
51. 假若你改变了观点，旁人会认为你是弱者吗？
52. 受到别人批评时你会感到不自在吗？
53. 与他人交谈时，你会不注意对方说话吗？
54. 他人不同意你的意见你会不高兴吗？
55. 你是否限制交朋友的圈子？
56. 寄出信后你常会后悔吗？
57. 你常常说一些不便让本人知道的话吗？
58. 对一些需要对质的问题，你不希望当面回答，怕别人指责你的错误吗？
59. 你在商量问题时常常与人争论，或发出命令式口气吗？
60. 你能承认你的辩论对手也有道理吗？

参考答案：

第1~5，11~15，21~30，41~50题，各题答"是"者得2分，答"否"者得0分。

第6~10，16~20，31~40，51~60题，各题答"否"者得2分，答"是"者得0分。

各题未答者均得1分。

满分120分，最低分0分。

管理潜能：

100分以上，优秀；90~99分，良好；80~89分，一般；70~79分，较差；69分以下，缺乏。

第1~10题：指挥他人能力。满分20分。15分以上，较强；11~14分，一般；10分以下，较差。

第11~20题中：独立性。满分20分。15分以上，较强；11~14分，一般；10分以下，较差。

第21~40题：性格的倾向性。满分40分。30分以上，外向；21~29分，中性倾向，20分以下，内向。

第41~60题中：社会性反应。满分40分。34分以上，极强；30~33分，较强；26~29分，一般；22~25分，较弱；21分以下，极弱。

第十三章

现代领导的成功方略

现代领导，面对瞬息万变的环境，如何实现预期的目标，从而获得成功呢？这是一个非常复杂的问题，涉及许许多多的可变因素，从而构成了一个系统。

第一，成功在于观念。观念就是对事物的认识、态度与看法。观念是人的行为的先导，观念指导行为，观念决定行为，有什么样的观念就会产生什么样的行为。在相同的客观条件下，由于人们的观念不同，主观能动性发挥不同，其行为结果也就完全不同。从这个意义上说，成功在于观念。

第二，成功在于战略。人们常说："人无远虑，必有近忧。"我们今天的生活，是三年以前抉择的，我们三年以后的生活是今天抉择的。个人抉择的成败，关系个人的前途与命运；组织抉择的成败，关系组织的生死与存亡。据统计，世界上1 000家破产倒闭的企业中，有850家（即85%）都是因为企业领导战略决策失误造成的。从这个意义上说，成功在于战略决策。

第三，成功在于执行。中国通常并不缺技术、不缺人才、不缺战略，中国真正缺乏的是执行力。一些组织，初始条件相似甚至相同，并采用了几乎相同的战略，但最终的结果却相差甚远，有的成功，有的惨败，根本原因就在于执行力不同。台湾著名学者汤明哲指出：一个成功的企业，30%靠机遇，30%靠战略，剩下的40%靠执行力。再好的战略与决策，如果没有有效地、坚决地执行，只能是纸上谈兵的"纸战略、空战略"。从这个意义上来说，成功在于执行。

第四，成功在于细节。任何一个组织，无论大小，都是一个复杂的系统。在这个复杂的系统中，1%的错误，最终可能导致100%的失败。一个组织，展示完美的自己很难，需要每一个细节都要完美；但毁坏自己却很容易，只要一个细节没注意到，就会带来无法挽回的影响与损失。从这个意义上来说，成功在于细节。

第五，成功在于和谐。万事万物之间都存在着有机的联系，只有和谐，才能共生、共存、共发展。从这个意义上来说，成功在于和谐。

综上所述，形成了现代领导成功方略的完整、有机的系统，如图13-1所示。

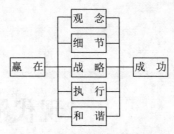

图 13-1 现代领导成功方略系统

第一节 成功在于观念

观念就是对事物的认识与看法。观念引导行为，观念支配行为，观念是行为的先导。有什么观念就有什么行为，传统观念不改变，新的行为永远不会产生。

一、成败与贫富的差距，在于观念的不同

亿万财富买不到一个好的观念，好的观念却能让你赚到亿万财富。我们不是没有好的机会，而是我们没有好的观念。观念影响并决定了人们的精神和素质。在相同的客观条件下，由于人们的观念不同，主观能动性发挥就不同，其行为与结果也就不同。要改变命运，先改变观念。不同的观念导致了不同的人生。我们今天的生活是三年以前抉择的；我们三年以后的生活是今天抉择的。

二、明确的目标，是所有成功与成就的起点

人们必须知道自己的目标是什么？真正想要的是什么？在开始行动之前，应先问自己一个问题：我的目标是什么？不知道自己要做什么的人，是永远不会成功的。千万不要把运气当作成功的关键。虽然有些人确实有很好的运气，但却常常又会再失去。

三、自信心有多强，能力就会多强

"知道"并没有力量，"相信"才有力量。"相信"带来积极心态，从而带来无穷的信心。长期坐着怀疑，不如立刻起而求证。信心是"成功"的发电机，是将人们的想法付诸实践的源动力。贫穷可怕，不知道贫穷的真正原因更可怕。只有你知道为什么贫穷，你才能远离贫穷。

四、付出超人的努力，才能获得超人的回报

如果你愿意提供超过所得的服务时，迟早会得到回报。你要期待更多，就必须付出更多；你付出了更多，就必然获得更多。胜出在于提供物超所值的服务。多付出能使你成为不可或缺的人物。你可能并不是能满足顾客要求的唯一供应者，而你能引起消费者特别注意的诀窍，就在于提供物超所值的服务。一个人之所以成为单位中不可缺少的人物，就是因为他能为单位提供他人无法提供的服务。除非你能成为某人或某团体不可缺少的人物，否则，你的所得将永远无法超过一般的水平。你应该使自己的地位变得重要到无人能取代你的地步。你希望别人如何对待你，你就应该如何对待别人。

五、自律与热忱是行动的源动力

自律的人生，才是成功的人生。只有自律，才能把自己带到自己想要去的地方。自律要求以你的理性来平衡你的情绪，就是说，在你作决定之前，应该兼顾你的情感与理性。自律会教导你的意志力作为理性和情绪的后盾，并强化二者的表现强度。自律能带来巨大影响力。自律的力量比金钱、财富与权力更强大。

热忱是行动的源动力。控制了你的热忱，就控制了你的成功。积极热忱的心态是行动的动力。热忱是一股力量，它和信心一起将逆境、失败和暂时挫折转变成为行动。凭借着热忱，可以将任何消极表现转变成积极表现。当热忱的力量被释放出来支持明确的目标，并不断用信心补充它的能量时，它便会形成一股不可抗拒的力量，足以克服一切贫穷和不如意。

六、正确的思考成就杰出的事业

所有的计划、目标和成就，全都是思考的产物。你的思考能力，是你唯一能完全控制的东西。没有正确的思考，是不会成就伟大事业的。

不是井里没有水，而是挖得不够深；不是成功来得慢，而是放弃的速度太快；以前认为水不可能倒流，那是因为还没找到发明抽水机的方法；现在认为太阳不可能从西边出来，是因为还没住到太阳从西边出来的星球上。这个世界，只有想不到的，没有做不到的。

七、学会选择，懂得放弃

每一次选择，同时也是一次放弃。学会选择，就意味着同时要懂得放弃。因为在

做出每一次选择的同时，也就意味着一次放弃。变化总是由选择而同时也是由放弃引起的。这就需要勇气。不会作出选择的人，会限制自己的发展。成功的人不会委曲求全。成功的人不会屈从于自己不满意的状况。他们之所以敢于冒险，就是因为他们知道，与一种不能让自己得到满意的低级状况相比，冒险是值得的。

八、自我激励与暗示有着惊人的神奇力量

持续积极的自我暗示将让你无所不能。意志的力量没有边界，只要你想得到，并且坚信不疑，就一定能够做得到。你总在暗示自己会成功，你很快就会真的成功。想好的，听好的，说好的，做好的，你就会得到好的。相信自己是最棒的，自己就是最棒的。每一个人都有极大的价值，但真正认识到这一点的人却不多。你认为自己的价值有多大，你就会得到多少。真正相信自己走向成功的人，只有我们自己！

九、积极心态会带给你成功

只要积极去做，没有什么不可能。有一个不变的法则是：未来取决于人们的态度。人们内心所想的，都终将会成为事实。横逆中必定埋藏着成功的种子。积极的心态会使你的人生永不匮乏，帮助你克服困难，激发力量，超越竞争者，把不可能变成事实。积极的人，总会抓住很多机会；消极的人，总是与机会擦肩而过。消极的心态破坏力惊人。积极的心态能把看似不可能变成可能。要成功，就必须以成功的形象看待自己。成功其实是再多坚持一下。积极的心态会使你再多一点坚持！再多一点坚持！直到成功！坚持到底，永不放弃，这是成功者的积极心态！

第二节 成功在于战略

领导应该为企业指明发展方向，搭起坚决实施企业战略决策的领导班子，并且能够带领自己的队伍朝着既定的战略目标和方向前进。为此，领导必须亲力亲为以下四项重要工作。

一、制定战略

战略就是为企业在市场中勾画出一块领地，并力求在这块领地上占据优势，直至做到最好；战略的本质就是抉择、权衡以及各适其位。战略就意味着一个与众不同的价值主张。

企业战略的核心就是通过了解、研究企业的过去；全面、深刻地把握企业的现在；高瞻远瞩地规划企业的未来。为了科学、正确地制定企业发展战略，必须明确并把握以下几个问题。

1. 透彻理解并把握战略目标是战略的首要问题

战略目标，并不是具体数字。战略目标考虑的是如何改进竞争能力和长期业务的定位问题，而不是很具体的数字。战略目标并不是财务目标。战略目标和财务目标是两回事，战略目标没有数据，是一种理念，这种理念从品牌到市场，从内部管理到具体运营都考虑到了，它是企业中长期的发展目标，而不是纯粹地增长了多少利润、多少效益的具体财务目标。

2. 企业发展战略的核心内容

企业发展战略因企、因时、因地、因事、因智而异，没有固定的构成模式。但一般而言，企业发展战略应涉及三个方面的问题。

（1）干什么——合理定位。企业要发展，定位很重要——中长期干什么？

（2）靠什么——发掘资源。要树立大资源观：人力、物资、财务、时间、信息、技术、智力、情感、直接、间接、现实、潜在、有形、无形……"集四面各种资源，靠八方受益企业"。

（3）怎么干——制定战略措施。战略措施是实现战略定位的保证，是善用资源的体现，是企业发展战略中最生动的部分。其包括从哪里入手，实施什么政策和策略，保哪些重点，怎样策划，如何运作等。战略措施要有可操作性，但这种可操作性是战略上的可操作，与战术的可操作有很大的不同。

3. 企业发展战略要有很强的可操作性

企业发展战略是涉及市场营销、生产制造、技术开发、人力资源、财务管理等各个专业管理领域的综合，是个系统工程，牵一发而动全身，因此应该是既有远见而又有较强的可操作性。

二、科学决策

1. 科学地决策才能稳操胜券

有了清晰的企业发展战略，下一个重要工作就是根据战略方向制定相关的决策。决策的成败，关系企业的前途与生死存亡。据统计，世界上破产倒闭的大企业中，有85%是因为决策失误造成的。

2. 小心决策陷阱，规避决策风险。

盲人症是我国企业家栽跟头的一大根源。企业为发展就要扩张，一扩张就容易偏执而把握不好"度"，这种"超常规扩张"、"超常规多元化"而最终会使企业轰然倒塌。因此，企业家应该记住：企业的扩张和多元化不但能让企业做大、做强，同时还意味着风险和不确定性。应学会一项本领："会扩张，也会退出"，"不该自己赚的钱就不赚"。

商品市场的投机和广告宣传的投机是中国企业家失败的又一个重要原因。在商品市场上，听说某种产品利润较大就一拥而上，赚一把就走；在广告宣传上，疯狂"造名"，争取一夜成名，进而一夜暴富，本质上就是一种投机行为。

三、战略执行

企业领导必须抓紧企业战略与决策的执行，让目标从纸上落到地上。

1．领导是执行的领跑者

企业要想经营成功，战略、决策与执行缺一不可。再好的战略、决策也只有成功的执行，才能显示出其价值。许多企业就是因为只有好的战略和决策而因缺乏有效的执行，最终导致失败。为此，领导应该是执行的领跑者。

2．有效控制执行过程

（1）增强企业的执行能力。明确执行目标，把企业目标分解到每个人身上，使之具体、明确、操作性强，又可以衡量；创造团结协作的工作环境。

（2）选拔配备合适的执行人才（管理人员）。

（3）建立科学的执行程序。

3．防止执行的"黑洞"

（1）纸上谈兵，倾向于空谈。

（2）工作安排不到位。

（3）得过且过，敷衍了事。

（4）流程过于烦琐，贻误解决问题的最佳时机。

四、应对危机

1．危机的特征与种类

（1）危机的特征。不是所有的突发事件都叫危机，称得上危机的事件具有三个特征：① 隐秘性。事件爆发之前征兆不很明显，组织难以做出预测。② 突发性。危机爆发时组织一般没有准备，难以在短时间内形成应对方案。③ 负面性。危机发作后会带来比较严重的物质损失、精神伤害和负面影响。

（2）危机的种类。危机大致有两类：① 结构性危机。这种危机一般来源于内部系统的损坏，造成危机的因素很早就在组织中存在，一般是组织的某项管理功能的实质性失效。解决这类危机的措施主要是预防，及时发现不良征兆，并采取相应的措施；对组织运营的关键点进行经常性的细致检测。② 偶发性危机。这种危机事先没有征兆，没有准备，爆发时间也无规律可循，难以预防，后果往往也较严重。

2．领导人要树立危机意识

（1）树立组织的忧患意识。"人无远虑，必有近忧。"

（2）树立经营的诚信意识。"市场经济是老实人经济"，"诚信意识的缺失，就是组织危机的来临"。

（3）树立创新意识。当今世界，唯一不变的是变化，而应对变化的唯一对策就是"以变应变"。

（4）树立沟通意识。沟通是化解危机的关键武器。

（5）树立公众意识。得人心者得市场，用公众意识赢得人心。

3．组织的危机管理

组织的危机管理有六个阶段。

（1）危机的预防。将所有可能会造成危机的事件一一列出来，考虑其可能与后果，并估计预防所需要的费用。

（2）危机准备。即"未雨绸缪"，为危机做好准备。

（3）危机确认。即感觉是否真的会变成现实。

（4）危机控制。即根据不同情况确定工作的先后顺序，更多地关注消费者的利益。

（5）危机解决。即处理危机问题速度要快，危机不等人，速度是关键。

（6）危机获利。将坏事变成好事。

第三节　成功在于执行

所谓执行力就是保质保量地完成自己工作与任务的能力，是贯彻落实领导决策，及时有效地解决问题的能力，是实施决策中原则性和灵活性相结合的重要体现。执行力并不是工具，而是工作态度。

一、执行力不佳的原因

执行力不佳的原因主要有八个。

（1）管理者没有常抓不懈。从大的方面看，是对决策的执行不能始终如一，虎头蛇尾，雷声大，雨点小；从小的方面看，是有布置没有检查，有检查也前紧后松，自己没有做好表率。

(2)管理制度不严谨,频繁变动。管理者出台管理制度时不严谨,反复折腾,就会产生"狼来了"效应。

(3)制度本身不合理。每一个不合理的制度就好比给执行者头上戴上了一个紧箍,增加了执行者的逆反心理,最后导致员工敷衍了事,最终使组织的制度流于形式,甚至使一些原本很好的制度也受到牵连。所有的制度和规定都是为帮助员工更好地工作与执行,是提供方便而不仅仅是为了约束;是为了规范其行为,而不是一种负担。借鉴西方先进管理制度要水土相服。什么是最好的?适合自己的才是最好的。

(4)执行过程过于烦琐或囿于条款。研究表明:处理一个文件只需要7分钟,而耽搁在中间环节的时间却能多达几天甚至更长。顾客不会理解组织的内部工作程序,只关心执行的结果。

(5)缺乏将工作分解和汇总的好方法。要提高组织的执行力,首先要让每一个员工都有着明确的目标和具体的责任,并提供衡量个人努力程度的可量化的指标,以防止"责任分摊效应"(三个和尚没水吃)。

(6)没有人监督,也没有监督的方法。监督就是追踪考核。但监督过严使下属口服心不服;监督不力则制度难以执行,目标无法达成。

(7)培训中的浪费。培训资源浪费的原因:① 组织对培训的重视程度不够高。结果形成怪圈:组织培训越多,员工走得越快;组织培训越少,员工产生不满,离职人数增加。② 培训目的不明确。培训的目的是实现组织现在和将来的经营目标。③ 培训的计划性和系统性差。④ 培训对象选择错误。⑤ 培训的方法选择不当。⑥ 培训的结果缺乏监督与评估。

(8)缺乏形成凝聚力的组织文化。组织文化不是在墙上,而是在员工的心中和行动上。理念已经成为组织人格化的一种根本体现;没有理念的组织是没有灵魂的组织;一个没有灵魂的组织不会产生强大的凝聚力。

二、提升个人的执行力

1. 没有任何借口,是执行力的表现

执行没有借口。我们总是问得太多,说得太多,借口太多,而做得却太少。接受了任务就意味着作出了承诺,而完不成自己的承诺,是不应该找任何借口的。因此,没有任何借口,是执行力的表现。"拒绝借口"应该成为组织追求完美的最有力的保障。

2. 消除借口,领导是关键

消除借口,必须从领导开始。如果不愿意做一件事情,就会有无数个借口。领导应该勇于承担失败的责任。

3. 三条工作原则

（1）接了手的事必须按时、按标准完成，没有完成，不要做任何解释。

（2）已经做完的事情，自己认真检查认定完全没有错误后再上交（上报），不要等检查出了破绽或漏洞再进行辩解。

（3）办事三原则：按客观规律办事；按制度办事；按程序办事。

三、提升组织的执行力

组织执行力是组织实现既定战略目标的能力。组织执行力由三个因素构成，即流程、技能和意愿。流程是指组织运作流程，包括管理流程和业务流程；技能是指组织成员的职业技能，或者说是个人执行力；意愿是指组织员工工作的主动性和热情。以上三个因素构成了组织执行力的三角形：三角形的三个边越长，三角形面积越大，组织执行力越强；如果有一边缩短，三角形面积变小，其他两条边再长也产生不了效用，组织的执行力也就下降。如图13-2所示。

图 13-2　组织执行力三角形

执行力的重点在于提升员工的士气。哈佛大学教授詹姆斯说："士气等于三倍的生产率。"关心员工就是执行力的本身。为了提升员工的士气，应从下面着手：让员工参与决策；工作富有变化，让员工在工作中找到乐趣；让员工有更多的成长与发展的机会；让员工对企业的目标，经营状况有更多的了解；让员工被尊重、关心、理解、倾听；让员工有更多的沟通机会；让员工有全方位的自我实现和成就感；让员工理解并接受组织理念；让员工深刻理解岗位的重要性；合理的薪酬、福利待遇，有效的奖励机制；坚决消除不满情绪；领导和员工打成一片；领导者身先士卒，率先垂范；营造良好的工作环境；共渡难关。

四、执行要从领导人做起

好朋友和好领导不能混为一谈。美国前总统尼克松说："领导要站在群众前面，然而又不可太远。"一般讲，"妻子眼中无元帅，儿女眼中无将军"。脱离群众，离群众太远，或作风不民主，我行我素，独断专行，或意识超过群众所理解和认同的程度等是不行的。而混迹于群众之中，称兄道弟，称姐道妹，不分你我，领导的权威淡化，神秘感顿无，也是不行的。所以，领导与群众之间要有一定的距离，这个距离不可太大，也不可太小，关键是要适当。

第四节 成功在于细节

一、任何大事都必须从小事入手

天下大事,必做于细。周恩来的格言:"关照小事,成就大事。""任何大事都是从注意小事入手。"海不择细流,故能成其大;山不拒细壤,方能就其高。凡事无小事,简单并不等于容易。只有花大力气把小事做细,才能把大事做好。简单的招式练到极致就是绝招。人们平常大量的工作,都是一些琐碎的、繁杂的、细小的事务的重复。这些事做成了、做好了,也许并不见什么成就;但一旦做坏了,就可能把一件大事搞垮了。

成功者并非有多高的水平,而仅仅是把那些简单的常规活动做到位。所谓绝招,实际是用细节的功夫堆砌出来的。做事不贪大,做人不计小。做事做人,切忌"眼高手低,心浮气躁"。浮躁的企业长不大。罗马不是一天建成的;万里长城也不是一天垒起来的;使人疲惫的不是远方的高山,而是鞋里的一粒沙子。每个员工的素质提高一小步,企业素质将提高一大步。

二、没有破产的行业,只有破产的企业——细节造成的差距

用心做事才能把事情做好。中国人不缺乏聪明才智,缺乏的是对"精细"的执着;认真做事只能把事情做对,用心做事才能把事情做好!上海的"荣华鸡"为什么干不过美国的肯德基。究其原因,在于细节。竞争的优势归根到底是管理的优势;而管理的优势则是通过细节体现出来的!沃尔玛成为龙头,凯玛特申请破产。沃尔玛成功的秘密就在于它注重细节,从细节中取胜;凯玛特从龙头老大走向破产,正是每一个细节上都略逊于沃尔玛。

三、1%的错误导致100%的失败——忽视细节的代价

"千里之堤,溃于蚁穴。"企业中的各种小问题,其实就是企业管理中的一个个小的蚁穴。因为企业大,所以小事没人做;因为事情不大,所以小事做不透。败有败的理由,成有成的道理。关于细节决定成败的等式不是100-1=99,而是100-1=0即:1%的错误,会导致100%的失败。一个不经意的细节,往往能够反映出一个人深层次的修养。展示完美的自己很难,需要每一个细节都完美;但毁坏自己却很容易,只要

一个细节没注意到，就可能给自己带来无法挽回的影响。错误，只要是错误，无论如何细小，都可能造成偌大的损失。一个由数以百万计的个人行动所构成的公司，经不起其中1%或2%的行动偏离正轨。

四、用心才能看得见——细节的实质

　　人与人之间在智力和体力上的差异并不是想象中的那么大。很多小事，一个人能做，另外的人也能做，只是做出来的效果不一样。往往是一些细节上的功夫，决定着完成的质量。创新存在于企业的每一个细节之中！行之有效的创新，在一开始可能并不起眼！一心渴望伟大，追求伟大，伟大却无踪影；甘于平淡，认真做好每一个细节，伟大却不期而至。这就是细节的魅力，是水到渠成的惊喜。注意细节其实是一种功夫，这种功夫是靠日积月累培养出来的。细节的日积月累慢慢就塑造成为习惯，习惯则成为自然，于是人们说："好运气不如好习惯。"海尔总裁张瑞敏说："什么叫不简单？把每一件简单的事做好就是不简单；什么叫不平凡？把每一件平凡的事做好就是不平凡。"而这种不平凡和不简单，都是在细节上体现出来的。细节表现修养，反映素质。细节往往最容易被人们忽视，也往往最能反映一个人的真实素质，表现一个人的修养。当然，你做好了这些细节，未必能够遇到平步青云的机会。但如果你不做，你就永远也不会有这样的机会！

五、伟大源于细节的积累——从小事做起

　　企业要想成功，一定要不遗余力地重视细节的改进，改进，再改进。而细节改进的方向，就是满足顾客精细化的要求，或者叫人性化的要求，人性化是产品和服务的终极目标。任何对细节的忽视，都可能导致决策的失误。要让时针走得准确，必须控制好秒表的运行。在学校的考试中，100分的题目如果错了一小点，可以得到99分。但在实践中，你所做的事情如果错了一小点，那么你可能得到的是零分。科学管理就是力图使每一个管理细节（环节）数据化。企业管理中对细节的追求是无止境的。而对细节的追求又是可以衡量的，衡量的标准尺度就是相应的规范标准，即数据化。创业很刺激，管理很平淡。"英雄们"创业时的激情是常人难以想象的，也使得他们激情中的创业与平淡中的失落之间的反差太大。激情过后是平淡，平淡方显真功夫。

六、微利时代，更加要求企业重视管理的细节

　　新的时代是一个精细化管理的时代。现代化生产，分工精细，技术要求高。社会经济的发展一定是越来越专业化的竞争，国际上许多优秀的企业都是上百年专注于一

个领域,把工作做细、做足,然后再涉足相关领域。产品利润趋向于零的时代,成功的决策在于经营的细节。当今时代,市场竞争日益激烈,利润空间逐渐缩小,整个经济进入微利时代。市场越来越规范,同行业竞争越来越激烈,一夜暴富的神话已难再有。在这种情况下,成功的秘诀在于经营的细节。市场竞争越来越表现为细节上的竞争。当今世界,市场主体面临着经营全球性难题——企业产品、技术、成本、设备、工艺、服务等方面日趋同质化。在这种情况下,竞争的优势就在于"人性化""个性化",即从细节上入手,而层出不穷的细节是没有止境的。只有那些能够自如地应对经营环境的变化,不断地从细节上进行自我变革的企业,才可能超越时代保持住自身的竞争优势。

七、管理无小事

几乎每一起重大事故都是由细节造成的。国家安全生产管理局副局长王德学先生多年负责调查处理我国发生的重大生产事故,曾感慨地说:"几乎每一起重大事故都是可以避免的。"造成这一系列恶性事故的根本原因几乎都是忽视于管理的细节。一件没有预料到的事件可能引起重大的悲剧;一个长久被忽视的细节问题可能导致一次重大的危机。正确的决策深究于细节。事实说明:决策的结果很简单,但决策的过程很复杂。

第五节 成功在于和谐

一、管理只有和谐没有完美

1. 和谐就是要找到合理的管理途径

(1)和谐首先是在情感上的和谐。组织管理,既要用"目标管理""绩效管理","价值链管理"等现代管理方式,更要注重"人性管理"的技巧;组织管理既要关心工作的结果,更要重视员工的工作过程;组织管理既要关心员工的工作与任务,更要重视员工的工作状态与心理感受。只有这样,组织管理才能达到和谐,形成从深层次的情感上的和谐关系。

(2)人们需要权力,更需要柔和。人们固然需要权力,因为没有规矩不成方圆。但人们更需要柔和,因为,"人非草木,孰能无情"!

(3)和谐的前提是成员建立共同的目标。和谐管理的根本前提是成员拥有共同的目标、价值观和愿景，而仅仅依靠金钱和权力，组织难以维持长久。

（4）畅通有效的沟通减少内耗。"人怕见面，树怕剥皮"，"话不说不知，木不钻不透"。只有善于沟通，才能互相了解，相互理解，相互支持，信息共享，从而创建良好的人际氛围，达到和谐。

2．和谐管理并不是简单地讨好员工

所谓和谐是指彼此的尊重、协调、团结、合作，而不是简单地讨好对方。

（1）授权而不是放权，信任而不是放任。授权体现了领导者对员工的一种信任，领导者通过合理授权，让员工拥有发挥能力的平台，从而实现自我管理，但并不是放任自流，任其我行我素，为所欲为，也不是讨好和放纵。

（2）有规矩，才成方圆。任何管理都有原则，令行禁止，人人平等。否则，不讲原则，一味讨好，一团和气，非但不能和谐，反而会使某些人骄横跋扈，肆无忌惮。

（3）让员工敬业而不是片面地追求员工满意。管理者利用讨好员工，可能换取员工一时的满意，但这种满意不一定转化为更出色的工作表现和创造出更好的业绩。研究表明，一个对企业满意的员工不一定是一个高效率的员工，他甚至为了维持自己的满意而阻碍组织的改革与发展。只有敬业的员工才会为组织的发展贡献出极大的力量。因此，和谐管理并不是片面地追求员工满意。

3．求大同存小异

和谐并不等于完全一致；和谐也不是说管理与员工之间没有任何矛盾；和谐也不是抹杀所有的不同与差异，让所有的人都达到同一个标准，和谐实质上是求大同存小异。在企业的宗旨、使命、愿景、目标、价值观念等这些大的原则问题上，要一致统一。但在一些非原则问题上，允许和尊重保留不同意见。异口同声并不一定是真正的和谐。真正的和谐并不是要求所有的员工都异口同声，而是在达成共同价值观的同时，允许保持个性，和谐不排斥矛盾和冲突，相反，企业存在着矛盾与冲突，存在着不同的声音是正常的；和谐也不是要求员工都按同一种思维方式，否则，就会扼杀员工的积极性和创造性。

4．争取下属的尊重而不是让其盲从

员工执行企业的决策，必须对管理者要尊重与信服，但这并不是盲从。因为盲从的员工对决策的方案并没有深刻地理解，甚至还会曲解，这种员工只会唯命是从，而不懂为什么这样做，自然也就难以实现预期目标。

5．员工参与是达成和谐的根本

企业管理中强调"无为而治、自主管理、员工参与"，这是达成企业和谐的根本所在。

（1）"让棋子自己走。"专家把员工参与的管理方式称之为"让棋子自己走"。

这种方式更能收集员工的意见和建议，更能发掘人才，也更能得到对企业决策有价值的信息，因为，员工毕竟是管理者决策的执行者。

（2）给"自己走的棋子"以感谢、奖励和荣耀。人人都喜欢表扬，这是不需要成本的激励。管理者对"自己走的棋子"予以感谢、奖励和荣耀，会使他们受到很大鼓舞，从而激发其潜能。

6. 鼓励合作，避免过度竞争

过度的竞争就会影响合作，从而对企业产生副作用。

（1）只有"一个人的胜利"，会导致更多员工的积极性被挫伤。如果管理者提倡企业内部只有一个人胜利的奖励模式，就会为企业内部带来过度竞争的根源。

（2）过度竞争会削弱合作竞争力。过度竞争会使企业内部冲突增加，会使员工人人自卫，并把同事当作竞争对手；就会盲目追求业绩和速度，从而牺牲了产品与服务的质量；就会使团队失去了群体合作的竞争力而成为"失败者的团队"。

（3）将"一个人的胜利"变为"所有努力者的胜利"。和谐的管理就是要实现员工之间团结协作的关系，促进企业永续发展，为此，管理者就必须实行将"一个人的胜利"变为"所有努力者的胜利"的奖励制度，这样才能增强团队的凝聚力，从而促进企业和谐的发展。

二、和谐才有竞争力

1. 用宽容和信任赢得人心

和谐管理最大的成功就在于它是赢得人心的管理，是充分尊重人、关注人性的管理，是借助宽容和信任赢得人心与忠诚度的管理。

（1）"水至清无鱼，人至察则无徒。"人都有长短，而不都是完美的。管理者如果对员工倍加苛求，就很难找到适用的人才。正确的做法只能是扬长避短，把合适的人放在合适的岗位上。

（2）传递信任，实现激励。人都有尊严与价值。信任就是人的尊严和价值的充分体现。对员工充分的信任与尊重，为他们提供适宜环境，尊重并承认他们的成就，员工就会自动去自我实现。信任是双向的，管理者对员工的信任不但调动起了员工的积极性，还会赢得员工的信任，从而建立起双方的和谐关系。

2. 用伙伴合作思想去管理

（1）营造一体感的氛围。现代企业，员工大都是知识工作者，他们不喜欢把员工分成"白领"和"蓝领"，我们都是一起的，是合作伙伴，仅仅岗位不同。这种一体的感受，就缩短了人们之间的感情距离，从而达到了和谐。

（2）不做"管家婆"式的管理者。一个好的管理者只是告诉员工需要"做什么"

和达到的标准，至于怎么做，则由员工自主决定。正如心理学家所说："对于创造者来说，最好的刺激是自由——有权决定做什么和怎么做。"

3. **控制情绪，保持平和心态**

（1）克服急躁，保持冷静。强硬的态度可能是解决问题的简单办法，但并不是有效的办法，甚至会使问题变得不可收拾。在关键时刻保持冷静的管理者，会给员工留下沉着、有魄力、处事不惊的印象，从而赢得职工的拥戴。

（2）保持平和心态，着眼于长远目标。香港富豪李嘉诚的经营秘诀是："好景时，绝不过分乐观；不景气时，也不过度悲观。在衰退期间，大量投资。我们主要的衡量标准是，从长远角度看该项投资是否有赢利潜力，而不是该项资产当时是否便宜，或者是否有人对它感兴趣。"

4. **"修身"才能获得和谐的人际关系**

（1）修身才能正人。优秀的管理者，高尚、睿智，不因成功而狂妄自大，不因一时失败而一蹶不振，胸襟宽广，目光远大，为人表率，从而赢得和谐的人际关系。

（2）修身才能安人。修身者不会唯我独尊，而是心境平和，冷静理智，知人善任，而不是妒贤嫉能，也不会任人唯亲，能听得进员工的意见和建议，和员工有良好的沟通，使员工各安其位，久安其职。

5. **消除短视思想，追求可持续发展**

（1）让员工共享创业利益。管理者应该有着高瞻远瞩的眼光，注重企业的长远发展，而不是一时的兴衰。他们会与员工分享利润，以此调动员工的积极性，从而创造更多的财富。

（2）鼓励创新就要包容合理性错误。企业发展，必须创新，创新难免出现错误和失败，甚至鼓励员工犯"合理性错误"。因为只有承担一定的风险才能换来更大的成绩。否则，惧怕风险而不愿尝试创新，就会缺乏创造性、竞争力，就会保守平庸。

（3）让员工不断增值而非贬值。现代企业，经验已经被学习能力所取代。真正的竞争，已经不是过去一般意义上所说的人才的竞争，而是学习能力的竞争。因此，企业要增强竞争力，唯一的途径就是学习、培训，只有学习和不断地培训，员工才能不断增值，从而成为企业可持续发展的不竭的动力。

复习思考题

1. 你怎样理解成功在于观念？
2. 你怎样理解成功在于细节？
3. 你怎样理解成功在于战略？

4. 你怎样理解成功在于执行?
5. 你怎样理解成功在于和谐?
6. 现代领导者应该具有怎样的成功方略?

案例13-1 小故事,大启发

故事1 两块石头的对话

夜深人静,寺庙里的两块石头在小声交谈。铺在地上当台阶的一块石头向被雕成佛像的另一块石头抱怨说:"咱俩从一座山来,瞧你现在多风光,每天都有那么多人跪在你脚下顶礼膜拜。我怎么这么倒霉,每天被人踩来踩去。"被雕成佛像的那块石头略一沉思,慢悠悠地说:"老兄,别忘了,进这座庙时,你只挨了四刀,我可是挨过千刀万剐呀!"

石头如人。纵观古今中外,遍阅典籍史册,那些有大成就、大功德、大名声、大造化的成功人士,哪一个不是历经千辛万苦,受尽百般磨难,最后才能修成正果,成名成家?《红楼梦》第八十二回里,袭人开导宝玉说:"成人不自在,自在不成人。"貌不惊人的小丫头嘴里,也有千古真理!大千世界,芸芸众生,谁都渴望人生辉煌,成名成家。可你得先问问自己,你做好了挨"千刀万剐"的思想准备了吗?你能忍受住那深创剧痛的"千刀万剐"吗?

故事2 弥勒佛与韦陀

去过庙的人都知道,一进庙门,首先看见的是弥勒佛,笑脸迎客,而在他的北面,则是黑口黑脸的韦陀。但相传在很久以前,他们并不在同一个庙里,而是分别掌管不同的庙。

弥勒佛热情快乐,所以来的人非常多,但他什么都不在乎,丢三落四,没有好好地管理账务,所以入不敷出。而韦陀虽然管账是一把好手,但成天阴着个脸,太过严肃,搞得人越来越少,最后香火断绝。

佛祖在查香火的时候发现了这个问题,就将他们俩放在同一个庙里,由弥勒佛负责笑迎八方客,于是香火大旺;而韦陀铁面无私,锱铢必较,则让他负责财务,严格把关。在两人的分工合作中,庙里呈现一派欣欣向荣景象。

故事3 表演大师

有一位表演大师上场前,他的弟子告诉他鞋带松了。大师点头致谢,蹲下来仔细系好。等到弟子转身后,又蹲下来将鞋带解松。有个旁观者看到了这一切,不解地问:

"大师,您为什么又要将鞋带解松呢?"大师回答道:"因为我饰演的是一位劳累的旅者,长途跋涉让他的鞋带松开,可以通过这个细节表现他的劳累憔悴。""那你为什么不直接告诉你的弟子呢?""他能细心地发现我的鞋带松了,并且热心地告诉我,我一定要保护他这种热情的积极性,及时地给他鼓励,至于为什么要将鞋带解开,将来会有更多的机会教他表演,可以下一次再说啊。"

故事4　今天的抉择决定三年后的生活

有三个人要被关进监狱三年,监狱长允许他们每人提一个要求。

美国人爱抽雪茄,要了三箱雪茄;法国人最浪漫,要一个美丽的女子相伴;而犹太人说,他要一部与外界沟通的电话。

三年过后,第一个冲出来的是美国人,嘴里鼻孔里塞满了雪茄,大喊道:"给我火,给我火!"原来他忘了要火了;接着出来的是法国人,只见他手里抱着一个小孩子,美丽女子手里牵着一个小孩子,肚子里还怀着第三个;最后出来的是犹太人,他紧紧握住监狱长的手说:"这三年来我每天与外界联系,我的生意不但没有停顿,反而增长了200%,为了表示感谢,我送你一辆劳斯莱斯!"

这个故事告诉我们,什么样的选择决定什么样的生活。今天的生活是由三年前我们的选择决定的,而今天我们的抉择,将决定我们三年后的生活。

故事5　七个人分粥

有七个人曾经住在一起,每天分一大桶粥。要命的是,粥每天都是不够的。

一开始,他们抓阄决定谁来分粥,每天轮一个,于是每周下来,他们只有一天是饱的,就是自己分粥的那一天;后来他们推选出一个道德高尚的人出来分粥,大家开始挖空心思去讨好他,贿赂他,搞得七人小团体乌烟瘴气;然后大家开始组成三人的分粥委员会及四人的评选委员会,互相攻击扯皮下来,粥吃到嘴里全是凉的;最后想出来一个方法:轮流分粥,但分粥的人要等其他人都挑完后拿剩下的最后一碗。为了不让自己吃到最少的,每人都尽量分得平均,就算不平,也只能认了。大家快快乐乐,和和气气,日子越过越好。

思考题

以上5个小故事对你有什么启迪?

案例13-2　张瑞敏的领导风格与用人之道

张瑞敏，一个和新中国同龄的山东莱州人，1984年接管青岛电冰箱厂，引进了德国利勃海尔公司的冰箱技术，幸运地搭上了当时轻工部定点电冰箱厂的末班车。今天的海尔集团已成为中国民族企业的优秀代表，张瑞敏也获得了许多殊荣。张瑞敏有着丰富的哲学思维，很有在谈笑间让对手灰飞烟灭的现代儒商风范。

张瑞敏有一项特质，就是合理的平衡领导者与职员对企业的作用。相对于许多强势企业家管理企业所用的那种近乎"独裁"的威严和魄力，他更注重的是企业中其他成员对企业的影响和作用。归结起来就是一个词"用人之道"。

1. 企业就是人

张瑞敏说："从某种意义上说，企业就是人；因此企业应有灵魂，否则无异于行尸走肉。过日子比过年重要，领薪资比领年终奖重要，好好表现比领薪水还重要，工作的成就感比最后落在口袋里的钱更重要。"他注重培养员工的责任感和成就感，并且首要地将员工眼中最切实的利益元素摆在了台面上，而不是像许多人那样，功成名就之后夸夸其谈，过大地扩大领导者的作用。

企业管理一般主要管四样东西：人、物、财、信息。后三者又都要由人去管理和操作，人是行为的主体，可以说，人的管理是企业管理的核心。

2. 用人政策与监督制约

古人曰，"用人不疑，疑人不用"，韩愈曰，"世有伯乐，然后有千里马"。而作为中国家电行业排头兵的海尔集团在市场经济形势下，却明确提出：所谓用人不疑，疑人不用是对市场经济的反动，主张"人人是人才，赛马不相马"。即为海尔人提供公平竞争的机会和环境，尽量避免"伯乐相马"过程中的主观局限性和片面性。

张瑞敏在《海尔报》上曾撰写专文讨论此问题。该文指出，通过"赛马"赛出了人才就用，但用了的人不等于不需要监督。封建社会靠道德力量约束人，如忠义、士为知己者死，市场经济则靠法制力量，目前法规还不健全，需要强化监督。市场是变的，人也会变。必要的监督、制约制度对于干部来说是一种真正的关心和爱护，因为道德的力量是软弱的，不能把干部的健康成长完全放在他个人的修炼上。"无法不可以治国，有章才可成方圆"，在市场经济条件下，权力在失去监督的情况下，就意味着腐败。所谓的道德约束，自身修养、素质往往在利益面前低头三尺。"将能君不御"，但权力的下放并不等于放弃监督制约。越是有成才苗头的干部，越是贡献突出的干部，越是委以重任的干部，越要加强监督。总之，只要他们手中有权，有钱，就必须建立监督制约机制。

3. 建立 SBU 管理机制

1998 年 9 月 8 日开始，海尔开始实施流程再造，即推行"SBU 管理机制"。SBU 为"Strategical Business Unit"的缩写，即策略事业单位。海尔认为，假如每个事业部或每个人都是一个 SBU，那么企业总的战略就会落实到每一个员工。而每一个员工的策略创新又会保证集团战略的实现。海尔流程再造归根到底是"造人"。

海尔的 SBU 管理机制的实质就是将企业的管理进行分解，把大公司分解为许多小的、能够独立核算的单元或个人，从而实行承包制度，以此刺激员工的自主创新意识，提高生产效率，加速企业的发展。这对于解决当前的"大企业病"很有启发意义。

总结 SBU 管理机制的特点，不难发现：（1）这种管理使员工树立了自主经营的意识，能够把个人的价值与企业的发展紧密结合起来。（2）SBU 的考核包括发展指标、质量指标和利润指标，涉及面更为全面，能够推动企业的市场效果。（3）SBU 还有助于激发员工的创造性和积极性。（4）SBU 还是一种文化创新，它能够对客户的需求作出快速的反应，满足市场竞争的需要。（5）SBU 还有利于企业管理分清职责，落实生产责任制。

4. 经理人的再造

张瑞敏认为流程再造的成败取决于人的再造，特别是经理人的再造。经理人可以用业务领先模型进行评价，首先看是否在"做正确的事"，即模型中的战略部分，这如同开车先要为目标找准方向，跑对路，而非日日挣扎在"为错误的问题寻求正确答案"的深渊之中。其次是要"正确地做事"，正如执行部分所要求的，要以信息化的管理，合格的人才，将例外问题纳入有序的例行管理中。但这是一个全员的、艰巨的系统工程，因为我们需在 1 000 天里完成 2 000～2 500 个流程。模型中的机会和业绩差距，可有效地验证战略和执行是否到位，对待差距不仅要清楚其程度和原因，更重要的是要敢于无条件地将其套在自己头上。模型中最关键的则是领导力，即如何让每个人站到做不错、做到位的平台上并拥有自主创新的空间，让其成为充满激情的"人单合一"的自主经营体，真正以卓越运营的模式打造出基业长青的企业。

在以上思路的指导下，海尔建立了一系列的赛马规则："三工并存"、动态转换制度；在位监督控制制度；届满轮流制度；海豚式升迁制度；竞争上岗制度和较完善的激励机制等。

张瑞敏处处把人的管理放到首位，人的管理是企业管理的核心。他早年通过以身作则和身体力行，为海尔人树立了模范榜样作用，更培养出了一大批企业管理人员，这为海尔腾飞奠定了基础。如今的张瑞敏德高望重，属于一位魅力型领导，同时他还不断进取，带领海尔不断变革，适应国际国内竞争环境，也表现出来变革型领导的特质。

企业领导者的主要任务不仅仅是去发现人才，还应该去建立一个可以出人才的机制，并维持这个机制健康持久的运行。这种人才机制应该给每个人相同的竞争机会，把静态变为动态，把"相马"变为"赛马"，充分挖掘每个人的潜质，并且每个层次的人才都应该接受监督，压力与动力并存，方能适应市场的需要。这是海尔给我们的启示，正确的用人方针是领导核心的基础。

SBU 在具体执行的时候还存在很多问题，如这种小单元工作量的区分、计量、核算以及考核比较烦琐，容易造成员工之间关系紧张，甚至推卸责任等。另外，如果核算单元过小甚至到个人，则不利于员工团队精神的发挥，因此，核算单元的大小应根据企业的具体生产情况来确定，不能一概而论。

思考题

1. 你认为张瑞敏的领导风格属于哪一种？你如何评价张瑞敏的用人之道？
2. 你如何理解海尔的赛马规则？
3. SBU 管理机制的核心是什么？

组织行为

　　人们为了有效地进行生产和工作，总是要结成一定的关系，借助于一定的组织形式。任何企业对其人力、物力、财力的管理，都是依靠一定的组织去进行的。组织是发挥管理功能、实现管理目标的工具。现代管理的任务就是组织各类人员，协调各种关系，充分发挥组织系统的力量和每个组织成员的聪明才智，去实现组织的目标。然而，管理中许多令人棘手的问题也大都是因缺乏健全的组织机构而产生的。前美中管理协会副主席哈罗德·V.科斯曾这样说过："人们向管理咨询工程师提出的问题中，有70%到80%是由于组织机构方面的缺陷而产生。"前斯佩里公司副总经理R.E.吉尔摩也曾经说过："根据我四十多年来在政府部门和工业界的实际经验和观察，我深信，人们在精神和能力上的最大浪费是由于组织不良而产生的。"可见，组织问题是事关管理成效的一个重大问题，因此，组织问题的研究日益为世界各国心理学家和管理学家所重视。

第十四章

组织与组织理论

第一节 组织的概念与功能

一、组织的概念

组织有两种含义:一方面,组织是人类最一般的、常见的现象,如政府机构、军队、警察、工厂企业、公司财团、学校、医院、党派、工会等组织,它代表某一实体本身。另一方面,组织是管理的一大职能,是人与人之间或人与物之间资源配置的活动过程。名词的"组织"是指为达成共同目标的工作单元共同工作的人的集合。由于个体在身心上的能力有限,人们才结合成为组织。中国古代有一句成语,叫"织纤组紃",这里的"织"是经纬交贯的意思,"纤"是纺织或绕线的意思,"组"代表联合,而"紃"则是粗绳子。整个成语的意思是将麻分经纬交贯编结成幅。随着科学技术的进步和社会的发展,人们对组织的认识逐渐深入,并且更全面了。对组织的认识由封闭到开放,由静止到动态,由强调组织活动到强调社会心理因素。其对组织最典型的概括是:组织是一个开放的社会技术系统。这包括以下三层含义。

(1) 组织是一个与环境相互影响、相互作用的开放系统。它不断地从环境输入能量,经过内部转换过程,又不断地以产品或服务的形态再输出到环境中去,从而使组织不断地运行和发展。

(2) 组织是一个社会技术系统。它既包括结构和技术方面,也包括社会心理和管理方面,即不仅是物与物的关系,而且也是人与人的关系,以及人与物的关系。技术系统影响着组织投入的种类、转换过程的性质和产出,而社会系统决定着对技术利用的效率。组织是由这两方面构成的系统。

(3) 组织是一个整合系统。组织是由不断相互影响的各子系统构成的,包括目标价值系统、技术系统、结构系统、心理社会系统等。这些子系统不断地相互作用、相互影响，使组织处于不断地内部整合之中，不断地整合与环境的关系，即组织的投入和产出必须符合社会的需求。

20世纪80年代以后，由于新的技术革命使社会环境和社会组织继续发生巨大变化，人们对组织的研究进一步深入，提出了一些新的观点。

（1）认为组织不仅是一个社会技术系统，而且是一个动态的"有机体"，能依赖内外环境的不断变化而自动地调整和适应。

（2）认为组织不仅是权责的分配系统，而且是一种"文化载体"。它有自己的共同价值观、传统和行为准则，以及其外在表现，如制度、文化等，从而形成了自己特殊的个性和行为。组织文化一旦形成，对于组织行为和效率有着巨大的制约作用。

（3）认为组织应当是尊重人、培养人、充分发挥人的作用的"平等生产者的联合体"。组织是成员按照自己特定的地位，扮演一定角色，并由此构成角色体系的人际关系网络。成员之间目标一致，平等相处，团结互助。在组织中，人的价值和创造力得到承认和尊重，人的能力得到培养和充分发挥，个人目标同组织目标达到一致。

总之，无论具体的定义怎样，组织必有共同的活动目标，内部要有不同层次的职能分工与合作，有明确的责任制度。组织一定要有协调成员为达到共同目标而进行活动的功能，能对层次内部和各层次之间的活动进行调整。组织还应当是一个开放系统，它不断与外界环境进行信息交流，为了适应环境变化的要求，不断进行改革。

二、组织的特征

一般来说，组织有三大特征。

1. 组织的整体性

组织是人们为了实现某些特定的目标，经过人员分工及职能分化，运用不同层次的权力和职责，合理地协调人们的活动，从而达到共同的目标。所以，组织本身是一个综合人力、物力、财力、技术、信息的机构，是一个集体实现目标的工具，是提供工作环境、决定目标、分配工作、完成目标的整体性的人群体系。

2. 组织的实用性

由于生产的社会化程度越来越高，要取得任何一项成就都必须借助于集体的力量，依靠组织，发挥人力、物力、财力的综合功能，才能适应外界客观环境的变化。所以，组织是社会化生产的必然产物，是有效实现组织目的的手段。

3. 组织的复杂性

组织是由若干个体和集体组成的，集体和集体之间，个体与个体之间都充满着差异，如能力、知识、技术、经验、人格等。这些差异既是团体和个体之间冲突的因素，也是人类合作的原因，是社会进步和创造的因素。组织中的领导者如何运用这些条件，处理这些差异，建立一个合作的、高效率的集体，则取决于领导的本领。因为，对差异如不加以控制，就容易使组织破坏，若控制过严，又容易埋没人才，失去组织的意义。另外，组织要实现目标，就必须协调组织中所有的单位（团体）为实现组织目标而产生的种种联系，组织为要实现大目标，又必须将大目标进一步分解成许多中、小目标，组织要发挥其作用，还需要有一个权力层次体系，并有严格的规章制度等。这些工作都是十分复杂的。

三、组织的种类

1. 按组织的目标和活动内容分类

（1）经济组织。把产品和劳务送到消费者手中，直接参与社会经济活动的组织叫经济组织。其包括从事物质生产的企业组织，从事商品交换和货币流通的商业组织、金融组织，向社会输出劳务的交通运输、服务组织、医疗卫生组织等。

（2）政治组织。为了整个社会达到某种目标，进行权力分配、调整社会内部各种关系、维系社会秩序从而进行政治活动的组织叫政治组织。其包括各级政权组织、公安司法组织、军队组织、各政党组织以及它们的各种外围组织等。

（3）文化组织。为了满足人们的各种文化需求，以文化活动为基本内容的社会组织叫文化组织。学校、教育部门、图书馆、博物馆、影剧院、艺术团体、俱乐部、文娱协会等都属于文化组织。

（4）群众组织。人们自发形成的，具有一定社会影响的组织叫群众组织。例如，呼吁保护社会环境的"绿色和平组织"，我国的"关心下一代协会"、职工科学技术协会、各种社会慈善机构等。

（5）宗教组织。以某种宗教信仰为宗旨，从事宗教活动的组织叫宗教组织。世界上除了基督教、佛教、伊斯兰教三大宗教外，各国还有一些其他宗教。例如，我国的道教、印度的印度教等。

2. 按组织的产生方式分类

（1）正式组织。为了实现一定的目标，按照社会要求和明文规定而建立起来的组织叫正式组织。例如，工厂、企业、学校、机关等。

（2）非正式组织。在社会生活中，非经官方规定，而是人们由于共同劳动、共同从事某一事业，基于某些心理需求、个性特点或利益关系而自发形成的组织，就是非正式组织。

此外，还有一些其他划分组织的标准，如按组织的人数规模来划分，按组织运用权力的程度来划分，按组织与成员间关系划分等。

四、组织的功能

1. 正式组织的主要功能

（1）为组织的活动提供明确指令。组织在明确的指令下，对成员提出角色期望、职务要求，成员可建立个体目标，充分认识自己的工作对达成组织目标的作用，从而形成组织内的分工合作，使组织活动具有秩序性、稳定性。

（2）为组织活动结果提供反馈。组织对团体和个人工作绩效进行评估，按绩效付酬、奖赏或惩罚、矫正。通过这种反馈可以及时总结成功的经验和失败的教训，及时调整不合理的结构和行为，使活动具有连续性、稳定性。

（3）为成员提供归属感。正式组织是按明文规定形成的，组织成员的地位和利益有法定的保证，成员会感到自己有所归属，有一定的安全感，能较好地满足成员归属感的需要。

2. 非正式组织的功能

（1）满足成员的心理需要。人的需要是多层次、多方面的，有时正式组织不能完全满足，人们就在非正式组织或非正式团体中寻求补偿，保持心理上的某种平衡。

（2）加强信息沟通。在非正式组织中，由于其成员常处于直接接触和信息交流之中，沟通途径短、信息传播快。但由于是非正式的沟通，有时也可能失真，起到消极作用。

（3）以团体压力的形式控制成员的行为。非正式组织内存在着无形的行为规范，使其成为一种无形的压力，影响成员的心理和行为。

非正式组织是在人与人之间起整合作用，把具有某一类特点的人凝聚在一起。所以，它对于正式组织的人与人的关系、人与物的关系来说，既可以起积极作用，也可以起消极作用。因此，正式组织对非正式组织应根据不同情况，因势利导，使之与正式组织的价值取向一致。

五、组织的氛围

组织的氛围即组织内部的一般人际环境。组织的氛围虽然看不见，摸不着，但却犹如空气，无处不在，无时不有，充满着空间，但又不占有空间。它萦绕盘桓在组织之中，影响着组织内部发生的每一件事物；同时，组织内出现的任何事物，几乎对组织氛围都发生影响。每一个组织都有着各自的文化、传统和工作方式，有着各自的习惯风俗和行为方式，这些便构成了一个组织的氛围。

组织氛围影响激励、绩效和工作满意程度，因为氛围能够创造各种期望。所以，创造一种健康的组织氛围是一项长远的事业，是一项巨大的无形资产。

第二节 组 织 理 论

系统的组织理论是从20世纪初逐渐形成的，经历了几十年的发展与完善，形成了许多典型的学派。其中，主要的有古典学派、行为学派、系统学派、经验学派、权变学派和文化学派。其发展的基本路径如图14-1所示。

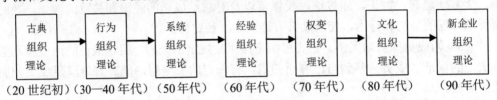

图 14-1 组织理论发展的基本路径

一、古典学派组织理论

古典学派组织理论其代表人物是泰勒、法约尔和韦伯。

1. 泰勒的科学管理组织理论

美国的科学管理理论的代表人物泰勒创立的科学管理理论和组织理论，主要包含以下几方面内容。

（1）管理劳动与作业劳动分工。经营计划人员承担计划职能，工人担当执行职能。经营计划人员要通过科学管理方法支持工人执行作业任务；工人也要向计划职能部门报告作业情况，以此支持管理人员的职能。使计划职能和执行职能既分离又统一。

（2）管理职能进一步分工，实行例外管理。泰勒认为，为使管理职能更加有效，需要把管理工作分成更小的部分，实行分工。使管理人员的工作限定在执行单一的主要管理职能上。这样，管理工作可以程序化，管理费用减少，成本降低。由于日常管理工作实现程序化，高层管理者可以把权力委任给下级管理人员，自己保留例外事项的决定权或控制权，即例外管理原则。这种原则为后来的分权化和事业部制等组织原则提供了理论基础。

2. 法约尔的组织理论

法国的古典管理理论代表人物法约尔研究了组织的外部形态——等级层次、企业职能机构的设置和组织的效率等问题，从而提出了法约尔的组织理论。

（1）组织的外部形态——等级层次。法约尔认为，随着企业组织规模的扩大和人员的增多，必然出现层次和等级系列。管理人员对下属的控制，应当有一个合理的幅度，从而第一次提出"管理幅度"问题。对企业的等级也有限制，大型企业也不应超过8~9级。

（2）职能机构——参谋部门的设置。在组织规模越来越大时，可以设置参谋机构予以帮助。参谋机构接受领导者的命令，但不给下级发布命令，主要任务是从事通信、接洽、会谈，搜集情报，帮助拟定计划，协助联系和协调计划的执行，寻求改进工作的措施等。因为不给下级直接发布命令，可以保持指挥的统一性。

（3）组织的效率决定于它的内在因素。法约尔认为，人的创造力和能力等是决定组织效率的内在因素。他意识到人的因素的重要性，并提出了人员的录用和培养提高问题。

3. 韦伯的行政组织理论

德国社会学家韦伯认为，理想的行政组织模式是一个具有层峰结构的权力金字塔。其主要有以下几个特点。

（1）明确的分工。分工就是把每一个人的工作分成简单的、例行常规的、明确规定的作业。在大生产条件下分工之所以必要，一方面是因为在高度复杂的机械化生产过程中，没有一个人能在体力上、知识上胜任操作一切活动或作业；另一方面，只有在专业分工的条件下，才能加强对工人的培养训练，迅速提高人的技能，并保证在专业分工的基础上大幅度地提高生产效率。

（2）组织专业化小组。按照产品、劳务、职能或生产过程把人们组织成专业化小组，以保证在密切协作的条件下有效地完成各自的目标和整个企业的目标。这种形式有条不紊，像一台机器那样运转、精确、高效，不受个人偏见的影响。

（3）明确规定职权等级制度。这是一个上小下大、多层的正式结构，使每个下级都处在上一级的监督控制之下，实行统一指挥，以保证每一个人和各个部门的协调一致。在组织内经理和工人的职责和权力都明文规定得十分严格明确，所以，组织中的每一个成员都明白自己的职责是什么和应该怎么做。

（4）明确规章制度。用规章制度来保证和巩固组织内各层次和人们之间关系的协调一致，这种组织形式不是根据个人主观意见行事，不受个人感情因素的影响，而是根据非个人的法律准则行事。对于人的感情和个性因素都不予以考虑，只根据制度实行奖励或惩罚。人们在组织其中的升迁不是由其社会地位或者是否受到宠爱所决定，而是由其能力所决定。

二、行为学派组织理论

行为学派组织理论又称新古典组织理论，吸收了心理学和行为科学的理论观点，对古典组织理论作了一定的修正和补充。行为科学的组织理论对传统组织理论的修正和补充，主要体现在以下几方面。

1. 在专业化和劳动分工方面

古典组织理论提倡分工和专业化，而行为科学组织观受到霍桑实验的启示，认为组织可分为技术组织和人的组织，前者是为实现生产目的而使工具、设备等物质手段系统化的物质组织，后者是由人构成的社会系统。因此发展有关激励、协调和新型领导的一系列理论和观点，从而补充和发展了传统组织理论。

2. 在组织结构方面

行为科学组织观对结构中不同职能之间、直线与参谋之间产生的摩擦进行了研究，并提出了一系列消除冲突的方法和措施。例如，参与管理、初级董事会、联合委员会、承认人的尊严以及良好的人际交往等。考虑人的感情问题，建立人们相互协作的新秩序。

3. 在管理幅度和组织类型方面

行为科学组织观认为应根据人的需要和具体情况设置组织层次和管理幅度。管理幅度的确定要受管理能力、监督职能、人的品格和交往程度等许多因素的制约。关于组织类型，究竟是管理幅度大的扁平型好，还是管理幅度小的高耸型好，也要根据具体情况决定。就一般而言，组织设计趋于扁平型结构，有利于上下级之间沟通。

4. 对非正式组织的研究

行为科学组织观认为，组织中存在非正式团体或非正式组织，它们与正式组织相互作用。正式组织的价值标准主要是成本和效率；非正式组织则是人们的共同感情和态度为支配行为的价值标准。如果管理人员只按成本和效率逻辑行动，无视职工的感情，组织目标和个人目标之间就会发生冲突。解决两者间的冲突是组织管理中一个带根本性的问题。

三、系统学派组织理论

系统学派组织理论的代表人物是巴纳德（C.I.Barnard）、约翰逊（R.A.Johnson）、卡斯特（F.E.Kast）等人。他们主要有以下一些观点。

1. 组织是一个社会系统

这个学派认为，组织是一个协作系统，是由相互协作的个人组成，人在这个系统中起核心作用。

2. 系统是由各种要素构成的

"合作的意愿"、"共同的目标"和"信息的交流"是构成组织的三要素，而信息交流是实现前两个要素的条件和基础。组织的形成和延续只有通过这三个要素的结合才能实现。一个组织系统可以分解为管理系统、技术系统、目标与价值系统、结构系统、社会心理系统等子系统。各子系统都在组织的投入—产出转换过程中起作用,组织通过管理把各子系统整合起来。

3. 组织处于不断的动态平衡之中

巴纳德提出了著名的"组织平衡理论"。他认为,组织平衡过程包括对内和对外两个方面。组织的对内平衡是指作为组织成员的个人,必须对组织有所贡献,而组织应向成员提供相应报酬,即诱因。组织要确保各个成员的报酬和贡献相平衡,从而激励成员的积极性。组织对外平衡,是指不断适应环境的变化,改变目标决策以提高组织效率。

四、经验学派组织理论

经验学派在企业组织理论方面将研究的侧重点放在了组织结构上,并提出了许多新的观点。

1. 关于组织结构的指导思想

认为"设计一个组织结构并不是第一步,而是最后一步。第一步是确定和组织一个组织结构的基本构造单位,即那些必须包含在最后结构之内并承担已建成大厦的结构负荷的业务活动"。"战略决定结构",组织不是机械的,而是有机的,每一个企业或机构都各具特点。

2. 关于组织设计形式上的规范

(1) 明确性。组织中的每一个部门,每个人都应了解他在组织中的位置、归谁领导、应到哪里去取得所需信息、同谁进行协作。

(2) 经济性。用于控制、监督、引导人们取得成绩的力量应保持在最低限度,组织结构应使人们能够自我控制和自我激励。

(3) 远景方向。组织结构应该把每个管理部门或个人的远景引向取得整个企业的成就。

(4) 理解本身的任务和其共同的任务。组织应使每个部门或个人理解本身的任务,同时又理解共同的任务,了解如何使自己的任务适应整体的任务,因此,组织结构必须促进而不是阻碍信息联系。

(5) 决策。组织设计必须有利于组织作出恰当的决策,并使决策转化为工作或成就。

(6) 稳定性与适应性。组织既要有充分的稳定性,能在动乱的环境中进行工作;又要有高度的灵活性,能适应新情况、新需求和新条件。

(7) 永存性和自我更新。组织结构必须能够从内部产生未来的领导者,并能够接受新思想，愿意做新事情。

3. 组织结构的类型

经验学派总结出五种类型的组织结构，即职能制结构、联邦分权制结构（事业部制）、规划—目标结构（矩阵结构）、模拟分权制结构（模拟事业部制）和系统结构。经验学派认为，任何一种组织设计都有其局限性，即使是最简单的企业，也必须应用至少两种组织设计原则。

五、权变学派组织理论

权变学派的组织理论中心思想是不存在一成不变、普遍适用的最好的模式和方法，一切都要根据组织的内部条件和外部环境的发展而随机应变。

英国的伯恩斯（T.Burns）与史托克（G.M.Stallker）提出组织结构有两类：机械的组织和有机的组织。机械的组织适用于有秩序的较稳定的环境。各人的责任、权力、可得到的信息，以及决策所需要的能力，都有明文规定。这样的组织就像一个简单的控制系统在运转。有机的组织适用于不稳定的情况。例如，电子工业处于剧烈变动的环境中，技术发展很快，其组织结构和管理类型也需要适应这种变化，这就常常需要设计多种方案，工作界限定得不十分明确，并有意避免过分明确划分组织的直线领导与参谋的责任。经理人员交往增加，特别是加强了横向沟通，使其能较好地适应迅速变化的环境。

六、文化学派组织理论

20世纪80年代初期，美国学者通过对日、美企业管理的比较研究，提出了构建企业文化和文化型组织的主张。其中，较为著名的是威廉·大内（William Ouchi）在其名著《Z理论——美国企业界怎样迎接日本的挑战》中提出的Z型组织。大内提出，Z型组织有如下特点。

1. Z型组织倾向于长期雇用制

这往往是由于业务复杂而造成的。这种业务通常需要在实践中学习，公司由于为培育雇员们在特定的条件下的工作技能已付出了很大代价，因此，愿意将他们留下；雇员们则由于他们的技能往往更适用于该公司而不能立即在别处找到具有同等报酬和同等性质的工作，也倾向于留下。

2. Z型组织采取相对缓慢的评价与升迁制度

Z型组织的评价与升级用不着等十年之久。任何企业若采用这种做法就不能保留许多有才能的人。因此，Z型组织常找那些具有明显工作成绩的人谈话，予以提升。但它的升级比 A 型公司还是慢一些。

3. Z 型组织雇员的职业途径常常是非专业化的

Z 型组织雇员的职业途径常常是从这个办公室调到那个办公室，从这个职务调到那个职务。这个方法有效地产生了更多的属于该公司所特有的技能，从而在设计、生产和分配过程中更能密切地合作。

4. Z 型组织具有明确的控制办法

Z 型组织典型地具有充足的、现代化的情报和会计制度装备、正式计划、目标管理法以及一切其他正式的、具有 A 型特征的、明确的控制方法。但是，在 Z 型组织中，这些方法只是为了获得情报而受到重视，却很少能在重要决策中起决定作用。

5. Z 型组织的决策是一个多人参加并取得统一意见的过程

社会学家们形容它为民主的过程。实行多人参加的过程是在企业内部广泛传播情报及价值观的方法之一。它也无可置疑地发出象征性的信号，表明企业内部之间的合作意图。在 Z 型组织中，决策可能是集体作出的，但最终要由一个人对这个决定负责。这种集体决策与个人负责相结合，要求有相互信任的气氛。

6. Z 型组织具有一种强烈的平等气氛

Z 型组织一般把对下级和同事的广泛关切看作是工作关系的自然组成部分。人与人之间的关系趋向于无拘无束，并且着重于全体人员在工作中互相打交道，而不是那种经理只和工人、办事员只和机械师打交道的关系。

7. Z 型组织内部的文化已达到了高度的一致性

我们可以把 Z 型组织比喻成氏族，因为他们是亲密的社会团体，从事经济活动，并且通过多种形式的纽带结合在一起。

8. Z 型组织具有较高的个人自治感和自由感

在 Z 型组织中，每个人都被有效地告知去做他本人恰恰想做的事。这就使人的潜力得到了发挥，把人的自由扩大到了最大限度。

第三节 组 织 结 构

一、组织结构的概念

组织结构就是组织各个组成部分以及它们之间关系的一种模式。具体来说，也就是组织各部门及各层次的设置及其在它们之间所建立的人与事、人与人的相互关系，它是实现组织目标的基石。组织结构包括纵向和横向两个维度。

1. **纵向维度——管理层次**

管理层次是指组织的指挥系统划分为多少等级,它决定了组织的纵向结构。一般情况下组织分为三个管理层次,即高层、中层和基层(低层)。高层为经营决策层,负责制定总目标、总方针,进行组织的战略决策;中层为管理执行层,按组织的总目标要求负责制定具体目标,并进行管理和监督;基层为具体操作层,负责执行和落实具体任务目标。集权化的组织,管理层次一般比较多,而分权化的组织则倾向于减少层次。

2. **横向维度——管理幅度**

管理幅度是指一个上级管理人员直接领导和管理的下级人数。管理幅度决定了组织的横向结构。因为主客观条件的限制,管理幅度总是有一定的限度,保持在一定的数目,否则,会影响领导与管理的工作,影响下级的积极性。

组织的层次和幅度是紧密联系在一起的,它们互为相反面,管理层次越多管理幅度就越小;反之,管理层次越少,管理幅度就越大。管理层次和管理幅度的不同组合就出现了不同的组织形态。

二、影响组织结构的主要因素

影响组织结构的因素很多。但主要影响因素有以下几个方面。

1. **组织战略**

组织的目标和战略是影响组织结构的决定性因素。任何组织都有一个或多个共同实现的目标;组织都以"合理的方式"去实现自己的目标;组织的目标是将输入转化为输出;组织经营的环境是特定的。正如彼得·德鲁克所说的那样:"结构是一种用以实现组织目标的方式。因此,关于组织结构的一切工作都必须以组织的目标和战略为出发点。"组织的目标一旦被确定,那么,组织结构的发展、权力的流程以及其他关系就会自然而然、合乎逻辑地形成。

2. **组织的规模**

美国组织学家彼得·布劳(Peter Blan)提出:"规模是影响组织结构的最重要的因素。"布劳通过研究发现:组织规模的扩大促进了组织结构差异化程度的增加。英国 Aston 大学的研究也发现组织规模是组织结构的决定性因素:组织规模越大,工作专业化程度越高,其标准化程度和规章制度的健全程度就越高,其分权化的程度也就越大。美国组织理论家马歇尔·W.迈耶(Marshall W. Meyer)认为,组织规模和专业化、规范化成正相关关系,而与集权成负相关关系。规模影响组织结构无处不在,而这种影响关系是单向性的,即规模决定结构,而不是结构决定规模。

3．高新技术

高新技术的广泛应用，将会对组织结构产生一定的影响，企业组织应随着高新技术的应用重新构造自身的组织结构。美国著名的管理学家琼·伍德沃德（Joan Woodward）认为：（1）技术复杂程度的增加，导致其组织结构复杂程度的增加。随着技术的复杂性增加，组织结构中的纵向差异程度（即纵向管理层次）也增加，管理人员与生产工人的比例也增加。（2）组织效益是组织所采用的技术与其组织结构有机组合的函数，对某种技术类型的组织来说，它应该建立与其技术特点相符的组织结构体系，才能取得成功。

4．组织环境

一切人类社会的组织都是开放的系统，它的生存与发展都直接受环境因素的影响。一个组织的环境应包括三个方面：（1）组织的一般环境，又称组织的宏观环境，它是指可以对这个组织的一切经营活动产生影响的周围环境因素，主要包括经济体制因素、技术发展的趋势、社会文化因素、政治法律因素、国际竞争因素等。（2）组织的任务环境，是指将对某一组织构成直接影响的因素，主要包括竞争者、顾客、资源供应者、政府管理部门、社会利益集团等。（3）组织的内部环境又称组织内部的气氛，包括组织内部成员的集体精神、协作精神、创造精神、管理人员与职工的关系，管理人员的风格特点等，即企业文化建设。

5．权力控制

组织的战略、规模、技术和环境因素对组织结构的影响大致有50%～60%的作用，影响组织结构的另外 40%～50%的因素是权力控制。在组织中，例如在企业组织中，存在着不同的主体，例如股东、经营者、工程技术人员、生产工人、服务人员，他们对企业组织的生产经营活动都有自己一定的影响力，从而也就有了一定的权力。组织中权力控制支配集团进行组织决策的过程中，总是选择那些对本集团利益较为有利的标准。组织内通过各种权力控制集团的斗争和平衡，最终选定了某一组织结构形式，而这种被最终选定的组织结构形式最符合于权力控制集团的利益和标准。

三、组织结构形式

经过长期的实践和发展，组织结构已经形成了多种形式。其主要有以下几种。

1．直线制

直线制又称单线制结构或军队式结构。这是一种早期的组织结构形式。这种组织结构的特点是组织的各级行政单位，从上到下进行垂直领导，各级领导者直接行使对下级统一的指挥与管理职能，对所属单位的一切问题负责，一般由一个人承担或配备若干职能人员协助工作，但不设职能机构。因此，这种组织结构对各级领导者在管理知识、能力及专业技能等方面都有较高的要求。

2. 直线职能制

直线职能制的组织形式是设置两套系统，一套是按命令统一原则组成的指挥系统，即按产品对象（零部件）或生产工艺特点来划分车间、班组，为直线领导；另一套是按专业化原则组成的职能系统，职能管理人员是直线指挥人员的参谋，可以对下级机构进行业务指导，但无直接指挥权和决策权。这种结构既能保证了集中统一指挥，又能充分发挥专业人员的才能、智慧和积极性，比较适应现代工业生产的特点，因此国内外许多中小企业都采用此类组织结构模式。

3. 事业部制

事业部制又称分权制或部门化结构。其特点是"集中决策，分散经营"。一般是按产品类别、地区或经营部门分别成立若干事业部。这些事业部有相对独立的市场，相对独立的利益，相对独立的自主权。各事业部在公司统一领导下实行独立经营、单独核算、自负盈亏。各事业部拥有相对独立的充分的自主权，高层管理部门则实行有限的控制，以便摆脱行政管理事务，集中力量研究和制定经营方针，并通过规定的经营方针，控制绩效和统一调度资金，对各事业部加以协调和管理。

4. 矩阵制

矩阵制结构又称规划目标结构。它是在纵向职能系统的基础上，增加一种横向的目标系统，构成管理网络。这种结构一般是为了达到一定目标或完成一个项目，在已有的直线职能结构中，从各职能部门抽调专业人员，组成临时的或长期的专门机构，这种专门机构领导人有权指挥参与机构的成员，并同有关部门进行横向联系与协调。参与专门机构的成员同自己原来的部门保持隶属关系，即各部门既同垂直的指挥系统保持联系，又与按产品或项目划分的小组保持横向关系，形成一个矩阵形式。矩阵制比较适用于设计、研制等开发、创新性工作。国内外一些企业在新产品生产中就采取了矩阵制组织结构。

5. 项目组织

项目组织是为适应复杂的环境需要，完成特定的目标和任务而组织起来的，具有很大自主权的高度灵活的组织形式。它可能是临时的，为期一年或几年，项目一旦完成，其成员便回到各自原来的单位；也可能是长久的，成为常设组织，相继或同时完成多种项目。在这种组织中，直线领导与参谋的区别不存在了，以专家为基础的权力代替了职位权力，每个成员在某特定方面都是权威，项目经理本身也是专家。在控制方式上改变了过去那种依靠命令、强制性的做法，而是强调劝说、商议和横向协调。它集合众多专家的知识、经验和智慧，互相配合，协同工作，有利于创造性工作，如在开发新产品等方面，具有很大的优越性。有些思想库、智囊团也具有类似的特点。

第四节 组 织 设 计

一、组织设计的概念

组织设计（Organization Design）是指对一个组织的结构进行规划、构设、创新或再造（Reengineering），以便从组织的结构上保证组织目标的有效实现。或者说，组织设计就是将组织的有关要素，如战略任务、责任与职权、工作流程等合理组合并加以制度化的动态设计过程。它包含三个要点。

（1）组织设计是根据组织的需要，即根据组织的目标和任务，规划出必须完成的全部任务，然后分配到组织的群体和个人，并与职责权限，工作流程合理地配置起来，建立有效的相互关系。

（2）组织设计既要考虑组织内部各个要素的协调，又要考虑外部环境的影响，并随环境的发展变化而变动，这样，组织才有生命力。

（3）组织设计的结果，主要是形成组织结构，并同组织的信息沟通、控制系统、激励制度等密切相联系。

总之，设计组织结构并不像设计房屋那样简单，组织机构设计必须根据组织的复杂性、规范性和集权性程度，必须根据组织的目标、任务、组织的规律以及组织内外环境因素的变化来进行规划或再造。只有这样，组织机构的功能和协调才能达到最优化。否则，组织内的各层级机构就无法有效地运转，也就无法保证组织任务和目标的有效完成和实现。

二、组织设计的内容

组织设计的主要内容包括以下几个方面。

（1）确定组织内各部门和人员之间的正式关系以及各自的职责，画出组织机构图并写出职位说明书。组织机构图是组织结构简化了的抽象模型，它通过能表明组织内的正式职位系统和联系网络的图表来概括组织结构的构成。职位说明书详细说明了各职位的任务、职责、职位之间的关系，以及任职者的资格条件。

（2）规划组织最高部门向下属各个部门、单位或人员分派任务和从事各种活动的方式。组织中任务的分派是由社会分工所引起的。组织向各个部门或单位、个人分派任务是组织结构精细化的标志。组织中的差异化主要表现在垂直差异（纵向结构）、水平差异（横向结构）和地区分布差异（产生纵、横向差异）。垂直差异形成了组织内上、下层级差，水平差异界定了组织横向部门化的差别，而地区分布差异则可能同时产生组织内的垂直和横向的差异。这三方面的差异构成了组织的任务分派和活动方式的正式结构关系。

（3）确定组织协调各部门、单位、个人活动和任务的正式方式，以适应组织一体化的需要。要有效地实现组织的总体目标，就必须对组织的各种任务和活动进行有效的协调。组织管理的研究和实践都证明：组织内的劳动专业化程度愈大，其活动的差异性就愈大，组织协调的问题就愈大，愈困难，协调也就愈重要。

（4）确立组织中权力、地位和等级的正式关系，即确立组织中的职权系统。组织中权力体现的一个重要方面就是职权。职权是以组织中正式职位和对资源及奖惩的控制为基础的。职权具有要求下属服从的法定权力。职权来自于职位。一般来说，在组织的垂直职位链中，职位越高，职权就越大。现代组织理论研究表明，职权不但与职位所具有的合法权力有关，还与其参与组织活动的程度及其所起的作用大小有关。

三、组织设计的基本要求

1. 有利于实现组织目标

组织设计的目的是实现预期目标，所以必须根据总目标、总任务的需要进行各项设计，使其有利于提高达到目标的速度和质量，努力提高经济效益和社会效益。

2. 加速组织从投入—产出的转换过程

组织目标的实现要经过投入—产出的转换过程。转换过程的速度、成本是影响目标的直接因素。组织设计要能够加速这一过程，降低成本费用，这就不仅要考虑组织内部诸要素的协调，而且要考虑外部环境的影响。只有那种既有内部诸要素的协调，又能适应外部环境，并能随环境的变化而变化的组织才具有生命力。

3. 有利于发挥人的积极性

组织目标和投入—产出过程是由人来完成的，只有人的积极性充分发挥，人的素质不断提高，这一过程才能完成得好，经济效益才能有保证。所以，组织设计要特别注意人的因素，如人员合理地组合，责、权、利合理地结合，权力分配，信息沟通，控制系统，激励制度，职务设计等，这些方面的设计都要有利于调动人的积极性，适当处理集权与分权。

四、组织设计的原则

在进行组织结构设计时，应注意如下基本原则。

1. 任务目标原则

任何一个组织,都有其特定的任务和目标,每个组织及其每一个部分,都应当与其特定的任务目标相关联;组织的调整、增加、合并或取消都应以是否对其实现目标有利为衡量标准;没有任务目标的组织是没有存在价值的。

2. 分工协作原则

组织设计中要坚持分工与协作的原则,就要做到分工合理,协作明确。对于每个部门和每个职工的工作内容、工作范围、相互关系、协作方法等,都应当有明确规定。

3. 命令统一原则

命令统一原则的实质,就是在管理工作中实行统一领导,建立起严格的责任制,消除多头领导和无人负责现象,保证全部活动的有效领导和正常进行。

4. 管理幅度原则

管理幅度也称管理跨度。它是指一个领导者直接而有效地领导与指挥下属的人数。一个领导者的管理幅度究竟以多大为宜,至今还是一个没有完全解决的问题。从理论上说,当直接指挥的下级数目呈算术级数增长时,主管领导人需要协调的关系呈几何级数增长。

5. 集权和分权相结合的原则

集权就是把权力相对集中于最高层领导。分权与集权恰好相反,它使直接控制面扩大,减少了从最高层到最低层的管理层次,使最高层与基层之间的信息沟通较为直接。集权与分权的关系是辩证的统一。集权到什么程度,应以不妨碍基层人员的积极性的发挥为限。分权到什么程度,应以上级不失去对下级有效控制为限。集权与分权是相对的,不是一成不变的,应根据不同情况和需要加以调整。

6. 职、责、权、利相对应的原则

有了分工,就意味着明确了职务,承担了责任,就要有与职务和责任相等的权力,并享有相应的利益。这就是职、责、权、利相对应的原则。这个原则要求职务要实在、责任要明确、权力要恰当、利益要合理。它们的关系应当是相互对应的正方形,如图14-2所示。

图14-2 责权利对应示意图

7. 精干高效的原则

精干高效,既是组织设计的原则,又是组织联系和运转的要求。队伍精干,效能才高。精干,不等于越少越好,而是不多不少,一个顶一个,是能够保证需要的最少。效能包括工作效率和工作质量。队伍精干是提高效能的前提。精干高效原则,要求人人有事干,事事有人管,保质又保量,负荷都饱满。

8. 稳定性与适应性相结合的原则

一个企业的管理组织是保证企业各方面工作正常运行的重要机制,所以既应当保持相对的稳定性,又应当与经营战略保持协调一致的适应性。企业领导的责任就是把稳定性与适应性恰当地结合起来。一个一成不变的组织,是个僵化了的组织;一个经常变化的组织,则是个创不出业绩的组织。稳定性和适应性这一原则就是要求两者能够恰当地统一起来。图 14-3 列示了四种情况。

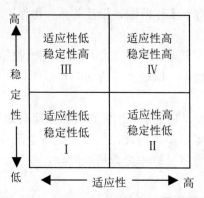

图 14-3 稳定性和适应性的关系示意图

Ⅰ 既缺乏稳定的组织机构和规章,又对外部环境缺乏敏感和反映,这类企业必然失败。

Ⅱ 适应性高而稳定性低,企业内部组织陷于混乱状态,结果适应性也不起作用。这类企业将很快趋于失败。

Ⅲ 稳定性高而适应性低,如果外部环境稳定,这类企业可以生存和发展下去。但是,处在外部环境变动的条件下,企业虽能勉强生存,由于对市场变化的反应不灵敏,企业不可能有很大发展。

Ⅳ 稳定性和适应性都高是最理想的企业,这类企业充满生机和活力,是组织的努力方向。

以上分析说明,强调适应性,并不是不要稳定性,稳定性是基础。贯彻这一原则应该是在保持稳定性的基础上进一步加强和提高企业组织机构的适应性。

9. 执行和监督分设的原则

这一原则要求组织中的执行性机构和监督性机构应当分开设置,不应合并为一个机构。例如,企业中的质量监督、财务监督、安全监督等部门应当同生产执行部门分开设置。只有分开设置才能使监督机构起到应有的监督作用。必要的监督和制约,有利于暴露矛盾,只有暴露矛盾,才能去解决矛盾。当然,监督机构分开设置后,又必须强调在监督的同时,加强对被监督部门的服务,做到既监督又服务。因为单纯实行监督和制约，不利于监督性职能的履行，不利于搞好双方的关系。

五、组织设计的程序和内容

组织设计是一项系统工程，要遵循科学和程序。它包括三个阶段。

1. 准备阶段

准备工作首先是搜集并分析有关内部情况和外部环境资料。内部情况如人员情况、资金、技术、设备、场地、制度、现行组织结构情况等，特别是存在哪些问题；外部环境如经济、社会、政治、法律、市场、技术、原材料来源等。其次，还要了解分析其他有关先进组织的特点、经验和方法等，以供参考。同时，也需征求本单位各类职工的意见，掌握组织内部信息，有利于组织内部平衡。

2. 设计阶段（设计的内容）

组织的具体设计阶段，即组织设计的内容，包括个体工作设计、群体设计、组织结构设计、部门设计和建立各种规章制度和监控手段。

（1）个体工作设计（职务设计）

个体工作设计是指对组织成员个人工作和职务的设计。其主要从两方面考虑，即专业化和自主性。所谓专业化，指分工精细，每人承担的任务很明确，包括经理、其他管理人员和工人，都知道自己处在什么位置，应该做什么，以及总体任务是什么。所谓自主性，指每个人在履行职务时，有自行决定自己工作的自由。专业化有两类，一类是重复性的、周期性的、常规的操作工作，或办公室日常工作；另一类是技术性、专业性强的工作。将专业化程度高低与自主化程度高低结合起来，就构成四类职务，如图14-4所示。

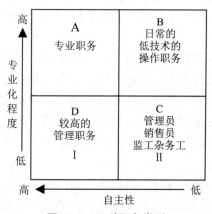

图14-4 四种职务类型

A 类,专业化程度高,自主性程度也高。这类职务属于专家、学者、顾问或高技能的手工艺者、设计人员、技术人员等。设计这类职务应给予他们充分的自主权,才能发挥他们的积极性和创造性。

B 类,专业化程度高,但自主性程度低的职务,承担这类职务的有流水线和装配线工人、一般维修工、处理日常事务的办事员等。

C 类,专业化程度和自主性程度都低的职务,如生产和经营第一线的管理人员、监工、销售员、装配线杂务工作等。

D 类,专业化程度低而自主性程度高的职务,大多数高级管理人员属于这一类。承担此类职务的经理们可能负责较大范围的工作或负责若干部门或单位的工作,专业化程度不太高,但自主权相当大,因为他们负有某些决策权,有的还负责职务设计。

(2) 群体设计

群体是指在一个组织内的各种群体,包括车间、科室、班组、委员会等。在个人职务确定之后,就面临着如何结合成群体的问题,即确定部门和基层单位。有些工作任务设计成个人职务能较好地实施,而有些工作任务则只有组成群体才能够顺利执行,究竟设计成个人职务还是群体职务,需考虑三个因素,即工作流程、技术或业务性质和人的社会需要。

工作流程是一项连续性活动,各个活动之间的联系有强弱之分,从而形成阶段性,这就为组成工作群体提供了基础。例如,生产单位可按产品生产线的生产程序设计车间、班组。

技术是指把原材料转换成产品或服务的工具和手段。影响职务设计的技术因素主要是技术的相互依赖性。一般情况下,技术上的相互依赖性强弱决定着工作应当设计成个人职务还是工作群体。在相互依赖性较弱的条件下,如销售员、机床工人等,可设计成个人职务;在技术相互依赖性较强的情况下,如煤矿工人、装配线工人等,则需设计为群体。

影响群体设计的人的需要主要有两类:一类是交往需要;另一类是成长需要。一般情况下,社会交往需要低的人,可能更满足于个人职务而不是群体形式的职务;而社会交往需要高的人则可能为群体工作形式所吸引。成长需要的程度则决定工作是常规的、重复性的,还是复杂和具有竞争性的。成长需要低的人,往往乐于从事简单、重复性的工作;而成长需要高的人则更乐于从事复杂的、具有挑战性的工作。

(3) 组织结构设计

随着社会的发展和环境的变化,组织也日益复杂化,组织结构的设计也需要有新的发展。现代管理学派提出系统的、应变的组织结构设计原则。例如,劳伦斯(Lawrence)和洛希(Loorsch)最早用应变方法研究组织结构,最后提出了"分化"和"整合"的概念。

分化也称差异化，是指一个组织分成不同部门，各部门的设计又与所对应的环境相匹配。例如，销售部门与顾客相关联，生产部门同原材料供应商相关联，研究与开发部门与科研单位相关联等。部门设计应当同相关联的环境相适应。如果面对的环境是相对稳定、很少变化的，那么相应的部门设计应规范化、程序化；如果面对的环境是动荡的，那么相应的部门应设计成高度灵活的，以便适应环境的变化。分化概念应用于整个组织的纵向（垂直）分化和横向（水平）分化，形成管理层次和各类部门。

整合也称一体化，是指在完成组织任务过程中，使各子系统的努力达到统一。组织各部分的具体目标、任务不同，权力基础不同，以及人们的价值观、工作方法不同，可能产生矛盾和冲突。分工越细，专业化程度越高，协调越困难，所以组织的整合也越必要。

（4）部门设计（部门的划分）

部门是指组织中主管人员为完成规定的任务有权管辖的一个特定的领域。部门划分的目的在于确定组织中各项任务的分配与责任的归属，以求分工合理、职责分明，有效地达到组织的目标。正如法约尔所指出的，部门是指"用同样多的努力生产更多和更好的产品的一种分工"。大量的实证研究表明，部门划分的标志与方法具有普遍适用性。这些标志与方法主要有以下几种。

① 按人数划分。单纯地按人数多少来划分部门可以说是一种最原始、最简单的划分方法。这种按人数划分部门的方法是抽取一定数量的人在主管人员的指挥下去执行一定的任务。一般来讲，这种划分方法的特点是仅仅考虑人力，因此在现代高度专业化的社会中有逐渐被淘汰的趋势。当然并不排除在现代社会的某些场合，尤其是在基层的部门划分中仍然适用。

② 按时间划分。这种方法多见于基层。它是在正常的工作日不能满足工作需要时所采用的一种划分部门的方法。例如，许多工业企业按早、中、晚三班制进行生产活动，那么部门设置就可是三个。此外，交通、邮电、医院等组织也采用这种轮班制的方法来进行部门的划分。

③ 按职能划分。按职能划分部门是许多组织广泛采用的一种方法。这种方法是根据生产专业化的原则，以工作或任务的性质为基础来划分部门的。这些部门可以被分为基本的职能部门和派生的职能部门。基本的职能部门（也即企业的职能）处于组织机构的首要一级，在每一个基本职能部门之内一般还需进一步的细分。细分的结果就形成了派生的职能部门。细分的前提是基本职能部门的主管人员感到其管理宽度太大，不能保证有效的管理时，才需要建立派生的职能部门。图14-5是一个以制造业公司为例的典型的按照职能划分各部门的示意图。

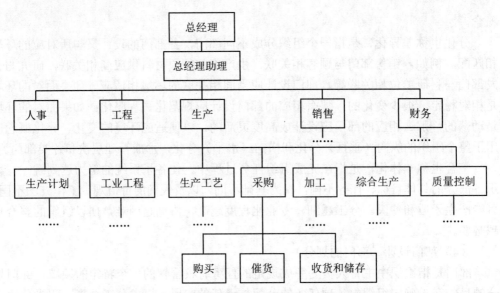

图 14-5 典型的按职能划分的组织机构（制造业公司）

④ 按地区划分。对于在地区分散的组织来说，按地区划分部门是一种比较普遍采用的方法。这种方法是在当一个组织在地理位置上分布于不同地区，各地区的政治、经济、文化等因素影响到组织的经营管理时，把某个地区或区域内的业务工作集中起来，委派一位经理来主管其事，其目的是调动各个地区的积极性，从而取得地方化经营的优势效益。图 14-6 是典型的按地区划分的组织机构示意图。

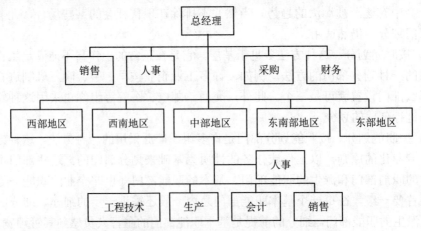

图 14-6 典型的按地区划分的组织机构（制造业公司）

⑤ 按产品划分。这种按产品划分部门的方法一般能够发挥个人的技能和专长，发

挥专用设备的效率，有利于部门内的协调。同时，它还使各部门的主管人员把注意力集中在产品上，这对产品的改进和发展是十分重要的。但是，这种方法要求更多的人具有全面管理的能力，各产品部门的独立性比较强而整体性则比较差，这就加重了主管部门在协调和控制方面的困难，如图 14-7 所示。

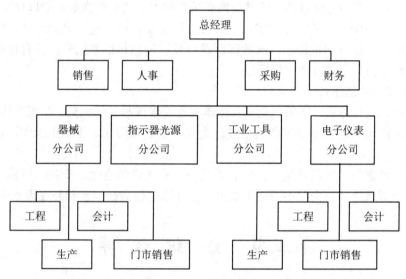

图 14-7 典型的按产品划分的组织机构（制造业公司）

⑥ 按服务对象划分。它根据服务对象或顾客的需要，在分类的基础上来划分各个部门。这种按服务对象划分部门的方法，最大的优点就是能满足各类对象的要求，社会效益比较好。但按这种方法组织起来的部门，主管人员常常要求给予特殊的照顾，从而使这些部门和按照其他方法组织的各部门之间的协调发生困难。如图 14-8 所示。

⑦ 按设备划分。这也是一种划分部门的基本方法。这种方法常常和其他划分方法结合起来使用。例如，医院的放射科、心电图室、脑电图室、超声波室等部门的形成，就是按这种方法划分的。这种划分方法的优点在于，能够经济地使用设备，充分发挥设备的效益，使设备的维修、保管以及材料供应等更为方便，同时也为发挥专业技术人员的特长以及为上级主管的监督管理提供了方便。

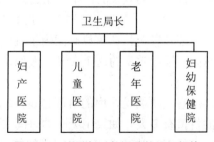

图 14-8 按服务对象划分的组织机构

(5) 建立各种规章制度和监控手段

规章制度包括制订各种工作制度和作业方法。工作制度包括：规定工作的起点，应经过的中间部门，以及工作的终点等。各部门工作按一定次序进行，以便协调。作业方法，是指以人或部门为单位，制订操作规程，使各级人员对于职责有明确观念，使作业标准化。监控方法包括：信息反馈和矫正偏差。建立适当的表册以作文字记录，是意见沟通的手段，也是监控的依据。监控方法主要包括：建立检查制度，以考察职权运用的效果；建立评价体系，向各部门发出反馈信息和偏差信号；具有行政的、经济的、思想政治方面的有效制约手段。

3. 落实和总结阶段

在上述各项具体设计之后，就要具体落实设置管理和工作机构，配置各岗位人员。以各岗位上的输入、输出情况和活动过程建立文字记录形式。绘制组织图，以便使人一目了然。

组织是动态的，它随环境、技术、人员等客观条件的变化而变化。所以，组织设计也不是一劳永逸的，需要不断地调整组织设计以适应内在因素和外在因素的变化。

第五节 组 织 效 率

一、组织效率的含义

效率一般是指单位时间内完成的工作量，或者说是日常工作中所消耗的劳动量与所获得的劳动效果的比率。用公式表示就是：

$$效率 = 获得的劳动效果 / 消耗的劳动量$$

公式表明，在单位时间内消耗的劳动量越少，获得的劳动效果越大，其效率也就越高。根据效率的这个含义，人们在实践中又归纳出这样一个公式：

$$效率 = 价值 / 时间$$

它反映的是，用的时间越少，创造的价值越多，则效率就越高。否则，无论创造的价值有多大，如果用无限的时间去除，其效率则为零。

组织的效率是达成组织目的的能力或达到的程度。早期组织理论的学者认为，组织效率的标准不外乎有以下四个方面：（1）获得最大的利润；（2）提供有效服务；（3）增加生产量；（4）促进全体职工为了一个统一的目标而努力奋斗，乃至献身事业等。现代组织学者认为，组织效率的标准应该包括组织适应、组织生存、组织生产效率以及能否满足个人需求在内的整个系统作为衡量、评价组织效率的标准。一个组织，如果其目标长期无法达成，则这个组织就失去了存在的意义。因此，效率既是衡量企业经营管理好坏的重要尺度，又是一个组织存在和发展不可缺少的条件。除了短期和临时的组织之外，一切组织均须长期存在。而组织是否能生存，就看其是否有成效，而成效又决定于组织是否有效率，因此，"效率"是一个组织的生命。

二、影响组织效率的因素

美国麻省理工学院工业管理系教授麦格雷戈认为，影响组织效率主要有个人和环境两个因素。个人因素包括组织成员的知识、技能、动机、态度、价值观等。环境因素包括组织工作的性质、领导方式、奖惩制度、人际关系、信息沟通等。他用下述公式来表示一个组织的效率同个人和环境因素之间的关系。

$$D = f(La, Lb, Lc, Ld, Le, \ldots, Eo, Ep, Eq, Er, Es, \ldots)$$

其中，D 代表组织效率，f 代表函数关系，$La, Lb, Lc, Ld, Le, \ldots$ 分别代表组织成员的知识、技能、动机、态度、价值观等个人因素，$Eo, Ep, Eq, Er, Es, \ldots$ 分别代表组织的工作性质、领导方式、奖惩制度、人际关系、信息沟通等环境因素。因此，组织效率是以上诸因素的复杂的函数。

组织行为学的研究认为，组织行为是独立变量、中介变量、从属变量和精神变量四种变量相互作用的结果。

（1）独立变量。独立变量也称自变量，是可以人为地加以控制的变量，包括结构变因、工作变因和环境变因。结构变因就是组织的构成方式、组织内各种团体的大小、特征、组成人员的状况等；工作变因是组织所担负工作的性质、内容、难度等；环境变因就是工作的物质条件与其他组织的关系等。独立变量可以人为地加以控制，并通过改变独立变量影响中介变量，从而影响组织的效率。

（2）中介变量。中介变量是独立变量对从属变量产生影响的媒介。中介变量受独立变量的影响，又直接影响组织的效率。中介变量包括组织中的领导作风、团体士气、团体成员满足感的高低、成员间的人际关系、工作态度等。

（3）从属变量。从属变量是直接受中介变量的影响、间接受独立变量影响的最后结果，它具体体现于团体的工作绩效与成员需求的满足程度。

（4）精神变量。精神变量是偶然发生的、渗透力很强的、能激起人们强烈的情绪情感反应并直接影响组织效率的变量。精神变量包括组织成员对工作意义的认识，社会舆论和流言蜚语等对一个组织所产生的作用。精神变量是不可控制的因素。

四种变量之间的关系如图 14-9 所示。

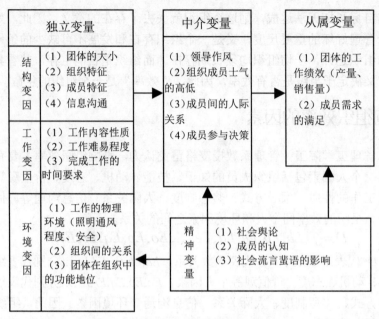

图 14-9　影响组织效率的四种变量关系

三、提高组织效率的途径

从组织自身的因素来看,提高组织效率主要有以下途径。

1. 管理体制的合理化

市场经济的不断发展,要求企业管理体制不断改革和完善,正确处理责、权、利三者的关系。这既是建立合理的经济管理体制的重要内容,也是提高企业效率的一个重要因素。责、权、利三者是一个有机的整体。经济责任是第一位的,它决定经济权力和经济利益;同时,经济权力是实现经济责任、经济利益的必要条件;经济利益是履行经济责任,并按相应的经济权力所应获得的物质报酬。企业领导者只有正确调节和处理责、权、利三者之间的关系,才能充分调动各单位、部门和劳动者各方面的积极性,从而提高领导活动的效率。

2. 科学的管理层次和管理幅度

一个企业为了提高效率,就必须适当地确定管理的层次和幅度。目前,我国企业组织结构一般分为三层或四层。三层结构即上层为决策层,中层为执行决策层,下层为生产操作层;四层结构即经营层、管理层、执行层、操作层。层次结构最合理的情况是上小下大的宝塔型,也称稳定结构。只有这种组织结构,才可能是精干高效的。

3. 灵敏畅通的信息沟通

现代化企业不仅规模大、人员众多，而且，科学技术的发展越来越迅速。随着社会的发展，生产力水平不断提高，人们生活和社会需求也越来越高，市场需要变化多端。同时，组织内外的各种联系也越来越频繁、复杂。所以，一个组织要提高效率，就必须要有良好的信息沟通，以使上情下达，下情上传，及时获取组织内外的各种情报、资料，了解组织内部各团体成员的士气、态度、观点和感情等，以便使组织及时迅速地作出决策。

4. 强化管理权威

企业要提高效率，完成组织的目标，必须建立和健全以厂长（经理）为首的、具有高度权威的、强有力的、集中统一的生产经营指挥系统。厂长（经理）对生产、行政工作实行集中统一指挥，这是社会化、现代化大生产的客观要求。现代化企业各个生产环节密切配合，生产过程中出现的许多问题，必须迅速及时地解决。因此，需要确立高度的统一的指挥权威，以协调各单位、各部门、各个人的活动，解决生产中随时出现的问题。

5. 培育良好的企业文化

实践证明，经营得最成功的企业，最看重的并不是严格的规章制度和利润指标，也不是计算机或任何一种管理工具、方法或手段，甚至也不是科学技术，而是企业文化。人们普遍认为，没有强大的企业文化，再高明的经营战略也无法成功。企业文化是企业生命的基础，发展的动力，行为的准则，成功的核心，效率的源泉。

6. 建立完备的现代企业机制

公开、公正、公平竞争的人员聘用机制，科学合理的分配激励机制，完备的考核监督机制，人力资源开发机制等，都直接影响着企业的效率。

7. 实施目标管理

所谓目标管理实际上就是通过制定和实施具体的目标而提高职工积极性和工作效率的一种科学管理方法。这种管理制度的基本内容是：年（期）初，企业最高经营者确定企业的总目标和基本方针，自上而下依次制定各自的单位目标和个人目标，在贯彻执行目标的过程中，上级委让权限，让执行者进行自我控制，独立自主地完成个人目标；年（期）末对目标实施的结果进行上下结合的评价，并根据执行的情况，给予相应的奖励和表彰，以鼓励人们为下期目标而努力。整个目标管理的过程，如图 14-10 所示。

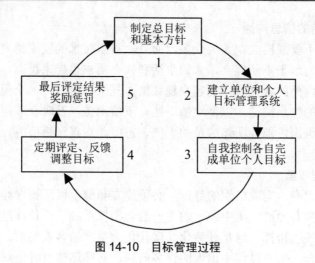

图 14-10 目标管理过程

复习思考题

1. 如何理解组织的含义？组织有哪些特征？
2. 组织有哪些类型？
3. 组织的基本功能是什么？
4. 如何理解组织的氛围？
5. 简述几种组织理论。
6. 怎样理解组织的结构？
7. 影响组织结构的因素有哪些？
8. 组织结构有哪些基本形式？
9. 怎样理解组织设计？组织设计有哪些主要内容？
10. 组织设计的基本要求和原则是什么？
11. 组织设计的基本程序和内容是什么？
12. 如何理解组织效率？影响组织效率有哪些基本因素？怎样提高组织效率？

案例　三九企业的组织设计

三九企业是一家药品生产企业，它从建成投产后 7 年内共为国家缴纳 2.541 亿元的所有权收益，产值和利税在 7 年时间内各自增长了 20 倍和 52 倍。

三九企业在规模不断壮大、发展过程中,其管理组织结构也在不断地调整和变化。概括起来,它经历了如下几个阶段。

第一,创业阶段。从开始筹建到投产的那一段时间,三九企业面临的中心任务是尽快把科技成果转化为生产力,形成药品的批量生产能力。赵新先厂长带领 5 人各自独立负责,不给自己配副手。赵新先发现这种做法用人少、矛盾少、任务明确、效率很高,所以将之归纳为"各级领导个人负责制",并视为一条基本组织原则,在企业发展壮大后的多次组织改革中都给予了坚持。

第二,投产阶段。三九企业建成投产以后,开始形成正式的直线职能制。这种组织形式的特点是,企业设立两套组织系统:一套是按统一指挥原则设立的直线管理系统;另一套是按专业化分工原则设立的参谋职能系统。职能管理人员作为直线而无权发布命令进行指挥。这种组织结构形式可以避免多头领导,同时也实现了管理工作上的职能分工。三九企业投产初期的组织机构包括开发部、供应部、生产部、贸易部、企管部和后勤部。赵新先作为一厂之长,对药厂的工作全面负责,各位部长对所管辖领域的一切问题负责。为了避免各部门之间频繁地发生不必要的跨部门联系,三九企业在设置直线职能制组织结构时遵循了一条重要的原则:"大职能,小部门"原则,即在坚持少用人的前提下,尽可能把相关的工作合并在一个部门内。例如,生产部包含了药品生产过程的指挥及有关的所有技术管理工作;贸易部既包括药品推销工作也包括市场营销工作;后勤部既负责后勤保障、行政管理和安全保卫,同时还负责工人管理。这样按部门系统组合相关的职能,可以使现场作业活动与其联系密切的专业管理活动紧密地结合起来,以便简化和减少跨部门的联系,使工作中的许多协调问题就在部门内获得基本解决。这种把相互关系比较密切的工作尽可能地组合到一起的做法,在三九企业日后的其他机构设计中都得到了遵循和体现。

第三,强化经营阶段。三九企业经过几年的发展已经形成了一定的生产规模,并将壮骨关节丸、正大丸、感冒灵冲剂等 6 个产品成功地推向了市场。鉴于全国医药市场出现不利的变化及药厂的拳头产品出现了断层的现象,为加强经营工作,三九企业在原贸易部基础上组建了三九贸易公司(隶属于三九药业有限公司)。贸易公司着力进行销售网络建设,在全国各大城市建立了 62 个分支机构,销售网络共达 3 000 多个,并先后完成了对宁波、长沙、无锡三家营业额达 1 亿元以上的国营医药商业单位的收购(三九药业有限公司下设医药投资管理部,负责对购并来的医药销售渠道进行管理),使三九药业销售规模达到了 8.6 亿元的水平。

三九企业由于在发展过程中要投入大量的资金作产品广告宣传,为此投资建立了三九广告传播公司,一方面为药厂制作高水平的广告并形成独具特色的广告风格,有力地宣传三九系列药品;另一方面又通过承揽其他厂家的广告业务挣得额外收益。三九企业还建成了制药产业链上配套供应环节的纵向一体化经营，创设了九星印刷包装中心、九辉实业有限公司等。依托于三九系列药品包装印刷业务而发展起来的"九星"，在保证完成药厂任务的基础上，对外承揽了意大利名牌产品CUOCI的包装、手袋印刷，以及永芳化妆品包装、大大泡泡糖包装和雀巢咖啡瓶贴等的印刷业务。

由于三九企业对外业务已发展到接近对内业务50%的规模，因此，三九企业组织结构的又一步骤调整，是成立了"两部"、"两院"。

以往，药厂的产品质检是由开发部负责，考虑到药品质量是药品生产经营工作的一大关键，三九企业及时成立了质检中心，加强产品质量把关。后来，为使药品质检工作与药品质量管理工作有机结合起来，便成立了质量管理部，下设实验室质量检验和业务室质量管理两大机构。另外，由于药厂生产规模扩大、人员日益增多，对干部的考核和使用、企业的思想宣传工作和文化建设也显得日趋重要。为此，药厂成立了人事部和党务部，并合并为党务人事部，负责这方面工作。

三九企业成立的"两院"，一是在撤销药厂开发部机构基础上设立的三九医药研究院，另一方面是新近着手筹建的三九医院。成立"两院"的目的，是建立药厂自己的科研基地和药品临床试验基地，以进一步增加产品储备，占领和扩大医药市场。这种科工贸并举的较为完整的医药开发、生产和销售体系的形成，是三九药业的一大优势。

随着各类组织机构的建立和完善，内部联系也逐步变得复杂起来。为了理顺各种关系，三九企业逐渐形成了横向协调的机制。如企业每月制订生产计划，先是由贸易公司根据销售和库存情况与生产部协商确定，然后由生产部对能力负荷情况做出计划安排，报请厂长批准下达具体生产任务到各车间并通知供应部和质量管理部。平常的工作联系，不用开会，而主要是通过电话，来实现销售、生产、供应和质检等环节的沟通与协调。这样灵活的、自主的协调机制，构成了三九企业组织设计的另一特色。

第四，以药品生产为主，实行多元化经营，开拓国际市场阶段。这一阶段的组织结构调整是伴随着三九企业集团的成立与发展进行的，主要包括如下几个方面。

在加强中成药生产基地建设的同时，围绕医药关联产品建立了西药生产基地（九新药业有限公司）和生化制品生产基地（九升生物制品厂、九阳天然保健制品厂、九泰保健日用品厂等），目前正抓紧建设生物工程产品生产基地（如九先生物工程有限公司）。

三九企业得到了美国食品与药品管理（FDA）同意"三九胃泰"在美国生产和销售的批文，并与外商合作成立了一个生产厂（九美企业），在美国就地加工和生产"三九胃泰"胶剂（英文名称SI-OMTAE）。同时，为协调三九系列药品的海外开拓工作，三九企业成立了海外公司党委和海外公司管理部，以加强企业对海外业务的统一管理。

三九企业投资和联合了一些军队企业和地方企业，壮大了三九集团队伍，并在一段时间内与三九集团管理机关合署办公，实行"两个牌子，一套班子"，以更有效地精简机构和管理人员。三九企业集团自组建以来，集团企业已由原来的 4 家发展到 90 余家，固定资产从 16 亿元增加到了 43.33 亿元，经营领域从药品工业发展到汽车工业、食品工业等 8 大综合性公司。三九集团成立 3 年来产值利税连年翻番，年实现产值 32.08 亿元，利税 4.66 亿元，人均产值和利税分别为 138 万元和 20 万元。三九集团在短短的几年时间内获得这么迅速的发展，是同集团坚持以医药为主、科工贸并举、多元化和国际化经营的发展战略分不开的，同时也同集团的合理的组织管理密不可分。

伴随着三九的成长，企业战略也在不断发生变化，组织结构也随之调整，发展战略由医药为主，科贸并举、多元化和国际化经营，而组织结构也由职能型到事业部型到近似矩阵型、网络型混合的组织结构，在企业的发展过程中起到良好作用。

思考题

1. 试画出三九企业原来的组织结构图。
2. 试画出三九企业发展为三九集团后的组织结构图。
3. 试分析三九企业发展过程中组织结构的变化及其特点。

第十五章

组织变革与发展

第一节 组织变革与发展的含义与动因

一、组织变革与发展的含义

组织发展（Organization Development，OD），是指组织为了适应客观环境的变化，通过长期的努力来自我完善和自我更新的活动过程，目的在于增强活力，提高效益。组织变革是组织发展的手段，通过改变组织的内部环境和条件来达到发展的目的。例如，通过改变产品以适应外部市场需求，改革不合理的规章制度以提高效率，改变人的态度和行为习惯以适应形势发展等。

二、组织变革与发展的理论

关于组织变革与创新的主要理论有系统理论、权变理论、行为理论和组织再构造理论。

1. 系统理论

系统理论是将人类的社会组织看作为一个开放、有机和动态的系统，企业组织是社会的分系统。一方面，它要从社会中输入其所需的原材料、资金、能源、劳动力和信息等资源；另一方面，又要有产品或服务输出。在输入和输出之间，要经过生产、技术、组织结构以及人事等各分系统的转换过程。组织变革的指导思想是，对这些系统中的任何一个分系统的改变，都会影响其他有关分系统甚至整个系统的改变，而改变的原动力往往要追溯至人的行为和人际关系。所以，系统理论认为典型的组织变革计划是通过改变职工的态度、价值观念和信息交流，以使他们自己认识到推行组织变革的必要并参与实现组织的变革。

企业组织作为一个系统，一般来说由三个子系统所组成，即技术系统、管理和行政系统以及文化系统。这三个子系统相互作用制约着人的行为和相互的关系，影响到企业组织经营活动的最终结果。企业组织行为是一种协调人类活动的系统。可以通过有效地解决人际关系中的冲突，协调组织的功能，加速组织变革与创新的过程。

2．权变理论

权变理论认为，在组织管理中没有一成不变、普遍适用的最好的管理理论和方法。管理关系应以环境情况作为自变量，管理作为因变量。一个企业组织要充分发挥管理的有效性，就要不断分析组织的特殊情境，包括组织内人的心理情境的变化等，要有的放矢地使管理适应于情境，即不断地变革组织。

3．行为理论

行为理论认为，企业组织中人的行为是作为组织和个人行为相互作用的结果。企业组织能够影响和控制人们的行为，而且不同的组织结构可以产生不同的行为风格、价值取向、熟练程度。与此同时，还要改变管理人员的认知方式，以及考察和解决组织问题的方法。

4．组织再构造理论

这种理论认为，市场的需求，即顾客的需求是企业组织行为的准则和目的，技术的高速发展使企业组织有可能最大限度地满足顾客的需求成为可能，技术的发展和变化会影响到企业组织的各个方面，其中包括重新建立企业的组织结构。近几十年来，随着高新技术的大量涌现，进一步促进管理思想向系统化方向发展，管理体制向"集团制"方向发展，同时迫使企业的组织结构必须作相应的变革。21世纪的工厂的组织结构将是多维的、网络式的，即一些小型的中心组织将依据顾客的合同，依靠其他公司和供货商进行生产、分配、营销或其他重要的流程式的经营活动。这种变革将是根本性的变革。正如德鲁克所说的，我们正在进入一个与过去根本不同的时代，这个时代的特点是"……指挥和控制的组织将变为……信息基础的组织……"。这些新式的组织结构将牵涉到在管理责任、方法、信息交往和传递等方面的根本改变，而不只是对现在的组织结构安排的简单的微小的调整。

三、组织变革与发展的动因

1．现代科学技术的迅速发展

现代科学技术的迅猛发展，促使生产手段和管理方法不断发生变化。设备更新、工艺改革更加频繁，产品更新换代加速，新产品不断涌现。新技术和电子计算机的应用，使组织中的信息处理、决策手段、控制方式等方面都发生了革命性变革。这些变化迫使组织在结构、层次等许多方面进行相应变革，调节自己的运行机制，以提高组织效率和竞争力。

2. 市场竞争更加激烈，消费者需求不断变化

随着科学技术和社会生产的发展，消费者的需求也不断变化，促使产品竞争、市场竞争更加激烈，组织的目标价值体系不断受到冲击，需要作出相应的变化。特别是在世界范围内，原来处于劣势的国家和地区的迅速崛起，在一些领域成为许多发达国家的竞争对手，更引起了人们对组织变革的重视。

3. 社会对组织要求越来越高，增加了组织的社会责任

组织是社会的基础单位，依靠社会而存在。现代社会对组织，特别是对企业组织要求越来越高，企业组织不能只考虑自己组织的利益，不能只以盈利为目的，还必须顾及社会利益、顾客利益和居民利益，如要对净化环境、防止公害、支持公益事业等负责任。国家也要通过政府法令、政策等直接影响组织行为，如国家计划、行政控制等，对企业的产品、工艺流程、投入规模等都有重要影响。这些都促使组织要变革和发展。

4. 职工队伍发生变化，促使劳资关系发生变化

随着科技、经济的发展，职工素质发生了重大变化，受教育程度提高，企业中从事脑力劳动的"白领工人"和从事体力劳动的"蓝领工人"的比例发生很大变化，"白领工人迅速增加"，"蓝领工人"的工作中，其知识性成分也不断增加。劳动力的能力和觉悟普遍提高。例如，不满足于从事简单的重复性的工作，希望从事复杂的富于挑战性的工作；不满足于一般的物质刺激，更重视精神需要的满足；要求分享所有权，要求参与企业决策，分享决策权等。原有的传统管理体制受到挑战和冲击，组织需要变革就势在必行。组织内部条件的变化还说明，人力资源的开发和利用，是组织面临的最大课题。组织要生存和发展，就要认真考虑人的因素，充分调动人的积极性。只有这样，才能使组织不断适应环境的迅速变化。

四、组织变革的征兆

引起组织变革的原因总会通过各种形式表现出来，也就是说，组织变革总有它的先兆和信号。如果一个组织内部出现了下列情况中的一种，那就是组织变革的征兆。

（1）机构重叠，职能重复，人浮于事，影响组织效率。

（2）权限冲突，协调困难，造成损失。

（3）组织决策的形成过于缓慢，以致无法把握良好的机会，或者时常造成错误的决策。

（4）组织中沟通不良，造成许多严重后果，诸如协调不好、人事纠纷等。

（5）组织的机能不能得到正常的发挥，人员素质不足以配合组织形式发生的变迁。

（6）组织缺少创新，没有新的或较好的方法出现等。这些都说明组织的停滞。

就我国绝大多数的企业组织而言，若有如下几种情况，应看作是变革的征兆：（1）组织内部官僚主义盛行，直接影响组织目标的实现；（2）组织内部涣散，组织成员情绪低落，贪图安逸；（3）工作效率低，人浮于事严重；（4）组织内部奖惩不分明，吃"大锅饭"，大部分成员无工作积极性；（5）组织中职能部门存在着较大的失误，如人事部门任人唯亲，财务部门违犯财经纪律，生产部门安全问题多、废品多等。

第二节 组织变革与发展的内容和方法

一、组织变革与发展的内容

由于各种组织的情况不同，客观环境的不断变化，不同组织或同一组织的不同时期的组织变革的内容也不会完全相同。组织变革与发展的内容主要有以下三个方面。

1. 以组织结构为重点的变革与发展

一般来说，以组织结构为重点的变革的主要内容有以下几个方面。

（1）重新确定管理的职能与工作的组成及其系统化，规定每个职能管理工作的质和量。

（2）按新的决策需要，确定权力分散与集中的程度。

（3）在考察信息流和文件周转情况的基础上，修订管理机关、职能部门的相互联系模型。

（4）精简和健全管理机构、调整管理层次的数量和减少部门多余人员。

（5）修订规章制度和各岗位职务说明书，使其更加明确。

2. 以工作任务为重点的变革与发展

以工作任务为中心的变革，主要有以下内容和方法。

（1）工作范围扩大化和工作内容丰富化。所谓工作范围扩大化是指让一个职工承担较多的工作或周期更长的工作，体验工作的乐趣。工作内容丰富化是指使工作内容多样化，参与工作的全过程，使职工体验到工作的完整性和挑战性。工作范围扩大化和工作内容丰富化是使职工的工作尽可能向纵向、横向扩展，以消除分工过细带来的单调乏味、枯燥沉闷的气氛，提高职工的工作兴趣。

（2）建立自治的工作群体。让生产班组安排自己的工作计划，自己控制和调节工作进度和安排任务。这样可以增强责任感，密切人际关系，提高工作的兴趣。

（3）工作轮换。职工从事某种类型工作一定时间后，和其他类似的工作进行轮换。目的在于提高职工对工作的兴趣。

（4）组织镜像法。这是当某组织在对外关系上发生了障碍和问题时采取的一种变革方法。这种方法是从若干有关群体的代表那里获得对本组织的印象和意见。

3. 以人为重点的变革与发展

以人为重点的变革内容和方法很多，主要有以下几种。

（1）改变个体的观念与态度。改变职工个体的观念与态度主要是满足成员的各种合理需要、加强信息沟通、发动职工参与管理等，即提高职工的工作生活质量，同时注意采取适当的领导方式。

（2）发展个体的行为方式。发展个体行为的方法很多，主要有以下三种。

① 行为矫正。就是强化人们符合组织要求的行为，矫正那些不符合要求的行为。这就需要在职工行为过程中始终跟随着强化措施，强化要及时。

② 角色分析技术。用来明确组织中角色的责任和期望以提高组织效率的一种技术。它特别适用于新组织和那些成员职责不清、个人行为不符合组织要求的组织。

③ 班组讨论会。是指在班组讨论会上对工作进行开诚布公的讨论，提意见、谈想法，每个人都可以得到反馈信息。通过这种讨论，能联系实际，明确自身的角色职责、行为要求，弄清集体和组织对他的角色期待，可以增强责任感，更好地完成本职工作。我国企业或其他组织中采取这种方法的比较多。

（3）发展群体行为的方式。

① 过程咨询法。是通过外部的专家、顾问等帮助诊断和解决组织面临的问题。

② 组队建设（群体建设）。组队建设包括三个方面：一是对组织集体进行诊断，使成员明确问题所在；二是协调群体内部关系；三是改进群体的工作方法。完成这些内容可以根据不同要求采取不同的形式，如分析讨论会、班组建议会、角色分析会等。

③ 方格训练。这是从领导行为的管理方格理论发展而来的组织发展措施。管理方格理论认为，有效的领导行为应是方格中 9.9 的位置，即对人和生产都表现出最大的关心。方格训练就是有计划地通过群体学习的方式，达到 9.9 的管理方式。

二、组织变革与发展的方法

关于组织变革与发展的程序方法，管理学家、行为科学家通过实践进行总结和概括，形成不同的观点和理论，下面介绍几种。

1. 克利组织变革模型

克利把组织变革分解为三个阶段，九个步骤，如图 15-1 所示。

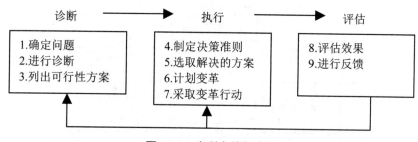

图 15-1 克利变革程序图

2. 勒温（K. Lewin）组织变革模型

勒温认为组织变革应包括三个步骤：解冻、改变、再冻结。他特别重视变革过程中人的心理机制。这三个步骤就是他针对职工的态度和行为提出来的。

（1）解冻。首先使职工认识到，照老办法下去不能达到希望的结果。为此，一方面不能对旧的态度和行为进行强化和肯定；另一方面要使职工感到变革的迫切性。只有职工自己认识到旧态度、旧行为实在不行，迫切要求变革，愿意接受新东西，变革的实行才有可能。此外，还要创造一种心理上的安全感，扫除害怕失败、不愿变革的心理障碍，感到有能力变革。

（2）改变。指明改变的方向，实施变革，使职工形成新的态度和行为。这一步骤要注意职工的心理过程。首先，是对角色模范的认同；其次，从客观情况出发，对多种信息加以选择，并筛选出有关自己的特殊信息。勒温认为，变革是个认知过程，上述过程完成的前提条件是职工有真正愿意变革的动机。

（3）再冻结。利用必要的强化方法使新的行为方式固定下来，使之持久化。为确保变革的稳定性，首先，要使职工有机会来检验新的态度和新的行为是否符合自己的情况。应用鼓励的办法使之保持持久，不能操之过急，求全责备。其次，职工应有机会检验与他有重要关系的其他人是否接受和肯定新的态度。因为群体成员彼此强化新的态度和行为，个人的新态度和新行为可以巩固。

3. 夏恩（H. Schein）的适应循环模型

夏恩认为，变革是一个适应循环的过程，此过程分六个步骤，如图 15-2 所示。

（1）洞察内部环境及外部环境中产生的变化。

（2）向组织有关单位提供确切的情报资料。

（3）根据输入的情报资料改变组织的生产过程。

（4）减少或控制因变革而产生的不良副作用。

（5）输出变革产生的新产品及新成果等。

（6）经过反馈，进一步观察内外环境的一致程度，评定变革结果。

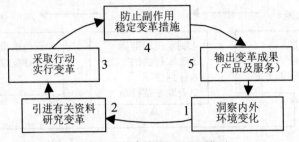

图 15-2　夏恩的适应循环模型

4．组织变革的综合模型

综合各学者的观点，组织变革的程序步骤大致包括以下几个方面，如图 15-3 所示。

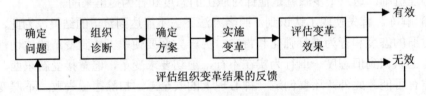

图 15-3　组织变革的程序步骤

总之，组织变革一般都需要经过以下几个步骤。

（1）研究组织的内外环境，确认变革的需要。

（2）认识问题，找出差距。

（3）提出变革行动方案。

（4）实行变革。

（5）评定变革的效果，实行反馈。

（6）巩固变革成果。

第三节　组织变革与发展的阻力及阻力的克服

组织变革与发展是客观需要，一般会受到职工的欢迎。但也往往会遇到某些阻力。这就必须克服阻力，才能使变革顺利进行。

一、组织变革的阻力

组织变革遇到的阻力往往是多方面的，不同组织的变革阻力也不会完全相同。其主要反映在以下几个方面。

1．传统观念和旧习惯的阻力

由于长期生活在相对稳定的组织环境中，形成了照章办事、按部就班、因循守旧的思想。尤其是一些领导者求稳怕乱、不愿承担风险。当这种定势或习惯化支配人们的态度和行为时，就会成为变革的阻力。

2．旧体制影响产生的阻力

组织中原有的结构、旧的体制仍然要发挥作用，它的不合理的责、权、利关系制约了人的行为，从而形成变革的阻力。

3．不安全感形成的阻力

组织变革会使一部分人担心自己权力、地位被削弱；有些人担心经济收入会降低或担心职业上不适应、工作不安全、前途不明等，这些担心都会造成心理上的不平衡，以至对变革产生抵触，形成一种阻力。

4．不公平感产生的阻力

变革可能使分配政策上有所改变，如打破"大锅饭"、"铁饭碗"，有人可能担心个人收入会下降，或担心分配不公平，或担心改变职务降低工资，或因工作不熟练减少收入等，从而形成变革的阻力。

5．群体的价值观念和行为规范产生的阻力

组织中的各类团体，其成员间的关系不仅是工作关系，也是社会关系。假如某项改革措施破坏了这种社会关系，同群体原来的价值观念与行为规范发生冲突，就会对变革产生抵触而形成阻力。当组织变革的意义尚未为成员所理解和认同，变革的目的和群体目的不一致时，群体规范就会对成员形成一种压力，使成员服从群体的要求、维持原状，反对变革。

二、克服组织变革阻力的措施

1．教育

在组织变革之前，做好充分的思想教育和宣传工作，经过充分讨论和沟通，使各级领导者和全体职工认识组织发展的目标和需要，充分认识其必要性，做好心理准备。改革过程中始终贯穿教育，针对具体的阻力采取适当的教育方法，可以用改革的实际成效进行教育，不断提高职工对改革意义的认识。

2．选择恰当的时机与合理的进程

组织变革要使组织的许多方面发生变化，会出现许多新生事物，人们的认识需要有一个转变过程。所以，不能强行加速，随心所欲，否则会欲速而不达。要有计划地安排，选择恰当的时机与合理的进程，以克服阻力。

3. 采取参与方法

让职工群众参与组织变革，征求他们的意见，使他们对改革有发言权。这样会使职工增强责任感，提高对改革的积极性，又能使改革深入人心，为职工所接受。同时，可以集思广益，集中群众智慧，使组织发展方案更符合组织的实际需要。

4. 促进与支持

组织变革与发展往往对职工心理上、技能上提出更高的要求，采取措施帮助他们适应这些要求，就能有效地克服某些可能产生的抵触和阻力。为此，在变革的各个阶段，可因人而异地给职工某种支持或培训，从而使职工尽快适应新形势，推动组织变革与发展。

5. 鼓励先进，教育后进

在组织变革与发展过程中，应及时对先进单位和个人给予鼓励、奖励，对阻碍变革的部门或个人及时教育或采取适当措施调整，从而形成积极向上、勇于变革的气氛。

6. 利用群体动力

积极地利用群体动力，有利于克服组织变革与发展中遇到的阻力。这需要在群体内形成强大的舆论力量，注意使个人、集体和组织的变革目标保持一致，运用群体在人们心目中的威望，树立新规范；培养成员的归属感，使其感到变革是他们自己的事，积极投入到变革中去；还要注意各群体之间的协调一致和相互支持，成为组织内上下一致的行动。

7. 立场分析法

这种方法是心理学家勒温提出的。即在组织变革过程中遇到阻力时，分析组织中支持变革和反对变革的所有因素（不同立场），采用图示方法进行排队、分析，比较其强弱，然后采取适当措施，通过增强支持因素和削弱反对因素的办法，推行变革。

第四节 组织未来发展的基本趋势与模式

一、组织未来发展的基本趋势

组织未来的发展趋势具体体现在五个方面。

1. 组织结构从垂直到扁平

减少管理层次，扩大管理幅度，使组织结构呈现扁平化成为现代企业组织发展的基本趋势之一，除了复杂多变的外部环境导致企业对其产生需求外，还有两个必不可少的条件。其一，现代信息技术的巨大进步，为扁平化组织结构的高效运行提供了重要的功能支持。其二，组织成员独立工作能力的大大提高，为扁平化组织结构的高效运行提供了重要的能力保证。

2. 组织控制从集中到分立

在新形势下，由于企业所处环境的变化，庞大的组织规模成了企业发展的包袱、成长的瓶颈，甚至使其丧失原有的竞争力。于是，许多大企业纷纷对自身加以改造，使企业中某些部分成为独立的企业，这就使企业组织出现了另一个基本趋势，即分立化。分立化一般有两种形式：横向分立和纵向分立。横向分立是按产品的不同种类进行的，所分立的各个企业的组织结构与企业的产品结构相适应。通过横向分立，可以最大限度地提高单个产品结构的自主权，在一个又一个的单个产品市场上形成自己的独特优势。纵向分立是按同一产品的不同生产阶段进行的，纵向分立所形成的各个企业之间的关系是一种同一类别产品内部上、下游产品之间的关系。通过纵向分立，可以进一步集中企业的力量，提高企业的专业化经营水平。

3. 组织形式从固定正式到临时柔性

柔性化组织的目的是使一个组织的资源能够得到充分利用，增强组织对环境动态变化的适应能力。在设计上，要遵循两大原则，即集权与分权的统一和稳定与变革的统一。集权与分权统一的关键是在上下级之间能够建立起有效的信息沟通渠道，及时进行沟通联络，适时调整权责结构，保证组织的战略发展目标和组织的各项具体活动之间形成有机的联结关系。稳定性与变革性的统一，就是建立所谓的"二元组织"，即把组织分成两部分：一部分是为完成组织的经常性任务而建立的组织结构，这部分组织比较稳定，是组织的基本组成部分；另一部分是为了完成组织的创新性任务、临时性工作而建立起来的组织，这种组织具有较大的动态性。

4. 组织类型从纵向一体化的大型组织到横向一体化的网络型组织

以往许多企业过分强调零部件的专用性，把自己需用的零部件生产都纳入自身的生产体系，自行解决，它们不断地实行前向一体化和后向一体化战略，致使企业规模不断扩大。近年来，随着企业内外环境的变化，越来越多的企业认识到，庞大的规模和臃肿的机构设置不利于企业竞争能力的提高，因此，他们一反过去在二战后相当长的一段时间内追求规模大型化的做法，开始强调"缩小规模"，通过剥离、出售与自己主业无密切关联的事业部或子公司，实施集中资源搞好组织的新战略。与此同时，为了增强市场竞争能力，企业之间的联合与并购不断，各种企业集团和经济联合体以网络的形式把若干命运休戚相关的企业紧密联结在一起，使组织变革呈现出日益强劲的网络化趋势。

5. 组织管理边界从封闭到开放

将企业组织建成无边界的组织，这是一种边界灵活，没有局限性，能够使信息、资源、观念和思维自由与快速流动穿行的企业组织。其目标是破除传统企业组织所具有的四种硬性的组织边界：(1) 垂直边界，即各层次、各头衔人员间的等级权力边界；(2) 水平边界，即各职能间与规章制度间的边界，也就是横向的职能、纪律、业务、产品边界；(3) 外部边界，即企业与其供应商、客户、政府之间的边界；(4) 地理边界，即不同国家、民族、文化和市场体制之间的边界；最终实现开放化。这样一来，企业组织的开放化不仅指企业自身的范畴，而且还包括可能和必须涵盖的"外部组织"或"外力"，使它们也成为组织的一部分，企业组织系统便同整个社会经济系统成为一体。开放化的企业组织系统，通过现代信息网络会很容易地使自己系统中的某些要素同其他企业组织系统中的某些要素组合起来，形成新的生产力。

二、未来组织发展的主要模式

今后一段时间内各种社会组织，尤其是企业组织可能采取的主要组织模式有以下几种。

1. 虚拟型组织

虚拟型组织是一种企业与企业之间的暂时组织形式，是不同的企业通过合作所组建的"战略联盟"。所加盟的各个企业，可以充分发挥自己的竞争优势，共同开发一种或几种新产品，并迅速将其推向市场。他们共同分担所有的成本费用，共同享有开发产品所研制的高新技术。一旦联盟的目标实现，先前组建的虚拟组织即告解散，而为了新的战略与目标，经过重新组合，又会形成新的虚拟组织。因此，虚拟型组织只是一个概念上的场所，并不具有实体性，是一种既没有明确的组织边界，也不存在固定结构的有机的组织模式。

2. 团队型组织

团队不仅仅是指由两个或两个以上相互作用和相互依赖的个体、为了实现某个特定目标而组合在一起的工作群体，更重要的是它能通过其成员的共同努力产生积极的协同作用，使团队的绩效水平远远大于个体成员绩效的总和。

3. 变色龙型组织

由于企业所处环境的不断变化，未来的组织最终也可能是一个适应性机体，其形式及外貌会随环境及组织变化的需要而随时变化。这就向人们展示了另外一种组织模式——变色龙型组织。变色龙型组织具有五大重要特征。

(1) 极大的灵活性。它会随环境的变化而转向、适应和变化。

(2) 对个人的承诺。以对个人的承诺为中心，强调的是结果而非工作过程。

(3) 充分运用团队。团队在进行组织工作中起着越来越重要的作用。

(4) 扎实的基本功底。即了解怎样使组织做得最好的知识。

（5）尝试多样性。这种多样化包括人员构成的多样化、工作时间的多样化等。

4．可塑型组织

之所以需要建立可塑型组织，是因为竞争优势的可持续性降低了。一旦优势难以持久，行使其战略的组织也就难以持久了。在这种情况下，要想在竞争中取胜，就需要不断地转换经营战略，以创造出一系列连续的短期优势。可塑型组织是实施这种不断转换战略的最佳组织模式。

第五节 学习型组织及其创建

一、学习型组织的概念及特征

1．学习型组织的概念

所谓学习型组织，是指通过培养弥漫于整个组织的学习气氛、充分发挥员工的创造性思维能力而建立起来的一种有机的、高度柔性的、扁平的、符合人性的、能持续发展的组织。这种组织具有持续学习的能力，具有高于个人绩效总和的综合绩效。

2．学习型组织的特征

学习型组织具有下述几个特征。

（1）组织成员拥有一个共同的愿景。它是组织中所有员工共同愿望的景象，是他们的共同理想。它能使不同个性的人凝聚在一起，朝着组织共同的目标前进。

（2）组织由多个创造性个体组成。团体是最基本的学习单位，团体本身应理解为彼此需要他人配合。组织的所有目标都是直接或间接地通过团体的努力来达到的。

（3）善于不断学习。善于不断学习是学习型组织的本质特征。所谓"善于不断学习"，主要有四点含义：一是强调"终身学习"；二是强调"全员学习"；三是强调"全过程学习"；四是强调"团体学习"。学习型组织通过保持学习的能力，及时铲除发展道路上的障碍，不断突破组织成长的极限，从而保持持续发展的态势。

（4）"以地方为主"的扁平式结构。传统的企业组织通常是金字塔式的，学习型组织的组织结构则是扁平的，即从最上面的决策层到最下面的操作层，中间相隔层次极少。它尽最大可能将决策权向组织结构的下层移动，让最下层单位拥有充分的自主权，并对产生的结果负责，从而形成以"地方为主"的扁平化组织结构。

（5）自主管理。"自主管理"是使组织成员能边工作边学习并使工作和学习紧密结合的方法。通过自主管理，组织成员可以自己发现工作中的问题，自己选择伙伴组成团队，自己选定改革、进取的目标，自己进行现状调查，自己分析原因，自己制定对策,自己组织实施,自己检查效果,自己评估总结。

(6)组织的边界将被重新界定。学习型组织的边界的界定,建立在组织要素与外部环境要素互动关系的基础上,超越了传统的根据职能或部门划分的"法定"边界。

(7)员工家庭与事业达到平衡。学习型组织努力使员工丰富的家庭生活与充实的工作生活相得益彰。学习型组织对员工承诺支持每位员工充分的自我发展,而员工也以承诺对组织的发展尽心尽力作为回报。这样个人与组织的界限将变得模糊,工作与家庭之间的界限也将逐渐消失,两者之间的冲突也必将大为减少,从而提高员工家庭生活的质量,达到家庭与事业之间的平衡。

(8)领导者担任新角色。在学习型组织中,领导者是设计师、仆人和教师。领导者的设计工作是一个对组织要素进行整合的过程,他不只是设计组织的结构和组织政策、策略,更重要的是设计组织发展的基本理念;领导者的仆人角色表现在他对实现愿景的使命感,他自觉地接受愿景的召唤;领导者作为教师的首要任务是界定真实情况,协助人们对真实情况进行正确、深刻的把握,提高他们对组织系统的了解能力,促进每个人的学习。

二、学习型组织的五项修炼

学习型组织具有典型的五项修炼。

1. 自我超越

自我超越是指突破极限的自我实现或技巧的精熟。自我超越以磨炼个人才能为基础,却又超乎此项目标;以精神的成长为发展方向,却又超乎精神层面。自我超越的意义在于以创造的现实来面对自己的生活与生命,并在此创造的基础上,将自己融入整个世界。

自我超越的意义在于创造。高度自我超越的人是永不停止学习的,因为自我超越不是一个人所拥有的某些能力,它是一个创造的过程,一种终身的修炼。高度自我超越的人,会敏锐地察觉自己的无知、能力不够和成长上限。他能学会如何在生命中产生和延续创造张力。自我超越层次高的人誓愿也高,且工作更为主动,责任感强,学习也更快。

2. 改善心智模式

心智模式是人们对世界认知的一种方式,是根深蒂固于我们心中,并影响我们如何了解这个世界,以及如何采取行动的许多假设、成见、思维方式,甚至可以是图像或印象。

心智模式主要有三个特点:(1)根深蒂固,深植于每个人的心中;(2)每个人的心智模式都有缺陷,人无完人,但自己往往毫无察觉,大多数人自我感觉良好;(3)心智模式有时效性。

3. 建立共同愿景

共同愿景是大家共同愿望的景象,是组织中共同持有的意向或景象,它是在人们心中感召的力量。

共同愿景对学习型组织是至关重要的,因为它为学习提供了焦点与能量。在缺少愿景的情形下,充其量只会产生"适应型的学习",也就是只有在需要时才会去学习。只有当人们致力于实现某种他们深深关切的事情时,才会产生"创造型的学习",这对于个人和组织来说,都是如此。事实上,也只有人们对他们真正想要实现的愿景感到振奋时,创造型学习才会变得具体,变得可操作,学习型组织也才会建立起来。

4. 团体学习

团体是整个组织学习的一个学习单位。团体学习的过程是发展团体成员整体搭配与实现共同目标能力的过程,其作用是发挥团体智慧,使学习转化为现实生产力。因此今天的组织迫切需要团体学习。个人学习是团体学习的基础,因为团体学习毕竟是由个人学习的成员所组成,但每个人都在学习的团体并不等于团体学习。因为学习的主体不一样,个人学习以个体为主,团体学习是将团体这个整体作为主体来看待的。团体学习的目的是使团体智商大于个人智商,使个人成长速度更快,并使学习力迅速转化为生产力。

5. 系统思考

按照系统思考去研究处理事物,应把所处理的事物看作一个系统,并以总体的角度把系统中的人、物、能量、信息加以处理和协调。按照系统思考的方法观察、分析、控制、管理、协调某一个事物时,不能只见"树木"不见"森林",也不能只见"森林"不见"树木"。在实践中,人们用系统思考求解实际问题通常有三个方法:看长期处理近期,看全局掌握局部,看动态把握静态。对系统思考的基本要求:(1)防止分割思考,要整体思考;(2)防止静止思考,要动态思考;(3)防止表面思考,要本质思考。

复习思考题

1. 怎样理解组织变革与发展的含义?
2. 组织变革与发展的理论是什么?
3. 组织变革与发展有哪些动因?
4. 组织变革有哪些征兆?
5. 组织变革与发展主要包括哪些内容?

6. 组织变革与发展的基本程序与方法是什么？
7. 组织变革通常有哪些阻力？应该如何克服这些阻力？
8. 组织未来发展的基本趋势和主要模式是什么？
9. 怎样理解知识经济条件下的学习？
10. 什么是学习型组织？学习型组织有哪些特点？
11. 怎样理解五项修炼？
12. 怎样理解学习型组织的六大要素和六项行动？

案例 15-1　海尔学习型组织的创建

张瑞敏说，"高质量的产品是由高素质的人生产出来的，这就是管理哲学的核心"，"最为重要的是提高工人及管理人员的素质"。张瑞敏的管理哲学就是要集中力量提高人的素质，以保持海尔在中国家电行业中的领先地位。

张瑞敏这样解释："要想在各自的领域里发展并成为具有规模经济与影响力的企业，首先就必须争最优。所谓最优，不是指人多，而是指人员素质要高。管理者在提高自身素质的同时，要把自己带领的一批人都培养成为能干大规模经济的高素质人才。可以说，没有人员素质的最优，决不会干到事业上的最大。""我们按国际上通行的业务标准来培训我们的人员。我的任务就是创造出一个合适的环境，在此环境下使每个人都能发挥和贡献其才能。每个人都有其特殊才智和素质。"正是在海尔总裁张瑞敏"员工素质第一位"的管理思想的指导下，海尔建立起了一系列激发员工活力的人才培训体系，对员工进行全过程、全员性的教育培训，使海尔员工始终处于一个学习型组织所必要的环境之中。

建立学习型组织的培训模式

海尔集团把教育和培训作为人力资源开发的主要手段，而且与一般企业不同的是，海尔将工作、培训、激励整合在一起，构成了一个学习型组织，并且将学习本身变成工作的一个部分，形成了具有鲜明特征的海尔学习型组织培训模式，如图 15-4 所示。

一、全过程性

海尔首先强调，工作从培训开始。任何员工进入海尔，第一道工作，就是学习。学习海尔的历史，海尔的文化，然后学习海尔的工作模式与岗位工作

图 15-4　海尔的学习型组织五大特征

方法。海尔的培训形式很多，几乎涵盖了海尔员工工作的所有方面，如岗前培训、岗位培训、转岗培训以及多技能培训、专业培训等。

在岗前培训中，公司非常重视企业文化培训，高质量地开发员工的主体积极性和创造性意识，激发培养起员工的个人责任心和企业荣辱感、信誉效益观、质量意识、协作精神、自主管理能力、参与意识等，并通过管理的整体力量加以激化，将其释放到企业生产经营活动中去，从而实现对资源的高效运用。

在具体的工作岗位上，培训也是每时每刻都在进行的工作。班长带工人，每天日清总结，及时发现问题，及时纠正问题，及时进行海尔思考问题与分析问题的方法培训，构成了一个与海尔工作与时俱进的培训体系。海尔认为，素质比数字更加重要，只有先有素质，才能后有数字。员工素质的高低决定着企业经营的好坏和发展潜力的大小，而提高素质的根本手段，就是将企业变成一个学习型组织，将学习深入到每天每时、每个工作岗位上，将学习最新的科学技术知识、最新的工艺操作方法、最新的管理理论、最新工作方法，作为企业员工工作的一部分，从而保持人力资源的质量优势，这是增强企业活力和竞争力的关键。

二、全员性

全员培训是对企业内部各职能部门、各生产经营单位的全部员工进行有计划的培训，以尽快提高员工队伍的整体素质。全员培训在强调全员接受训练的同时，还侧重两个方面的培训：一个是重点培训各方面的骨干人才、尖子人才——骨干工人、骨干技术人才、骨干管理人才；另一个则是重点培训出现问题的员工，通过培训帮助他们提高素质，发现问题，避免类似问题重复发生。

三、即时性与实战性

海尔培训工作的原则是"干什么学什么，需要什么补什么，急用先学"，目的是使员工弄清楚"什么是错的，什么该干，什么不该干"。这是每个员工在工作中必须首先明确的内容。技能培训是海尔培训工作中的重点，海尔在技能培训中侧重于即时的员工间的实战学习。海尔在进行技能培训时主要是以实际工作中随时出现的案例（最优事例或最劣事例），利用当日班后会的时间立即（不再是原来的停下来集中式的培训）在现场进行剖析，并以此为例来统一人员的动作、观念、技能，然后利用现场看板的形式在区域内进行推广学习。好的案例经过提炼在集团内部的报纸《海尔人》上进行公开发表、讨论，在企业内达成共识。这种即时性的案例交流一方面可以从工作中迅速发现问题和解决问题，另一方面可以让员工从案例中学到分析问题、解决问题的思路及观念，及时更正错误、学习先进，从而提高技能。

对于管理人员来讲，即时性的学习就是对日常管理工作中发生的事例进行即时分析，参照公司制度，对比其他部门，总结不足、对比优势，利用每月的例会、每日的日清会、专业例会等各种形式进行交流沟通。好的经验对下实施推广，不足之处加以补充，错的地方立即更正。这种方式有利于管理者对生产经营及时进行调整。

四、多层次、多角度性

除了内部培训之外，海尔集团有计划地安排中高层管理人员参加工商管理硕士（MBA）学位班或出国考察培训；工程技术人员则以半脱产的形式就近到大学对口进修，或请专家教授来企业讲学，或派有关人员外出参加专题研讨会、专题学术会议，甚至出国进修考察。图15-5所示为海尔的两大培训。

图15-5 海尔的两大培训

1. 企业文化培训

海尔文化是海尔发展的总动力，在员工培训中企业文化的培训必不可少。一个新员工进入海尔，首先接受的培训就是海尔文化方面的培训。企业文化的培训从企业精神、企业制度和企业物质文化三个层次进行。在这三个层次中企业精神即价值观念的培训是海尔培训的重中之重。

企业文化内容的培训，海尔主要有三个方法：第一是集中讲解式学习，在员工上岗前、转岗时，集中进行培训；第二是通过其内部报纸《海尔人》进行宣传，围绕报纸的一些案例，各级干部组织员工进行内部学习；第三是发动员工进行互动培训，通过员工的"画与话"、灯谜、文艺表演、找案例等用员工自己的画、话、人物、案例来诠释海尔理念，从而使员工达成理念上的共识，营造了积极活泼的文化氛围。

2. 海尔个性化职业发展培训

海尔将员工的发展视为企业的发展，其人力资源开发思路是"人人是人才、赛马不相马"，员工有多大的本事，企业就为他搭建多大的舞台并为他提供相应的培训。海尔按照岗位性质为不同的员工设计不同的职业生涯，大致分为三类：一类是专门针对管理人员的；一类是针对专业技术人员的；一类是针对一线工人的。海尔根据不同的职业生涯设计为每个人制定了个性化的培训计划，针对不同的人进行不同的培训，尽可能地为个人发展创造条件。在具体实施上每一类人都有特定的升迁方向，只要是符合升迁条件的即入后备人才库，参加下一轮的竞争，跟随而至的亦是相应的个性化培训。

3. 管理人员的培训

企业管理人员在企业发展中起着至关重要的作用，企业管理人员的素质不提高，企业的发展就根本不可能实现。海尔除了集中培训外，重点还是对现有的管理者进行实战培训。对海尔管理人员的个性培训如图15-6所示。

图 15-6　海尔管理人员的个性化培训

（1）海豚式训练

这种培训是海尔培训工作的一大特色，它主要解决管理者知识层面中的深度的问题。

海豚是海洋中最聪明、最有智慧的动物，它要跳跃时，先会向下潜水，然后借用水的反作用力向上跳，潜下去越深，则跳得越高。海尔的管理者在岗前、轮岗甚至是岗位工作需要时，都会被要求到基层去学习锻炼，以获得那个领域一线生产经营的技术和经验。这样的培训机制对管理者来说压力可能较大，但正是这种大浪淘沙竞争式的培训造就出了真正有实力的干部。

（2）轮岗培训

"届满要轮流"是海尔培养多技能人才的主要措施之一，它主要解决管理者知识层面中的广度的问题。一个管理者长久从事一项工作，久而久之易形成定势的思维及相应僵化的知识结构。海尔以"创新"为其发展的核心，必然不能容忍这样的事情发生。目前，海尔已制定明确的制度，规定了每个管理岗位的最长工作年限。管理者在届满之后要轮换部门。这种届满轮岗机制一方面可以防止管理人员由于从事定式工作时间长而容易产生的思想麻痹、缺乏创造力等弊病；另一方面还可以通过变换不同的部门培养出具有综合知识技能和协调能力的管理人才，为企业今后更大的发展奠定人力基础。

张瑞敏曾说过，一个人的经验很重要，可一旦全盘依赖经验，企业也就完了，因为那不可能适应外界的发展变化。他引用美国一位管理学家曾经说过的话说，你要想搞垮一个企业很容易，只要往那里派一个具有好多年管理经验的总裁就行了。可见以不变应万变的时代已不复存在，现在的企业必须在变中求胜。

（3）实战培训

不论是到基层锻炼也好，还是换届轮岗也好，培训都不局限于文本知识，其中心内容离不开实战，都是围绕实际工作展开，讲求的是获得实际经验。海尔集团常务副总裁柴永森，是 20 世纪 80 年代中期在企业发展急需人才的时候入厂的。刚进厂，他就先在国产化、引进办挑起了重担，后又到进出口公司当一把手。他干得很累，工作有时也上不去。但是领导经过分析发现，柴永森的潜能很大，缺少的只是相应的知识，需要补补课，为此就安排他去补质量管理和生产管理的课，让他到一线去锻炼。他先后在检验处长、分厂厂长的岗位上工作，边干边学，拓宽知识面，积累工作经验。在较短的时间内他成熟了，担起了一个大型企业副总经理的重任。由于业绩突出，1995年又被委以重任，担任了海尔兼并的红星电器公司总经理的职务，这个企业的主要症结是：亏损、困难较大、离市场差距较远。他不畏困难，带领员工艰苦创业、奋斗拼搏，一年后就使这个企业扭亏为盈，两年走过了同行业 20 年的发展路程，成为同行业的领头雁。由此形成的海尔吃"休克鱼"案例，使海尔成为被哈佛大学纳入案例库的首家中国企业。之后他的肩上又挑过了一个又一个重担，且不停地创造奇迹，被《海尔人》誉为"你给他一块沙漠，他还给你一座花园"的好领导。这样的优秀企业领导者很多很多，例如，通过"赛马"制度升迁到副总裁岗位的梁海山、周云杰，都是重压下培养锻炼出来的典型。

实战培训包括工人培训和技术专业人员培训。

① 工人培训。工人培训（见图 15-7）分为文化培训，上岗培训，以及岗上培训三种形式。其中，岗上"即时"实战化技能培训是海尔工人培训的最大特色。

图 15-7　海尔工人的个性化培训

岗上实战培训的一个成功做法，是让优秀员工现身说法，介绍自己的经验，提高整体队伍的素质。实行市场链机制后，海尔海梅事业部感受到了来自市场的压力，分厂领导为了提高员工素质，特意举办了"请'教授'上课"的活动，利用分厂倒班，每天抽出会后 10 分钟，让技术能手把技术诀窍传授给员工，根据讲课效果评定"职称"。总装二车间主任王吉波是洗衣机方面的技术能手，他负责讲授的是滚筒洗衣机常见故障的排除，由于是介绍自己的工作经验，因此，生动而且实用，后来他被晋升为"讲师"。通过大量培训，每个员工的技能提高了，索赔少了。而且员工接受培训后，获得了业绩提高，自身也产生了当一回讲师的愿望，检测工人王秀玉通过听课，不但测试速度提高了，而且漏检现象没有了，反而因为技能提高，从市场中得到索酬，后来，根据自己积累的经验，她也准备了一课，开始走上讲台。

技能培训是海尔工人培训工作中的重点。海尔在进行技能培训时重点是以实际工作中随时出现的案例（最优事迹或最劣事迹），当日利用班后会的时间立即（不再是原来的停下来集中式的培训）在现场进行剖析，并以此为教材来统一人员的动作、观念、技能，然后利用现场看板的形式在区域内进行培训学习，并通过提炼在集团内部的报纸《海尔人》上进行公开发表、讨论，形成共识。员工能从案例中学到分析问题、解决问题的思路及观念，从而提高技能。对于管理人员则是以日常工作中发生的鲜活的案例进行剖析培训，且将培训的管理考核单变为培训单，利用每月的例会、每日的日清会、专业例会等各种形式进行培训。

② 技术专业人员培训。技术专业人员的培训则是采取实战锻炼与再提高培训相结合的方法。

实战训练则是在工作中，由高级别技术人员带动的训练。海尔在技术创新体系中，采取项目承包管理方法，项目负责人选择支持人员，这样，项目负责人就负责在工作中培训低级别技术人员。更新知识培训是海尔专业技术人员培训工作的辅助，它包括新技术、新工具、新信息培训以及学历再提高教育等。目前学历教育已成为知识培训的一种主要形式，通过与一些大专院校联合办学或举办远程教育等已开展起专升本、研究生课程班、研究生学历班等。与青岛海洋大学举办的第一期研究生班已经结束，38 名学员已顺利结业，不久将可获得学历证书，与清华大学进行的专升本、研究生课程班已开设一个学期，与中科大进行的研究生学历班也将于近日进行。

五、持续性

培训体系与组织模式是学习型组织的软、硬环境。海尔创建学习型组织的环境如图 15-8 所示。

图 15-8　海尔创建学习型组织的环境

1. 总裁亲自挂帅，担任讲师

海尔重视培训，重视素质提高，是从张瑞敏自身开始的，每年毕业新进厂的大中专毕业生，张瑞敏都要给他们亲自讲述海尔用人之道，强调海尔的人才选拔方法不是相马而是赛马，鼓励大家岗位创新。他说："海尔已经搭好了舞台，建立了一个赛场，每个人都有参与公平竞争的机会，都可以通过竞争来实现自身的价值。"

在新人培训中，张瑞敏特别重视海尔业绩导向企业文化的宣传。他用一批在海尔担任领导工作的大学生的事实告诉大家，这些干部大都是从外地来的，有的还是来自农村的，他们能在海尔发展，是因为海尔看员工主要看业绩，而不是看他有什么社会关系。因此，海尔年轻人的发展之道，在于怎样将自身能力发挥到极限从而实现工作上的进步，而不要顾虑其他因素。

关于怎样看待知识，张瑞敏说，获得书本知识就好比是拥有一杆装备精良的枪，能不能打准还要靠自己的努力。海尔一直提倡觉悟比素质重要、素质比智力重要、智力比知识重要，这与外国公司招聘人才的三要点相一致，即学历高但不是越高越好、动手能力要强、人际关系要和谐。他希望学生进了海尔，能正确对待现实，尽快融入工作中去，使知识非常快地转化成有用的武器。

关于怎样看待机遇，张瑞敏说："机遇就是克服困难，就是坚定不移地向目标迈进，而不应该怨天尤人。正所谓人生能有几回搏，大家应该知难而进。"他特别强调坚韧不拔的毅力，希望新海尔人做任何事都要以达到工作目的为准，而不应以自己的承受能力为准。个人在海尔发展需要三个条件：一是压力适中，即主观上要树立一个可达到的新目标；二是利弊参半，即客观环境要对你既有批评又有表扬；三是面对现实，即逐个解决遇到的问题。海尔有句名言"把简单的事做好就是不简单"。张瑞敏鼓励大家从小事做起，脚踏实地地解决工作中的每一个细节问题。

2. 培训是晋升的前提，学习是对员工最好的激励

为了保证海尔的培训体系有效坚持下去，海尔明确规定了在晋升过程中的培训前提问题。海尔要求在干部晋升过程中，必须考虑培训内容，如果没有接受相应的培训，则不能获得晋升。

海尔的所有培训都建立了清晰的档案管理，培训完毕后，有相关的记录与记载，对所有接受培训的人员进行培训合格的认证，这样，没有培训就成为员工发展的硬伤，而接受培训，就成为员工发展自我必需的客观过程。

3. 构建内外结合的师资体系，建立一个追求卓越的软环境

为了提高培训的质量，海尔还建立了一个完善的培训师资体系。海尔师资体系体现了海尔注重实践，注重实战的风格。

首先，海尔在内部建立了培训教师师资网络，对所有可以授课的海尔人员进行教师资格认定，认定合格者持证上岗，根据认定等级在全集团内从教，达到师资共享。

其次，海尔在外部建立起可随时调用的师资队伍。目前海尔以青岛海洋大学海尔经贸学院的师资队伍为基本依托，同时与瑞士IMD国际工商管理学院、上海中欧管理学院、清华大学、北京大学、中国科技大学、法国企顾司管理顾问公司、德国莱茵公司、美国MLT管理咨询公司等国内外20余家大专院校、咨询机构及国际知名企业近

百名专家教授建立起了外部培训网络,利用国际知名企业丰富的案例进行内部员工培训,在引入了国内外先进的教学和管理经验的同时,又借用此力量、利用这些网络将海尔先进的管理经验编写成案例库,成为 MBA 教学的案例,也成为海尔内部员工培训的案例,达到了资源共享。

海尔集团除重视"即时"培训外,更重视对员工的"脱产"培训,在海尔的每个单位,几乎都有一个小型的培训中心,员工可以在此完成诸多在生产线上的动作,从而为合格上岗作了充分的锻炼。

海尔是如何建立学习型组织培训模式及其环境的?

案例 15-2 "互联网+"背景下的组织变革

1. "互联网+"的基本内涵

"互联网+"是以互联网平台为基础,利用信息通信技术与各行业进行跨界融合。"互联网+"代表一种新的经济形态,即充分发挥互联网在生产要素配置中的优化和集成作用,将互联网的创新成果深度融合于经济社会各领域之中,提升实体经济的创新力和生产力,形成更广泛的以互联网为基础设施和实现工具的经济发展新形态。

"互联网+"并不是简单的两者相加,而是利用信息通信技术以及互联网平台,让互联网与传统行业进行深度融合,创造新的发展生态。这相当于给传统行业加一双"互联网"的翅膀,然后助飞传统行业。互联网成为最重要的基础设施被广泛的应用,以及新的技术的融合,发展壮大新兴业态,打造新的产业增长点,为大众创业、万众创新提供环境,为产业智能化提供支撑,增强新的经济发展动力,促进国民经济提质、增效、升级。

2. "互联网+"的主要特征

"互联网+"有以下六大特征。

(1) 跨界融合。"+"就是跨界,就是变革,就是开放,就是重塑融合。

(2) 创新驱动。中国粗放的资源驱动型增长方式必须转变到创新驱动发展这条正确的道路上来。这正是互联网的特质,用所谓的互联网思维来求变、自我革命,也更能发挥创新的力量。

(3) 重塑结构。信息革命、全球化、互联网业已打破了原有的社会结构、经济结构、地缘结构、文化结构。权力、议事规则、话语权不断在发生变化。"互联网+"社会治理、虚拟社会治理会是很大的不同。

（4）尊重人性。人性的光辉是推动科技进步、经济增长、社会进步、文化繁荣的最根本的力量，互联网的力量之所以强大，最根本地也来源于对人性的最大限度的尊重、对人的创造性发挥的重视。

（5）开放生态。推进"互联网+"，其中一个重要的方向就是要把过去制约创新的环节化解掉，把孤岛式创新连接起来，让研发由人性决定市场驱动，让创业并努力者有机会实现价值。

（6）连接一切。连接是有层次的，可连接性是有差异的，连接一切是"互联网+"的目标。

3. "互联网+的"实际应用

"互联网+"可以加任何领域，如"互联网+交通"、"互联网+教育"、"互联网+医疗"、"互联网+金融"、"互联网+工业"、"互联网+旅游"、"互联网+物流"、"互联网+媒体"等。"互联网+"不是想加就能加，不是简单地将互联网与传统产业粘在一起，不是"物理反应"，而是"化学反应"；是要素的重组，它是互联网改造传统产业的生产方式、经济模式、产业结构的过程。

在实现"互联网+"规划的过程中，产业互联网是"互联网+"规划的核心，产业互联网是以企业为中心，通过在研发、生产、交易、流通、融资等各个环节的网络渗透，有利于提升生产效率、节约能源、降低生产成本、扩大市场份额、畅通融资渠道。"互联网+"是大众创业、万众创新的新工具。

（1）"互联网+工业"。"互联网+工业"即传统制造业企业采用移动互联网、云计算、大数据、物联网等信息通信技术，改造原有产品及研发生产方式。

（2）"互联网+金融"。"互联网+金融"从组织形式上看至少有三种方式。第一种是互联网公司做金融；第二种是金融机构的互联网化；第三种是互联网公司和金融机构合作。在线理财、互联网银行、支付、电商小贷、众筹等为代表的细分互联网嫁接金融的模式进入大众视野。

（3）"互联网+通信"。"互联网+通信"有了即时通信，几乎人人都在用即时通信 App 进行语音、文字甚至视频交流。

（4）"互联网+交通"。大家经常使用的打车软件、网上购买火车和飞机票、出行导航系统等等。

（5）"互联网+民生"。在民生领域，"互联网+"可以在各级政府的公众账号享受服务，如某地交警可以 60 秒内完成罚款收取等，移动电子政务会成为推进国家治理体系的工具。

（6）"互联网+旅游"。"互联网+旅游"可以实现微信购票、景区导览、规划路线等功能。

（7）"互联网+医疗"。"互联网+医疗"将优化传统的诊疗模式，在诊疗服务中，依靠移动医疗实现网上挂号、询诊、购买、支付，并依靠互联网在事后与医生沟通。

（8）"互联网+教育"。"互联网+教育"的结果，将会使未来的一切教与学的活动都围绕互联网进行，老师在互联网上教，学生在互联网上学，信息在互联网上流动，知识在互联网上成型，线下的活动成为线上活动的补充与拓展。

（9）"互联网+政务"。通过"互联网+政务"提升政府效率，增加行政透明度，助力向服务型政府转型。将交通、医疗、社保等一系列政府服务接入微信，把原来需要东奔西走排大队办理的业务通过手机完成，节省时间，提高效率。

（10）"互联网+农业"。"互联网+农业"通过信息技术对地块的土壤、肥力、气候等进行大数据分析，然后据此提供种植、施肥相关的解决方案，大大提升农业生产效率。农业信息的互联网化将有助于需求市场的对接，不仅可以利用互联网获取先进的技术信息，也可以通过大数据掌握最新的农产品价格走势，从而决定农业生产重点。通过互联网交易平台减少农产品买卖中间环节，增加农民收益。

4. "互联网+"的发展趋势

（1）"互联网+"造就了无所不在的创新。"互联网+"不仅仅使互联网移动了、泛在了、应用于某个传统行业了，更加入了无所不在的计算和数据等，造就了无所不在的创新。

（2）"互联网+"代表一种新的经济增长形态。"互联网+"充分发挥互联网在生产要素配置中的优化和集成作用，将互联网的创新成果深度融合于经济社会各领域之中，提升实体经济的创新力和生产力，形成更广泛的以互联网为基础设施和实现工具的经济发展模式。

（3）"互联网+"模式的爆发以及传统企业的"破与立"。在"全民创业"的常态下，企业与互联网相结合的项目越来越多，诞生之初便具有"互联网+"的形态，因此它们不需要再像传统企业一样转型与升级。"互联网+"正是要促进更多互联网创业项目的诞生，从而无需再耗费人力、物力及财力去研究与实施行业转型。"互联网+"的发展趋势则是大量"互联网+"模式的爆发以及传统企业的"破与立"。

（4）"互联网+"具有国家层面的战略高度。"互联网+"在实施的过程中，政府扮演一个引领者与推动者的角色，挖掘有潜力、未来能发展为"互联网+"型的企业，为其他企业发展树立标杆，同时建立"互联网+"产业园及孵化器，融合当地资源打造一批具备互联网思维的企业。另外，企业是"互联网+"热潮的追随者，应该积极引进"互联网+"技术，定期邀请相关人员为本企业培训互联网常识，对在职员工进行再培训。

（5）"互联网+"服务商崛起。"互联网+"的兴起会衍生一大批在政府与企业之间的第三方服务企业，即"互联网+"服务商。他们会帮助线上及线下双方的协作，从事做双方的对接工作，盈利方式则是双方对接成功后的服务费用及各种增值服务费用。这些增值服务包罗万象，包括培训、招聘、资源寻找、方案设计、设备引进、车间改造等。

（6）"互联网+"职业培训兴起。随着"互联网+"的兴起，政府和企业都需要更多"互联网+"人才，因此这会带来关于"互联网+"的培训及特训职业线上线下教育的爆发。

（7）产业升级。"互联网+"不仅正在全面应用到第三产业，形成了如互联网金融、互联网交通、互联网医疗、互联网教育等新业态，而且正在向第一和第二产业渗透。首先，"互联网+"能够直接创造出新兴产业，促进实体经济持续发展。其次，"互联网+"可以促进传统产业变革。"互联网+"令现代制造业管理更加柔性化，更加精益制造，更能满足市场需求。最后，"互联网+"将帮助传统产业提升。"互联网+"将重点促进以云计算、物联网、大数据为代表的新一代信息技术与现代制造业、生产性服务业等的融合创新，发展壮大新兴业态，打造新的产业增长点，为大众创业、万众创新提供环境，为产业智能化提供支撑，增强新的经济发展动力，促进国民经济提质、增效、升级。

思考题

1. "互联网+"的基本含义是什么？
2. "互联网+"的基本特征是什么？
3. 举例说明"互联网+"怎样具体应用？
4. "互联网+"对员工的基本素质提出了怎样的要求？
5. 在"互联网+"的背景下，如何进行组织的变革？

第十六章

组织力

第一节 组织力概述

一、组织力的概念与内容

所谓组织力,就是设计组织结构和配置组织资源的能力,或者说,组织力就是组织整体发挥的战斗力、竞争力,包括为客户创造价值、超越竞争对手、可持续、深植于组织而非个人的能力。

组织力的内容包括组织架构设计、业绩管理、组织文化和领导风格四个方面。

1. **组织架构设计**

组织架构设计是指为实现组织共同目标而进行的各种分工、协作活动的结构载体的设计,它表明了一个组织内各构成要素之间的相互关系。这些关系包括纵向的等级关系及其沟通关系,横向的分工协作关系及其沟通关系。组织架构涉及组织管理幅度的确定、组织层次的划分、组织机构的设置、各单位之间的联系和沟通方式等问题。

2. **业绩管理**

业绩管理的实现主要依靠业绩评价系统。业绩评价系统一般包括标准业绩指标子系统、实际业绩计量子系统、业绩的标准与实际间差异的分析和报告子系统。在企业中,通过业绩评价系统与报酬系统和战略目标的集成或连接,可以形成对企业各级管理者和普通员工的约束、激励和监控,从而保障企业在实现短期目标的同时也能够实现长期目标,最终使企业整体价值最大化。

3. **组织文化**

组织文化是组织和组织成员的思想和行为。组织在经历了最初的经验管理,到后来的科学管理和战略管理后,目前最新的管理思想是文化管理,它代表着目前组织管理的最高境界。根据调查,世界 500 强中的业绩较优者,都有比较优秀的组织文化,而且这些企业的高层管理人员也把他们取得的成绩归功于组织文化。组织文化所涉及的因素指标包括核心价值观、经营宗旨、组织信念与员工行为。以价值观为核心的组织文化在组织管理中发挥着越来越大的作用,很多组织都在致力于建立优秀的组织文化,打造自己的核心竞争力。

4. 领导风格

领导风格就是领导者的领导方式和方法,它是组织力的核心。领导风格所涉及的因素指标包括组织变革能力、激励能力和建立共享价值观。我们可以把组织比作一个人,最高领导者相当于人的大脑,很多健康问题其实是由大脑不正确的观念而产生的、不正确的行动导致的。例如,酗酒损坏了肝脏,只是治疗肝脏,而不改变酗酒的习惯是没有用的。只有当大脑认定健康最重要,而且接受了关于健康的观念,并坚持不懈地采取行动,如正确的饮食作息习惯、定期的锻炼等,才会最终拥有一个健康的体魄,也才能高效地完成各项工作。

二、组织力审计

1. 组织力审计的概念

组织力审计是企业管理的一个新概念。组织力审计是对一个组织所有内外部活动及其关系产生的能量水平进行评估和报告的活动。在这里,"审"是"评估","计"是"报告"的意思。具体解释是:组织力审计从增强组织综合实力为出发点,以组织力审计专业技术对组织内外部各类活动中既在和潜在的能力或力量进行事实还原、现状分析和趋势评估,把握组织各项活动的本质和方向。再通过与组织发展愿景、组织战略目标、内控制度、国家法规、行业标准和竞争对手的比对,形成事实清楚、依据充分、评价客观、建议适用的组织力审计报告,为组织的改善、改革与发展决策、经营规划和方案实施提供具有深度、高度和广度的参考依据。

2. 组织力审计的范畴

企业组织力审计的范畴包括以下几个方面。

(1) 企业战略审计,包括企业目标方面、发展决策方面、计划方案方面和组织结构方面的审计。

(2) 企业内控审计,包括内控文件审计、生产力审计、领导力审计、胜任力审计、执行力审计、影响力与发展力审计。

(3) 企业核心竞争力审计,包括品牌知名度方面、企业文化方面、资源整合力与制衡力方面的审计。

(4）企业风险审计，包括企业的内外部风险因素，如政策、法律、市场、竞争、合同、雇用、意外等。

3．组织力审计的目的

企业进行组织力审计的目的是因为有着来自于对自身认识的需要，例如，除了知道企业有多少人，还要知道这么多人能做多少事；除了知道企业有多少资产，还要知道这些资产的配置和使用产生价值的大小；除了知道在做什么，还要知道能做什么；除了知道是怎么做的，还要知道现在做的对企业的将来产生何种影响等。现代企业审计正在以企业决策战略伙伴的身份逐渐摆脱监督、审察的传统形象。

三、常见的组织能力

常见的组织能力包括以下二十种。
（1）创新。具备创新能力，能开发新产品、服务、流程或经营模式。
（2）速度。能比对手更迅捷地完成任务，如推出新产品、交货或客户服务等。
（3）高效运营。整合、优化系统与流程，提升整体运作效率。
（4）品牌整合与推广。定义、建立、整合与推广企业及产品品牌。
（5）灵活。具有高度灵活弹性，可适应新的竞争环境。
（6）开拓。具备创业精神，能创建新的事业或开拓新的市场。
（7）客户导向。以满足客户需求为组织和运营管理的重点。
（8）技术领先。成为本行业的技术领先者。
（9）低成本。以较竞争对手更低的成本生产产品，即做低成本生产商。
（10）渠道。能有效开拓或管理经销渠道，具有强势的经销渠道。
（11）优质服务。能提供更优质的服务，即做客户服务领先者。
（12）学习。能比对手学得更快、更多。
（13）高品质。能制造更高品质的产品，即做质量领先者。
（14）领导力。有效地培养领导者。
（15）资源获取。通过竞争，掌握和获取稀缺资源的能力。
（16）结盟。能与各种组织结成联盟。
（17）并购。能有效并购其他公司。
（18）外包。能有效将非核心业务外包。
（19）组织设。组织设计以满足客户需求为重心，能平衡组织的自主性与综效性。
（20）全球性思维。企业运作，企业文化与企业领导力皆具全球性思维。

第二节　人力资源管理

人力资源是一切资源中最为宝贵的资源，是第一资源。当代社会经济发展的实践证明，人力资源的开发、利用对经济发展起着决定性的作用，人的素质决定了组织的效率。人不仅要管理，还必须不断开发，挖掘其潜能，提高其素质。因此，目前在世界范围内，人力资源管理与开发越来越受到人们的重视。

一、人力资源的概念

人力资源是指全部人口中具有劳动能力的人口。人力资源的概念有狭义与广义之分。狭义的人力资源是指具有劳动能力的劳动适龄人口；广义的人力资源是指劳动适龄人口再加上超过劳动年龄仍有劳动能力的那部分人口。总之，人力资源是指能够推动整个经济和社会发展的、具有智力劳动和体力劳动能力的人口的总称，它包括数量和质量两个指标。

二、人力资源的特征

与其他物质资源相比较，人力资源具有自己鲜明的个性特征。

1. 人力资源的再生性

人力资源具有再生性，体现在以下几个方面。

（1）人口的再生产。人口的再生产遵守一般的生物规律，老一代人逝去，新一代人又陆续出生，而且素质会提高。当然，人口再生产还受人类意识的支配。这种人力资源时序上的再生性，与耕地、矿藏等资源的不可再生性且数量的递减形成明显反差。

（2）劳动力的再生产。通过人口总体和劳动力总体内各个个体的不断更换、更新和恢复的过程得以实现。

（3）劳动能力的再生产。一是指人的劳动能力不断使用，不断产生；二是指人的劳动今天消耗了脑力或体力，明天会再生出来。能力不断培养，不断提高。

2. 人力资源生成过程的时代性

一个国家或地区的人力资源，在其形成过程中，受到时代条件的制约。人一生下来就遇到既定的生产力和生产关系的影响和制约，当时的社会发展水平从整体上影响和制约着这种人力资源的素质，他们只有在时代为他们提供的条件和前提下，才能发挥作用。

3. 人力资源开发过程的能动性

人力资源具有目的性、主观能动性、社会意识性和可激励性。人类能够根据外部的可能性和自身的条件、愿望，有目的地确定经济活动的方向，并根据这一方向，具体选择、运用外部资源或主动适应外部资源。

4. 人力资源使用过程的时效性

矿藏、森林、石油等自然资源一般都可以长期储存，储而不用，品质不会降低，数量也不会减少。但人力资源则不同，长期储而不用，人的才能和智慧就会荒废、退化、过时。这就告诫人们：开发人力资源必须及时。

5. 人力资源开发过程的持续性

人力资源的使用过程同时也是开发过程，而且这种开发过程具有持续性。"蓄电池理论"认为，人的一生是不断学习、不断充电的一生，而且释放与储存成正比，若要更多地释放，必须更多地储存。

6. 人力资源闲置过程的消耗性

人力资源若不加以开发使用，处于闲置状态，它们仍然有消耗性，即为了维持其本身的存在，必须消耗一定数量的其他自然资源，如粮食、食物、水、能源、住房、医疗费等。所以，人力资源即便不使用，仍然还在消耗其他资源。

7. 人力资源的流动性

自然资源一般不具有流动性，人力资源则具有流动性，而且有以下两个特点。

（1）人力资源的流动，首先表现在跨岗位、跨单位、跨地区，甚至跨国家的流动上，而且多表现为"人往高处走"的特点。

（2）人力资源的流动，还表现在人力的派生资源，即科技成果在不同空间的流动上。随着科技成果的逐渐商品化，人力资源在空间上的流动越来越频繁与活跃。

8. 人力资源的可塑性

人力资源在使用的寿命期内，通过接受不同方式的再教育和知识、经验的不断积累，其素质会产生量的变化，甚至会产生质的变化。特别是在技术更新频繁的现代社会，人力资源这种素质的可塑性更具有重要的现实意义。

9. 人力资源功能的共用性

一个人可能同时为多个单位服务，从事几种不同的工作。例如，在我国已经出现了一些杰出的管理人才同时出任多家企业法人代表的典型。作为人力资源派生的科学技术成果，功能上的共用性更为明显。

三、人力资本理论

人力资本是指人们以某种代价获得的并在劳动力市场上具有一定价格的能力或技

能。提高劳动力的质量，使劳动者的工作技能、熟练程度大大改观并带来了生产率上升。这种对人力资源进行开发性投资所形成的、可以带来财富增值的资本形式称为人力资本。

1. 早期的人力资本理论

早期的人力资本的基本观点可归纳为以下四点：（1）有技能的人力资源是一切资源中最为重要的资源。（2）人力资本投资的效益大于物力资本投资的效益。（3）教育投资是人力资本投资的主要成分。（4）人力资本理论是经济学中的重大问题等。

2. 现代人力资本理论

人们通常认为现代人力资本理论的创始人是美国的著名经济学家西奥多·W.舒尔茨（Theodore Schultz）。舒尔茨的人力资本理论，概括起来有以下四个要点：（1）人力资本体现在人的身上，表现为人的知识、技能、经验和熟练程度，即表现为人的体力、智力、能力等素质的总和。（2）人力资本通常用人的数量、质量以及有效的劳动时间来计算。（3）人的能力和素质是通过人力投资而获得的。（4）既然人力是一种资本，无论对个人还是对社会，其投资必然有收益，即人力资本可以带来利润。

四、人力资源管理

1. 人力资源管理的逻辑

人力资源管理的基本逻辑是：因事设岗，按岗定标，以标择人，人行其事，事得其酬。如图16-1所示。

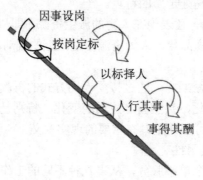

图16-1　人力资源管理的逻辑

2. 人力资源管理的内容

（1）人员招聘与人力资源配置。人员招聘与人力资源配置过程是使劳动者进入需要他们的产业、行业、地区和企业的动态过程。它随着社会对不同类型劳动的需要、企业状况以及劳动者对不同的就业类型的愿望等的变化而变化。

(2) 人力资源使用。人力资源的使用，就是将人力资源这一生产要素投入到社会生产及其他经济活动之中。因此，这是人力资源运行环节中最为重要的方面。这一部分主要介绍工作分析、人员使用、人员考评、薪酬分配等。

(3) 人力资源开发。人力资源开发的基本内容是提高人的素质，使人具备有效的参与经济运行所必备的体力、智能、技能、正确的行为模式、价值体系、劳动态度、人员激励和人员培训等。人力资源开发的内涵相当广泛，而使这种开发得以进行的社会组织体系和制度是多种多样的，其中最主要的是教育。另外，还包括与社会、产业劳动领域的要求相适应的观念和行为模式的开发。

(4) 人力资源保护。劳动力永远附着在劳动者的身上。因此，对人力资源必须加以保护。一方面，自然力的破坏会给人们的生命财产和劳动能力带来各种伤害；另一方面，现代化大机器生产、工业伤害和职业病大量发生，这就要求由国家、政府出面，建立和完善安全生产和劳动卫生制度，通过立法手段、行政手段和技术手段交互配合的措施体系保护劳动过程中人力资源的健康和安全。

第三节 组 织 文 化

一、组织文化的概念

文化有广义与狭义之分。广义的文化是指人类所创造的一切物质和精神财富的总和。狭义的文化是指知识、信仰、道德、规范、风俗习惯等复合体。组织文化也有广义与狭义之分。广义的组织文化是指组织员工创造的一切物质和精神财富的总和。狭义的组织文化是指组织独特的价值观、精神、经营哲学、经营目标、行为规范、道德准则、生活观念以及风俗、习惯、传统等。

二、组织文化的形成

1. 组织创始人（领导人）的影响

组织创始人的创业意识、经营思想、工作作风、管理风格，以及个人意志、个性特点、胆量、魄力、品格等都直接影响组织文化。组织文化是创始人个性特点的映射。

2. 当时时代背景的影响

当时时代的管理思潮、管理风格、组织形式、经营管理的革命，以及当时国家的政治、经济形势，都直接影响组织文化的形成。

3. 组织外部环境的影响

组织的外部环境，如国家的法律、方针、政策；科学技术、市场、竞争者等因素，都影响组织文化的形成。

4. 组织职工的先进思想的影响

组织的先进模范人物是组织价值观的化身。

三、组织文化的内容

组织文化的内容包括组织的理念文化、组织的物质文化和组织的制度文化。

1. 组织的理念文化

理念是人们对客观事物的理性认识。组织理念是组织全体员工在职业活动实践的基础上，通过总结、提炼、升华、概括而得到的本质的、规律性的、真理性的认识。组织理念是个系统，各条各项尽管角度不同、各有侧重，有时在内容上还互有交叉，但他们在本质上又是和谐统一的。

（1）组织的核心理念

① 组织的使命（组织宗旨）。组织的使命是指一个组织存在的价值及其对社会的承诺。

② 组织的愿景。组织的愿景是组织全体员工一致认同并为之而共同奋斗的远大目标和理想。

③ 组织的目标。组织的目标是组织和个人在一定时期内通过努力而希望获得和达到的成果。

④ 组织的战略。组织的战略是组织为了实现其目标而确定的总的指导思想和行动纲领。

⑤ 组织的方针。组织的方针是组织为了实施发展战略，实现发展目标而制定的、比较适合短时期的工作原则和策略，它是为发展组织目标服务的。

⑥ 组织的价值观。组织的价值观，从哲学上说是客体对主体是否有用的认识。或者说，组织价值观是组织全体或大多数员工一致赞同的关于组织行为意义的终极判断。组织价值观是组织理念的核心。"真正驾驭组织全局的是组织的价值观。"

⑦ 组织的精神。组织的精神是组织全体员工共同一致、彼此共鸣的内心态度、意志状态和思想境界。

⑧ 组织的作风。组织的作风是组织全体员工在职业活动中所表现出来的态度与行为特点和方式。

⑨ 组织的行为准则。组织的行为准则是组织在活动中必须遵守的标准或规范。

（2）组织的具体理念

组织的具体理念包括经营理念、市场理念、竞争理念、管理理念、质量理念、安全理念、创新理念、人才理念、科技理念、教育理念、服务理念、绩效理念、效益理念、成本理念、团队理念、环境理念等。

2. 组织的物质文化

（1）组织的产品文化

组织的产品文化是组织物质文化的基本和核心。一个组织，其存在的最基本的基础是产品；一个组织，其个性特征、品质、功能、存在方式等，都集中地体现在组织的产品上；一个组织，能够占领市场的是靠过硬的、名牌产品；一个社会，一个时代所提供和创造的物质基础，规定了这个社会，这个时代组织物质文化的形成与发展。

（2）组织的工具文化

组织的工具文化是组织生产经营的基本物质基础。组织工具文化即组织生产手段文化，是组织物质文化主要组成部分；组织工具文化水平的高低，影响甚至决定了组织产品的质量，水平和生产效率；组织工具文化的差异，导致了组织物质文化的差异，影响甚至决定了组织生产经营水平；组织工具文化的重大突破，必然使组织物质文化的发展上升一个新的层次。

（3）组织的管理物质文化

组织管理物质文化的内容主要包括以下方面：①直接生产过程，现场监测，控制手段体系；②产品质量监测、控制手段体系；③办公系统；④信息处理、存贮、传递系统；⑤职业培训系统；⑥公共关系与外界物质联系系统。

（4）组织的环境物质文化

组织的环境物质文化包括：厂容厂貌、品牌标识、厂旗厂徽、文消用品、交通工具等。

3. 组织的制度文化

组织的制度文化包括用工用人制度、干部人事制度、薪酬分配制度、绩效考评制度、生产管理制度、设备管理制度、技术管理制度、质量管理制度、财务管理制度、组织制度、人员晋升制度、人员激励约束制度、分配制度等。

第四节 组 织 承 诺

一、组织承诺的概念及构成

1. 组织承诺的概念

组织承诺在组织行为学中指的是组织成员的一种工作态度，是组织成员对特定组织及其目标的认同，并且希望维持组织成中身份的一种心理现象。具体而言，组织承诺是指员工对自己所在企业在思想上、感情上和心理上的认同和投入，愿意承担作为组织的一员所涉及的各项责任和义务，并以主人翁的责任感和事业心努力工作。

2．组织承诺的构成

组织承诺的构成一般有三种形式：情感承诺（Affective Commitment）、持续承诺（Continuance Commitment）和规范承诺（Normative Commitment）。三类承诺在构成上相互独立，并对组织行为有不同的影响。

（1）情感承诺。情感承诺指组织成员对组织的投入、参与的程度，它包括价值目标认同、员工自豪感以及为了组织的利益自愿对组织作出牺牲和贡献等成分。员工对组织所表现的跨度并努力工作，主要是由于对组织有深厚的感情，而非物质利益。

（2）持续承诺。持续承诺是员工为了不失去已有位置和多年投入所换来的福利待遇而不得不继续留在该组织内的一种承诺。它建立在经济原则基础上，具有浓厚的交易色彩。员工进入一家企业，都有一个期望，这种期望反映了员工三个方面的需要：维持生活、发展自我和承担社会责任。组织尽力满足员工的需要，同时也希望员工忠于组织，努力工作。这种相互作用的关系，造成员工既得利益的累积。一旦员工觉得与组织之间的交易划不来或既得利益没有兑现，那么其持续承诺就会降低甚至产生离开组织的意向。

（3）规范承诺。规范承诺是指由于受长期社会影响形成的社会责任而留在组织内的承诺。个体在社会化的过程中，不断地被灌输和强调这样一种观念或规范——忠诚于组织是会得到赞赏和鼓励的一种恰当行为，从而产生顺从这种规范的倾向，同时使员工内心形成一种要回报的义务感。这种承诺的特点是具有相对持续性，并更多地受到价值观规范的影响。另外，组织的文化特征、员工的个性特征和受教育水平等也会影响规范承诺。

二、组织承诺的形成

组织承诺的形成与员工进入组织后的社会化过程紧密相关。员工价值目标与组织文化及战略的匹配、员工期望的满足、员工投入水平以及良好的工作体验等都会对组织承诺的形成产生影响。

1．员工价值目标与组织文化及战略的匹配

组织作为由个体构成的目标共同体，员工的价值取向与组织核心价值的匹配、员工个人目标与组织整体战略目标的匹配会影响组织承诺的形成和发展。这种价值目标的匹配会形成一种强烈的组织"整体感"，在共同认定的目标、工作价值观及与之相应的激励和管理体系下，大家以"成员"的身份共同努力，逐步推动事业的成功。所

以，在组织事业发展的过程中，要不断满足成员的个人目标和成就需要。

2．员工期望的满足

根据"人与组织匹配"理论，员工选择进入组织的一个重要前提是期望个人的需要能够在组织中得到满足。这些需要包括薪酬福利、工作条件、发展机会、交往机会等。员工进行组织后的工作经历，如果与他们进入组织前的期望相一致，员工的组织承诺会更高。很多研究表明，职业前期是形成组织承诺的关键时期，组织是否能在薪酬福利、发展机会等各个方面满足员工需要是职业承诺发展的重要影响因素。

3．愉快的工作经历

组织承诺与员工在组织中积极、愉悦的工作经历有关，以往研究已经支持了工作满意度与组织承诺间的正向关系等，都会加强员工对组织的嵌入感，形成一定的依赖，提高员工的情感承诺和持续承诺。反之，如果员工在组织中不愉快或者经常认知到其他同事的不愉快经历，他们就很难形成高组织承诺，而会倾向于离职。员工的工作不满意感是导致员工离职的一个重要因素。员工在组织中的良好工作经历主要受到组织公正性和组织支持感的影响，所以，营造程序、交往公正的组织氛围，关注员工需求，提升其组织支持感知，是提高员工承诺的关键所在。

4．员工对组织的投入

一般而言，员工对组织的投入越多，其组织承诺也越强，这也是为什么很多研究发现工龄长的员工在组织承诺方面得分高的原因之一。随着员工在组织中的投入增加，员工对组织的依赖感和嵌入度会增强，员工离开组织后的机会成本也会增加，这会加强员工的组织承诺，特别是持续承诺。以社会网络关系构建为例，在这方面投入多的员工如果一直留在组织中，那么他会从广泛的社会网络关系中受益；但是，一旦他离开这个组织，意味着他会失去一个重要的社会关系网络。

5．上下级关系和团队管理

研究表明，上下级关系的质量对员工的工作满意感和组织承诺都有重要影响，员工感知到的上下级关系越好，组织承诺度越高。此外，团队管理也会对组织承诺产生影响，在团队管理过程中，团队的决策方式和信任关系对组织承诺的影响较大。如果每位成员都有一定的决策权，对某项特定的任务负责，团队成员之间具有良好的信任关系，更有利于成员对团队和组织形成高的承诺。

三、工作倦怠及其预防

1．工作倦怠的概念

工作倦怠（Job Burnout），也称"职业倦怠"、"职业枯竭"等，它是与工作相关的一系列症状，通常认为是工作中的慢性情绪和人际压力的延迟反映。工作倦怠的研究专家 Maslach 和 Jackson（1981，1986）最早用三维度模型对工作倦怠概念进行了操作定义，他们认为工作倦怠是一种心理上的综合病症，主要有三个方面的表现：情绪衰竭（Emotional Exhaustion）、人格解体（Depersonalization）以及个人成就感丧失（Diminished personal accomplishment）。其中，情绪衰竭是这一系列症状的主要方面，它指一种过度付出感和情感资源的耗竭感。人格解体主要是指对他人消极、过分隔离、愤世嫉俗以及冷淡的态度和情绪。而自我成就感丧失是指自我效能感的降低，以及倾向于在工作方面对自己作出消极评价等。

2．工作倦怠的预防

（1）重视工作设计，提高内在激励。在我国员工工作倦怠原因调查中，有 59.3%的工作倦怠者认为单位的分工不是很明确；有 40.7%的工作倦怠者认为所从事的工作不具有挑战性；31.7%的工作倦怠者认为工作中缺乏自主性与独立性、工作量大等。这些问题都与工作特征和心理效能感相关。组织要预防和缓解工作倦怠，需要进行组织重组和工作设计。企业可以将负荷过重的工作适当减轻负担；将过于枯燥的工作进行扩大化和丰富化，为高成就动机员工提供有挑战性的和有意义的工作的机会；进行有效的授权，提高工作的自主性和独立性等。通过有效的工作设计，可以提高员工对工作本身的兴趣和满意度，激发其内在激励，有效预防和缓解工作倦怠。

（2）关注组织和社会支持，营造和谐工作氛围。调查表明，有 45.4%的工作倦怠者认为对工作方面的人际关系很伤脑筋；有 43%的工作倦怠者认为单位不能够为其工作提供必要的支持；有 36.5%的工作倦怠者认为自己提出来的一些好的想法与建议不能得到领导的重视。这些问题反映了组织支持及和谐的工作氛围对工作倦怠的影响。组织应该加强对员工工作问题、家庭问题及心理问题的关注，同时着力改善上下级及其同事间的工作关系，营造和谐工作氛围，并在组织内部建立和开发一些能使员工保持轻松和愉悦工作情绪的服务项目，通过员工与组织的共同努力，缓解工作压力和预防工作倦怠。

（3）营造组织公正氛围。研究发现，员工的组织公正感知会对工作倦怠产生重要的影响。员工的分配公正知觉和程序公正知觉都会对工作倦怠产生影响。近期关于组织公正理论的实证研究发现，在中国文化背景下，交互公正知觉会对员工的周边绩效产生重要影响。从分配公正、程序公正和交往公正入手，营造组织公正氛围，是降低工作倦怠的组织保障。

（4）培育积极情绪，提高工作投入度。工作倦怠虽然是组织和社会性问题，但员工个体特征和知觉会对工作倦怠产生影响。具有消极情感的人看待事物更为负面，应对压力更为被动，更容易产生工作倦怠。相反，具有积极、开朗个性特征的人，工作倦怠水平整体较低。这说明个人的态度和观念对工作倦怠的产生与否起到重要影响。

与个人积极情绪和态度相关的一个重要概念是工作投入（Job Engagement）。工作投入是与工作倦怠是恰好相反的概念，工作投入由精力（Energy）、卷入（Involvement）和自我效能感构成。工作投入能使工作变得有意义，让员工获得愉悦感和成就感。而不愉快、无成就感和工作倦怠正好与之相反，它使重要的、有意义的和有挑战性的工作变得没有意义，让员工不愉快、无成就感。培育积极情绪，提高工作投入会使员工进入一种精力充沛、能有效投入工作并与他人和谐相处的状态。这是一种对个体与组织都具有积极意义的、高效的工作状态。

组织承诺和工作倦怠都是组织行为学研究中相对较新的概念，其研究历史也不长，但是积累的成果能够帮助我们更好地理解员工与组织间的互动关系。组织承诺的形成和演化机制、工作倦怠的成因和关系网络的构建，都将成为今后的研究热点。

复习思考题

1. 什么是组织力？
2. 组织力的内容包括哪些？
3. 常见的组织能力有哪些？
4. 什么是人力资源？人力资源有哪些特征？
5. 什么是人力资本？试述人力资本理论。
6. 人力资源管理的内容有哪些？
7. 什么是组织文化？组织文化是怎样形成的？
8. 组织文化的内容包括哪些？
9. 什么是组织承诺？试述组织承诺的构成？
10. 组织承诺是怎样形成的？
11. 什么是工作倦怠？怎样预防工作倦怠？

案例　组织承诺的自我测试

请判断以下内容跟你的情况的符合程度：

非常符合：5；较符合：4；一般：3；不太符合：2；非常不符合：1。符合程度越高，组织承诺度越高。

1. 愿意为组织付出额外的努力。
2. 把组织当作工作的理想场所。

3. 愿意接受组织的任何任务。
4. 与组织的价值观相似。
5. 自豪地告诉他人自己在组织的某部门工作。
6. 组织能激发人们最大的工作成绩。
7. 愿意选择本组织而不是其他组织。
8. 确实关心组织的命运。
9. 这是一个最值得工作的组织。

第十七章

虚拟组织——虚拟企业

"虚拟"一词最初被使用在计算机存储器的管理上，即虚拟内存管理。它的基本思想是通过借用外部大容量的外存空间来逻辑扩充内存，形成虚拟存储器，以提高信息数据存储量和存取效率，从而增强系统的处理能力。这种虚拟内存管理方案给经济学家和管理学家带来启示，并把它引入到企业组织管理中，由此虚拟企业作为一种新的组织管理模式受到西方各国政府、企业、学者的极大关注，从而得到迅速发展。

第一节 虚拟企业概念的提出

虚拟企业概念的提出绝非偶然，市场经济发展新阶段的内在要求与技术手段的成熟为虚拟企业的出现奠定了基础。具体来说，虚拟企业产生的背景和动因来自于：（1）市场环境的变化；（2）企业组织与管理模式的变化；（3）信息技术的发展。

1. 市场环境的变化

泰勒制、福特制为标志的传统企业模式，它所带来的规模经济效应大大促进了当时社会生产力的发展。然而，自20世纪60年代以来，企业所处的环境发生了根本性变化，市场需求日趋多变，技术进步突飞猛进。在高科技蓬勃发展的今天，市场竞争趋于全球化，变得更加激烈，顾客的需求趋于多样化和个性化。显然，传统的大规模、大批量、单功能的刚性生产方式已不能满足这种市场需要。面对快速变化的市场环境，企业需要实施一种全新的战略，它具有快速的市场应变能力，通过快速整合原本分散的技术、人才、信息等资源，抓住市场机遇，这要求企业建立具有足够弹性的组织和管理模式。

2. 企业组织与管理模式的变化

市场环境的变化，促进了企业组织与管理观念的变化：（1）管理观念的变化，从内部效率的提高转移到外部效率的提高上；（2）经营观念的变化，从多样化经营转移到专业化经营；（3）竞争观念的变化，从完全竞争转移到协同竞争。受企业组织与管理观念的变化影响，企业组织与管理模式也逐步发生变化，职能制向事业部制和矩阵制演变，又演变成混合制。随着社会与经济环境的变化以及市场经济的深入，传统的组织与管理模式的弊端越发突出了,这迫切需要企业建立新型的组织与管理模式。

3. 信息技术的发展

计算机网络、电子信息、通信等使用技术的发展为企业提供了建立、发展和管理异地工作关系的能力,从而为虚拟企业的产生与推广奠定了坚实的技术基础。

综上所述,正是在市场环境变化的巨大压力之下,在企业内部组织与管理观念变化的基础上,以及在网络经济与信息技术的推动下,在20世纪90年代初,理论界提出了"虚拟企业"这一组织与管理的新概念,并迅速得到实业界的广泛关注与支持。

第二节 虚拟企业的特点、构建条件及生命周期

一、虚拟企业的特点

虚拟企业作为一个临时性的动态联合体具有以下几个特点。

1. 组织的动态临时性

虚拟企业是为实现一个市场机遇而组织起来的具有企业功能的临时性组织。它没有相对稳定的组织机构,一旦任务完成就解散,参与该任务的企业单位回到联盟前原来的状态,继续寻找下一个新的市场机遇。找到一个新市场机遇可能仍然是由这些企业单位形成新的虚拟企业完成,也可能是由部分或全新的企业单位形成一个新的虚拟企业来完成,在组织上具有动态临时性。

2. 成员的异构分布性

由于一个企业不可能足够大到拥有所需要的全部资源,所以为实现某个市场机遇而组成的虚拟企业的成员往往来自于拥有为实现市场机遇所需资源,并在该资源方面具有优势的不同企业、部门或其他组织。这些成员可能来自于不同的地区,甚至不同的国家,有着不同的文化背景和管理模式,具有异构分布性。

3. 结构的可重构性

虚拟企业的成员组织可以根据需要进入或退出某虚拟企业,也可以同时参与几个虚拟企业完成不同或类似的任务,在结构上具有可重构性。

4. 资源的互补性

虚拟企业的各个成员各自贡献自己的优势资源,实现资源互补与共享,整合成实现市场需求的所有资源,各个成员在资源上具有互补性。

5. 信息技术的依赖性

虚拟企业的各个成员通过信息技术搭建信息交流平台进行及时的沟通交流,可以

并行作业提高效率，降低运营成本。因此，虚拟企业对信息技术的依赖性很强。

二、构建虚拟企业的条件

构建虚拟企业是为了充分有效地利用全球的资源，实现资源的最佳配置。构建虚拟企业需具备以下几个条件。

1．共同的市场机会

市场机会对于所有的公司来说是均等的，也就是说在共同的市场机会中各公司都在极力寻求一种适合于自己发展的机会。共有的市场发展机会是构成虚拟企业的思想基础。当市场需求某一产品或项目，恰恰为某些公司看好，成为某些公司立意要从事该产品或项目的出发点，这种共有的观点便是各公司共同连接在一起创建虚拟企业的主导思想。

2．市场竞争有序，无垄断出现

市场竞争有序是指市场竞争是符合竞争本身特有规律，在市场中没有垄断现象出现。若在市场中发生垄断现象或形成一个垄断市场，就不可能有共同的市场机会，也就没有虚拟企业的出现。

3．资源互补共享

资源互补性是构建虚拟企业的必要条件。面对共同的市场机会，开发共同的产品或项目，随着其科技含量越来越高，所需资源越来越短缺或价格越来越高，各公司都在极力寻求一种以最少成本或最大有效利用资源的方式来完成产品或项目工作，资源共享或互补性越强，构建的虚拟企业越有效、越有竞争力。

4．利益共享

虚拟企业的各个成员在资金、人才、技术、信息等方面的资源互补，从而能集中优势资源增强市场快速反应能力，快速抓住市场机遇，赢得比单个企业作战多得多的利益。因此，共同的大利益是构建虚拟企业的诱因。

5．组织文化融合

由于虚拟企业的各个成员来自不同的领域、地区、国家，组织文化的差异往往带来管理中的障碍与冲突。组织文化融合度高容易建立高效的团队文化，有着共同的责任与目标是构建虚拟企业的关键。

三、虚拟企业生命周期

虚拟企业的生命周期分为创立、运行、演进和解散四个阶段，如图 17-1 所示。

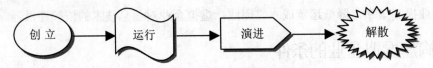

图 17-1 虚拟企业的生命周期模型

1. 创立阶段

在虚拟企业创立的初期阶段,主要工作内容包括合作伙伴的选择、协议的缔结、权利与分享水平的界定、加入或离开的程序规定等。

2. 运行阶段

运行阶段是虚拟企业为了实现其共同的目标而开展商业过程的阶段。该阶段的任务有基本安全数据交换机制、信息分享与可视的权利、命令管理、不完全命令处理、分布式动态计划与日程、分布式任务管理、高水平的任务协调和逻辑管理等。

3. 演进阶段

在虚拟企业的运行阶段,当虚拟企业有必要增加(或替换)一个伙伴或改变起作用时,联盟结构的演进就非常有必要。这种情况往往被归因于一些例外的事件,如一个无力完成任务的合作伙伴、增加工作负荷的需要等。这时,虚拟企业创立阶段的功能又要重新发挥作用。

4. 解散阶段

在这个阶段,虚拟企业完成了其商业过程并自行解散。解散的原因有两种情况:(1)成功实现了所有目标;(2)参与虚拟企业的合作伙伴决议终止虚拟企业的运行而解散。

第三节 虚拟企业的形式

根据不同的划分标准,虚拟企业可以分为不同的具体形式。

一、基于项目、产品和服务的虚拟企业

根据虚拟企业构建的基础,可以划分为基于项目、基于产品和基于服务的虚拟企业。

1. 基于项目的虚拟企业

这类虚拟企业存在于大型建设项目中,由于企业设备、人力、资金、技术等多方面的资源有限,企业向外寻找合作伙伴,以网络组织的形式成为虚拟企业,参加虚拟

企业的成员可以是一个真实的企业也可以是另外的虚拟企业。这种任务导向型的合作组织，充分发挥各成员的资源优势，减少基础设施的投资和各种可变的投入，项目完成后，虚拟企业自行解体。目的在于共同承担高额投资，分担风险，降低成本。

2. 基于产品的虚拟企业

对于基于产品的虚拟企业而言，又可从业务流程的角度采用如下虚拟形式。

（1）虚拟开发。这是指若干掌握不同核心技术的独立企业通过网络联合开发高科技产品，共担风险，共享成果，以对市场需求的快速反应谋求市场竞争中的共同生存与发展。

（2）虚拟生产。这是指企业将其产品的直接生产功能弱化，把生产功能用外包加工的方法转移给其他擅长加工的企业去完成，而自己只留下最具优势的、最能创造高附加值的开发和销售功能，从而节省投资、降低成本及充分发挥自身资源的优势。

（3）虚拟销售。这是指利用不同企业现有的销售网点及配套设施联合销售本企业的产品。

当然，善于虚拟经营的企业往往能综合动用这三种基本形式，这样可最大限度地发挥临时性网络合作组织的优势。

3. 基于服务的虚拟企业

服务产业通过动态联合而集成虚拟企业，如联合订票系统、联合导游系统、网络就诊系统，这些服务性组织，通过网络化组合，发挥远程通信设施的功能，为社会提供各种信息产品或虚拟信息服务产品。这种虚拟企业，可以大大提高整体社会服务功能，降低服务成本和社会服务的机会成本。

二、紧密式、半紧密式和松散式虚拟企业

根据产品、项目开发的类型差异，可分为紧密式、半紧密式和松散式虚拟企业。

1. 紧密式虚拟企业

一般来说，产品或项目创新程度高属于系统型的，产品或项目开发、制造过程难度大，这时要求在开发过程中各成员必须发挥各自所长，取长补短，共同努力。即在开发过程中各成员相互依赖的程度越大，成员间的互补能力越强，那么构成的虚拟企业越紧密，其承担的风险也就越大，各成员的收益也就越大。因此，当某产品或项目难度大，实现的周期较长，科技含量高，涉及多领域的合作时，形成的虚拟企业往往为紧密式。

2. 半紧密式虚拟企业

半紧密式虚拟企业是介于紧密式和松散式企业之间的虚拟企业。有的是资源互补性很强，但产品或项目寿命较短；有的是资源互补性不太强，但产品或项目的寿命又较长。例如，业务外包就属于这类情况。

3. 松散式虚拟企业

一般来说产品或项目创新属自治型的，成员各自在开发过程中能较为独立的进行，只是由于某次产品配套中互补而形成虚拟企业。那么，构建的虚拟企业就较松散，从企业的运作上来说也较为容易，成员间承担的风险也较小些，因而形成的虚拟企业寿命也短。

三、功能虚拟化、人才虚拟化、企业虚拟化虚拟企业

根据虚拟企业虚拟的成分，可分为功能虚拟化、人才虚拟化、企业虚拟化虚拟企业。

1. 功能虚拟化虚拟企业

一般说来，任何企业自身的资源相对于外部市场来说都是极其有限的，在企业内部，总会有一些结构功能受到资源的限制而显得弱一些，按通常的思路应该是缺什么补什么，着力强化所欠缺的功能。但是虚拟企业，则反其道而行之，将自身的劣势功能虚拟化，借用外部力量改善劣势功能，使之与企业其他优势功能相互配合，推动企业的发展。

2. 人才虚拟化虚拟企业

在当今科技高速度发展的信息化社会，市场需求变化和产品技术开发的复杂性显著增大，即便是大型企业，若要完全依靠自身力量赢得竞争优势也并非易事。企业根据自身的人才资源的优劣，利用外部人力资源加以互补，形成人力资源虚拟集成的虚拟企业，如扩展不在编的技术开发人员、产品营销人员、企业管理人员，一旦任务完成，这些来自于不同的企业单位、职务和法律关系互不归属的人员的本次合作关系即告结束，这也就是通常所说"借脑""集智""借鸡生蛋"。精明的企业家认识到"借钱"不如"借脑"，"集资"不如"集智"，企业应有意识开展与科研单位、高等院校的人才虚拟联合。

3. 企业虚拟化虚拟企业

功能虚拟化的扩展就是企业的虚拟化，形成企业间的暂时联盟，即具有不同优势的企业加盟进来，组建"虚拟企业"，实现优势集成，发挥集群效应，创造超常的竞争优势，保证联盟目标的实现，在结盟中，各参加企业实现超自身的跨越。

四、联合生产型、联合共生型、联合销售型、策略联盟型、联合研制型虚拟企业

根据虚拟企业功能性质，可分为联合生产型、联合共生型、联合销售型、策略联

盟型、联合研制型虚拟企业。

1. 联合生产型虚拟企业

这种组织方式是盟主企业只保留核心竞争优势，将其他业务外包，进行联合生产。现在流行的是贴牌生产（OEM）。

2. 联合共生型虚拟企业

当两个企业有着共同的需求目标，为了便于技术保密和成本的控制，共同出资组建虚拟企业，实行共同生产、共享利益、共担风险。这种组织形式，充分发挥了各方面的优势，不仅能够求得"共生"，而且一定会取得"双赢"的结果。

3. 联合销售型虚拟企业

这是一种既安全又能快速获得收益的虚拟企业，其形式是可以采用特许经营。双方互相利用对方的销售网络来销售自己的产品，有利于销售网络迅速建立和降低建设销售网络的成本。在PC、汽车和日用消费品等方面可以按此方式。当企业扩大老市场、进入新市场时，也可与地方经销商建立独家代理、特许经营等形式的联盟。

4. 策略联盟型虚拟企业

当若干企业拥有不同的核心技术和优势资源，而且彼此的市场互不冲突时，可以考虑组建策略联盟，共创竞争优势。这种组织形式是在产品具有互补性的企业之间建立的。例如，计算机硬件公司和软件公司的联盟可以采取这种组织形式。一些产品对某些重要外来件需求量大、依赖性强，企业为节省反复交易成本和减少供应商机会主义行为的影响，与供应商共同投资，建立联营企业。也有一些大企业为控制上游资源、提高本企业市场控制力而与供应商建立战略联盟。

5. 联合研制型虚拟企业

这种联盟是世界各国企业为了研究开发新技术、新产品而经常采用的形式。这种联盟有利于整合各方的优势资源，节省研究费用，缩短研究周期，分担投资风险。对一些大型的技术、工程开发项目，单个企业受资金、技术、人力资源的限制，无法独立完成。通过设立开发研究联盟，可达到资源互补、能力共享、风险分摊的效果。

五、供应链式、转包式、联包式、插入兼容式、虚拟合作式虚拟企业

根据成员合作形式，可分为供应链式、转包式、联包式、插入兼容式、虚拟合作式虚拟企业。

1. 供应链式虚拟企业

这种合作形式主要以材料为主，合作企业以上下游为主，关系比较松散。主要是

建立在材料价格、质量、交货期的基础上的稳定关系，应用于材料零配件的供应与产品的发送。这种方式就是制造业中的供应链模式，是以产品为主要线索形成的。

2. 转包式虚拟企业

由于项目巨大，盟主不可能在各个领域面面俱到，因而盟主会将项目中的某一部分转包给其他企业。每个成员都有各自合同规定的范围，成员之间并无具体联系，由盟主统一解决工期、并行工程的冲突问题。

3. 联包式虚拟企业

这种模式是在项目投标时，就有几家企业联合带案投标，中标后有一个盟主，但盟主与其他成员之间没有组织结构上的等级区别。成员在交互式基础上并行合作开发，在这种合作方式中，合作各方打破原有企业界限，资源共享，风险共担。各个成员的利益和目标与总项目的利益目标一致，一荣俱荣，一损俱损。信息也在各个合作企业间网络式地相互传递，信息共享。

4. 插入兼容式虚拟企业

盟主可以根据机遇产品过程的需要，通过信息中介，向其他企业、设备中心或人才专用公司租用设备或借用人才，使之与盟主自身的核心资源相结合。这种合作使企业具有很强的可塑性和灵活性。

5. 虚拟合作式虚拟企业

虚拟合作式是指两个或多个企业在机遇产品的开发过程中，通过网络进行的交互式并行合作开发。在这种合作方式中，合作各方打破公司的界限，与虚拟企业相关的基本生产组织单元是由不同企业人员组成的，在网络的虚拟环境下进行异地并行设计开发。

六、集团式、团队式虚拟企业

根据虚拟企业成员成分，可分为集团式、团队式虚拟企业。

1. 集团式虚拟企业

集团式虚拟企业是指企业之间为响应敏捷制造要求，由来自不同企业或分属不同企业的人们组成的，分担整个项目的一个或多个子任务，彼此之间密切交流、相互合作和协调的一种虚拟集团。

2. 团队式虚拟企业

团队式虚拟企业是以分散的个人或小组为主临时组成的虚拟团队。团队式虚拟企业与集团式虚拟企业之间有许多的差异，也有许多相同点，如表17-1所示。

表 17-1 团队式虚拟企业与集团式虚拟企业之间异同点

异同点		团队式虚拟企业	集团式虚拟企业
不同点	组成成员	个人	企业或其他组织
	有无企业	原无企业，形成新虚拟企业	原本是企业，形成新虚拟企业
	工作场所	可聚可分	基本是分散
	全息特征	单个成员具有	单个成员不具有
	能力差异	成员间内在差异小	成员间内在差异大
	替代关系	存在替代关系	存在互补关系
相同点	临时性	临时性组织	
	产生原因	由敏捷生产要求产生	
	空间分布	由分散存在的各部分聚集形成	
	效率来源	来源于低转换成本	
	联系方向	纵横结合	
	密切程度	成员间密切联系，具有互动关系	

综上所述，虚拟企业尽管以不同形式存在，但都具有临时性、动态性、资源互补性等基本特点。

第四节 虚拟企业与传统企业的比较

虚拟企业是一种突破传统企业模式，企业间开展协作的新型企业模式。它是社会分工与协作化组织形式演化的必然产物，随着市场环境的变化，由最初的外加工型虚拟生产，逐步演化出虚拟销售、虚拟开发、虚拟服务等新的虚拟协作形式。它把生产的专业化、市场需求的个性化、组织的灵活性有机地结合起来，从而有效地协调了规模经济与个性化的矛盾，实现了企业的规模个性化经营，这样虚拟企业形成了内部整体规模经济，赢得外部专业个性化竞争优势的"共赢"结合体。因此，相对传统企业模式来说，虚拟企业在许多方面发生了重大变化，如表 17-2 所示。

表 17-2 虚拟企业与传统企业的比较

序号	比较项	传统企业	虚拟企业
1	企业形式	独立法人	自然人——由多个独立法人联盟形成
2	资源整合范围	企业内部	联盟企业之间
3	核心能力	模糊性、多元性	突出
4	功能与部门	结合	分离

续表

序 号	比 较 项	传统企业	虚拟企业
5	环境反应能力	弱	强
6	竞争理念	输赢	共赢
7	生命周期	较长	短暂
8	产品特点	大批量、同质性	小批量、个性化
9	信息技术依赖	相对较弱	较强
10	作业流程	串行	并行
11	制造技术	刚性	柔性
12	内外部关系	线型	网络型
13	组织结构	金字塔型	扁平型
14	管理模式	职能管理、纵向管理	项目管理、横向管理
15	规避风险能力	风险集中，规避风险能力弱	风险分散，规避风险能力强
16	工作场所	集中	离散
17	人力资源	内部	充分利用外部

1. 多个独立法人联盟

虚拟企业往往是由多个独立法人联盟形成的结合体，不是独立的法人，是一个自然人。成员企业间的行为是以契约来约束的，对外法律责任往往先由盟主企业承担，盟主企业再通过契约来转嫁给违约的合作伙伴。而传统企业往往以法人身份独立承担法律责任。

2. 资源整合范围

虚拟企业构建的主要目的就是整合外部优势资源，充分利用合作伙伴的优势资源，形成优势互补的格局，扩充优势的方式是联盟。而传统企业仅仅整合自身拥有的各种资源，有优势资源也有非优势资源，扩充优势的方式是购买或租赁。

3. 虚拟企业具有自己突出的核心能力

虚拟企业每个成员企业将各自的商业活动减少到一至两个，即包括所谓的核心能力，成员企业只专注于自己最有竞争力的业务。虚拟企业通过集成各成员的核心能力和资源，在管理、技术、资源等方面拥有得天独厚的竞争优势，通过分享市场机会和顾客，实现共赢的目标，以便在瞬息万变、竞争激烈的市场环境中有更大的获胜机会。而传统企业的核心能力相比之下呈现模糊性和多元性的特点。

4. 功能与部门的分离

虚拟企业突破了传统企业的有形的界限，虽然表面上有着生产、营销、设计、财务等功能，但企业内部却没有执行这些功能的组织。在企业资源有限的情况下，为取得竞争中的优势地位，企业只掌握核心功能，也即把企业知识和技术依赖性强的高增值部分掌握在自己手里，而把其他低增值部门虚拟化。通过借助外部力量进行组合，其目的就是在竞争中最大效率的利用企业资源。

5．市场快速反应能力

传统企业为了开展经营活动，往往具有各方面（原材料供应、生产、销售等）的功能，结果使得企业规模过大。面对迅速变化的市场，企业反应迟缓。虚拟企业则是一个高度柔性的个体，它能迅速根据市场需求的最新变化，迅速调整网络成员的构成，以有利于新产品的开发及顾客需求的满足。

6．共赢关系

虚拟公司是由几个有共同目标和合作协议的公司组成，成员之间可能是合作伙伴也可能是竞争对手，它改变了过去公司之间完全你死我活的"输赢"（Win—Lose）关系，而代之以"共赢"（Win—Win）的关系。

7．短暂的动态联盟

虚拟企业的新意在于，它是利用现有的资源而并非创造新的资源，这使虚拟合作和传统的合作形式产生截然不同的结果。虚拟企业同传统的战略联盟相比，更表现出短暂和临时的特点，体现了其动态性。虚拟企业本身在完成一项指定的工程后就会解散，而其成员企业将继续加入到其他虚拟企业中去。虚拟企业是各个网络成员在各自整体战略的指导下为达到一定的合作目的而临时组建起来的一种网络，一旦合作目的达到，虚拟企业立即解散。因此，与传统企业相比，它在组建时间上具有短暂性。

8．小批量与个性化的产品

虚拟企业能够利用其成员容易调整，生产柔性较强的特性，充分考虑顾客的需求，为顾客提供小批量和个性化的产品。相比之下，传统企业是以大批量生产同质性的产品为主要特征的。

9．对信息技术和通信网络的依赖

通过高度发达的信息技术和通信手段，虚拟企业成员之间可以跨越空间界限，进行便捷的信息沟通，能够依靠充分又完全的信息从足够多的备选组织中精选出合作伙伴，真正达到信息共享，从而保证了合作各方都能够较好地合作，并使资源配置最为有效，在时间、质量、成本、服务和环境方面达到最佳组合，具有最强的竞争力。虚拟企业的成功就是取决于其集成大量信息并对信息作出快速反应、准确处理的能力，这是虚拟企业优于传统企业的一点根本原因。

10．并行工程作业

虚拟企业中由于信息基础设施等异步通信系统及网络的支持，使得企业工作方式打破了传统的以时间为顺序的串行工作方式，各个工作模块之间在一个统一思路的指导之下，既独立完成任务，又彼此协调配合，从而大大缩短了开发时间与成本。

11. 柔性化的生产方式

虚拟企业能够按照产品生产的新观念和敏捷性的要求，有针对性地选择和利用可行的技术与方法，充分注意新产品的快速开发和产品的质量与性能保障。虚拟企业的设备与技术，常常以单元的、可变结构、可重组利用的形式出现，如可变结构、可量测的模块化制造单元或其构成的可编程柔性机床设备系统；智能化的过程控制装置；借助于传感检测系统、采样器、分析仪和智能识别诊断软件的配合，对制造过程进行闭环监视或监控；在制造过程知识深入掌握的基础上，利用计算机进行产品设计、产品特性和状态模拟及产品制造过程的精确模拟、计算机辅助过程规划、计算机辅助工程和计算机辅助制造及它们的组合，极大地缩短新产品的形成与开发周期。

12. 网络化的企业

传统企业是线型的，有的学者认为虚拟企业应实现组织全面网络化（内部网络化和外部网络化），追求柔性化的生产方式。虚拟企业要构建顾客网络，因为它需要顾客加入生产决策之中。虚拟企业要构建经销商网络，因为它要随时获得市场情报的反馈。虚拟企业要让组织内部网络化以增加生产的弹性。虚拟企业要构建密切的供应商关系，以建立即时供货系统，并保障供货质量。虚拟企业要构建稳定的外包网络，以保证多样化生产中各式各样外购零部件能即时供应。

13. 组织结构的扁平化

虚拟企业内部的管理层级将因对信息流的高度应变性而相应变得扁平化。传统企业由于职能的过分细化，中层管理人员过多，他们在上下层中的信息传送的有效性以及同级各职能部门之间都存在一定隔阂。而在虚拟企业中，企业的主管基于高效的信息传输能够直接与每一子任务块进行交互式沟通，并迅速采取应变措施。

14. 以项目管理和横向管理为主的管理模式

虚拟企业由传统的职能管理演变成以过程为主线的项目管理，且进一步强调了各任务块的协作精神，在"结点"中央平台的控制下，并联各子任务块。随着计算机技术的普及应用，成员间可以通过计算机网络实现沟通和联络，从而规避传统的纵向管理被横向管理所取代。

15. 规避风险能力强

虚拟企业可以信息网络为基础，在对项目进行模块化分解的基础上，在世界范围内广泛选择成员伙伴。充分利用各网络成员的资金、技术、设备等资源共同开发投资费用高昂、技术含量高的新产品。虚拟企业改造传统企业的另一个方面是改变原有的物流程序，通过信息流重组企业流程。在虚拟企业中，通过研发与市场子任务组的交互作业，一方面不断改变产品工艺及性能，扩大产品的市场生存空间；另一方面由于市场的牵引力作用，将进一步缩短研发的时间，有利于降低经营风险。

16. 工作地点的离散化

企业生产的时空观将发生根本变化。时间真正成为企业的生命。赢得时间就是赢得市场。传统的地理上的贸易区观念将在一定程度上被时区观念替代。当一个时区的工作人员进入梦乡时，另一个时区的工作人员已养足精神，接着工作了。异地设计、异地制造、异地装配在虚拟企业中是十分普遍的事情。

17. 充分利用外部人力资源

虚拟企业的组织者根据市场信息和企业自身的人力资源状况和外部企业进行人力资源优势互补。虚拟企业通过信息网络把来自不同企业的人员集成在一起，为一个共同的目标而协同工作，一旦虚拟企业解体，这些来自不同企业、职位和法律关系互不归属的人员的合作关系即告结束。

由此可见，虚拟企业相比传统企业具有许多优势，但对资源的互补性、信息技术、合作可信度等方面的要求更高。如果协调不好，反而会增加运行成本，带来更大的风险。

复习思考题

1. 怎样理解虚拟企业？这个概念是在什么背景下提出来的？
2. 虚拟企业有哪些特点？
3. 构建虚拟企业需要哪些条件？
4. 虚拟企业通常有哪些形式？
5. 虚拟企业与传统企业相比较有哪些变化？

参 考 文 献

[1] 窦胜功,张兰霞,卢纪华. 组织行为学教程[M]. 北京:清华大学出版社,2005.

[2] 张爱卿. 组织行为学[M]. 北京:机械工业出版社,2013.

[3] 周菲. 组织行为学[M]. 北京:机械工业出版社,2009.

[4] 王晶晶. 组织行为学[M]. 北京:机械工业出版社,2014.

[5] 陈春花,杨忠,曹洲涛,等. 组织行为学[M]. 北京:机械工业出版社,2013.

[6] 赵恩超,燕波涛. 组织行为学[M]. 北京:机械工业出版社,2010.

[7] 任连学. 领导能力手册[M]. 北京:中国商业出版社,2008.

[8] 李剑锋. 组织行为学[M]. 北京:首都经济贸易大学出版社,2003.

[9] 关培兰. 组织行为学[M]. 北京:中国人民大学出版社,2003.

[10] 张兰霞. 新管理理论丛林[M]. 沈阳:辽宁人民出版社,2001.

[11] 余凯成. 组织行为学[M]. 大连:大连理工大学出版社,2001.

[12] 陈国海,方华,刘春燕. 组织行为学[M]. 北京:清华大学出版社,2003.

[13] 胡宇辰,叶清,庄凯. 组织行为学[M]. 北京:经济管理出版社,2002.

[14] 张德. 心理学[M]. 吉林:东北师范大学出版社,1990.

[15] 秦永良. 组织行为学[M]. 北京:石油工业出版社,2001.

[16] 胡爱本,包季鸣,季路德. 新编组织行为学教程[M]. 上海:复旦大学出版社,1999.

[17] 杨光,齐胜欣,刘永生. 组织行为学[M]. 北京:北京工业出版社,2000.

[18] 孙彤. 组织行为学教程[M]. 北京:高等教育出版社,1990.

[19] 尹毅夫,郭大伟,李景元. 组织行为理论多位探源与应用[M]. 北京:企业管理出版社,1995.

[20] 罗锐韧,曾繁正. 组织行为学[M]. 北京:红旗出版社,1997.

[21] 杨洪兰,张晓蓉. 现代组织学[M]. 上海:复旦大学出版社,1997.

[22] 卢盛忠,余凯成,等. 组织行为学[M]. 杭州:浙江教育出版社,1993.

[23] 吴岩. 领导心理学[M]. 北京:中央编译出版社,1996.

[24]（美）斯蒂芬·P.罗宾斯. 组织行为学［M］. 第7版. 北京：中国人民大学出版社，1997.

[25] John W. Newstrom, Keith Davis. Organizational Behavior: Human Behavior at Work［M］.（Tenth Edition），The Mcgraw-Hill Companies，1997.

[26]（美）F.赫塞尔本，等. 未来的领导［M］. 成都：四川人民出版社，2000.

[27]（美）彼得·圣吉. 第五项修炼：学习型组织的艺术与实践［M］. 上海：上海三联书店，1994.

[28] 拿破仑·希尔. 观念决定成败［M］. 北京：中国华侨出版社，2003.

[29] 汪中求. 细节决定成败［M］. 北京：新华出版社，2003.

[30] 游浩. 赢在领导［M］. 北京：地震出版社，2004.

[31] 余世维. 赢在执行［M］. 北京：中国社会科学出版社，2004.

[32] 席翠平. 赢在和谐［M］. 北京：国家行政学院出版社，2005.

[33] 肖余春. 组织行为学［M］. 北京：机械工业出版社，2011.

[34] 陈春范，杨忠，曹洲涛. 组织行为学［M］. 北京：机械工业出版社，2009.

[35] 陈国海. 组织行为学［M］. 北京：清华大学出版社，2009.

[36] 李爱梅，凌文铨. 组织行为学［M］. 北京：机械工业出版社，2011.